漢語言文字研究

安徽大學漢字發展與應用研究中心 編

第二輯

上海古籍出版社

圖書在版編目(CIP)數據

漢語言文字研究.第二輯／安徽大學漢字發展與應用研究中心編.—上海：上海古籍出版社，2018.9
ISBN 978-7-5325-8820-6

Ⅰ.①漢… Ⅱ.①安… Ⅲ.①漢語—語言學—研究②漢字—文字學—研究 Ⅳ.①H1

中國版本圖書館 CIP 數據核字(2018)第 077354 號

漢語言文字研究(第二輯)
安徽大學漢字發展與應用研究中心　編
上海古籍出版社出版發行
(上海瑞金二路 272 號　郵政編碼 200020)
　(1) 網址：www.guji.com.cn
　(2) E-mail：guji1@guji.com.cn
　(3) 易文網網址：www.ewen.co
啓東市人民印刷有限公司印刷
開本 787×1092　1/16　印張 17.5　插頁 2　字數 323,000
2018 年 9 月第 1 版　2018 年 9 月第 1 次印刷
ISBN 978-7-5325-8820-6
H·198　定價：98.00 元
如有質量問題,請與承印公司聯繫

目　　録

安徽大學所藏戰國竹簡專家鑒定與座談會紀要 ……………………………（001）
對傳統文字學現代轉型期間有關著作的再認識 …………………黄德寬（012）
傳統子卜辭校勘舉例 …………………………………………………楊軍會（016）
沬司徒疑簋銘文補釋 …………………………………………………周寶宏（023）
鄧小仲鼎銘文新研 ……………………………………………………陳榮軍（034）

利用楚文字校釋《荀子》札記一則 …………………………………王凱博（041）
楚簡馬具選釋二則 ……………………………………………………羅小華（045）
釋清華簡《繫年》中的"貌"字 ………………………………………侯乃峰（051）
"王卬（仰）天，句（后）而洨（詨）"解 …………………………張通海（055）
談丁佛言的幾方古璽題跋 …………………………………徐在國　程　燕（059）
西辛戰國銀器銘文補釋 ………………………………………………張振謙（072）
曾公子弃疾斗銘補釋 …………………………………………………俞紹宏（076）
談談《墨子·耕柱篇》的一處句讀 …………………………………劉　剛（083）
傳抄古文研究（五題）………………………………………………魏宜輝（087）
讀嶽麓秦簡《爲吏治官及黔首》札記三則 …………………………劉　雲（095）

《説文解字》直訓的"以類限義"探析 ………………………………田立寶（100）
英國國家圖書館藏《蒼頡篇》殘簡拼合十則 ………………………張傳官（109）
隋代墓志疑難字考釋七則 ……………………………………………張崇依（124）
《增廣鐘鼎篆韻》、《集鐘鼎古文韻選》與夏竦之書相關的字形來源討論
……………………………………………………………………劉建民（131）
釋"四" …………………………………………………………………劉洪濤（141）
簡化字字源考釋四則 …………………………………………………沙宗元（150）
乾隆十三年新安民間刊刻《雜字旁通》鑒識 ………………………王建軍（158）

敦煌文獻字詞札記 ……………………………………………………曾　良（168）

《西遊記》俗語詞考釋四則 …………………………………… 陳　敏（176）
閩語量詞"奇"字探源 ……………………………………… 時　兵（185）
漢語方言入聲韻尾演變研究述評 ………………………… 栗華益（192）
《集韻》新增小韻探源（二） …………………………… 劉華江　潘　應（221）

從象似性到任意性：來自古漢字發展的證據 ………………… 方光柱（233）
動態分析：漢字研究的科學方法 ………………………… 牛清波（245）
漢字理論與漢字發展研究的創新與突破 ………………… 黃繼省（250）
三維視角的符號學思考 …………………………………… 郭　磊（260）
關於以三維視角指導古文字工具書編纂的一些思考和設想 ………… 周　翔（267）

安徽大學所藏戰國竹簡專家鑒定與座談會紀要

2015年1月安徽大學入藏一批戰國竹簡，經過安徽大學出土文獻與中國古代文明研究協同創新中心師生的清洗整理，共有1167個編號。竹簡總體狀況良好，字迹清晰。根據北京大學加速器質譜實驗室碳14檢測（經樹輪校正），竹簡年代約在公元前400年至公元前350年之間，屬戰國早中期。竹簡內容涉及經學、史學、哲學、文學和語言文字學等領域，具體包括《詩經》、孔子語錄和儒家著作、楚史、楚辭，以及相術等方面的作品，其中多數文獻都沉埋已久，未能流傳於世。這批竹簡的發現，爲古代經學史、思想史、楚史、文學史和語言文字研究提供了新的寶貴資料。

2016年5月15日安徽大學召開所藏戰國竹簡專家鑒定與座談會，北京大學、復旦大學、吉林大學、中山大學、武漢大學、湖南大學、中國文化遺產研究院、中國錢幣博物館等單位從事古文字、出土文獻、古代史研究的著名專家學者出席了會議。與會專家考察并鑒定了安徽大學搶救收藏的這批竹簡的實物和有關材料，中心黃德寬、徐在國教授向專家們介紹了這批竹簡收藏、清理、保護和初步研究的情況，以及李學勤、裘錫圭先生對做好這批簡的保護、整理和研究的意見。專家們就竹簡發現的重要意義、重大價值以及如何進一步做好竹簡的保護和研究等展開了熱烈的討論，提出了許多重要的意見和建議。現將各位專家的發言加以整理并經專家應允予以發表（按會議發言順序），以饗讀者。

李家浩（北京大學、安徽大學教授）

剛看了竹簡實物，又聽了黃德寬教授的介紹，我感覺安大這批竹簡確實太好了。竹簡的情況我此前也大致知道一些，這批簡雖然不是正規發掘所得，但從各方面來看，"是真的"這一點是沒有問題的。我沒想到竹簡保存情況這麼好，內容又這麼豐富。就目前我們所知道的如上博簡、清華簡等發表過的和還沒發表的戰國簡來看，這批簡相當不錯，很重要的一點就是內容很豐富、學術價值很高。過去出土的簡裏面，關於純文學方面的內容不多，當然上博簡也有幾篇賦。拿《詩經》來看，這次應是出土數量最多而且時代最早的。早先安徽阜陽曾出土漢簡《詩經》，但竹簡很殘碎。這次安大簡《詩經》有60多首，不同於毛詩、韓詩、齊詩、魯詩，是我們看到的另一個《詩經》本子，非常了不起。再比如其中楚辭類的內容，北大研究楚辭的學者一直都很關注出土文獻中有没有楚辭的內容，安大簡楚辭材料一公布，在學術界肯定會引起轟動。另外，還有《楚紀》《荆楚春秋》等也相當重要，過去一直爭論不休的問題，從安大簡來看有些可能要重新思考，其價值對於楚史乃至先秦史研究來說，再怎麼高估也不爲過。安大簡內容豐富，學術價值高，這是我要説的第一點。

第二點，安徽大學團隊研究力量在整個古文字學界中是比較強的，在戰國文字資料方面研究成果頗豐。黄先生儘管有行政工作，但學術研究始終處於文字學和古文字學的前沿領域，在戰國文字研究方面也有很高的造詣，發表過許多重要文章。徐在國教授在戰國文字方面成就很高，出版了不少這方面的著作。有他們兩人指導學術團隊，竹簡整理工作的品質就有了很大的保證。

第三點，我要提幾個建議。因爲安徽大學團隊的人員主要是教師編制，教學工作量比較重。這麼好的材料要投入整理的話，工作量是相當大的，會涉及很多問題。比如整理《詩經》除了要有古文字學本身這個學科的知識之外，還要有古代文學、文獻學、詩經學史的知識，這就要求研究者投入很大的精力。竹簡消息一公布，因爲這是世界性的新材料，只要研究中國文化的人都希望安大儘快將成果公布出來。爲了保證他們能順利地公布整理成果，不辜負學術界的期望，我建議是否可以成立一個科研編制的實體中心，根據教育部對重點研究基地的有關規定，科研中心人員的教學工作量可以適當减免，這樣他們就能騰出充足的時間來專門從事安大簡的保護、整理與研究工作，這是最根本的保證。如果校領導能够給予支援，我們安大中心可以仿照復旦大學的土文獻與古文字研究中心的方法來做。另外，我建議還要組織多學科的綜合研究，除了竹簡整理之外，還要關注竹簡保護工作。清華大學叫作"出土文獻研究與保護中心"，利用他們學校的學科優勢，聯合化學系研究竹簡保護問題。目前保護方面的前沿問題如竹簡脱水（有化學和物理兩種方法）、竹木纖維細胞填充物等，都可以利用現有竹簡開展一些綜合性的研究。

吴振武（中國古文字研究會會長，吉林大學副校長、教授）

安徽大學收藏的這批竹簡其重要性和重大價值是毋庸置疑的，這裏我主要談幾

點建議:

首先要有一個預案。因爲一旦向社會公布了以後,尤其内容重要的時候,它會成爲一個熱點。因爲這個不是科學發掘品,所以問題就來了,你要經得住媒體的追問,要有一個預案。

因爲竹簡屬於重要文物,將來國家文物局是要備案的,國家將會把它列爲國家指定善本保護對象,這個工作也是要有的。那後面還有一系列的問題了,比如争取國家社科重大立項,包括文物保護經費,這些都不是學校自己拿得出錢來做的,有可能需要很長時間的經費支持。既然作爲重要文物,就有可能會成爲人們來安徽省參觀的亮點,像清華簡,習主席、李總理都到清華看過了。

安徽大學作爲竹簡收藏和保護的單位,一定是有優先權的,要積極地謀求合作,要加快。最重要的一點還是人力,我認爲要得到安徽省的特殊支持,協同創新給你博士生名額,你完全還可以從安徽省教育部門要名額,只要省長批示了,説這是本省重大文物保護項目,安徽省教育廳就必須要撥名額。因爲你們的博士點名額特别少,我知道,人力嚴重不足。

關於出版的預案,一定要吸取清華的教訓。清華印的是很好,可是這本書第一册出來以後,後面十幾册都得跟着這本書來做。李克强總理上次參觀時看這本書時是用手壓着的,否則書打不開。洋紙書不能印綫裝書,綫裝書是宣紙,是軟的。我就是説出版社要選擇,從現在能做這類書的出版社中選擇最合適的。今天一公布,社會就知道了。所以要搞好策劃,任務還是蠻重的。實際上,清華當時已經是有經驗可循的了,但他們和别的單位做法就不太一樣,如發布的形式等。我們這裏將來要怎麽做,自己要有一套設想。

陳　偉(武漢大學歷史學院院長、教授)

在看簡的時候,我關注了簡的兩個方面。第一個方面是文字的寫法,它有很多特點,但是總體上它跟我們看到的楚簡文字的基本路數是一樣的。雖然這個看法可能是有争議的,但是我覺得還是楚文字風格。另外,我特别注意了簡的契口。很多造假的簡,簡身可以造得很逼真,文字也會特别請人去寫,但是契口造假是很容易被忽視的地方。我看到兩個契口,應該説跟從墓葬裏面出的楚簡的契口是没有什麽區别的。那個口很小,如果不注意觀察是看不到的。簡的真實性還有編繩作爲印證。雖然編繩我們没有看到,但是據黄德寬教授介紹清洗時發現有編繩的遺存,而這是從墓葬裏面出土的保存狀況比較好的時候才會出現的情況,在做假的簡裏面是基本上看不到這些的。郭店簡在發表時沒有報導，但是郭店簡在1999年，也就是第一次在武大召開郭店簡國際研討會的時候，當時100多位專家到荆門去看簡。每支簡有一個單獨的試管，當時還能看到編繩的殘痕在試管裏面漂着。這個在出土的竹簡中，相對來講是比較常見的一種現象。在作僞的簡中是很難看到的。最後一個印證是簡上的文字，有些字、有些内容這是很難製造出來的。鑒於上，這批材料雖然不是發掘品，我感覺這是真實可靠的。

安大簡的價值，可以跟之前的幾批楚簡如郭店簡、上博簡和清華簡進行比較。郭店簡是發掘品，儒家的内容較多。上博簡的内容，大多是周邊的東西，雖然有《孔子詩論》，但不是《詩經》本身。清華簡當時鑒定用"核心文獻"這個說法，也就是代表中國傳統文化即儒家文化那部分核心文獻，像《尚書》、《詩經》。清華簡說有《詩經》，目前沒有完全介紹，我猜想是沒有多少篇詩在一起的這種內容。它最突出的是《尚書》。安大這批材料的價值在於有《詩經》等儒家核心文獻，所以說其價值和清華簡是不分伯仲的，一個有《尚書》，一個有《詩經》。再比如楚史文獻，清華簡裏有《楚居》和《繫年》這兩篇。安大簡對楚史研究很重要，我感覺至少是《楚紀》這一篇，它作爲未知史料補充的價值要高於清華簡；《荆楚春秋》内容也很重要，這個暫定名我覺得可以考慮改一改，不如就叫《楚春秋》。《繫年》中大部分内容大多見於《左傳》，安大簡有很多關於楚史的新材料，所以，我覺得這二者不分伯仲、不相上下，應該是比較客觀的。作爲出土的古代文獻來講，它的定位可以做這樣一種表述。

我還有幾點小的建議：第一個建議就是碳14的鑒定要針對有字簡做鑒定。我得知目前的碳14鑒定是在無字簡上做的，但是非發掘品裏面有可能拿真簡的空白簡跟僞造的簡混在一起。最後這個事情比較大，我特別注意到目前題名"安徽大學藏戰國竹簡"，其實我覺得叫"楚簡"可能更好。

胡平生（中國文化遺産研究院教授）

這批簡大概在2012年年底或者2013年初我們就看到過樣品，當時有人就竹簡的真假問題來徵求我的意見，我看了後斬釘截鐵地說"没有問題，是真的"。剛聽了黄德寛教授他們介紹竹簡内容，我跟家浩老師的意見是一樣的，認爲竹簡是真的，一點問題都没有。因爲這次會議具有鑒定的性質，那麼我也表個態：這個簡，說真的是没有問題的。不僅是真的，而且是極爲珍貴的、重要的簡。假簡的情況，我們也碰到過很多次，所以簡的真假問題還是需要慎重地對待。爲了安全穩妥起見，碳14儘可能地做好、做對。也有學者提到，單憑碳14這一項來判定簡的真假是不夠嚴謹的。像竹纖維細胞分解程度、飽水率往往很有用，如清華簡的飽水率是400%，這要造假是不可能的，這必是幾千年的溶解、擠壓、地層的飽水狀態才可能出現的效果。所以，我建議既然要做鑒定，這些方面都應該做一下。

我們知道這批簡最早在香港出現，後來許多高校也都接觸過，最後是安徽大學接下來。我覺得非常好，可以說得其所哉，因爲黃德寬老師和徐在國老師他們這個團隊完全有這個能力、有這個實力，他們在古文字學、古文獻學方面的實力是非常雄厚的。而且，安徽大學是一所綜合性大學，就如剛才家浩老師說的，學校的理科方面也可以在簡牘的保護方面大有作爲。我曾經就流失簡的問題發表過一些看法，寫過一篇《論簡帛辨僞與流失簡牘搶救》（《出土文獻研究》第九輯），很多學者表示支持。流失的銅器，國家可以把它們收購回來，像"士山鼎"、"榮仲方鼎"等，一個銅器幾百萬，國博一點不含糊地收回來，那簡牘爲什麽不可以收？我覺得竹簡可比銅器重要得多，它保存的中國傳統文化的資料比銅器多得多。這個流失的簡牘的搶救工作是具有歷史意義的，是功德無量的事，應當給予充分的肯定、高度的評價。

竹簡的意義，大家剛才也說了。我看到德寬老師展示的材料，很高興、很振奮。楚史的資料史書往往語焉不詳，清華簡中我們已經注意到了很多的材料，像《楚居》，楚國王室王都的遷移，這些東西過去是沒有的，以前也是想都不敢想的。現在安大簡又出了新材料，更是讓人喜出望外，這是非常重要的材料，對楚史的構建具有非常重要的意義。我剛才聽到他們幾位的發言，覺得非常之好。

比如《詩經》，我曾經很想寫一篇文章探討關於《詩經》早期流傳的問題，我認爲它可能跟我們現在看到的完全不一樣。但我一直沒寫，因爲感到可用的材料還不夠。我在研究阜陽漢簡《詩經》時有這樣的想法，古代經典口耳相傳，四家《詩》、阜陽漢簡的《詩》，可能受方言影響很大，記載下來的本子各不相同，所以異文很怪，以今天人的眼光和視角是完全想象不出來的。我們非常期待安大簡《詩經》能早日公布。

至於剛才陳偉先生提到的《楚春秋》，我覺得這個名稱也很好。

我覺得這批簡對於探討簡牘的制度，從材質到編聯、用字都是很重要的。剛才講絲繩有紅色的，簡背有劃綫，還有它的長度、寬度等，都是很有意義的討論點。

關於竹簡保護方面，我建議竹簡一定不要急忙脫水，甚至就不要考慮脫水。經驗證明，竹木簡牘脫水效果還不是很理想，主要問題是墨色退化、淡化，不少簡的樣子變得很難看。我曾幾次說到，當年張政烺先生很明確地對我們說過，他認爲沒有必要做脫水，竹簡脫水能保存300年，不脫水能放150年，可是脫了水，模樣變得很難看，字也看不清了，那還有什麽意思？！

我們與山東省博從去年開始合作，對山博館藏的臨沂銀雀山漢簡進行重新整理，拍彩照,紅外掃描。這批簡都四十年了,封在玻璃管裏,保存得很好。固然試管中有一點點很少量的殘渣飄浮,但數量并不多,我們重新拍照,設備新,效果也非常好。我覺得,就是這種方法保存竹簡,試管蒸餾水加入防黴變的藥品,效果很好。千萬不能到出現黴菌之後再去搶救,因爲黴變的速度非常快。今天看到安大簡的放置保存情况,我認爲他們的保護工作做得非常到位,但還是需要考慮預案的問題,相關的藥物或先買一些預備着。這些事情都要事先謀劃,要考慮好,研究一下各種方法的優劣利弊,要吸取教訓。事實證明,簡牘還是越少驚動越好。

劉　釗(復旦大學出土文獻與古文字研究中心主任、教授)

先談談這個觀感。今天上午非常激動,做古文字的看到這麽好的材料真是按捺不住心跳。震撼,非常的震撼!

我同意陳偉教授的判斷,重要性不差於清華簡,尤其是《楚紀》和《詩經》這兩個部分格外重要。就以《楚紀》來説,300多支簡,如果按每簡30字算的話,那就上萬字。這個可就不得了,一篇談一個國家的歷史有上萬字,這是前所未有的。而且這個材料重要至極,可以説是顛覆性的。以往對楚史很多模糊不清的認識,都得到了解決。當然這個命名的問題啊,我們知道文獻講晉國的史書是乘,楚的是檮杌,魯的是春秋,當然也可以叫"檮杌"這個名兒呢,稍微古了一點,它是專指楚的歷史的,這個倒是很清楚的。《詩經》也非常重要的,量很大,有60篇,而且涉及國風地域的歸屬、篇序和大量的異文。

這批材料内容非常豐富,按照《漢書·藝文志》的六略來看,有六藝、諸子、詩賦、數術,還有兵書,如果《曹劌之陣》算兵書的話,當然那個可能不一定算兵書,就只差方技這一略没有,剩下都有。按四部分的話,經史子集是全的。所以我想今後楚史的研究重鎮就在你們這兒了,轉移到這兒,所以這個材料的重要性我想怎麽高估都不爲過。

剛剛振武校長也提了,以後肯定會有訪問潮,國家的、省的、市的各個層面的來安徽肯定都是要看這個材料。還有研究計劃,我想要定一個長遠的規劃,比如你一年出一本,做個十年没問題。

我以爲關鍵是要利用這批重要的竹簡帶來更多的資源,對學校來説、對這個學科來説,要認識到這批簡的重要性。剛才家浩老師也談了,就是提議省裏、學校要高度重視,首先要把這個中心、這個所變爲一個實體。這個我有切身的感受,我們復旦中心就是一個實體的,人、財獨立。因爲只有你獨立了,在有些機遇、場合中你才能爭取到資源。清華也是因爲領導重視,先獨立然後順利拿到基地,發展機遇和前景就大不一樣了。另外,很關鍵的一條就是中心人、財獨立,資金的管理問題。接下來申報各種大型項目,這個對學校、對學科,尤其對年輕人,非常重要。有了這批材料,一是申請項目會非常容易,一是在重要刊物上發文章也會便利很多。項目、資金、評獎、發論文,這些對年輕人的成長太有利了。再就是進人,現在你進人是要通過文學院的。如果單列出來,我們看中的只要能幹活,沒有什麽名頭我也進了。尤其你這內容這麽豐富,你現在涉及多個學科,我們以往的學科是以語言文字學爲背景的,你現在需要搞文學史的,搞上古史的,思想史、哲學史都需要進。我覺得還應該進一個搞電腦的,以便利用信息技術開展整理研究工作。所以,我建議加強這個中心的建設,要圍繞這批簡爭取更多的資源,把中心做大做強。然後每年都發布新的一本,召開座談會,清華這些年就是。最後通過媒體報導,提高學科和學校影響力,這個很重要。

陳松長(湖南大學出土文獻與古代文明研究協同創新中心主任、教授)

首先談一下參觀時的感覺。我感覺安大這批簡的保護應該說是很到位的、比較專業的。從目前來看,竹簡的保護狀況和硬體條件都還不錯,這很難得。

關於竹簡的後期處理我有個建議:不要脱水。我們在處理嶽麓秦簡時因爲沒有足夠的人力物力,只能采用了脱水的方法。但後來發現竹簡在脱水的過程當中是有損失的,有一些竹簡變形,還有一些原來很清楚的字脱水之後看不清了。所以在有條件的前提下,輕易不要給這批簡脱水。

從今天黃德寬先生的報告來看,這批竹簡目前的整理工作已經做得很扎實了,幾個方面六大類型,分得很清楚。關於這批竹簡的內容價值,前面諸位學者談到對楚史、儒學、詩經研究的價值都非常高,我完全贊成。

後面兩類如兵書類、術數及其他,可能還要再斟酌。

最後,關於竹簡的檢測,剛才胡老師也說了,建議不只是一個碳14,碳14它確實只是一個指數,最好還做一個對比檢測。這方面武漢大學就可以做。比如竹簡標本,我們選的是西漢竹簡的樣品、嶽麓秦簡的樣品和新竹的樣品來做的對比檢測,其中主要是電子顯微鏡拍攝的竹質的溶解度檢測,這是一個重要的參數。不同樣片的纖維溶解度是完全不一樣的,新竹子的斷面纖維是清清楚楚的,老的竹子裏面的纖維溶解度就像棉花糖一樣,一看就清清楚楚。

陳偉武(中山大學出土文獻與古代文明研究協同創新中心主任、教授)

第一點,從這批竹簡價值方面說,就像剛才幾位先生所講的,可以跟清華簡媲美。

那就是裘錫圭先生當年在評價清華簡的時候所説:"怎麼評價都不爲過。"就是怎麼估計它的價值都不爲過。不論是清華簡還是安大簡,從内容看都是涉及中國先秦學術最核心的部分。用今天的話講,就是文史哲的内容都全部包括在裏面了。可以預期,隨着未來安大簡的整理公布,它的價值會越來越被世人所瞭解,可以説,這將成爲拉動安徽大學文史哲學科一個最好的增長點。2013年清華大學的黨委書記和校長,帶着清華簡的整理資料去聯合國總部擺攤展示,我想着未來李書記和德寬兄也應該是有一個這樣的準備。

第二點,就是從研究團隊的配備來講,現在看起來實力很强。從招生和引進人才來看,建議學校和院系還應該多考慮從文史哲多學科來引進人才,招碩士、博士或者博士後這些人才時應該多從這方面導向。

第三點,有一個建議,就是整理中國古代的文獻,儘量集中全國的專家來聯合攻關。這種傳統,西晉時候整理汲冢竹書就是這樣的,過去70年代在老北大紅樓那裏也是集中全國的專家。因爲是安大收藏,優先權所有權都是安大,不可能説請很多校外專家參與這邊的整理工作。但我有一個建議,在最後階段出版之前,可以開一個小型的審稿會,不叫審稿會,叫閲稿會也行。讓大家有什麼意見和建議先提一下,不用等書出來大家七嘴八舌來發表意見寫文章。

黄錫全(國家文物鑒定委員會委員,中國錢幣博物館原館長、教授)

首先,我覺得安大的領導對這次會議十分重視。前任和現任書記親自到場主持召開這個會,充分體現了安大對這批材料的高度重視。黄德寬先生在任時對安大開展古文字研究做了不少建設工作,培養了團隊,打下了基礎。現任書記又非常重視這項工作,這是一個好的開端。我們看到了希望,感覺不錯。

第二,召開這次會議,安大是做了充分準備的。材料的初步整理及保護工作都做得比較規範,包括竹簡的拍照。我看到竹簡文字照得很清晰。剛才德寬先生介紹了竹簡的内容,有條有理,大概把大致内容都告訴了大家。可以看出他們前期做了很好的準備工作,非常好。另外,邀請的專家也有代表性。剛才發言的吴校長,現在是中國古文字研究會的會長,親自到場。其他幾位學者在竹簡整理研究方面都很有經驗:如平生兄一輩子都在從事竹簡的鑒定、整理與研究工作;家浩先生既是楚地人,又受聘於安大,出了很多研究楚簡的成果;陳偉先生從湖北過來,他在武大帶領的團隊在開展竹簡整理研究方面的工作做得不錯;來自復旦的劉釗、中大的陳偉武、湖南的陳松長諸位先生在竹簡整理與研究方面都做得很出色。對於我來講也是一個學習的機會。

今天諸位談到的有關問題我非常同意,也很贊成。由於時間關係我就不多重複了,下面我想用四句話二十四個字來表達我的意見。

第一句,竹簡真實可靠。通過德寬和在國先生對竹簡的形制、内容、文字特點等方面的研究、介紹,以及諸位專家的討論,再根據我們看到的實物,就跟剛才家浩先生談到的一樣,有些東西接觸多了、研究深了一看就能知道真假。我同意這個觀點,根據竹簡形制、文字特點、所記内容等方面,這批竹簡應該沒有問題。爲什麼我要把這個問題首先提出?就是因爲大家最關心的就是竹簡的真假。這必須有個交代。通過我們的鑒定和學術討論,要給大家一個明確的答覆,這批竹簡是真實可靠的。

第二句,内容相當重要。剛才德寬先生已經介紹得很清楚了,不僅有經籍類、楚史類,還有一些楚辭類的、兵家類的、數術類的材料,尤其是有關楚史和《詩經》的材料非常重要。清華簡《楚居》出來以後,大家很重視,我也很關注,在楚都方面寫過幾篇文章。這批材料也有有關楚史的内容,我非常驚奇。其中的《楚紀》、《荆楚春秋》内容與清華簡《楚居》相得益彰,所以這批材料對於楚史研究的貢獻和作用是不可估量的。大量的《詩經》異文對於整理研究流傳至今的《詩經》無疑是十分珍貴的材料。所以説這批竹簡數量之多,内容之豐富、重要,再怎麼估價都不爲過。這些大家都談了,我就不多囉唆了。

第三句,亟待加強整理。安大現有專業人員已經做了不少前期工作,但是我認爲還遠遠不夠。要拿出書來,要組織開展學術討論,開展一系列有關活動,還包括對外宣傳,要涉及大量的人力、物力、財力。有了這批材料,有了專業團隊,經過科學論證,去爭取項目經費我估計問題不大。但關鍵要有人去做,有錢沒人,或者沒有專門的時間從事整理研究,要想拿出反映安大學術水準的成果就相當困難。清華簡整理出來後一般挑不出多少毛病,反映了整理者的學術水準。我們希望安大整理出來的楚簡成果,拿出來棒棒的。黄校長、在國、程燕、劉剛等,還有歷史系的比如劉信芳等先生,他們的學術水準都很高,但有關人員還是較少,時間也有限。只要有了人員,有了機構,就好辦事了。竹簡整理工作不能拖,希望安大的領導應該趕緊采取一些措施加強工作,加快速度。相信校領導一定會有辦法。

第四句,保護利用國寶。首先我認爲這批楚簡應該定性爲國寶級文物,不是什麼一級、二級文物,要加強保護和利用。大家都知道,國家領導非常重視,最近李克強總理親自到清華大學看竹簡,談得那麼細緻。習總書記前不久到達安徽,對高校工作很重視。如何保護利用這批竹簡,首先需要有保護措施及專人管理,要有專業人員、專門時間從事整理研究,給學術界提供研究利用素材。做《詩經》的、做文學的、做楚史的,一定會感興趣。這批材料涉及範圍較廣,價值不容低估,對於弘揚中華民族優秀文化、加强精神文明建設等方面一定會發揮其重要作用。

這二十四個字,就是我到會的體會。我相信,"安大楚簡"將成爲安大的名片,這很響亮。安徽是研究楚文化的重地,楚文化涉及的湖北、湖南、河南和安徽,這幾地的高校都在不斷開展有關工作。湖北有武大,湖南有嶽麓書院,河南大學也有專門研究人才。這麽重要的楚簡有幸入藏安大,相信一定會得到應有的重視、保護與利用,我也相信"安大楚簡"一定會享譽海内外。

李修松(中國先秦史學會副理事長,安徽省政協副主席、教授)

首先感謝大家在百忙之中到安徽,到安大來參加這個座談會。我作爲研究先秦史的一名學者,同時也是作爲長期分管文物工作的工作者,對這批簡的發現,尤其是得到安大學者的及時搶救和整理,感到十分高興。

從研究歷史的角度看,這批簡的發現對研究楚史的意義十分重大。我們現在研究楚史必要可信的史學記載主要是《楚世家》,其他的就是要靠一些考古發現和一些零星的記載。但是我們知道經過秦火之後,很多文獻都被燒掉了。估計司馬氏父子對於系統的楚資料看到的很有限,所以《楚紀》和這批材料中的《荆楚春秋》對於研究楚史的意義都是十分重大的。《楚世家》由於當時資料的限制,在研究過程中發現有很多的遺漏,比如陸終之後到鬻熊之前,基本上都是空白。重黎,《楚世家》都只記録一個人,但有的文獻又記録是兩個人,《楚紀》的出現可以解決這個問題。《楚紀》可以對《楚世家》中的一些記載進行糾正、補充,因此《楚紀》的發現是對楚史的研究上文字上最重要的發現。從簡的製作上看,形制整齊劃一,文字工整美觀,《楚紀》應該是當時的官修史書,它的可信性更大。而且從楚的起源一直記到戰國初期,内容十分系統豐富,300多支簡,字數超過一萬字,從上古時期的世家來講,文字量也算是多的。所以它不僅系統完整,而且對楚史有重要的補充、正史和糾錯的作用,對我們的研究也有一定的啟發作用。同時,《荆楚春秋》也記載、補充、糾正了楚國的一系列重大的事件。

整批簡從碳14測定到簡的内容等各方面綜合分析來説,毫無疑問是真的,那它是名副其實的無價之寶。從時代上看,它早於上博簡和清華簡。從内容上看,内容豐富,資料涉及很多方面,像楚辭類、兵家類等,具有修正謬誤、啟發新的研究發現等一系列的重大價值。所以我認爲,安徽大學既搶救整理了這一批珍貴的楚簡文物,是對國家的重大貢獻,又是對我省文物保護和學術資料積累的重要貢獻,而且從初期的保護整理上來説,做得很規範到位。實際上,這個過程也是對安徽省文物保護的一個促進和提升。

　　大家知道,我們之前發現的阜陽漢簡,有很多的遺憾,這都是歷史教訓,然而這次的發現和保護非常規範和到位。我省文物系統將予以高度重視,儘快將其納入珍貴文物的管理,在促進可移動的文物的鑒定、整理、保護、收藏、展示、研究、利用等方面予以大力支持,而且積極向國家申報重大項目,納入到國家重大文物的保護系統當中去,建議向省政府正式報告,納入到安徽省文物管理的系統當中去,文物系統會予以協作、支援和幫助。這是第一個建議。第二是積極地協助安徽大學向國家申報重大科研項目,尤其是向國家文物局。希望安大對此簡的搶救、鑒定、保護、利用方面更加規範、精準、科學、有效,爲研究多做貢獻,需要有專人每天檢查簡的情況。另外我們要采用新材料保護的手段,防止把外界的細菌、黴菌帶入到簡中。

李仁群(安徽大學黨委書記)

　　在此我想講三句話。

　　第一句話是我感謝各位先生和修松主席給我們做的非常全面深入的指導,我深受鼓舞和感動。各位先生長期以來對於我們學科乃至對於我們安大都給予了多方面的關心和支持,基於這兩點我一并向諸位先生表示感謝!

　　第二句話,按照各位先生給我們的指導意見和主管部門的要求,學校會認認真真地製定好方案。從學校的角度來說我們還是要以文化的、學術的乃至歷史的擔當精神把這件事做好。無論從前期的收藏還是到初步的清理整理,以及長遠的保護和充分利用,這個對安大來說也是一個珍貴的難得的機遇。我想學校將會把這樣的想法貫徹到以後的長期工作中去。

　　第三句話,既然這批材料是一份國寶,咱們就把它按照國寶來對待。從學校的角度來說,一定會組織全面的力量,全力以赴地按照專家們的指導意見來做好工作,同時也誠摯地邀請各位先生和整個學術界甚至國內外的專家學者,包括新聞界的朋友,共用這份珍寶,把這份珍寶研究好、利用好,當然前提還是要保護好。同時,安大簡給安大帶來一個新的、非常重要的發展機遇和重大的任務。我們現在講科技創新較多,總書記這次來合肥主體講科技創新,但同時也講到文化創新問題,我們也可以把安大簡的整理研究工作放到文化創新層面上來落實。

對傳統文字學現代轉型期間
有關著作的再認識

——《金石古文字學術典籍叢刊·文字學類編》序①

黃德寬

（清華大學出土文獻研究與保護中心）

在中國人文學科領域，文字學不僅占有重要的基礎性地位，而且淵源久遠，學科積澱極其深厚。傳統文字學萌芽於周秦，形成於兩漢。秦漢時期，先秦古文字逐漸退出日常使用領域，漢字形體發生了古今轉變，隸書成爲通行字體。文字體制的變化、整理先秦經典的需要和經學的興起，促進文字訓詁之學在兩漢時期快速發展，產生了許慎《說文解字》這部劃時代的偉大文字學著作。

兩漢之後，中國文字學沿着許慎和《說文》開闢的路徑持續發展，歷代字書的編纂代表了傳統文字學的進步和成就。對《說文》的研究和注釋，南唐徐鉉、徐鍇卓有貢獻，有清一代更出現了段玉裁、桂馥、王筠、朱駿聲諸名家，《說文》學遂成爲傳統文字學的一個重要分支。此外，古文的傳承和金石文字的整理研究，在傳統文字學中也占有一席之地。

雖然傳統文字學在經典文本訓釋、字書編纂、《說文》研究和金石古文字整理等領域取得了很多成績，但是，文字學一直未能擺脱附庸經學的地位。從晚清開始，在西學東漸的大背景下，傳統文字學才開啓現代轉型的歷程。到上個世紀三四十年代，文字學已逐步發展成爲一門既具有中華傳統學術特色，又具有現代人文科學特質的獨立學科。

---

① 《金石古文字學術典籍叢刊》由安徽人民出版社編纂出版，收錄晚清、民國期間出版的流傳不廣的有關古文字、文字學著作，本文是作者爲叢書"文字學類編"所撰寫的序言。

在傳統文字學現代轉型的過程中，出現了一批研究文字學的著名學者，如章太炎、黃侃、羅振玉、王國維、劉師培、朱宗萊、沈兼士、錢玄同、馬敘倫、楊樹達、唐蘭等。實際上，還有不少學者在文字學領域孜孜以求，也爲傳統文字學的現代轉型做出過貢獻，只是由於各種原因，他們的著作和貢獻大多湮沒無聞，很少爲當代學者所知曉。《金石古文字學術典籍叢刊》"文字學類編"所收諸書大多屬於這類被忽視和遺忘的著作。

《金石古文字學術典籍叢刊》的編纂出版，有助於我們全面瞭解文字學轉型時期出現的有關論著，客觀評價這些著作的歷史貢獻。當然，這些著述在轉型時期是否有一定的歷史地位，評判的關鍵還是要看這些著作研究的問題和主要内容乃至材料、方法的運用是否超越傳統，是否體現出現代語言學和文字學的思想，并對文字學現代轉型有所貢獻。下面我們從這個角度來看看收入《叢刊》的這些文字學著述。

易本烺的《字辨證篆》成書於清道光丙申年（1836年），刊刻於同治庚午年（1870年）。這部書着重研究隸楷階段漢字形體變更出現的各種現象及其對文字使用的影響，廣泛搜羅偏旁點畫變異、訛混之例，兼及"誤省"、"誤通"、"誤用"、"俗字"等用字現象，條分縷析，參照《說文》篆書，"以究今書與篆沿革之故"（《自序》）。就内容而言，該書"校正俗訛，證以篆書"，與兩漢以來不少文字學者所做的工作相似，但易本烺并不只是在簡單地延續傳統，他以用字現象爲研究對象，以隸楷文字材料爲基本素材，以規範文字運用爲研究目的，這是對傳統文字學長期以來附庸經學的一個突破，也是其著述的現代意義之所在。

陳獨秀的《字義類例》成書於1913年，1925年出版。這部著作重點是"分析字義底淵源"，對經典文本用字中出現的"假借"、"通用"、"引申"、"反訓"、"增益"、"俗誤"、"辨僞"、"異同"、"正俗"、"類似"等問題，作了簡潔明瞭的介紹。該書所使用的材料均出自傳世典籍，采用的是歸納類分的傳統方法，但作者所關注的實際上是字的形義關係問題。比如，著者將"通用"區分爲"異文通用"、"省文通用"和"增文通用"，羅列了大量典籍用例，以揭示典籍用字所呈現的複雜字詞關係和字際關係。

如果說上述兩部著作還保留着傳統文字學的基本特徵，只是涉及的問題和寫作的旨趣才表明著者的現代傾向，那麼，下面的這些著作則更加體現了文字學現代轉型的特徵。

朱宗萊的《文字學形義篇》是文字學現代轉型時期的代表性著作。這部書本爲作者1915年在北京大學講授文字學的教材，1918年由北京大學排印刊行。該書之所以名曰"形義篇"，是因爲這部書不再包含傳統小學"音韻"方面的内容。全書按"字形敘略"、"六書釋例"、"訓詁舉要"，分爲"形篇"和"義篇"。雖然從内容看，這些只是傳統"小學"分離出"音韻"後的剩餘部分,但是從文字學理論體系建構的歷史進程看,這依然是一個重要的進步。其後,一批文字形義學類型的著作相繼問世,可見該書對推進文字學現代轉型所産生的影響。

顧實的《中國文字學》成書於 1919 年,1924 年出版。這部書圍繞"文字之由來"、"文字之變遷"、"文字之構造"等問題,"騾括千年來幾多小學家衝突反對之説而成一系統,有條不紊"(《自序》),體現了對文字學體系建設的明確追求,基本形成以形體爲研究中心的理論構架。以形體爲中心的文字學研究被稱作"形體派",至今依然是文字學研究的主流。

《中國文字學概略》是孫海波任教國立北平師範大學時所編,其完成時間大約在 1940 年前後。該書分"敘説"、"文字發生及其演變"、"文字之構成"三編,概略"詮明文字形體之變遷,構造之原則",體現了"形體派"文字學著作的發展。該書從甲骨文、金文、六國文字、《説文》籀文、古文到篆文、隸書,結合傳世文獻和新發現的出土文字資料,梳理漢字形體發展流變,分析"六書"和漢字構造理據,是一部頗有價值的文字學著作。

華學涑的《文字系》和夏育民的《中國語根字源學》則另闢蹊徑,着力揭示漢字的内在系統性,探討漢字的源流繁衍。《文字系》成書於 1927 年,1939 年刊印。該書共十五卷,選取常用漢字,分爲十四類、五十二族、三百二十五系、一千三百七十七屬。"分類別族,系聯牽屬。先敘今文,證以古物。原始義明,再申轉注。以字貫言,聲借例附"(見《敘目》第十五)。這部書卷帙浩繁,作者依據古文字字形資料,有意識探索建立漢字繁衍派生的内在體系,是轉型時期一部具有學術創新精神的文字學著作。

《中國語根字源學》,又稱《言文述系》,從各家序文看,該書 1922 年已近完成,直到 1934 年才問世。該書先出"導言",繼之"概論",着重論述撰著要旨和關於言語、文字問題的看法。其著述目的是"於言語則有詮釋,於文字則有説解,以期互相發明,而收言文一軌之效"(《導言一·述旨》),著者認爲"言語文字漸衍益蕃……言語之衍,以連語爲準;文字之衍,以六書爲衡。六書之衍,乃由單而複;連音之衍,乃由混而分"(《導言三·明法》),這是該書探討"語根"、"字源"的核心思想。著者從語言文字關係入手,嘗試由連語、六書來探求漢語語根和字源,"尤能舉其綱領,通其脈絡","亦可謂語根字源學之先導"(見該書《敘言四》)。

從上述簡略介紹可見,儘管《叢刊》收入的這些文字學類著作研究的重點和主旨各不相同,但都産生於傳統文字學現代轉型的歷史階段。不僅如此,這些著述的作者還具有許多共同特點。比如,多接受過西方學術的影響,在傳統文字學方面有深厚根底,注意確立文字學的獨立學科品格,重視新出古文字材料的運用,等等,這些都是構成傳統文字學現代轉型的重要條件。今天看來,雖然這些著作在文字學理論體系構建方面還處於初級階段,在古文字材料的辨析和使用方面還存在不少錯誤,對文字源流的梳理顯得粗疏甚至難免主觀臆斷,但這些不足主要是受當時文字學研究和認識水平所限,在轉型時期是在所難免的,我們不能因此而低估其學術史價值。而且,這些著作也不乏真知灼見,其中許多見解對今天的文字學研究依然具有啓迪意義。

　　光陰荏苒,滄桑巨變。上述文字學著作自初刊以來,因各種原因大都沒有再版過,前賢們所做的工作大多不爲人所知。繼臺灣許錟輝等學者編纂《民國時期語言文字學叢書》之後,安徽人民出版社又組織編纂出版這部《金石古文字學術典籍叢刊》,使一批被歷史遺忘的文字學著作和學者重新引起當代的重視,這對文字學和現代學術史研究都是大有裨益的,也是文字學、古文字學研究的一件幸事。作爲本領域的一位研究者,我非常樂意向讀者推薦這部《叢刊》,并借此機會向編纂者和出版者表達由衷的感謝和崇敬之意。

2015 年溽暑於安徽大學磬苑

傳統子卜辭校勘舉例*

楊軍會

（三峽大學文學與傳媒學院）

　　非王卜辭的研究發展至今，分期斷代已有非常深入的探討，學者根據貞人繫聯、字體風格、坑位等標準都對傳統子卜辭有分組分類的討論，學界最終使用的分類名稱爲婦女組、午組、子組、圓體類、劣體類及其他類子卜辭。蔣玉斌根據十項標準，參照考古學成果進行嚴謹的科學分類，對《合集》材料做出全面補充，依據字形對子卜辭進行細分，做出較完善的"子卜辭合集"摹本及"各類子卜辭材料總表"。本文在此基礎上對子卜辭進行詳細的釋文整理，校勘著錄誤釋、漏釋的情況，參照《甲骨文合集釋文》、《殷墟甲骨刻辭摹釋總集》、《甲骨文校釋總集》、《殷墟甲骨刻辭摹釋總集校訂》等著錄關於子卜辭的釋讀，對子卜辭存在問題的釋文作出校正。

一、午組卜辭誤釋、漏釋舉例

　　1.《合集》21509："……卜㞢……■丁■。"《摹釋總集》讀爲"……卜有……允丁至……"。前者訓"允"之字當爲甲骨文"■"，"■丁"是殷商祭祀對象。《合集》22092、21509與此片同事而卜，作■、■、■者，從字形看似犬類動物祭祀用牲。21509應讀爲"……卜㞢……■丁犬"。① 22092應讀爲"丙午卜：叀犬于■丁"。

　　2.《合集》22044："辛亥卜：■往一羊。"《校釋總集》釋"帝"，此當從《摹釋總集》釋"束"。"帝"一般作■、■、■等形，上部有短橫封頂，字形不混。"束"另見《合集》

---

* 本文係教育部人文社會科學研究青年基金（14YJC740100）、湖北省教育廳人文社會科學研究項目（18y045）及三峽大學科學基金項目（KJ2012B064）中期成果。

① 此處暫錄爲"犬"，有待進一步研究。

22101"庚申卜：□禦子自祖庚□至于父戊抑？"，也多誤釋爲帝。而《合集》22049"戊午卜：至妻禦□父戊，良又紐"，"束"多漏釋。當依王輝先生《殷人火祭説》釋束，①用爲祭祀名。

3.《合集》22047："羊□□。"《校釋總集》讀爲"羊不戈"，《摹釋總集》與他辭混讀爲"有歲羊不"，然字形非"不"，當是"父"字，卜辭讀爲"羊父戊"爲宜。

4.《合集》22092"丁未卜：侑歲于□□牛。"字爲"禦"，著録釋"人"或"宙"等有誤。

5. 午組卜辭有一些寫法較特殊的字形，舊不爲所識。如《合集》22069"辛巳卜：□于匕丁羊。用"，《校釋總集》讀爲"辛巳卜，用□于匕丁羊"。此字著録均未釋，《甲骨文編》、《新甲骨文編》亦未收此字形。此字形又見於《合集》22091"乙酉卜貞：□□夕入，□于亞"，實乃"今"字，此種寫法接近後期金文字形。

6.《合集》22073"己丑卜：禦于□三十少牢，己丑余至豣羊。"《合集》22075："辛亥卜：屮歲于□牢。"此字《摹釋總集》釋"帝"，其他著録未釋，當爲"庚"，字形與辭例相類者如《屯南》2384"庚"作□，《合集》12617作□，此二形《甲骨文編》等均未收。

7.《合集》22083："……貞：□束□用，亡[囚]尹。"著録均釋"三"，實爲"乞"，《合集》40579 有"自新束乞"，《合集》9446 有"乞自新束"，《英》780 有"自束乞"，"束"指地名。

8.《合集》22468 □或釋讀"丁丑"，或釋爲"父丁"，應爲"多父"，□乃"多"字省體。

9.《合集》22098 □字《校釋總集》釋"汝"，"汝"甲骨文多作□，與此有別。□大都釋"妻"，"妻"甲骨文多作□、□等形，與之有別，此用爲人牲，卜辭又用爲祭祀對象，如《合集》667"辛亥卜亙貞：禦帚于屮□"。

二、婦女組卜辭誤釋、漏釋舉例

1.《合集》20049（與《乙》8722 綴）："甲申卜：乎陝征□。"字多漏釋，此與《合集》22264 同事而卜，22264 作□，乃"斧"字缺筆。

2.《合集》20509（與《合集》22259、《乙》8954 相綴）："己巳貞：帚婕，□亡囚。"□字多未釋，實乃"允"字，又見於《合集》22261。

3.《合集》22226"□卯卜：□豕。"著録均未釋，實乃"至"，《合集》22335 有"至"作□，字形突出表現箭矢尾部之箭羽。

---

① 詳見午組卜辭《合》22044 按語部分所引王輝《殷人火祭説》。

4.《合集》20703(與《合集》22133、22225、22144、《乙》8744 綴):"用貘▉母。"蔡哲茂《甲骨綴合集》釋"卅",實爲"中",《合集》21040 有"中母"爲證。

5. 婦女組卜辭"禦"多用"午"表示,寫作▉,著録多誤釋爲"十",如 22226"己未卜:~帚匕庚"、"于亞束~帚"、"~帚匕庚",此處舊讀爲"十婦"。① 如《合集》22243②"午(禦)中母",《合集》22137"用午(禦)㞢牢",均不釋"十"。

6.《合集》22294:"乙卯卜:▉午(禦)用。"此字舊訓"凶"或"西"。相類似的又如《合集》22294"乙卯卜:▉午(禦)用",《合集》1441"己未卜貞:寮酌,▉晋大甲……",《花東》113"晋四十牛匕庚,▉[萃]其于獸,若",《花東》208"▉五六日至"。字當釋"鹵",本義爲鹽鹵,卜辭常假借作"廼"講,如此卜辭文義均可疏通。如《花東》395"癸酉卜:既乎,子其往于田,鹵亡事。用","鹵亡事"讀"廼亡事"。《花東》401"丙卜:丁乎多臣複,鹵非心、于不若,隹吉,乎行",《花東》409"丁卜:子令,鹵心",均讀作廼。

7. 婦女組卜辭有▉,著録多釋"禽"或"㚔",如《合補》6829"~又羊又羲匕庚",《合集》22258"癸丑卜:祼~中母,弜㞢友",《合集》22293"甲子卜:寮~羊"。從辭例來看釋"凶"爲宜,"禽"多作▉、▉、▉等形,"凶"一般作▉、▉等形,花園莊東地甲骨"凶"字作▉(《花東》228)、▉(《花東》409)、▉(《花東》276)等形,與婦女組"凶"字寫法近似。

8.《合集》22374③"又▉匕庚袝。不","弜侑▉匕[庚]袝。用"。《校釋總集》讀爲"不▉匕庚又人","弜又人匕庚。用"。▉并非"人",實乃"刀",讀"召"。

三、子組卜辭誤釋、漏釋舉例

1.《合》21661《校釋總集》讀"于叔,夕又㞢"有誤,當讀爲"癸巳卜:於騷月有㞢"。"㞢"表禍咎義。"騷月"爲月名,如《合集》21694"己卯卜我貞:騷月有事"。

2.《合》21541:"甲子卜:我叀禦▉祖,若。"此字著録多未釋,與《花東》37"肇"同字形,"癸巳卜:子廢,叀白璧▉丁,用"。肇在卜辭中字形一般作▉,《説文》:"肇,擊也。"丁山謂字形爲以戈破户形,户爲國門之象徵,④卜辭用爲啓動,後添加手形作

---

① 李學勤:《帝乙時代的非王卜辭》,《考古學報》1958 年第 1 期。
② 此版與多版綴合,另綴 22244(乙 8755)+22259 左+22269+乙 8767+16963(乙 8745)+16982(乙 8740)+18483(乙 8700),參見蔣玉斌《殷墟第十五次發掘 YH251、332 兩坑所得甲骨綴合遺》。
③ 與片另綴《合補》6915+22221+乙 8774+19895+乙補 7394,見蔣玉斌博士論文綴合第 13 組。
④ 參于省吾《甲骨文字詁林》,第 2312 頁,引丁山《氏族及制度》,中華書局,1996 年。

〇，或从殳从户之〇。

3.《合》21677："丁卯卜㱿貞：我奭〇丁自庚。"《校釋總集》釋"我奭匕丁自父庚"，字釋作"匕"、"父"二字，此字形又見於《合》17937"〇日毛"，《合》20946"弗〇四月其雨"，《英》2119"庚午卜祝貞：其〇史亡侑，九月"。姚萱釋"及"，謂21667"及丁自庚"是從庚到丁，17937"及日毛"意爲到舉行日祭的時候舉行毛祭，20946則與卜辭"及某月雨"相類。①

4.《合》21613〇〇爲"受禾"，《校釋總集》誤釋爲"爰尋"。

5.《合》21597與《乙》1313綴合，②"今甲"《校釋總集》誤釋爲"今匕"。

6.《合》21619"乙巳[衍]……丁〇……"，《校釋總集》誤釋爲"乙未"。

7.《合》21535"甲戌"後無"卜"，《校釋總集》衍"卜"字。

8.《合》21662"戊辰卜衍貞：我……"，《校釋總集》漏"我"字。

9.《合》21830"〇卯卜㱿：令〇隹翌庚若"，爲"己"字，《摹釋總集》、《校釋總集》誤爲"丁卯"。

四、圓體類、劣體類卜辭誤釋、漏釋舉例

1. 圓體類卜辭誤釋、漏釋情況

（1）《合集》20869《摹釋總集》僅録"辛"，白於藍先生《殷墟甲骨刻辭摹釋總集校訂》補爲"辛亥囨"，"辛亥妾"。《校釋總集》同。釋"妾"之字拓片作〇，依字形當爲"〇"（攱），是卜辭常見的祭祀用牲法。

（2）《合集》20876《摹釋總集》僅録"癸丑"，《校釋總集》釋讀爲"癸丑卜，乘十二，小㝢三牢，奠……"，拓片模糊但字迹仍可辨，〇亦爲"〇"（攱），〇乃"酓"，讀作"癸丑卜，攱酓三牢，奠……"爲宜。

（3）《合集》21869釋讀較混亂，《摹釋總集》讀爲"丙午㝢惟甲……"，"丙午㝢惟今夕……"；《校釋總集》讀爲"丙午，㝢，叀五月"，"丙午，㝢，叀七月"。拓片中〇實爲"用"字，非"㝢"。〇爲"生"字，非"七"，與下辭對貞。讀爲"丙午用。叀今月"，"丙午用。叀生月"。

（4）《合》21876："丙午：〇。"《摹釋總集》釋"豕"，《校釋總集》釋"兕"。"兕"甲骨文作〇、〇、〇等形，《説文》謂"兕，如野牛而青色，象形"，《海内南經》謂"兕，其狀

---

① 姚萱：《殷墟花園莊東地甲骨卜辭的初步研究》，綫裝書局，2006年，第119頁。
② 宋雅萍綴，見《YH一二七坑背甲新綴一例》。

爲牛,蒼黑,一角",《爾雅》"兕,似牛"。此鼻長當爲"象",類似的寫法又如《合集》32954"▢(象)"。

(5) 蔣玉斌將《合集》21879 與《合集》22228、《合集》22229 相綴,"酯伐廿、▢卅、牢卅、伇三多"。字爲"邕"字缺刻,釋"其"誤。《合集》22231 爲證,與此片同事而卜,"甲寅卜貞:三卜用盉三羊,酯伐廿、邕卅、牢卅、伇三多于匕庚"。

(6)《合集》21885:"戊申:隹匕庚勾▢。"《校釋總集》釋"土",實"午"(禦)字,相似字形有《屯南》2690"戊午卜父庚……"作▢,《屯南》4557"庚午"作▢,另外屯西類子卜辭"禦"字所從皆作此形,如《屯南·附》"禦"作▢、▢等。

(7)《合集》21951,此版與《乙》609、《乙》613 相綴,①辭"辛亥:叀▢"。《摹釋總集》、《校釋總集》釋爲"示隹",實乃"鳶"字異構,如《合集》5739"乎多射▢(鳶)",《合集》37437"……兹[厄]……六十鹿……▢一……雉一……",《合集》21983"丙……▢……"。"鳶"是個形聲字,从隹、戈聲,字形多作▢或▢。

(8)《合集》21982:"……以▢羌告。"《校釋總集》釋"敔",實爲"敊",从隹、从攴。"敊"一般作▢、▢、▢等形,于省吾釋"摧",古"推"字,卜辭用爲摧毀性災害。《廣雅·釋詁》:"摧,推也。"《廣韻》:"敊,士咸切,鳥敊物也。""鳥敊物"解作鳥摧毀生物,和災害之義相因,這是古文字偶於後世字書的一例。② 如《乙》575"帝其降敊",《乙》2653"其业降大敊"。

2. 劣體類卜辭誤釋、漏釋情況

(1)《合》21484,《摹釋總集》、《校釋總集》釋讀爲"乙亥缶。刀缶"。▢實"叶",非"缶"。▢爲"卜",非"刀"。此片當讀爲"乙亥卜:叶……叶"。此與午組卜辭部分"卜"字寫法類似,如《合》19954 作▢、《合》21523 作▢、《合》22063 作▢、《合》22067 作▢等。

(2)《合》21849 與《乙》1518 綴合,此版卜辭字形有正寫、倒寫,且一辭之内字體亦有正、倒。《校釋總集》將"至"、"叀"、"牢"等字正看,釋讀爲"□寅……盡……翌……禦……"。▢爲"寅"字倒寫,釋"至"誤。▢乃"叀",辭 3 ▢爲"叀"字倒寫,釋"翌"誤。▢爲"牢"字,釋"盡"誤,類似寫法又見於《合》24366(牢作▢)。

(3)《合》21872:"▢亥貞:我多臣不見。""己"《摹釋總集》等誤釋爲"丁"。

(4)《合》21883:"己▢其……母。"《摹釋總集》等未釋,實"未"字。

(5)《合》21887 ▢ ▢《校釋總集》釋爲"□戌",當從《摹釋總集》釋讀爲"戊戌",▢爲"戊"字,類似寫法又見於《合》21891 ▢。此片"丁▢▢"《摹釋總集》讀"丁凡

---

① 蔣玉斌綴,詳見其博士論文《殷墟子卜辭的整理與研究》圓體類卜辭材料表。
② 見于省吾《甲骨文字釋林·釋敊》,中華書局,2009 年。

戌",《校釋總集》讀爲"丁亥",當讀爲"丁酉卜"。

（6）《合》21936:"癸丑：■■。"《摹釋總集》釋讀爲"癸丑■伯率",《校釋總集》讀爲"癸丑：邑率"。■卜辭用爲地名,釋"■伯"或"邑"不當。■依字形當爲"雨"字,讀爲"癸丑：器雨"爲宜。

（7）《合》21975:"癸卯……■……"《摹釋總集》、《校釋總集》釋爲"尋史",實即卜辭■字異構,又作■等形,是一種田獵方法。劉釗先生謂字從豕、從史,金文作■、■形,豕字已失原狀,卜辭用作動詞,爲一種擒獲手段。①

五、其他子卜辭誤釋、漏釋舉例

1. 刀卜辭

（1）《合》20389:"戌史刀……"《摹釋總集》、《合集釋文》等誤釋爲"戌辰",■蔣玉斌先生釋"史",認爲是"史"字缺刻,又如《合》21086"又史"之■、21514"甲又史,刀……"之■。②

（2）《合》22330:"……子……又■……"《摹釋總集》釋"企",《校釋總集》釋"咎",當"此"字。

2. 侯南類卜辭

（1）侯 24:"其去宁。"字從宀、從卩,董作賓釋"㠯",不確。

（2）侯 26:"母（毋）弜。""弜"侯南釋文釋"从"有誤。

（3）侯 33:"其用黽,弗每,王侃。"原釋文爲"其用黽,弗每王,泳"。董作賓認爲"泳"爲帝乙、帝辛兩代史官,用在辭末是泳的簽名,并謂"在這樣簡略的卜辭之下,注着史官名字,五期以前是沒有見過的"。③ 此"泳"字當從裘錫圭先生釋"侃",愉快之義,斷句爲"王侃"。"每"讀悔,訓悔。卜辭又有《合》29240"王叀南田省,延往于■,弗每（悔）"。

（4）侯 34:"……要□人,乎又司母,克孚二人。"原釋文爲"乎又司"。董作賓謂"又司即有司,在卜辭中爲僅見之職官"。④ 查原片,"司"後漏"母"字,"司母"當是一詞。

---

① 劉釗：《卜辭所見殷代的軍事活動》,《古文字研究》第 16 輯,中華書局,1989 年,第 124 頁。
② 參見蔣玉斌博士論文《殷墟子卜辭的整理與研究》第五章"刀卜辭"。
③ 《董作賓先生全集》第 2 冊,藝文印書館,1977 年,第 718 頁。
④ 《董作賓先生全集》第 2 冊,第 752 頁。

參考文獻

白於藍.殷墟甲骨刻辭摹釋總集校訂[M].福州:福建人民出版社,2004.
蔡哲茂.甲骨綴合集[M].臺灣:樂學書局,1999.
蔡哲茂.甲骨綴合續集[M].北京:文津出版社,2004.
曹錦炎,沈建華主編.甲骨文校釋總集[M].上海:上海古籍出版社,2007.
蔣玉斌.殷墟子卜辭的整理與研究[D].吉林:吉林大學博士論文,2006.
胡厚宣.甲骨文合集釋文[M].北京:中國社會科學出版社,2011.
姚孝遂.殷墟甲骨刻辭摹釋總集[M].北京:中華書局,1988.
楊郁彥.甲骨文合集分組分類總表[M].臺灣:藝文印書館,2005.

沫司徒疑簋銘文補釋*

周寶宏
(天津師範大學文學院)

沫司徒疑簋銘文是西周早期重要而著名的銘文之一,考釋與研究者數十家,然而對銘文的關鍵字詞仍未能有令人滿意的解釋。李學勤先生《由清華簡〈繫年〉釋讀沫司徒疑簋》根據新出的《繫年》資料,對沫司徒疑簋銘文又作了新的考釋,[①] 比以前諸家之釋似更爲可信,但也有不通之處,今爲之補釋如下。

現將沫司徒疑簋銘文釋文録於下:

王來伐商邑,征(誕)

令(命)康侯啚于衛

渚(沫)嗣(司)土(徒)送(疑)眔啚,

乍(作)氒(厥)考隣(尊)彝。

沫司徒疑簋銘文的"商邑"、"征"、"啚"、"衛"、"沫"、"疑"、"眔"等字考釋諸家皆有分歧,特别是"啚"字分歧最多最大,也是理解簋銘内容的最關鍵的詞,如果"啚"字的用法理解有誤,那麽對全銘文也會造成不正確的理解。當然這也涉及銘文中"商邑"、"康"、"衛"、"沫"四個地名關係的正確理解。

李學勤先生《由清華簡〈繫年〉釋讀沫司徒疑簋》説:

---

* 本文是國家社科基金重點項目《西周金文地名集證(14AZD112)》子課題《西周金文王畿地名彙考》、教育部人文社會科學研究 2009 年度項目《西周青銅器銘文考釋》(項目批准號 09YJA740084)、2011 年度國家社會科學基金項目《西周青銅重器銘文集釋(西周早期)》(項目批准號 11BYY091)的部分成果。
① 李學勤:《由清華簡〈繫年〉釋讀沫司徒疑簋》,見氏著《夏商周文明研究》,商務印書館,2015 年,第 177 頁。

《繫年》書中記述西周史事的,是最前面的四章。其第四章講到衛國的初封,說:

> 周成王、周公既遷殷民於洛邑,乃追念夏商之亡由,方設出宗子,以作周厚屏,乃先建衛叔封于庚(康)丘,以侯殷之餘民。衛人自庚(康)丘遷于淇衛。

....

"商邑"見《詩·殷武》"商邑翼翼,四方之極",指商王朝直接統治的區域而言,殷墟卜辭稱之爲"大邑商",因而也作爲商王朝的代詞。……

....

……康侯之所以稱"康",是由於都於康丘。這個康丘便於"侯殷餘民",自係在商朝故地,推想當在邶、鄘、衛三地中的衛地境內,因此康叔在簡文裏又稱作"衛叔封"。"衛"是大名,"康丘"是作爲都邑的地點。

....

銘中的"啚"讀爲"鄙",應該解釋爲劃定國土的邊境地區。王在征伐商邑、平定叛亂之後,分封康侯,確定其邊鄙自然是必要的步驟。

……(沬)這個地點雖曾爲商王所居,但不是康侯初封的都邑,可能是因爲戰爭的破壞一時難於修復的緣故。

……此次康侯封建,劃定邊境,沬地也包括在內,這便是簋銘所説"眔鄙"。"眔"字古書作"逮",訓爲"及",意思是參預。

沬,也即是朝歌這個地方,既然曾爲紂所居,自然有形勝之處,不是康侯初都的康丘所能比,所以如《繫年》所載,衛人後來還是"遷于淇衛","淇衛"就是濱於淇水的朝歌,不過簡文并沒有說明遷都在什麼時候。考慮到據《史記·衛世家》,康侯的下一世爲康伯,仍沿用"康"爲名號,衛人的遷都或許還要晚一些。

周按:李學勤先生在《清華簡〈繫年〉解答封衛疑謎》、①《清華簡〈繫年〉及有關古史問題》、②《由清華簡〈繫年〉釋讀沬司徒疑簋》三篇文章中都強調康叔封所封之"康"在衛地之內,"衛"是大名,"康丘"是其中都邑的小名。

康叔封封在康國的時代,有人認爲在文王末年至武王初年,也有人認爲在武王克殷之後。不管是前說還是後說,都說明康叔封封在康國爲侯,不是在周公和成王時代,更不是在三監被滅之後。也就是說武王克殷後把商王畿故地一分爲三,紂王之子

---

① 李學勤:《清華簡〈繫年〉解答封衛疑迷》,見氏著《夏商周文明研究》,第28頁。
② 李學勤:《清華簡〈繫年〉及有關古史問題》,見氏著《三代文明研究》,商務印書館,2011年,第196頁。

武庚、武王弟弟管叔、蔡叔各監一地，康叔封所封之康是不可能在三監之一衛地的範圍之内的。也不可能在衛的東部地區，如果在衛的東部，那麽三監反叛，康侯被夾在三監與薄姑、奄等大東反叛的強國之間，在這樣的地理位置情況下，康侯要麽跟隨三監反叛，最後被周王朝消滅；要麽反對三監反叛，最先被三監及殷遺強國所消滅。但是，并没有這方面的資料，可見康國不在衛地，也不在衛國之東。

劉起釪先生《周初的"三監"與邶、鄘、衛三國及衛康叔封地問題》①説：

《史記·衛世家·索隱》云："康，畿内國名。宋忠曰：康叔從康徙封衛，衛即殷虛定昌之地。畿内之康不知所在也。"宋忠爲漢末人，可知漢代已不知道康在哪里。到孫星衍《尚書今古文注疏》中指出："按司馬氏引宋忠之言，是康之爲國，出《世本》也。"這説明宋忠所據的流傳自先秦的《世本》裏記載了康，而且康叔是先食封於康、從康徙封於衛的。《路史·國名紀》卷五云："康，《姓書》：'康叔故都，在潁川。'孔安國、宋忠以爲畿内國。"孫星衍也解釋云："……云在潁川者，《説文》：'邟，潁川縣。'……《集韻》：'邟，縣名，在潁川。'又有'鄘'，同音地名，則即'康'也，元始二年始復稱'邟'，今河南汝州是。"汝州州治即今河南省臨汝縣，這是説"康"在今臨汝縣境附近。

按，《水經注》："潁水又東出陽關，歷康城南。"《太平寰宇記》卷七"陽翟縣"下："康城，《洛陽記》云：'夏少康故邑也'。"……江永《春秋地理考實》："……《括地志》'故康城在許州陽翟縣西北三十五里。'陽翟，今許州府禹州。"禹州即今禹縣，那麽，在禹縣的西北，也就是鄰近臨汝縣境了。可知諸書所指是一地，都是禹縣和臨汝之間。《商頌·玄鳥》説："邦畿千里。"其地正在距朝歌（淇縣）千里範圍之内，可知康在今河南省禹縣、臨汝之間，是商畿内之地。

…………

按，當周文王戡黎（今山西壺關）、伐邘（今河南沁陽）、伐崇（今河南登封、嵩縣一帶）之後，今河南省境内南達汝水以迄漢水的廣大地區，即商畿的南部以及更南，都繼晉南之後，全部納入了周人的勢力範圍，……在武王滅紂劃分商畿爲邶、鄘、衛以前，管叔已封在管（今鄭州附近），蔡叔已封在蔡（今河南上蔡），周公子伯禽稱爲魯公已封在魯（今河南魯山縣，誅管蔡後才連國名遷曲阜）。這三國都在汝水流域，那麽康叔也封在這一帶的康（今臨汝、禹縣之間），是很合於客觀的歷史形勢的。

---

① 劉起釪：《周初的"三監"與邶、鄘、衛三國及衛康叔封地問題》，見氏著《古史續辨》，中國社會科學出版社，1991年，第514頁。

周按：上引劉起釪先生關於康侯之康所在之地的研究是可信的。李學勤先生説"康"在"衛"之内的理由是："這個康丘便於'侯殷餘民'，自係在商朝故地，推想當在邶、鄘、衛三地中的衛地境内，因此康叔在簡文裏又稱作'衛康封'。'衛'是大名，'康丘'是其中作爲都邑的地點。"李先生這個結論是根據新發現的清華簡《繫年》的記載，已見上引李先生文中所引：

　　周成王、周公既遷殷民於洛邑，乃追念夏商之亡由，方設出宗子，以作周厚屏，乃先建衛叔封于庚（康）丘，以侯殷之餘民。衛人自庚（康）丘遷于淇衛。

仔細閲讀楚簡這段戰國人的記載，可以看出是有問題的。封康叔封於康，最晚也是在周武王克殷之後，絶不是在周公、周成王平定三監反叛、遷殷民於洛邑之後，這是學術界公認的史實。可是，上引楚簡却説周成王、周公滅三監遷殷民之後，"乃先建衛叔封于庚（康）丘，以侯殷之餘民"。這種説法與傳世文獻記載不符。比較而言，傳世典籍的説法是可信的，上引楚簡的説法是不可信的。如此，武王時封康叔封於康，而"侯殷之餘民"這類事情，只能發生在周公、周成王平定三監及東國叛亂之後才能出現的事情，因此上引《繫年》之説是誤記，其實是封康叔於衛"以侯殷之餘民"才對。由此可知，李學勤先生據《繫年》的誤記而得出康在衛地境内的説法也就失去了依據。

李學勤先生爲了解釋將"康丘"放入衛、康與衛有并列的地名爲什麼在一地的問題，説道："'衛'是大名，'康丘'是其中作爲都邑的地點。"

"衛"見於甲骨文，本來是一個具體的地點。王震中先生《商族起源與先商社會變遷》①説：

　　其實，郼亳所在，《吕氏春秋》本身已有綫索可尋。《吕氏春秋·慎大覽》説："湯立爲天子……親郼如夏。"高誘注："郼，讀如衣。今兖州人謂殷氏皆曰衣。言桀民親殷如夏氏也。"……凡此均可證郼、衣、殷爲一。郼與殷爲一，所以郼亳可以説是殷亳，這是説郼亳距離殷都很近，大致在殷的範圍即晚商的王畿的範圍。

　　從古文字學的角度講，郼是後起的字，在甲骨文和商周金文中，是韋（韋）和衛（衛）。

　　周初分封給康叔的衛國的領地很大，其範圍與晚商王畿的範圍大致相同。

　　商代的衛地却遠不如周初衛國那麼大。在甲骨文中，有稱爲"衛"的地方，也有叫做"子韋"的人，還有作爲貞人即卜人的"韋"，此外，安陽小屯北17號墓出土

---

① 王震中：《商族起源與先商社會變遷》，見《商代史》卷三，中國社會科學出版社，2010年，第79頁。

的銅器中有"韋"字族氏徽銘。對於甲骨文中的"韋"與"衛",有的甲骨學者認爲是同一字,有的認爲不是同一字。若取同一字説,則可以做出這樣的解釋:作爲"子韋"身份的韋族之人,領有一片封地,并向王朝派人擔任貞卜職務,據《合集》28064卜辭"戊寅卜,在韋師,人無戈異,其糟",可知在韋(衛)地還駐屯有軍隊,這樣,商代的卫(即衛或韋)地就可能是一個較大的邑聚或由一個較大的邑再加幾個小邑組成一組邑落。即使這樣,比起周初的衛國,商代的衛地要小得多。若甲骨文中的"衛"與"韋"是不同的兩個字,代表了不同的兩個地方,比如"韋"爲滑縣的豕韋之地,"衛"爲"邶、庸、衛"之衛地,那麽,商代的衛地就會更小。

周初的衛國與商代的衛地第二個區別是,周代康叔衛國的都城與商代的衛邑所在地并不一致。……位於河、淇間故商墟的衛國都城,一般認爲是在商紂之朝歌,只是該朝歌的位置,有的認爲在今河南淇縣,有的認爲在淇縣與浚縣交界處,有的認爲在湯陰南。不論朝歌位於這三地的何處,三地都屬晚商時期的王畿範圍,都在殷都安陽之南。而商代的衛邑却在殷都安陽之東。如《逸周書·作雒解》也説:"武王克殷,乃立王子禄父,俾守商祀。建管叔于東,建蔡叔、霍叔于殷,俾監殷臣。"《帝王世紀》曰:"自殷都以東爲衛,管叔監之……"……作爲監國的管叔所主管的"東",屬於"殷都以東"的衛地,是明確的。管叔所封的衛是商代原有的卫地,而康叔所封的卫是周公殺管叔、武庚禄父,放蔡叔之後,重新劃分給康叔的領地。康叔的領地也稱爲衛,而其都城却在被稱爲"商墟"或"殷"的範圍内的朝歌的地方。

…………

總括上述,商代的衛地在商都以東不遠的地方,推測其地應在今安陽、湯陰、浚縣以東不遠的地方,應包括内黄和濮陽在内,特别是内黄靠近濮陽的地方。

周按:上引王震中先生對商代衛地的考證是可信的,其證據豐富,不備引。由王震中先生的考證可知,商的衛地是一個具體的地名,在殷都之東,今内黄和濮陽一帶。這個地名衛,從商末至三監,再至三監被滅之後封給康叔之前,都是一個具體的地名,與後來周初衛國包括三監之地是不同的,也就是説,在商末周初這段時間内,衛絶不是"大名",而是具體的地區名。那麽在沬司徒疑簋銘裏的"衛"是否爲"大名"呢?

王來伐商邑,誕
命康侯啚(鄙)于衛,
沬司徒疑眾啚(鄙)……

如果"啚于衛"按李學勤先生的解釋是劃定國土的邊境地區的意思,也就是封康叔於衛的意思,即便如此,上引銘文中商邑、康、衛、沫四地是并列的,説明此銘文中的"衛"顯然是與商邑、康、沫一樣,是一個具體的地區名,在今天内黄、濮陽之間的那個衛,不是西周時代那個衛國的衛。因爲即使沫司徒簋按李先生所説是封康叔於衛,也只是剛剛劃定邊境,"衛"也不可能由商王畿東部一個具體地區馬上變爲全部商王畿(即西周衛國封地)的大名稱。

傳世文獻記載康叔從康遷於衛。李學勤先生説:"所以如《繫年》所載,衛人後來還是'遷于淇衛','淇衛'就是濱於淇水的朝歌,不過簡文并没有説明遷都是在什麽時候。考慮到據《史記·衛世家》康侯的下一世爲康伯,仍沿用'康'爲名號,衛人的遷都或許要晚一些。"李先生這個判斷是可信的。由此可以推知,康伯的下一代由康遷都衛,因而改國號爲衛,從此才有西周衛國這個名稱。如同唐叔封於唐,後來的國王遷於晉,改國號爲晉一樣,康叔後人遷衛應在康王時代。

李學勤先生説:"銘中的'啚'讀爲'鄙',應該解釋爲劃定國土的邊境地區。王在征伐商邑平定叛亂之後,分封康侯,確定邊鄙自然是必要的步驟。"李先生讀"啚"爲邊鄙之鄙,有甲骨文"啚"字用爲邊境之義爲證,在詞義證據上是有根據的,名詞邊鄙之義的"啚"用爲動詞"劃定國土的邊境地區"之義也很自然。但是,李先生没有放入銘文原句進行解釋,原銘文爲:

王來伐商邑,誕命康侯啚(鄙)于衛。

"啚(鄙)于衛"這個句式中的"于"字在此可有兩種解釋,一是"在"、"到"之義,一是"對"、"給"之義。銘文中"衛"是地名或國名,因此上列兩種用法中以"在"、"到"這一用法最適合,而訓爲"對"、"給"則不通順。王命令康侯在(或到)衛地劃定國土的邊境,通順;王命令康侯對(或給)衛地劃定國土的邊境,不通順。上文已説明,在沫司徒疑簋銘文中,"衛"是一個具體的地區名,還不是西周衛國,因此説在"衛"(衛地在殷都東部在今河南内黄、濮陽一帶)劃定衛國的邊境是不可能的。關於"啚"字解釋有多種:

認爲啚(鄙)是康侯之名,并認爲"康侯鄙"爲人名,即康侯豐,豐、啚(鄙)一名一字。容庚《商周彝器通考》、周法高《康侯簋考釋》和《金文詁林》(卷五下"啚"字條按語)、張光遠《西周康侯簋考釋》、①陳夢家《西周銅器斷代》、②周永珍《釋康侯簋》皆主

① 張光遠:《西周康侯簋考釋——兼論衛都地點及周初兩次伐商的銅器實録》,臺北《故宫季刊》第14卷第3期。
② 陳夢家:《西周銅器斷代》,中華書局,2004年,第11頁。

此説，可謂名家薈萃。但是"(王)誕令(命)康侯啚(鄙)于衛"，如果"啚(鄙)"爲康侯之名，則康侯"啚(鄙)"後缺謂語，使語句不通，語義不清，王命令康侯在衛做什麽？

楊樹達《積微居金文説》據《廣雅·釋詁》"鄙，國也"，解"啚"爲封國之義。① 但是，因爲"啚(鄙)"在古文字資料和傳世文獻中皆無用爲"國"之義，因此無人信之者。

唐蘭《西周青銅器銘文分代史徵》釋譯"令康侯鄙于衛"説"命康侯在衛地防守邊境"。② "衛"是誰的邊境，"衛"地怎麽成了邊境？ 根本説不清楚，也不會存在"衛"是某某邊境的事實。

于省吾先生《尊古齋所見吉金圖序》讀"啚"爲"圖"(圖)，訓爲謀議。彭裕商《沫司徒疑簋考釋及相關問題》讀"啚"爲"圖"(圖)，訓爲地圖。③ 張桂光《沫司徒疑簋及相關問題》讀"啚"爲"圖"(圖)，訓爲規劃之義。④ 皆因西周金文"啚"、"圖"(圖)早已分化爲兩個不同的字，二字用義皆不相混，也就是"啚"字未見用"圖"義者，"圖"字也不用爲"啚"字表示的字義，因此凡讀"啚"爲"圖"者皆不可信。

董蓮池《沫司徒疑簋"征"、"啚"釋"徙"、釋"圖"説平議》説"誕命康侯鄙于衛"是"成王頒命康侯在衛地建守周邊"。⑤ "建守"是什麼意思？ 是建立防守還是建設防守？ 一個"啚"(鄙)字居然有建立(建設)防守之義？

董珊《清華簡〈繫年〉所見的"衛叔封"》説"鄙于衛"應理解爲以衛爲邊邑，這是增大康侯的封地至衛。⑥ 按：如果按董珊先生的理解，"鄙于衛"應該是"鄙衛"才對，而"鄙于衛"怎麽能有"以衛爲邊邑"的意思呢，這樣理解不合原文的句式啊！ 由此可見董珊此説不可信。

以上關於"啚"字諸説，包括李學勤先生的説法，皆經不住仔細推敲，仔細一推敲皆有問題，可見是不可信的。

本人曾有《沫司徒疑簋銘文"啚"字研究》一文對此"啚"字有專門探討，認爲銘"啚"與見於敔簋之"𠷎(啚)"爲一字，用法相同，徐中舒《禹鼎的年代及相關問題》釋

---

① 楊樹達：《積微居金文説》，中華書局，1997年，第222頁。
② 唐蘭：《西周青銅器銘文分代史徵》，中華書局，1986年，第32頁；馬承源：《商周青銅器銘文選》第3册，文物出版社，1988年，第20頁。
③ 彭裕商：《沫司徒逨簋考釋及相關問題》，吉林大學古文字研究室：《于省吾教授百年誕辰紀念文集》，吉林大學出版社，1996年。
④ 張桂光：《沫司徒疑簋及相關問題》，《古文字研究》第22輯，中華書局，2000年。
⑤ 董蓮池：《沫司徒疑簋"征"、"啚"釋"徙"、釋"圖"説平議》，《中國文字研究》2008年第1期。
⑥ 董珊：《清華簡〈繫年〉所見的"衛叔封"》，見氏著《簡帛文獻考釋論叢》，上海古籍出版社，2014年，第83頁。

爲"稟"(廩),是可信的。① "王令康侯啚于衛,沬司徒疑眔啚"是説周王率領軍隊伐商邑回歸時,命令康侯在衛地取糧倉之糧以供軍用,沬司徒疑參與徵糧之事,因此做器以紀念。

康侯、沬司徒疑等肯定都參與了平定三監之亂,但他們不是在前綫,應該是負責後勤供應工作。由此可知,沬司徒疑簋銘文記載的不是周王封康侯於衛和封康侯於衛有關的事情。

沬司徒疑簋銘文的"商邑"、"康"、"衛"、"沬"四地并列,都是獨自的區域名稱。"商邑"明顯是紂子禄父武庚的封地,不應是沬地(即後來的朝歌),而應該是安陽的殷墟小屯村。都説"沬"(古籍作"妹")是"衛",但由銘文可知,"衛"與"沬"肯定爲兩地。有人認爲"衛"即古籍中的"鄘",而"鄘"古訓中讀爲殷、讀爲衣,因此説"鄘"(衛)來源于殷。這是由古注而造成的誤解。讀"鄘"爲"殷"、讀爲"衣",皆是漢代文獻的讀音,與商周無關。商代甲骨文"衣"字後來證明原理解爲地名的實際應讀"卒",因此甲骨文無地名"衣",當然也無地名"殷"。因此"衛"不是來源於"殷",也就不是紂王所都的"沬"(朝歌)之殷了。周人稱商又稱殷,稱殷習見于西周金文,其義完全同"商",因此殷商之殷其來源可能不是來自某個地名,當然也不是來源於甲骨文"衣"。楊升南《甲骨文商史叢考》認爲周初周人稱商爲殷既不是沿用地名,也不具有貶義,相反,是一種尊稱,如《逸周書·祭公》"大殷"、"大邦殷"之稱,而《尚書·大誥》自稱"小邦周"。②

有人認爲沬、牧二字通假,牧野之牧與沬爲一地,這也是從文獻訓詁中得到的誤解。西周早期金文小臣謎簋銘文有"牧自(師)","牧自"應是殷八師或成周八自之一。牧地當在商王紂所都之朝歌(沬)之南,牧、沬二地不是一地,但距離不遠。

西周衛國的都城就在沬,即春秋戰國時代的朝歌,這是漢代以來訓詁學家、歷史學家公認的看法,也有考古爲證。郝本性《衛國之謎的破解——浚縣辛村墓地》:

> 辛村衛國墓地位於河南省浚縣縣城西約35公里處的淇河北岸,今隸屬於鶴壁市郊區龐村鎮。淇水自西北寒波洞流來,在辛村村西折而東流,墓葬多壓在今辛村村莊下,村東一帶耕地裏均有墓葬分布。
>
> ……
>
> 辛村衛國墓出土青銅禮器不多,有鼎、簋、尊、卣、爵、方彝等共計16件;出土

---

① 周寶宏:《沬司徒疑簋銘文"啚"字研究》,《漢字研究》第1輯,學苑出版社,2005年,第450頁。
② 楊升南:《甲骨文商史叢考》,綫裝書局,2007年,第519頁。

兵器較多,有戈 81 件,矛 11 件,特別是出土了 10 多件戟。戟是戈、矛的合體,以往認爲戟到了東周時代才出現,此處却出土了 10 件西周時期的戟,其中 1 件戟上有銘文"侯"字,還有 1 件竟是鈎戟。這不僅説明戟在西周時代已經……當時周王朝鎮撫東方的殷八師曾駐紮此地,衛侯擁有强大的武裝力量。①

郭寶鈞《濬縣辛村》説:

> 根據上述墓葬分布及遺物的比較,我們對辛村墓地的性質,可以概括地認爲,大致是西周時代到東周初年衛國貴族的埋葬地。
>
> 爲什麽説是衛國的墓地呢?因爲辛村墓地在淇水濱,距衛都朝歌不過 20 公里,而淇水又是衛國境內的風景區,正好選作衛先人的長眠地。……《詩·柏舟》鄭箋:"自紂城而北曰邶,南曰鄘,東曰衛(三地原屬三監封地)。衛在汲郡朝歌縣,時康叔正封于衛。"……而淇濱辛村正屬衛的封域。……況且辛村墓地中又明明出有銘"衛自易"的甲泡,點明是衛地。……
>
> 爲什麽説是衛國貴族的墓地呢?從墓葬述略的八座大墓中,我們可以看出墓室的宏闊,墓道的長大,隨葬器物的豐富,珍品的繁多,而且還附有車輛乘馬的專坑……況在墓二中又有"侯"字戟出土,墓 8 中有"白(伯)矢"戟出土,墓 42 中有"成周"戈出土,而墓 60 的侍從墓尊銘又説明他曾從公格於官,到過宗周。這些"公"、"侯"、"伯"、"官"的稱謂,一般平民何能使用,非貴族階級而何?②

周按:從上引郭寶鈞等先生對濬縣辛村衛國墓地的説明和時代的確定,可以知道,紂王所都的沬邑(朝歌)至遲在西周早期已作爲衛國的首都,也就是説原來的封管叔、後來封給康叔、已經合并到原來封給蔡的東,後來封給仲旄父的衛(詳下)裏去了。

康叔封被封於衛,這是漢代文獻如《史記》、《漢書》等的説法,漢以至於今,學界也都這麽説。其實先秦文獻不這麽説,如《左傳》定公四年關於封衛時説:"命以《康誥》,而封於殷虚。"《逸周書·作雒篇》説:"俾康叔宇于殷,俾中旄父宇于東。"都不説封於衛,只是説"封於殷"。上面已説明,在商末至三監時代"殷"與"衛"是兩地,也就是説,康叔被封於殷時,殷地還不叫衛或不屬於衛。劉起釪先生的《周初的"三監"與邶、鄘、衛三國及衛康叔封地問題》説:

---

① 郝本性:《衛國之謎的破解——浚縣辛村墓地》,河南省文物考古研究所:《啓封中原文明——20 世紀河南考古大發現》,河南人民出版社,2002 年,第 119 頁。
② 郭寶鈞:《濬縣辛村》,《金文文獻集成》第 21 册,綫裝書局,2005 年,第 681 頁。

爲什麼一般史籍都説康叔封於衛,而他的地域却又包括了鄘(東)呢?我們可以從《逸周書·作雒篇》與金文材料相比勘而得其故。《作雒篇》在敍述"臨衛征殷,殷大震潰"之後説:"俾康叔宇于殷,俾中(仲)旄父宇于東"。原來在這一次征服武庚、管、蔡、熊盈之族聯合勢力的艱巨戰事之後,周王朝爲了鎮撫殷畿的廣闊領土,特在封康叔於衛的同時,又把鄘(東)這塊地方封給仲旄父。仲旄父是什麼人?……可知仲旄父、康伯髦,與此王孫牟、牟伯,就是一個人,就是康叔的兒子牟。

....

把鄘的西部小東和衛封給了東征有功的康叔父子。……康叔在殷都學會了殷代運用刑法的統治經驗後,被調回王朝任司寇(司法部長)之職,便把封土全交給了兒子康伯髦,鄘與衛便合并稱爲衛。於是衛國的地區廣大,成了在周初鎮撫東方穩定周王朝局勢的大國。

周按:王震中《商族起源與先商社會變遷》詳細考證了商代"衛"地在"殷墟"之東,并且説:

在上引諸種文獻中,每每也提到衛地中有稱爲"東"的地點。……筆者懷疑它就是《左傳》定公四年所説的"相土之東郡",亦即秦王政六年(公元前241年)"并濮陽爲東郡"之東郡,地在今濮陽一帶。這也是《詩經·小雅·大東》中的"大東、小東"之"小東"。

周按:上引王震中先生所説"衛"和"東"在一地是可信的,但説"東"就在商代衛地之中,似在説衛包含東、衛大於東,是不正確的。衛當時指具體的國邑名,而東當時泛指殷都東部地區,因此應該説商代的衛地(或衛邑)在"東"之中,當然二者有時所指當爲一地。《逸周書·作雒篇》先説"臨衛攻(實爲征)殷",然後又説"俾康叔宇殷,俾中旄父宇于東",説明"衛"與"東"實指一地。由此也可知,"俾中旄父宇東"實即"俾中旄父宇于衛",即封康叔之子康伯髦於衛,而封康叔於殷。這個"殷"就是"沬"或"沬邦"。《尚書·酒誥》説:"王若曰:明大命于妹邦。"這是周公或周成王對康叔所説,只説是"妹邦",却不是説"衛"。所謂"明大命于妹邦"就是命令康叔宣布大命令於妹,可見這是康叔被封有沬邑即殷(或朝歌)以後的事情。上引劉起釪先生的文章中説康叔封於衛,其實這個衛指的是殷。秦漢以後所説的"封康叔于衛"都是用後來的稱呼,根本不是當時的稱呼。上引劉起釪先生説,中旄父封在鄘(東),後來康叔到王室做司寇,中旄父便把東與衛(實際是殷)合并,這個説法是可信的,只是,中旄父封于衛,康叔封於殷(沫),康叔到王室做司寇,中斾父(也許是中斾父後代)把衛(在殷都原商朝的衛地)與殷(沫)合并管理,并且把國都定在沫,而國名仍稱爲"衛",從此"衛"不是商末三監時代的"衛",而是兼有沫邑至衛邑比較大範圍的西周衛國了。

又,濬縣辛村衛國墓地出土銅泡上有"衛自易"銘文,衛自即王室駐扎在衛地的軍隊,新出引簋銘文有"齊師",齊師是周王室駐扎在齊的軍隊,衛師、齊師應該都是殷八師之一,都直接歸王室管轄,并不是衛國、齊國的軍隊。衛師的盾牌上的銅質飾物在濬縣辛村出土,説明衛師所駐扎之地離此不會太遠。

作册憲鼎銘文説:"康侯在朽(柯)師,賜作册憲貝,用作寶彝。"有學者認爲柯即《左傳》襄公十九年"叔孫豹會晋士匄于柯"之柯,在地今河南内黄縣東北。此"柯"當時當在中斾父的封地衛地之内,康叔作爲總管原商王畿之地衆多諸侯國,有權到中斾父的封地中的周王室在柯地駐軍視察。由此銘文可知,周王雖把沫地封給康叔,但他并未稱沫侯,説明他有可能未以沫爲自己封地的都城,也没有這個必要,因爲他已到周王室做官了,身居朝廷要職,没有可能在自己的封地住下去了。當然也不可能稱爲衛侯,因爲當時的衛,只是偏在殷都東部,是他兒子康伯髦的封地。

鄧小仲鼎銘文新研[*]

陳榮軍
(安徽大學漢字發展與應用研究中心)

《故宮西周金文錄》第 10 器收錄臺北故宮博物院所藏鄧小仲鼎一件(下文簡稱故宮器),[①]器口呈長方形,折唇,雙立耳,四隅有扉棱,四圓柱足,口沿下有一道立羽獸面紋,外底有交叉的帶狀(範痕)。通高 23.8、口橫 16.8、口縱 13.8、腹深 8.8 釐米,重 2.82 公斤。此器原藏劉體智,有銘文四行二十五字。器影和拓片如下(圖一、圖二):

圖一　　　　　　　　　　圖二

---

[*] 本文得到中國博士後基金第 55 批面上資助項目(2014M551786)、浙江省哲學社會科學規劃課題(15NDJC059YB)資助。
[①] 臺北"故宮博物院"編輯委員會:《故宮西周金文錄》,臺北"故宮博物院",1998 年,第 31 頁。

《歐洲所藏中國青銅器遺珠》第 81 器收有瑞士蘇黎世利特堡博物館藏鄧小仲鼎一件(下文簡稱歐遺器),①器物立耳,口沿下飾有立羽的饕餮紋,四隅有平滑的扉棱。腹部平素,外底有交叉的帶狀範痕。柱足。通高 23.8、口縱 13.8、口橫 16.8 釐米。歐遺器器影和拓片如下(圖三、圖四):

圖三　　　　　　　　　　圖四

經對比兩器器影,結合器高和口沿的數據看,歐遺器跟故宫器的大小一樣。故宫器雖是彩圖,但器物紋飾難以辨認,較早著録此器的善圖雖是黑白圖片,但器物紋飾清晰,對照歐遺器,可知兩器大小一致,紋飾一樣。

故宫器著録較早,較重要的著録號爲:《善齋》3.10,《三代》3.31.2,《貞松》3.3.2,《善圖》41,《小校》2.65.3,《故周金》10,《集成》02528,《商周》02246。歐遺器著録號爲:《歐遺》81,《近出》343,《新收》1828,《商周》02247。

各著録書對兩器的釋文不盡相同,我們下面就手邊的資料進行討論:

《善圖》:豆尗中(仲)叟□□□取用乍(作)□□寶鷺隓(尊)(以下一行不可辯識)②

《三代吉金文存釋文》:□□中叟貝,□□戲用乍氒寶鷺隓,□□□□③

《集成釋文》:鄧小仲獲得丨□于氒祖用作氒丨文祖寶鷺尊丨盧□□□宫。④

---

① 李學勤、艾蘭編著:《歐洲所藏中國青銅器遺珠》,文物出版社,1995,第 81 頁。
② 容庚編著:《善齋彝器圖録·西清彝器拾遺》,中華書局,2012 年,第 126—127 頁。
③ 羅福頤:《三代吉金文存釋文》第 3 卷,香港問學社,1983 年,第 17 頁。
④ 中國社會科學院考古研究所編:《殷周金文集成釋文》第 2 卷,香港中文大學出版社,2001 年,第 259 頁。

《故周金》：登（鄧）小（少）中（仲）隹（雖）友（有）得，弗敢取（沮），用作厥文祖寶黼尊,用尊厥丁□于□宫。①

張亞初《殷周金文集成》（修訂增補本）：𤔲（鄧）小中（仲）夒（鴝）□□□取,用乍（作）𣏃（厥）文且（祖）寶黼隋盡（盍）,□厥□□□宫。②

《歐遺釋文》：鄧小仲获得｜弗敢取（沮）,用乍（作）𣏃（厥）文且（祖）寶黼隋,用隋𣏃（厥）□于□宫。③

《近出》：鄧小仲獲,有得,弗敢阻,用作厥文祖寶黼尊,用尊厥福于宗宫。④

《新收》：𤔲小中隻得｜弗敢取用乍𣏃｜文且寶黼隋｜用隋𣏃□于□宫。⑤

《商周》02246：𤔲（鄧）小中（仲）夒（鴝）㝎（得）,弗敢（敢）取（沮）,用乍（作）𣏃（厥）文且（祖）寶黼隋（尊）盡（盍）,用𣏃（厥）畐于□宫。⑥

《商周》02247：𤔲（鄧）小中（仲）夒（鴝）㝎（得）,弗敢（敢）取（沮）,用乍（作）𣏃（厥）文且（祖）寶黼隋（尊）,用隋（尊）𣏃（厥）畐于□宫。⑦

通過校讀釋文,我們可知,《善圖》釋文因爲拓本不清晰,"鄧"字下从的"廾"與小字連成一體,因而才有"尐"的釋法。有了清晰拓本後,這個問題就解決了。"夒"字的考釋,爲張亞初釋文和《商周》釋文所采用。《三代吉金文存釋文》與《善圖》釋文相比較,釋出"貝"（"得"字所从）字與"𣏃"字,但"鄧"字未釋。"隻"字的考釋爲《故周金》釋爲"隹友"兩字提供了綫索。《集成釋文》已準確釋出"鄧"字,明確了本器的族屬,這是研究中的一個重要進展。《歐遺》因爲此是另一器,且銘文拓片清晰,釋文除漏釋"丁"字,另有二字不能辨識外,其他字均已釋出。《故周金》釋文釋出"丁"字,"獲得"兩字釋成"隹友得",讀成"雖有得"。張亞初釋文晚出,但此前釋"得"未被采用,原文字形描摹於此,缺少右下角"又"字,銘文第四行前兩字"用尊"模糊不清,誤釋成一字"盡"。《近出》釋文釋出"福"字,但"福"上一字未釋,"宫"前一字,拓片無法辨識,臺北器的 X 光片也没拍攝到這一字,《近出》釋"宗",不知何據。《商周》2246 釋文釋出第四行第五字"畐"字,遺憾的是第四行前兩字"用尊"仍沿用張亞初誤釋的"盡"。商

---

① 臺北"故宫博物院"編輯委員會：《故宫西周金文録》,第 209 頁。
② 中國社會科學院考古研究所編：《殷周金文集成》（修訂增補本）,中華書局,2007 年,第 1274 頁。
③ 李學勤、艾蘭編著：《歐洲所藏中國青銅器遺珠》,第 336—337 頁。
④ 劉雨、盧岩編著：《近出殷周金文集録》第 2 册,中華書局,2002 年,第 199 頁。
⑤ 鍾柏生、陳昭容、黄銘崇、袁國華編：《新收殷周青銅器銘文暨器影彙編》,藝文印書館,2006 年,第 1230 頁。
⑥ 吳鎮烽：《商周青銅器銘文暨圖像集成》第 4 册,上海古籍出版社,2012 年,第 470 頁。
⑦ 吳鎮烽：《商周青銅器銘文暨圖像集成》第 4 册,第 471 頁。

周02247歐遺器,拓本清晰,"用尊"二字直接釋出,兩器同銘,但商周02246仍沿用誤釋,令人不解。

鄧小仲鼎早期因爲拓本不清晰,所以能釋出的字較少,歐遺器的出現是個轉折點,出現了清晰的拓本,可以釋讀的文字增多,釋讀結論也更加準確。我們綜合各家考釋,寫定釋文如下:

   登(鄧)小中(仲)隹(雖)友(有)得,弗敢取(沮),用作厥文祖寶齍尊,用尊厥丁畐(福)于□宫。

其中"雖有得"、"丁"從《故周金》所釋。"畐"字采用《商周》所釋,《近出》讀此字爲"福",徐少華先生《鄧國銅器綜考》疑此字爲讀爲"福",都是正確的,但兩處都未見論證。我們補證於此,《故周金》載器物 X 光片,細察 X 光片此字(圖五),可見"田"字的左上角筆畫的痕迹,而拓本和摹本這左上角的筆畫都未能顯示,因此變成了不可釋的字。對照《金文編》的畐字(圖六),①可知此字當釋"畐",讀作"福"。第四行第四字,即"厥"字下面一字,字形作" ",釋"丁"是可取的,西周金文中常見"大福"、"多福"、"瀕福"等詞,"丁福"僅此一見,"丁福"不成詞,"丁"應該是個通假字,當讀爲何字,久思不得其解,只能闕疑。

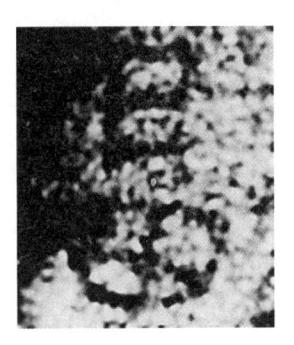

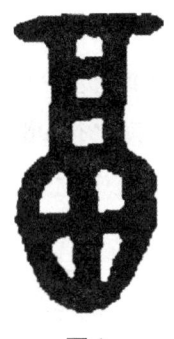

| 圖五 | 圖六 |

關於鄧小仲鼎年代,綜合形制和紋飾,我們認爲或可早到成王時期。先來看器形,其形制近於《西周銅器分期斷代研究》Ⅰ型 2 式鼎,Ⅰ型 2 式鼎中標本康侯鼎爲成王時期器物,因此本器的年代上限是成王時期。本器扉棱與Ⅰ型 3 式鼎中的大豐母方鼎一致,大豐母方鼎爲西周中期偏早器,因此本器下限是西周中期偏早,不能晚於穆王。② 成王到穆王,是一個較長的時間段,分析下紋飾以後,我們可以大致確定本器

---

① 容庚編著,張振林、馬國權摹補:《金文編》,中華書局,1985 年,第 8 頁。
② 王世民、陳公柔、張長壽:《西周青銅器分期斷代研究》,文物出版社,1999 年,第 11—15 頁。

的年代。本器的沿下飾立羽獸面紋,所謂立羽紋,也被稱爲列旗紋、羽脊紋。這種紋飾,見於新出的鄂侯盤、①葉家山曾國墓地銅盤(葉家山 M27:16),②也見於琉璃河燕墓地的伯矩盤。③ 類似的立羽紋飾,還見於上海博物館藏西周早期器物商婦甗的口沿、寧未父乙盉頸部等器物上。④《中國青銅器全集》第 5 卷所收上海博物館藏瀨鬲頸部、扶風博物館藏庚父己甗頸部、陝西歷史博物館藏羽脊虎頭紋甗頸部也都飾有此種立羽狀紋飾。⑤ 吳鎮烽先生在《岐周、宗周和成周地區的青銅器概述》一文曾對這種立羽獸面紋進行討論,指出其流行時間較短,一般不出成康二世。⑥ 因此,我們認爲鄧小仲鼎的年代不出成康二世,聯繫器形與盂爵銘文,器物應在成康時期,或可早到成王。

確定了本器的年代與族屬,爲我們結合本器討論相關歷史問題提供了可能。較早討論本器族屬的是李學勤先生,《歐遺》云:"鄧氏器過去即出於陝西,1984 年在陝西長安張家坡 163 號墓出土了鄧仲獸形尊,見中國社會科學院考古研究所灃西發掘隊《長安張家坡西周井叔墓地發掘簡報》(《考古》1986 年第 1 期),年代爲西周早期。這個鄧氏與在河南鄧縣的曼姓鄧氏并無關係。"⑦《故宫西周金文錄》在引用李學勤先生這段文字後提出新的看法:"然陝西鄧氏未明其姓,以陝西器多屬西周早期、中期,而河南曼姓鄧器多屬西周晚期的現象窺之,鄧國由陝西遷往河南的可能性頗大,二者是否必然'并無關係',似乎值得研究。"⑧《故宫西周金文錄》提出了一個新的思路,就是鄧國或曾由關中遷到河南,這個思路有啓發性。《詩經》記載早到文王時期,周人的德化就已澤及江漢流域,此說雖有後人過譽的成分,但應有史實的素地,并非全是憑空捏造。認真閱讀文獻之後,我們發現這種思路沒有證據支撐,無法成立。徐少華先生《鄧國銅器綜考》一文中對這個問題有較爲詳細的論證:

> 首先,傳世文獻中并無關中地區曾有古鄧國或鄧族存在的任何信息,就目前的考古資料而言,也無法確認關中鄧國的族屬與地望;而南土之鄧不僅文獻記載

---

① 隨州市博物館編:《隨州出土文物精粹》,文物出版社,2009 年,第 33 頁。
② 湖北省博物館、湖北省考古文物研究所、隨州市博物館編:《隨州葉家山——西周早期曾國墓地》,文物出版社,2013 年,第 215 頁。
③ 蘇天鈞主編:《北京考古集成 11〈琉璃河燕國墓地〉〈北京大葆台漢墓〉》,北京出版社,2000 年,第 98 頁。
④ 上海博物館青銅器研究組編:《商周青銅器紋飾》,文物出版社,1984 年,第 65—66 頁。所引七件器物紋飾也都是這種,時代均在西周早期。
⑤ 中國青銅器全集編輯委員會編:《中國青銅器全集》第 5 卷,文物出版社,1996 年,第 38—41 頁。
⑥ 中國青銅器全集編輯委員會編:《中國青銅器全集》第 5 卷,第 11 頁。
⑦ 李學勤、艾蘭編著:《歐洲所藏中國青銅器遺珠》,第 336—337 頁。
⑧ 臺北"故宫博物院"編輯委員會:《故宫西周金文錄》,第 273 頁。

明確,且爲一系列的考古材料所證實,其族屬、地望與歷史都比較清晰。

其次,中甗記載的方、鄧之"鄧"爲南土之鄧國,諸家皆無異辭,盂爵所言周康王初祓於成周即令盂前去安寧鄧伯之"鄧",應與中甗同例,亦是南土之鄧。我們試想,假若此鄧位於關中,而以宗周或關中爲根本的周天子可隨時派人去安寧鄧伯,没有必要到了成周之後又命盂返回關中去安寧鄧伯。合理的解釋只能是此鄧伯并不在關中,而在距成周較近的某一地區,因而周天子初到成周即命盂前往安撫。

我們認爲,盂爵與中甗之鄧,皆爲南陽盆地的嫚姓鄧國,是周王室控制南土的中堅力量與重要諸侯,并與周王室有着密切的關係往來,因而周天子初到成周即命盂前往南土安寧鄧伯就不難理解了。長安張家坡井叔妻室墓所出鄧仲犧尊,當是嫁往井叔家族的鄧女遺物,只能說明"鄧仲"夫家所在,不能作爲鄧國亦在關中地區的證據。①

這段文字較好地解決了此前的疑問,陝西鄧器爲鄧國嫁女時的器物,鄧國立國南陽,并未遷徙。

我們上文指出,鄧小仲鼎的年代在成康之間,或可早至成王,而與之相關的盂爵爲康王時器,中甗是昭王時器,且張家坡井叔墓所出銅器多是西周中期,②可見西周早、中期鄧與王室關係密切,同時與陝西關中地區豐邑附近的井叔家族聯姻。這些事實表明鄧在西周早期南土經營中的重要地位。上文在分析鄧小仲鼎紋飾時,我們發現,鄧小仲鼎的立羽紋獸面紋與隨州羊子山出土鄂國青銅盤、隨州葉家山出土的曾國銅盤紋飾相近,這應該不是偶然的巧合,而是鄰近地區的青銅器紋飾的一致與相互影響,我們認爲這件鄧小仲鼎就出自南陽南部的鄧國。

古鄧國位於南陽盆地南部。《漢書·地理志》:"南陽郡:鄧,故國。"應劭注:"鄧,侯國。"《水經注·淯水》"南過鄧縣東"注:"縣,故鄧侯吾離之國也,楚文王滅之,秦以爲縣。淯水右合濁水,俗謂之弱溝水。上承白水於朝陽縣,東南流逕鄧縣故城南。習鑿齒《襄陽記》曰:楚王至鄧之濁水,去襄陽二十里,即此水也。濁水又東逕鄧塞北,即鄧城東南小山也,方俗名之爲鄧塞,昔孫文臺破黄祖於其下。濁水東流注於淯。淯水又南逕鄧塞東,又逕鄾城東,古鄾子國也,蓋鄧之南鄙也。昔巴子請楚與鄧爲好,鄾人奪其幣,即是邑也。司馬彪以爲鄧之鄾聚矣。"③

---

① 徐少華:《鄧國銅器綜考》,《考古》2013年第5期。
② 張長壽:《豐邑行》,中國社會科學出版社,2014年,第227頁。
③ (北魏)酈道元著,陳橋驛校證:《水經注校證》,中華書局,2007年,第730—731頁。

鄧縣、鄧城、鄧塞、鄧之鄾聚這些地名都顯示,這一帶就是古鄧國。鄧國始封史無記載,《左傳·昭公九年》:"及武王克商,蒲姑、商奄,吾東土也。巴、濮、楚、鄧,吾南土也。肅慎、燕、亳,吾北土也。吾何邇封之有？文、武、成、康之建母弟,以蕃屏周。"①《國語·鄭語》載周史伯語云"當成周者,南有荆蠻、申、吕、應、鄧、陳、蔡、隨、唐",②可與《左傳》記載相互印證。據此記載,鄧國封於今南陽南部應是武王克商以後,分析周初形勢,文王受命稱王,武王克商後不久即去世,文王、武王分封的記載不多,文獻記載的封建主要是成王、康王時期,鄧國封於南陽,應該就是這一時期。結合金文材料,鄧國早期相關青銅器亦早到成、康時期,可以印證這一結論。我們認爲,早至成王時期,鄧國就在周代南土立國,其位置就在漢水以北的南陽盆地南部。鄰近國家有出土金文記載的,有隨州羊子山的鄂國、隨州葉家山的曾國。結合《左傳》、《國語》的記載,可見周人對早期歷史的記憶,是有其真實性的。

  本文通過對兩件鄧小仲鼎的研究,得出如下結論:一是在前人研究的基礎上,校證寫定了鄧小仲鼎的釋文;二是通過器形與紋飾的分析,結合相關文獻記載,確定鄧小仲的年代可早到成王時期,顯示了鄧國在周初南土經營中的重要地位。

---

① （清）阮元校刻:《十三經注疏》（清嘉慶刊本）,中華書局,2009 年,第 4466 頁。
② 上海師範大學古籍整理研究所校點:《國語》,上海古籍出版社,1998 年,第 507 頁。

利用楚文字校釋《荀子》札記一則

王凱博

(鄭州大學漢字文明研究中心)

《荀子·正論篇》有下面數句話：

> 流淫汙僈，犯分亂理，驕暴貪利，是辱之由中出者也，夫是之謂義辱。詈侮捽搏，捶笞臏脚，斬斷枯磔，藉靡舌繹，是辱之由外至者也，夫是之謂埶辱。

其中"藉靡舌繹"，楊倞注云：

> 藉，見凌藉也。才夜反。靡，繫縛也，與縻義同……舌繹未詳。或曰：《莊子》云："公孫龍口呿而不合，舌舉而不下。"謂辭窮，亦耻辱也。

楊注解"靡"爲縻，是。但解"藉"爲凌藉，則不正確。這裏"藉"也是繫的意思，蔣禮鴻先生有過詳解：

> 楊解藉非是。藉亦繫也。《莊子》《應帝王篇》："猨狙之便，執斄之狗來藉。"《釋文》："司馬云：'藉，繩也。由捷見結縛也。'崔云：'藉，繫也。'"《列子》《周穆王篇》："藉帶而寢則夢蛇。"謂繫帶也。《釋名》《釋姿容》："匍匐，小兒時也。匍猶捕也，藉索可執取之謂也。"畢沅《疏證》曰："小兒初學步時，恐其躓跋，必以帶圍繞其胸腋而結於背後，乃曳之行，故曰藉索可執取。"畢説是。藉索猶藉帶也。舌繹繹字雖未詳，其字從糸，則亦繫縛之義。舌當爲《易》《坤》六二括囊之括，非口舌字。藉靡舌繹四字同義，謂見束縛也。《荀》或解亦非。①

"藉靡舌繹"，"藉"、"靡"二字現在都已有了很好解釋，已不必論。但"舌繹"具體怎麼

---

① 蔣禮鴻：《義府續貂》"藉"條，中華書局，1981年，第109—110頁。

解釋,則頗爲棘手。除了上引蔣禮鴻之説外,孫詒讓亦曾有論:

> 楊引《莊子》文與此義無會,疑"舌繹"當爲"后縛"。《干祿字書》"后"俗作"右",與"舌"形近而誤。"后"與"後"通,"后縛"猶言反縛。①

案,上引蔣禮鴻先生之説,謂"舌"非口舌之舌,當爲《易》"括囊"之"括",孔穎達疏:"括,結也。""括囊"爲結扎袋口之意。"括"爲結扎之意,這跟"蘰"、"縻"兩字都是繩索,進而引申爲以繩索牽、繫人犯之意,二者取意上還是有些距離的。孫詒讓認爲"舌繹"當爲"后縛","舌"誤作"后"雖有可能,但"繹"、"縛"形體殊不相近,無致誤之由。

愚以爲"舌"在此并非訛字,"舌"可讀作"縲紲"之"紲"(字或作"絏"、"緤")。上古音"舌"、"世"韻部都屬月部,聲母"舌"爲船母,"世"爲書母,皆屬舌音,古音至近,可相通用。如見諸《左傳》、《國語·吳語》的越國大臣"舌庸",《吳越春秋》作"曳庸"、"洩庸",《漢書·董仲舒傳》作"泄庸",《文選》卷五十一王子淵《四子講德論》作"渫庸",即其相通假的顯例。《廣雅·釋器》:"紲,索也。"《漢書·司馬遷傳》"幽於縲紲",顏師古注:"紲,長繩也。"《史記·管晏列傳》"在縲紲中",張守節正義:"紲,繫也。"《論語·公冶長》"雖在縲紲之中",劉寶楠正義:"紲,亦繩索之稱,凡繫人繫物,皆謂之紲。"《説文·糸部》排列上將"縻"、"紲"二字前後相次,也可證二字意義相近。

關鍵在於"繹"字如何解釋。"繹"字書雖有見,但解釋全襲楊注,并無參考價值。我們認爲,"繹"可能是"繉"字之誤識。楚文字"舉"、"興"形體上有時很難區分,"舉"的某些寫法如 ▨(《昔者君老》簡3)、▨(《中弓》簡7)等,不同於一般不帶圈之"舉",却與"興"字如 ▨(《中弓》簡11)、▨(《從政》甲本簡8)等寫法類似;而"興"有時省圈寫作 ▨(《弟子問》簡22),倒又與"舉"相似。有時據辭例判斷是"舉"還是"興"也覺得有些困難,比如《窮達以時》5號簡"▨而爲天子師",▨釋"舉"還是"興",就曾有過一些爭論。②

在此還需說明《荀子》書中出現楚文字因素的可能性。袁金平先生也曾據楚文字校釋《荀子》,他説過下面的話:

> 荀子的學術活動主要集中在後半生,特別是仕楚爲蘭陵令這一階段。我們

---

① 孫詒讓:《札迻》卷六,中華書局,1989年,第189頁。
② 楚文字"舉"、"興"形體訛誤及辨析情況,可參看張峰《楚系簡帛文字訛書研究》,吉林大學博士學位論文,2012年,第90—98頁。

今天雖然無法知曉《荀子》一書具體的撰寫時間和地點,但其在撰寫或傳抄中多少會受到楚文字書寫習慣的影響則是可以肯定的。①

我們認爲這是很有道理的。

因此,我們有理由推測"繹"或當是"繩"之誤識。"繩"當讀作"繩",如《孔子詩論》"青蠅"之"蠅"即從"興"聲,上博簡《天子建洲》"行以繩"之"繩"作"興",即其通假之證。楚系文字"繩"字則見諸清華簡《皇門》及左塚漆梮,《皇門》11 號簡"是楊是繩",今本相應的文字作"是揚是繩",左塚漆梮"繩"字跟"權"相應,也可肯定是讀"繩"。這樣,"藉縻継繩"四字平列,皆言繫縛也。

除了古文字階段"繩"就已訛爲"繹"或被誤識、誤轉爲"繹"外,自然也不能排除"繩"訛作"繹"(繹)發生得比較晚的可能性,因爲隸楷文字階段"興"、"與"仍相似,二者相訛時有發生:

1. 《易通卦驗》:"其與侯房精謀,亡萬刺心斗。"孫詒讓曰:"'與'當爲'興','興'與'亡'文亦相對。"②

2. 《漢書·司馬遷傳》:"有法無法,因時爲業。有度無度,因物興舍。"師古注:"興,起也。舍,廢也。"王念孫云:"《史記》作'因物與舍',於義爲長。舍者,居也。言因物與居而無成心也。《鶡冠子·世兵篇》亦云'聖人捐物,從理與舍'。'因物與舍'與'因時爲業'相對爲文。"③

3. 《晏子春秋·問上》:"貴戚離散,百姓不興。"王念孫曰:"'興'字於義無取,當是'與'字之誤。'百姓不與',即上文之'百姓不親'也。"④

4. 《荀子·性惡篇》:"故性惡,則去聖王,息禮義矣;性惡,則興聖王,貴禮義矣。"吕、錢本"興"皆作"與"。王念孫案:《齊語》"桓公知天下諸侯多與己也",韋注曰:"與,從也。""與聖王",從聖王也。"與"與"去"正相反,則作"與"者是,盧從元刻作"興"非。⑤

5. 《墨子·耕柱篇》:"天下莫不欲與其所好,度其所惡。"畢沅云:"度謂渡去也。"王引之曰:"畢説非也。'與'當爲'興','度'當爲'廢',皆字之誤也。"("廢"、"度"草書相似,故"廢"訛作"度"。《史記·曆書》"名察廢驗",今本

---

① 袁金平:《利用楚簡文字校釋〈荀子〉一則》,《古文字研究》第 29 輯,中華書局,2012 年,第 618 頁。
② 孫詒讓:《札迻》卷一,第 11 頁。
③ 王念孫:《讀書雜志》,上海古籍出版社,2014 年,第 829 頁。
④ 王念孫:《讀書雜志》,第 1367 頁。
⑤ 王念孫:《讀書雜志》,第 1952 頁。

"廢"字亦訛作"度",辯見《史記》。)"興"與"廢","好"與"惡",皆對文。①

敦煌寫卷中也有"與"、"舉"訛誤的例子,可參看。② 餘例多有,不能遍舉。我們推想這種情況的訛誤過程是,首先楚文字"緟"未能被正確轉讀爲"繩",後來即以隸定形體保留,然後在傳抄或刻寫中"緟"被誤爲了"緤",或又進一步增改"與"旁爲"舉",即成爲"繹"。

---

① 王念孫:《讀書雜志》,第 1554 頁。
② 張涌泉:《敦煌文書疑難詞語辨釋》,收入氏著《著名中年語言學家自選集·張涌泉卷》,上海教育出版社,2011 年,第 289—290 頁。

楚簡馬具選釋二則

羅小華
(長沙市文物考古研究所)

一、靼

紝縞之絟，鹽薦之純。　　　　　　【包山簡 267】
纖絟，繅純。　　　　　　　　　　【包山簡 271】
秋之緾，繅純。　　　　　　　　　【包山牘 1】

包山簡 267 記有"紝縞之絟"。"絟"，整理者讀爲"裎"，認爲是"車軾上所纏裹的織物"。① 劉信芳師認爲"'絟'應是繫車馬所用之絲帶，字讀如'綎'。《說文》：'綎，系綬也'"。② 何琳儀師認爲，"絟"是"縕之異文"，訓爲"緩"。③

包山簡 271 記有"纖絟"。整理者釋爲"絨絟"，並認爲："絟借作綎，《說文》：'系綬也'。"④ 何琳儀師認爲："包山簡絨，讀毧。《廣韻》'毧，毧毛。'"⑤ 劉信芳師認爲"絨"當讀"糾"，指"繩三合"。⑥ 李守奎先生改釋爲"絨"。⑦ 徐在國老師認爲，"絟"是《說文》"縕"

---

* 本文寫作得到國家社會科學基金項目"戰國簡册中的車馬器物及制度研究"(項目批准號 15FZS025) 和"出土文獻所見車馬類材料文本整理與車馬制度研究"(項目批准號 13BZS066) 的資助。

① 湖北省荊沙鐵路考古隊：《包山楚簡》，文物出版社，1991 年，第 64 頁注 611。
② 劉信芳：《楚簡器物釋名(上篇)》，《中國文字》新 22 期，藝文印書館，1997 年，第 170 頁。
③ 何琳儀：《戰國文字聲系》，中華書局，1998 年，第 806 頁。
④ 湖北省荊沙鐵路考古隊：《包山楚簡》，第 66 頁注 644。
⑤ 何琳儀：《戰國文字聲系》，第 361 頁。
⑥ 劉信芳：《包山楚簡解詁》，藝文印書館，2003 年，第 313 頁。
⑦ 李守奎：《楚文字編》，華東師範大學出版社，2003 年，第 743 頁。

字或體,并懷疑讀爲"纓"。① 陳偉師等據"葳郢"之"葳"下部所從,將"絨"改釋爲"緘"。②

包山牘1記有"秋之緷",整理者釋爲"稷(秋)之緷"。③ 何琳儀師將"緷"改隸爲"絣",認爲是"緐之異文",讀爲"緐"。④ 白於藍先生認爲,"緷"是"經"字異構。⑤

我們懷疑,包山簡267、271中的"經"當讀"韃"。《説文·革部》:"韃,驂具也。从革、蚩聲。讀若騁蠆。(丑郢切)"⑥徐灝注箋:"韃則但施於驂馬,故曰驂具。"⑦

秦始皇陵二號銅車馬"兩驂馬的頸上各套一繮索,繮索的一端繫於軛上"(圖一)。⑧ 孫機先生認爲,這兩條"繮索"可能是"韃",其作用是爲"防止驂馬外逸",而"將驂馬夾持於服馬之側"。⑨ 包山牘1中的"秋之緷",就是簡271的"緘經"。而"緘經"與簡267中的"絓絹之經",應該都是"韃",二者不僅文字一致,且都有"純"。

"絓絹",亦見於包山簡267"絓絹緄",整理者釋爲"絓絹緯"。⑩ 張桂光先生認爲,"絓"當釋"綪",訓爲"赤繒";"絹"當釋"綢",讀爲"綢",用作動詞,訓爲"纏繞"。⑪ 李運富先生認爲"'絓絹'即'生絹',也就是未經練染的繒絲",并指出"'生'字俗寫類化增糸而成'絓'"。⑫ 劉信芳師認爲,"絓絹"讀"青絹",并指出"絹是粗厚的生絲織品","絓絹緄"指固定所用的緄帶是以青絹編織的。⑬ 陳偉師推測,"絹"可能是"絹"或"鞘"。⑭ 李家浩先生認爲:"'絓絹緄'當是指用生絹作的繫車蓋的繩子。"⑮劉國勝老師認爲,"絓"可能是"表示顏色之詞"。⑯ "絹"爲絲織品名,"絓"當爲"絹"之修飾

---

① 徐在國:《談新蔡葛陵楚簡中的幾支車馬簡》,《簡帛》第2輯,上海古籍出版社,2007年,第356頁。
② 陳偉等著:《楚地出土戰國簡册(十四種)》,經濟科學出版社,2009年,第131—132頁。
③ 湖北省荊沙鐵路考古隊:《包山楚簡》,第39頁。
④ 何琳儀:《戰國文字聲系》,第1067頁。
⑤ 白於藍:《〈包山楚簡文字編〉校訂》,《中國文字》新25期,藝文印書館,1999年,第200頁。
⑥ 許慎撰、徐鉉校定:《説文解字》,中華書局影印本,1963年,第61頁。
⑦ 徐灝:《説文解字注箋》,《續修四庫全書》第225册,上海古籍出版社,2006年,第337頁。
⑧ 秦俑考古隊:《秦始皇陵二號銅車馬清理簡報》,《文物》1983年第7期。
⑨ 孫機:《始皇陵二號銅車馬對車制研究的新啓示》,《文物》1983年第7期。
⑩ 湖北省荊沙鐵路考古隊:《包山楚簡》,第38頁。
⑪ 張桂光:《楚簡文字考釋二則》,《江漢考古》,1994年第3期。
⑫ 李運富:《楚國簡帛文字叢考(二)》,《古漢語研究》1997年第1期。
⑬ 劉信芳:《楚簡器物釋名(上篇)》,《中國文字》新22期,藝文印書館,1997年,第170頁;《包山楚簡解詁》,藝文印書館2003年,第298頁。
⑭ 陳偉:《包山楚簡中的宛郡》,《武漢大學學報》(哲學社會科學版)1998年第6期。
⑮ 李家浩:《楚墓竹簡中的"昆"字及從"昆"之字》,《中國文字》新25期,藝文印書館,1999年,第145頁。
⑯ 劉國勝:《楚喪葬簡牘集釋》,科學出版社,2011年,第49頁注5。

詞。"絑綃",可能讀爲"生絹"或"青絹"。

"繡"、"秋"二字,劉國勝老師認爲,均應讀爲"繡",指"刺繡品"。①

"䧳薞之純",整理者釋爲"䧳薞之純",疑讀爲"杜苊之純",并認爲是"車軾的裎衣的緣上綉有甘棠花"。② 劉釗先生認爲"'䧳薞',指絲織品的裝飾"。③ 伊强先生指出,文獻中有野菜"苦薞",并認爲:"'䧳(苦)薞'當指一種絲織物。推想其得名的緣由,大概和古書中提到的'春草'、'雞翹'是一樣的。……'春草'、'雞翹'用來指稱絲織物,可以有兩種解釋:一是就花紋言,一是就顏色言。"④劉國勝老師認爲,"䧳薞"可能是"一類因紋飾而取的絲織品名"。⑤ 我們認爲,野菜"苦薞"與織物"䧳薞"二者之間存在怎樣的關係,仍需更充分的證據。

"纂純",整理者認爲"纂,借作纂",并推測"可能是指用彩色絲綫編成的緣"。⑥ "纂",亦見於曾侯乙墓簡138"纂䐿"。何琳儀師懷疑,"纂"讀爲"纂","纂䐿"指"彩色絲綫所編之緣"。《漢書·景帝紀》"錦繡纂組",顏師古注:"今五采屬絟是也。"⑦田河先生認爲:"《廣雅·釋器》:'纂,索也。''纂䐿'大概與望山2—8號簡的'組縢'相類"。⑧ 我們懷疑,"纂",可能指顏色或質地。《古文苑·揚雄〈蜀都賦〉》"絖纂縺綍",章樵注:"纂,索絲織也。"⑨

包山簡牘中的"軠"上有"純",可與曾侯乙墓簡80中的"鞻紳"上有"䌥䌥"對照。"紳"即"軔","䌥"爲緣飾。

二、鎺

二馬之鎺。　　　　　　【包山簡276】
馬之鎺、綏。　　　　　【天星觀簡⑩】

---

① 劉國勝:《楚簡文字中的"綉"和"緂"》,《江漢考古》2007年第4期。
② 湖北省荆沙鐵路考古隊:《包山楚簡》,第38頁,第64頁注612。
③ 劉釗:《包山楚簡文字考釋》,《出土簡帛文字叢考》,臺灣古籍出版有限公司,2004年,第30頁注175。
④ 尹遽:《楚簡中的"苦賈"》,簡帛網,2006年11月8日;伊强:《簡帛札記二則》,《簡帛》第4輯,上海古籍出版社,2009年,第265—267頁。
⑤ 劉國勝:《楚喪葬簡牘集釋》,科學出版社,2011年,第49頁注6。
⑥ 湖北省荆沙鐵路考古隊:《包山楚簡》,第61頁注548。
⑦ 何琳儀:《戰國文字聲系》,第1356頁。
⑧ 田河:《出土戰國遣册所記名物分類匯釋》,吉林大學博士學位論文,2007年,第245頁。
⑨ 章樵:《古文苑》,商務印書館,1937年,第109頁。
⑩ 滕壬生:《楚系簡帛文字編》,湖北教育出版社,1995年,第1001頁。

包山簡 276 記有"二馬之鋭"。整理者認爲"鋭,借作硯"。① 劉信芳師懷疑讀爲"靰",訓爲"繫馬頸",并指出"楚人謂馬頸之金屬套圈爲'鋭'"。② 劉國勝老師改釋爲"鋭",懷疑讀"鏑",即"鏑銜",指"一種帶刺球的銜",楚墓中有銅鏑銜出土。③ 田河先生認爲"此處應該是一種馬具。此物待考"。④

"鋭"字原篆作"[圖]"。郭店《老子》甲簡 2 有"視"字作"[圖]"。整理者指出:"'視'字下部爲立'人',與簡文'見'字作[圖]者有別。"⑤ 包山簡中,"覲"字凡 4 見,均作"[圖]","緹"字凡 2 見,均作"[圖]",从"[圖]"得聲。從辭例來看,"鋭"確爲馬具。因此,我們懷疑,"[圖]"字可能當從劉國勝老師釋爲"鋭",讀爲"鏑"。"視"與"是"通。《老子》:"自是者不彰。"又:"不自是故彰。""是",馬王堆漢墓帛書《老子》甲、乙本皆作"視"。《荀子·解蔽篇》:"是其庭可以搏鼠。"楊倞注:"是,蓋當爲視。"⑥ "是"與"商"通。《史記·秦漢之際月表》:"銷鋒鏑。"裴駰集解引徐廣曰:"鏑,一作鍉。"《漢書·項籍傳》:"銷鋒鍉。"顔師古注:"鍉,與鏑同,即箭鏃也。"《史記·刺客列傳》:"乃引其匕首以擿秦王。""擿",《戰國策·燕策》作"提"。⑦《淮南子·氾論》"是猶無鏑銜欙策錣而御馯馬也",高誘注:"鏑銜,口中央鐵,大如雞子中黃,所制馬口也。"⑧ 秦始皇陵一、二號銅車馬均有 2 件銅鏑伴隨出土。其中,伴隨二號車出土的銅鏑"由六節組成,通長 13 釐米。中間的四節成橢圓球形,實心,上面布滿短小的細刺,兩端各有一環形銅紐鼻,以便與前後節套連組成鏈條。……鏑兩端的兩節,爲一帶刺的半球,半球內側一端有一環形銅紐鼻,外側一端和一帶柄的橢圓形帶扣連成一體,帶扣的柄呈橢圓柱形,……帶扣的舌呈扁圓體,……",其作用"可能是爲了控御兩服馬"(圖二)。⑨ 包山簡中的"二馬之鋭",也應該是用於"控御兩服馬"的。

天星觀簡中的"鋭",滕壬生先生摹作"[圖]"。⑩ 我們認爲,如果天星觀簡中的

---

① 湖北省荊沙鐵路考古隊:《包山楚簡》,第 66 頁注 657。
② 劉信芳:《楚簡器物釋名(上篇)》,《中國文字》新 22 期,第 186—187 頁。
③ 劉國勝:《楚喪葬簡牘集釋》,武漢大學博士學位論文,2005 年修訂本,第 68 頁注 42。
④ 田河:《出土戰國遣册所記名物分類匯釋》,第 124 頁。
⑤ 荊門市博物館:《郭店楚墓竹簡》,文物出版社,1998 年,第 114 頁注 6。
⑥ 張儒、劉毓慶:《漢字通用聲素研究》,山西古籍出版社,2002 年,第 509 頁。
⑦ 張儒、劉毓慶:《漢字通用聲素研究》,第 508 頁。
⑧ 劉文典:《淮南鴻烈集解》,中華書局,1997 年,第 430 頁。
⑨ 秦始皇兵馬俑博物館、陝西省考古研究所:《秦始皇陵銅車馬發掘報告》,文物出版社,1998 年,第 218、96 頁。
⑩ 滕壬生:《楚系簡帛文字編》,第 1001 頁。

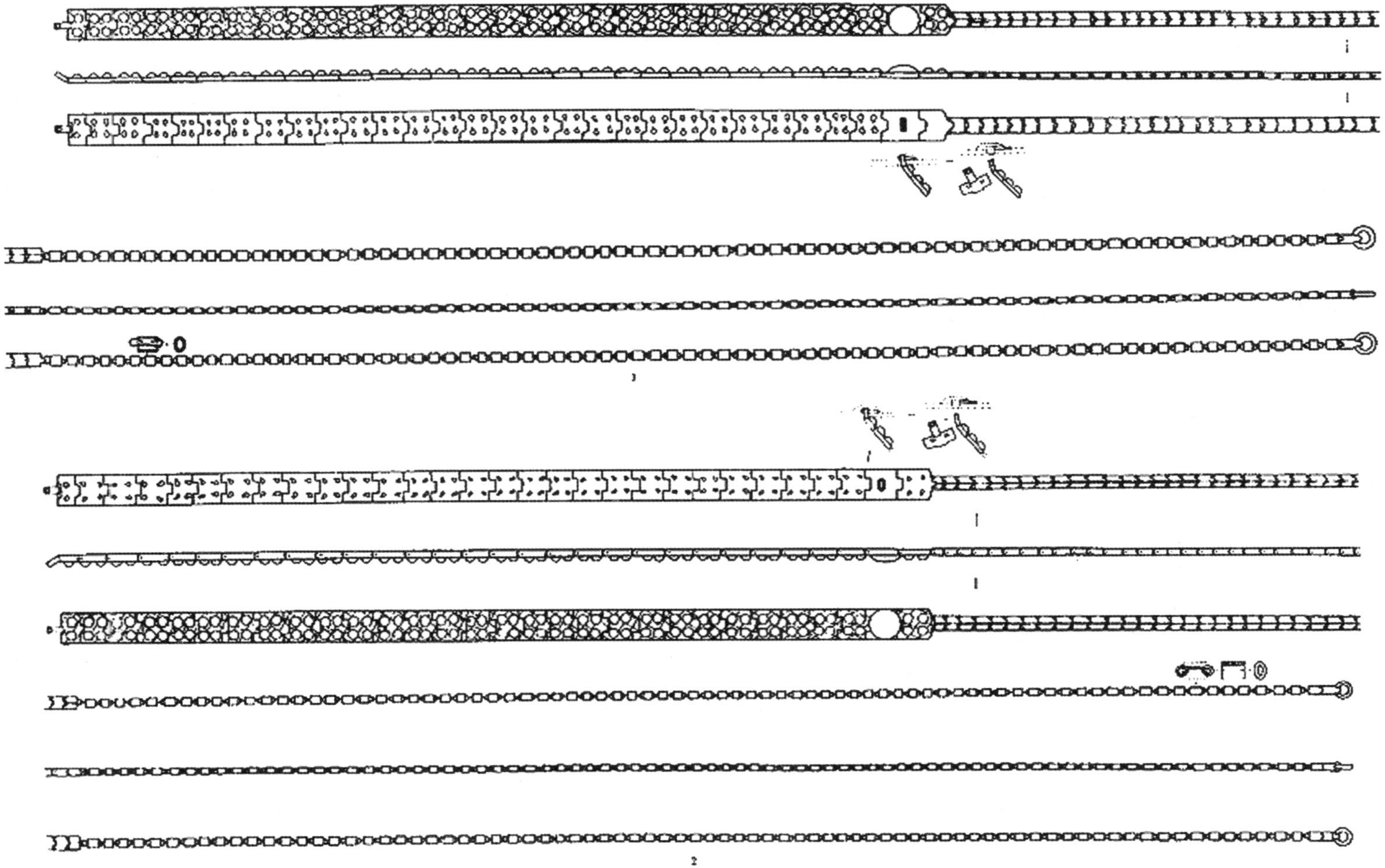

楚簡馬具選釋二則 | 049

圖一　秦陵二號銅車馬兩驂馬所配的"轡"①

---

① 秦始皇兵馬俑博物館、陝西省考古研究所：《秦始皇陵銅車馬發掘報告》，文物出版社，1998年，第209頁圖一二七。

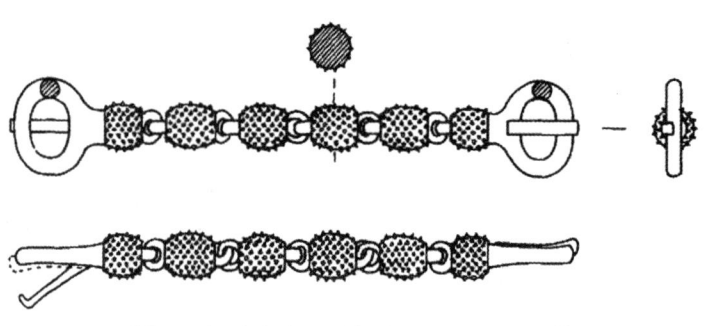

圖二　伴隨秦陵二號銅車馬出土的"鑣"①

"鑣",與包山簡中的"鈪"爲同類物品,根據包山簡"二馬之鈪"的記載,可以推測,"馬之鈪綏"當斷爲"馬之鈪、綏"。《楚系簡帛文字編》中記有"馬之鈪纓",②從辭例上看,"鈪"可能是"鑣"。

---

① 秦始皇兵馬俑博物館、陝西省考古研究所:《秦始皇陵銅車馬發掘報告》,第 219 頁圖一三二:3。
② 滕壬生《楚系簡帛文字編》,第 1001 頁。

釋清華簡《繫年》中的"貈"字*

侯乃峰

(曲阜師範大學歷史文化學院)

《清華大學藏戰國竹簡(貳)》僅收《繫年》一篇,共有138支簡,全部內容可以分成二十三章。① 《繫年》竹簡保存狀況較好,僅有個別殘損之處,加之簡背原來寫有排序編號,爲整理工作帶來了極大方便。原整理者對《繫年》進行了卓有成效的研究,釋文意見絶大多數堪稱精審,注釋中的論證詳略得當,要言不煩。可以毫不誇張地説,清華簡《繫年》是目前爲止整理出土簡帛類文獻水準最高的著作,完全可以作爲以後整理類似材料的範本。不過,在某些具體的細節問題上偶爾也會存在可以補充修訂之處。

清華簡《繫年》第十一章第56簡有一段話作:

楚穆王立八年,王會諸侯于友(厥)夒(貈),將以伐宋。

原整理者注云:

地名之第二字難於隸定,《左傳》文公十年作"厥貉",《公羊傳》作"屈貉",楊伯峻《春秋左傳注》云在今河南項城。②

這段簡文裏出現了全篇唯一一個保存原篆的古文字字形"夒"(以下用"A"代替),原整理者因不明其構形而未作隸定處理。清華簡《繫年》公布之後,不少學者也

---

* 本文係國家社會科學基金重點項目"簡帛詩學文獻釋讀與研究"(編號:13AZD034)、國家社科基金一般項目"商周金文人名資料的整理與研究"(編號:14BZS008)研究成果。
① 清華大學出土文獻研究與保護中心編,李學勤主編:《清華大學藏戰國竹簡(貳)》,中西書局,2011年。
② 清華大學出土文獻研究與保護中心編,李學勤主編:《清華大學藏戰國竹簡(貳)》,第160頁。

對此字提出了一些考釋意見。然衆説紛紜,一時之間尚無定論。下面我們從古文字字形對比的角度談談對此字構形的一些看法。

要想正確認識"A"字形的形體來源,需要先從古文字中的"貃"字談起。陳劍先生在《金文"象"字考釋》一文中曾提到:

> 西周金文中多次出現的一個一般隸定爲"圂"的字,所從的所謂"豸"寫作[字]、[字]一類形體(看《金文編》第 1215 頁附録下 277 號),秦公大墓石磬殘銘"圂"字中寫作[字],不少人認爲就是"象"字。另外,《説文·辵部》高原的"原"的本字"邍",金文中很常見。它所從的所謂"彔"形,金文作[字](《集成》15.9823 殷代乃孫作祖甲罍"邍"所從)、[字](《集成》8.4264.2 格伯簋"邍"所從)等(看《金文編》104—105 頁),石鼓文作[字](《作邍》石"邍"字所從)。其特徵是像某種野獸形,頸部多出"⊢⊣"形筆畫,或作大尾形。①

對於金文中的"圂"字及其聲符"貃",已有不少學者做過討論,多數主張从"舟"得聲而釋讀爲"貂"字。② 從文字學角度來看,這種説法并没有什麼問題。但是,如果從文字的使用以及語言學角度來看,在古書中"貂"與"貉"常常相互通用,可見古人是將"貂"字作爲"貉"字使用的。之所以如此,當是由於"貃"字所代表的"貂"與"貉"屬於同類動物,故將"貃(貂)"字同義换讀爲"貉"字。而且,現在青銅器銘文中已經出現了應當將"貃"字讀爲"貉"的堅實證據。山東棗莊徐樓村墓葬所出青銅鼎銘文,器主自稱爲"有殷天乙唐(湯)孫宋公圂"。李學勤先生指出:

> 徐樓村鼎銘的宋公圂,以通假求之,無疑是宋平公的上一代共公,《左傳》記他名固,《史記·宋世家》則説名瑕。
>
> "圂"字在金文中多見,前人有種種讀釋,有興趣的讀者可參看周法高《金文詁林補》第七册所收該字條下,但意見雖多,大都扞格不通。1942 年楊樹達先生作《毛公鼎跋》,分析"圂"字從"貃"聲,而"貃"通"貉",故"圂"當讀爲"憲"即"恪"字(楊樹達:《積微居金文説》(增訂本),中華書局 1977 年版,第 13—14 頁)。這一見解儘管有學者反對(于省吾:《牆盤銘文十二解》,《古文字研究》第 5 輯),但已被有關學界多數人接受,如《殷周金文集成》便予采用。現在徐樓村

---

① 陳劍:《金文"象"字考釋》,《甲骨金文考釋論集》,綫裝書局,2007 年,第 267—269 頁。
② 可參看陳秉新《釋"圂"及相關字詞》,《古文字研究》第 22 輯,中華書局,2000 年,第 96—100 頁;孟蓬生《金文考釋二則》,《古漢語研究》2000 年第 4 期,第 15—17 頁;王輝《圂、䝞、㝅、䝞圂、䝞㝅諸辭再考辨》,《一粟集》,藝文印書館,2002 年,第 135—143 頁。

鼎銘宋公名"圃"與"固"、"瑕"相通,"固"古音見母魚部,"瑕"匣母魚部,"貈"匣母鐸部,證明楊樹達先生的釋讀是正確的。①

至此,"圃"字的聲符"貈"當釋讀爲"貉"應可確定無疑。

我們再回過頭來看簡文字形。如果仔細比較,簡文的"A"字形與陳劍先生文中所舉的"圃"字所從的所謂"豸"字形以及"遼"字所從的所謂"彔"字形,三者明顯有相似之處,很可能具有相同的來源。再考慮到清華簡《繫年》中的"A"字與傳世典籍的"貉"字對應,二者自然應該具有某種關係。因此,我們認爲"圃"字所從的所謂"豸"字形其實當爲"貈"字之象形初文,而清華簡《繫年》中的"A"字也本當是"貈"字的象形初文。"貈"最爲突出的特徵在於其身後拖着一條大尾巴,而簡文"A"字右下方的筆畫皆當是"貈"這種動物大尾巴之形的訛變。

甚至上引陳劍先生文中"遼"字所從的所謂"彔"形也有可能是"貈"之象形初文。陳劍先生《"遼"字補釋》一文以爲"遼"字中間所從字形應該就是指"豪豬"的"獂"、"貆"等字的表意初文,"遼"字从"夂"从"獂"字表意初文會意,"獂"亦聲。② 然而這些所謂的"彔"字形,據金文字形來看,顯然具備大尾巴之形,尤其是陳劍先生文中所舉的格伯簋"遼"所從的字形更爲明顯。同時,"貆"字之訓,《説文》云"貆,貉之類";《爾雅·釋獸》云"貉子,貆";《詩·魏風·伐檀》"不狩不獵,胡瞻爾庭有縣貆兮",鄭箋云"貉子曰貆"。可見傳統訓詁多以"貆"爲貉屬。因此,"遼"字中間所從字形應該也有是指"貆"(貉之類)字的表意初文的可能,"貆"亦聲。而且,清華簡中也出現了"遼"字讀爲"亘"聲字的例證。如李學勤先生介紹清華簡中有《殷高宗問於三壽》篇,簡文開首説:"高宗觀於洹水之上,參(三)壽與從。"李先生指出:"'洹'字从'遼'字省,在此讀爲'洹'。"③此可爲上説之佐證。不過,因爲"遼"字中間所從字形的考釋并不直接影響本文的結論,故在此不予過多討論。

《説文》云:"貈,似狐,善睡獸也。从豸、舟聲。《論語》曰:'狐貈之厚以居。'"段注云:"凡狐貈連文者,皆當作此貈字。今字乃皆假貉爲貈,造貊爲貉矣。……其字舟聲,則古音在三部。《邠》詩貈、狸、裘爲韻,一部三部合音也。"也就是説,古代典籍文獻多假"貉"爲"貈"。貈似狐,而狐的最明顯特徵在於身後拖着一條大尾巴,故將"A"字形的右下部看作是大尾巴形的訛變應當是合理的解釋。

我們不妨對"A"字右下部的形體來源進行一些簡單的推測。

---

① 李學勤:《棗莊徐樓村宋公鼎與費國》,《史學月刊》2012年第1期,第128—129頁。
② 陳劍:《"遼"字補釋》,復旦大學出土文獻與古文字研究中心網站,2008年1月23日。
③ 李學勤:《新整理清華簡六種概述》,《文物》2012年第8期,第69—70頁。

秦公大墓石磬殘銘"貒"字所從的所謂"豸"字，字形特別突出此種動物尾巴部分，將尾部寫作"🐾"形。又如湖北隨州文峰塔 M1 所出曾侯與編鐘銘文的"🐾（圖）"字，①其中所從的"🐾"與"A"字右下部所從的"🐾"寫法幾乎如出一轍，亦可作爲"A"字當釋"貒"之佐證。在古文字中，大尾巴動物的尾部形體通常有兩種寫法：如"狐"字的尾部既可以寫作"🐾"形又可以寫作"🐾"形（乖伯簋，《集成》04331）；②"鼬"字的尾部既可以寫作"🐾"形又可以寫作"🐾"、"🐾"形。③ 也即，這類動物尾部的形體既可以寫成分叉狀，也可以寫成魚尾狀。由此可以推知，"貒"字尾部寫作分叉狀的"🐾"形，應當也可以寫作"A"字右下部魚尾狀的"🐾"形。而"A"字右下部魚尾狀的"🐾"形，似可看作是"豸"字的左下部（也即此種動物的後半身）"勿"與右下部（也即此種動物的尾部）"🐾"相互借用筆畫合寫在一起而形成的形體。

若以上對字形的分析不誤，則我們還可以對相關諸字形的演變過程做些推測。上引的古文字形體，"貒"與"貉"原本都應當是獨體象形字，然因兩種動物形貌接近，故字形寫法上很容易混淆，所以古人利用添加聲符的辦法對相關諸字進行區別。大概是由於"貒"與"貉"在古人心目中本來就不甚區別，故將"貒"字同義換讀當作"貉"來使用，而另外造"貆"字來表示"貒"字原來所代表的動物。

最後附帶提及，甲骨文中有一個未識字"🐾"（《甲骨文合集》22075），④顯然是一種動物的象形，字形特別突出其大尾巴，其所代表的字似亦當是狐貉或貒鼬之類的動物。

附記：行文中所涉及的材料，先後承蒙裘錫圭、郭永秉等諸位先生惠示，謹致謝忱。

---

① 可參看凡國棟《曾侯與編鐘銘文柬釋》，《江漢考古》2014 年第 4 期，第 64 頁；李零《文峰塔 M1 出土鐘銘補釋》，《江漢考古》2015 年第 1 期，第 119 頁。
② 涂白奎：《說西周金文中的"狐"字》，《古文字論集》（三），《考古與文物》2005 年增刊，第 110—112 頁。
③ 曾憲通：《說繇》，《古文字研究》第 10 輯，中華書局，1983 年，第 23—36 頁；程少軒：《試說"鬲"字及相關問題》，《出土文獻與古文字研究》第 2 輯，復旦大學出版社，2008 年，第 135 頁。
④ 劉釗、洪颺、張新俊編：《新甲骨文編》，福建人民出版社，2009 年，第 926 頁。

"王卬(仰)天,句(后)而洨(詨)"解*

張通海

(淮北師範大學)

《上海博物館藏戰國楚竹・柬大王泊旱》(四)簡14有句"王卬(仰)天,句(后)而洨(詨)胃(謂)大剸(宰)",原文如是。其中的所謂"洨"字,原書考釋者濮茅左先生謂:"'洨',讀爲'詨',呼叫。《山海經・北山經》'其鳴自詨',郭璞注:'今吳人謂呼爲詨……'"①(頁207)

事實上,只要注意審視,我們就會發現這個被釋爲"洨"、讀爲"詨"的字應該是"泣"字。試看原字字形,其作䢔。爲了便於比較,我們將之剝離出來。該字有兩個部件,一清二楚,左邊是 ![] (水),"視而可識",毋庸置疑。關鍵是右旁,右旁是"交"還是"立"?這個"![]"是否爲"交"字?我們不妨把"交"(或從"交"之字的偏旁"交")臚列出來加以對照。

獨體的"交":![] [《上博簡(一)・詩論》3見、《性情論》簡25(2見)、簡26(4見)],・逸詩》簡2),・逸詩》簡3),・曹沫之陳》簡17),・周易》簡11、16、33),・三德》簡11)。②

以"交"爲偏旁的字如:,③![](《楚文字編》,頁

---

* 此文爲2012年度高校省級人文社會科學研究項目及2011—2012年度安徽省哲學社會科學規劃項目之階段性成果,項目批准號分別爲:SK2012B429、AHSK11-12D282。

① 馬承源主編《上海博物館藏戰國楚竹書》第1—8冊,上海古籍出版社,2001—2011年,以下簡稱上博簡,且只注明冊序,不復一一注其出版社及出版時間。

② 李守奎編著:《楚文字編》,華東師範大學出版社,2003年,第594頁。《楚文字編》收20個與此形似之字。

③ 湖北省荆沙鐵路考古隊:《包山楚簡》,文物出版社,1991年。

28），①▨（《上博簡（四）·采風曲目》簡 1），▨（《上博簡（六）·用曰》簡 12）……不一而足。

綜觀上面所揭"交"（或從"交"）字形體，可以歸納出它們有一個共同的特徵："▨"形下的筆畫呈交互糾結狀——或有二結，或具三結，都是相互交結。而"立"字呢？上博一到六獨體的"立"字如下：▨（《上博簡（一）·詩論》2 見），▨（《上博簡（一）·緇衣》3 見）；▨[《上博簡（二）·從政》簡 13、《上博簡（二）·容成氏》簡 7（2 見）、9、13、23、26、29、30、37、38、40、49 相類]；▨[《上博簡（三）·中弓》簡 23、24（2 見）]；▨（《上博簡（四）·柬大王泊旱》簡 1），▨▨（《上博簡（四）·內豊》簡 1、8），▨（《上博簡（四）·曹沫之陳》簡 24）；▨（《上博簡（五）·季庚子問於孔子》簡 8），▨（《上博簡（五）·三德》簡 10）；▨（《上博簡（六）·莊王既成　申公臣靈王》簡 5），▨▨（《上博簡（六）·用曰》簡 18、19）……舉不勝舉。以上是獨體的"立"字。再看一些以"立"爲偏旁的字，其"立"字形體：▨（《上博簡（二）·容成氏》簡 7），▨（《上博簡（四）·曹沫之陳》簡 50），▨（《上博簡（五）·季庚子問於孔子》簡 23）……這些"立"字也是大同小異，都是"大"下放一橫。最有說服力的是上舉《柬大王泊旱》簡 1 被考釋者自己釋作"立"的字，我們不妨把被釋爲"洨"，讀爲"詨"的字的右旁割裂出來，再使之與此相互比對：

▨《柬大王泊旱》簡 1
▨《柬大王泊旱》簡 14 所謂"洨"字右旁

可以清楚地看到，它們是何其相似，所異者只爲作偏旁必須稍微瘦削。通過以上分析，我們完全可以作出如下結論：被釋成"洨"的字，原來應該釋作"泣"。非常巧合的是《上博簡（三）·周易》簡 11 恰好就有"洨"字，其形作▨，再把它與《上博簡（四）·柬大王泊旱》簡 14 的▨比較。原釋的不妥便昭然若揭，同時也反證我們所釋不誤。

字形考釋問題解決了，全句的句意怎麼理解？

我們知道，按照原考釋的釋讀，玩味句意，總是感到彆扭，"王卬（仰）天"還算勉強，後面"句（后）而洨（詨）胃（謂）大剸（宰）"百思不得其解。我們認爲如果將句中的"句"（也就是"後"）與"而"這兩個詞序顛倒一下，將會出現兩種絕句情況：其一，依照原考釋者的句讀，則爲"王卬（仰）天，而句（后）泣胃（謂）大剸（宰）"；其二，我們新作的斷句："王卬（仰）天而句（后）泣，胃（謂）大剸（宰）"。兩種句讀重新整合，經

---

① 李守奎：《楚文字編》，華東師範大學出版社，2003 年。

過反復吟讀,我們會感覺比原考釋的要流暢得多,而且在表達"柬大王"的形象、性格(溫柔敦厚而非大呼小叫,情感真摯而非虛僞奸詐,勇擔責任而非推卸責任)方面都要比原考釋、原句讀恰切許多。而且,"而後"這一連接詞語在楚簡中習見,如"堣(禹)民而句(后)躖(亂)之,湯不易桀民而句(后)訶(治)之,聖人之訶(治)民,民之道也","智(知)命而句(后)智(知)道,智(知)道而句(后)智(知)行","十之方靜(爭),百之而句(后)葡(服)"(《郭店楚墓竹簡·尊德義》簡6、9、27,文物出版社,1998年);"又(有)迗(地)又(型)型(形)又(有)聿(盡),而句(后)","又(有)生又(有)智(知),而句(后)好亞(惡)生"(《郭店楚墓竹簡·語叢一》簡6、8);"凡人唯(雖)又(有)生(性),心亡正志。寺(待)勿(物)而句(后)乍(作),寺(待)兌(悦)而句(后)行,寺(待)習而句(後)奠"(《上博簡·性情論》簡1);"凡惪(憂)思而句(後)悲,樂思而句(后)忢(忻)"(《上博簡·性情論》簡19、20,同郭店簡《性自命出》)。在《上博簡(五)·三德》簡1等中也有,如"卉木須昔(時)而句(后)奞(奮)",此可爲證。

我們作出這般微調,不是沒有根據的。誰都知曉,在記錄口授、傳抄文典、創作撰述時,言不達意經常出現,添、漏、誤、倒往往發生。關於語序顛倒如《上博簡(三)·周易》簡隨卦爲"上六:係而敂(扣)之……",同一文句馬王堆漢墓帛書《周易》作"尚九〈六〉:枸係之……",今本《周易》作"上六:拘繫之……"。用字不同今暫不論,詞序確實顛倒,但是意義全同。同句的"從乃"也一樣屬於這種情況,因爲馬王堆漢墓帛書《周易》與今本《周易》俱作"乃從"。又劉釗先生認爲:"'君子身以爲主心'一句字序抄寫有誤,正確的應作'君子身以心爲主'。"① 還有"'義士之所存'語意欠通,疑本作'仁義','仁'字訛爲'仕',又誤倒轉寫成'士'。"② 此可佐證我們所作釋讀。

㐅字還有其他理解。周鳳五先生云:"簡文'而'字與'天'無別;'呼'字从口、从虎省聲,上端虎頭省略,僅保留下端的'人'形,不同於一般所見,這些都須參酌上下文意來判斷,不能一味拘泥字形。簡文此處應讀作'王仰而呼天,泣謂太宰'……"③ 季旭昇先生在指出"不得釋'句'"是對的,但其疑爲"啕"之異體。④ 楊澤生先生則認爲"應該隸寫作'吟'或'含'"。⑤ 我們在此提出一種新的釋法。我們認爲此字是"臨"

---

① 李守奎:《楚文字編》,華東師範大學出版社,2003年。
② 李學勤:《從郭店簡〈語叢四〉看〈莊子·胠篋〉》,《簡帛》第1輯,上海古籍出版社,2006年。
③ 周鳳五:《上博四〈柬大王泊旱〉重探》,《簡帛》第1輯,第131頁。
④ 此文寫出後,季旭昇先生(《〈上博四·柬大王泊旱〉三題》,簡帛研究網站,2005年2月15日)亦將該字釋爲"泣"字,可謂不謀而合,不敢掠美,附記於此,權作其文補充。
⑤ 楊澤生:《讀〈上博四〉劄記》,《古文字研究》第26輯,中華書局,2006年,第338頁。

字之省,省去相同偏旁。"臨"字戰國楚系簡帛中作▨、▨(上博五《弟子問》簡9),又作▨(上博六《慎子曰恭儉》6、《包》33),也作▨(《包》79)、▨。▨字當是上面的省形(特別是上博簡的省得非常厲害),且釋"臨"字於文句也通,可斷句爲:"王卬(仰)天,臨而泣,胃(謂)大剬(宰)"。《説文》:"監臨也。从臥、品聲。"引申爲"落泪"。

談丁佛言的幾方古璽題跋

徐在國　程　燕

（安徽大學文學院）

丁佛言，名世嶧，①字佛言，晚號邁鈍，別號松游庵主、還倉室主，山東黄縣人。關於他的生年，學術界有二説，一説生於清光緒四年（1878 年），②一説生於清光緒十四年（1888 年）。③ 二説孰是孰非，暫存疑待考。他卒於民國十九年（1930 年）。④ 丁佛言先生篤嗜古文字，喜歡篆刻，他曾説過："余生好篆書，又好治印，嗜之至廢寢忘食……中更世變，走四方，涉險怪，雖極至危疑困迫，無不以椎刀自隨。"

丁佛言一生著作很多，惜多未刊行。⑤ 其傳世之作除大家熟悉的《説文古籀補補》（以下簡稱"補補"），⑥還有一些古文字題跋，如《丁佛言手批窓齋集古録》（以下簡稱"手批"），⑦以及古璽題跋等。書法類有《丁佛言書法選》（以下簡稱"書法選"）。⑧ 關於丁佛言在古文字研究方面取得的成就，我們已撰文研究⑨，這裏擬對丁佛言的幾方古璽題跋做一專門研究。

---

① 徐友春主編《民國人物大辭典》5 誤爲"名世峰"，河北人民出版社，1991 年。
② 谷谿《〈丁佛言書法選〉序》中認爲丁佛言先生生於清光緒四年（1878 年），孫洵《民國篆刻藝術》（江蘇美術出版社，1994 年）、《宋元明清書畫家年表》（台灣文史哲出版社，1975 年）均以 1878 年作爲丁佛言生年。
③ 胡厚宣《〈丁佛言手批窓齋集古録〉序》、史樹青《〈丁佛言手批窓齋集古録〉序》、《民國人物大辭典》等均以清光緒十四年（1888 年）作爲丁佛言生年。
④ 《中國文字學史》378 誤以 1939 年爲丁佛言卒年，吉林教育出版社，1995 年。
⑤ 王獻唐：《黄縣丁佛言先生遺著目録》，《文獻》1982 年第 11 期，第 268 頁。
⑥ 丁佛言：《説文古籀補補》，中國書店影印，1990 年。
⑦ 丁佛言：《丁佛言手批窓齋集古録》，天津古籍書店影印，1990 年。
⑧ 丁蒙：《丁佛言書法選》，人民美術出版社，1995 年。
⑨ 徐在國：《略論丁佛言的古文字研究》，《煙臺師範學院學報》（哲社版）1998 年第 3 期，第 52—54 頁。

题跋之风,自宋元以来已蔚为大观。史树青先生说:"宋元以来鉴藏家访求金石书画,每以题跋之有无衡量作品之轻重,良以题跋批校之作,可以辨别真赝,考镜源流,乃至比勘诸家之说,增进鉴别学识。推而广之,考工证史,阐发精义。至於诗文赏心,书法悦目,尚其次也。"可知题跋是很重要的。

丁佛言先生的几方古玺题跋见於丁蒙先生编的《丁佛言书法选》第 39、40、51 页,共计 12 方古玺,丁佛言先生对其中的 9 方古玺做了题跋。《还仓室遗珍》第 111、112、113、114 页录 8 方古玺,也做了题跋。①

每条下,首为古玺拓本或摹本,为不失真,所录字形均为扫描剪贴;次为丁佛言先生古玺题跋出处和内容;末为我们的按语,以"按"字开头。我们尽量从《古玺汇编》(简称"玺汇")中找到各玺相对应的图片附在文中,以便於比对。

1.

《书法选》39 页丁佛言在"计官之鉨"旁写道:

> 簠斋亦有一鉨,与此文字□□合,特多一界纹。

按:这是一方楚国官玺,《玺汇》重新著录,作:

《玺汇》0139 计官之鉨

与此玺内容相同的玺印还见於:

《玺汇》0137 计官之鉨   《玺汇》0138 计官之鉨

《玺汇》0140 计官之鉨   《汇考》159 计官之鉨②

---

① 丁棣:《还仓室遗珍》,山东文献社,1984 年。此书蒙苏建洲先生惠赐电子版,谨致谢忱!
② 施谢捷:《古玺汇考》,安徽大学博士学位论文,2006 年。文中简称"汇考"。

"計官",官名,掌管會計。《周禮·天官·司會》:"司會,掌邦之六典、八法、八則之貳,以逆邦國都鄙官府之治,以九貢之法致邦國之財用。"鄭玄注:"會,大計也。司會,主天下之大計,計官之長,若今尚書。"①漢代稱"計相"。《史記·張丞相傳》:"(張蒼)遷爲計相。"集解:"文穎曰,能計,故號曰計相。"曹錦炎先生認爲:"'計'本指計書、計簿,《漢書·武帝紀》注:'計者,上計簿使也,郡國每歲遣詣京師上之。'這種上計制度,即各級官吏每年年底均應向上報告自己的政績和稅收及費用,而且必須和每年賬簿同地繳送。'計官'就是具體職掌此項工作的官吏。"②

2.

《書法選》39頁考釋"日庚都萃車馬鉨"時説:

"日庚都",胡石查釋。

"萃車馬"

《説文》:"蓙,草皃。从艸、造聲。""篧,雜也,倅也。"

王箓友云:"《長笛賦》李注引'篧倅字如此'。《説文》無倅,當作萃。《夏官·射人》'乘王之倅車',注'戎車之副也',即《春官·車僕》'掌戎車之萃也'。《左昭十一年傳》:'僖子使助蓙氏之篧。'注:'篧,副倅也。'"

此鉨文曰"日庚邦萃車馬"當是掌車馬官之鉨信,官鉨也。

先爲福山王文敏藏(文敏以五百金購得),今歸溳陽端氏陶齋。

按:這是一方燕國官璽,《古璽彙編》重新著録,作:

《璽彙》0293 □都萃車馬

丁佛言先生所釋"萃",學者多從之。《周禮·春官·車僕》:"掌戎路之萃,廣車之萃,闕車之萃,苹車之萃,輕車之萃。凡師,共革車,各以其萃;會同亦如之。大喪,廞革車。大射,共三乏。"鄭玄於"輕車之萃"下注:"萃,猶副也。此五者皆兵車,所謂五

---

① 何琳儀:《戰國古文字典》,中華書局,1998年,第110頁。
② 曹錦炎:《古璽通論》,上海書畫出版社,1996年,第96頁。

戎也。"

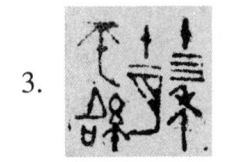

3. [印章圖]

按：這是一方齊國官璽。釋文應爲"十四年十一月帀（師）紹"。"帀"，讀爲"師"，"工師"之省稱，官名。① 《孟子·梁惠王下》"則必使工師求大木"，趙岐注："工師，主工匠之吏。"《左傳·定公十年》："叔孫謂郈工師駟赤"，杜預注："工師，掌工匠之官。"

4. [印章圖]

《書法選》40頁丁佛言在齊官璽"陽都邑聖逫□之鈢"左側寫道：

> 宋振之云：
> 陽，地名。《漢志》"陽都"下應劭注："齊人遷陽，故陽國是都。"陽都在今山東沂州府沂水縣境。此鈢磧出沂水界中，則易即陽國。[圖]，即向邑。向加邑作[圖]者，亦猶樊或作欒，祭或作鄒，奄或作鄇耳。[圖]，應爲堅，堅、聚二字古通用。《說文》："聚，會也。一曰邑落曰聚。"曰陽向邑聚。國大於邑，邑大於聚，相統之辭。[圖]，徙字也。徙、屎二字古通用。[圖]，當是盧字。盧氏幣爲[圖]，與此皆省文。詳見《齊魯古印攈叙》。
> [圖]，陽。[圖]，吳清卿云：《說文》所無，或云即鄡字。[圖]，邑。[圖]，吳清卿以爲聖，似不如宋釋。[圖]，盦。盦爲是。宋説以爲"盧"。太新。[圖]，之。[圖]，鈢。
> 近世好古家藏四字古鈢與此鈢作凸出式相類者有三，惟第二字稍殊。一爲潘文勤藏，篆作[圖]；二爲陳文懿先生藏，篆作[圖]，又作[圖]。（附圖一）

按：這方古璽《古璽彙編》重新著錄，作：

---

① 施謝捷：《古璽彙考》，安徽大學博士學位論文，2006年，第60頁。

《壐彙》0198 昜(陽)都邑聖遷(徙)卣(鹽)之鈢(壐)

這是一方齊國官壐。丁佛言先生的題跋先引宋振之在《齊魯古印攈序》中的考釋,後又給出部分壐文的釋文。在釋文中兩次徵引吴大澂先生的説法,并將其與宋説進行比較,如對"🈯"的釋讀,他認爲釋"堅"説比釋"聖"好;釋"🈯"爲"盦",認爲釋"盧"太新。

丁佛言先生在下面的題跋中指出有三方古壐與此壐近,這三方古壐,《古壐彙編》重新著録,作:

《壐彙》0200 遷(徙)卣(鹽)之鈢(壐)

《壐彙》0202 遷(徙)卣(鹽)之鈢(壐)

《壐彙》0201 遷(徙)卣(鹽)之鈢(壐)

這爲進一步考釋"🈯🈯"提供了極爲重要的綫索。

上引《壐彙》0198 壐文應釋爲"昜(陽)都邑聖遷(徙)卣(鹽)之鈢(壐)"。宋振之先生釋"🈯"爲"徙",頗具卓識。

壐文"遷卣",趙平安先生讀爲"徙鹽",認爲很可能是官名,并説:"'徙鹽之壐'應是在鹽的流通過程中使用的官印,其目的是保證鹽的正常流通以及有效徵税和避免重復征税。就其功能而言,頗有點像宋以後的鹽引。"①古有鹽官,如《元和姓纂》卷五:"後漢征南大將軍岑彭後有岑晊,字公孝,晊孫軻,吴鄱陽太守,徙鹽官。"

---

① 趙平安:《戰國文字中的鹽及相關資料研究》,《新出簡帛與古文字古文獻研究》,商務印書館,2009 年,第 131—142 頁。

5.

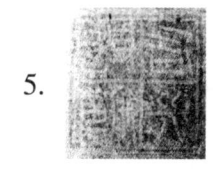

《書法選》40頁：

※，是"巽"字。

按：這是一方楚官璽，《古璽彙編》重新著録，作：

《璽彙》0280 右斯政鉨

丁佛言先生釋"※"爲"巽"，不確。

"斯政"，應讀爲"厮輿"。"斯"、"厮"諧聲相通。"政"，从"攴"、"疋"聲，讀爲"輿"。上古音"疋"屬疑紐魚部，"輿"屬喻紐魚部。"疋"與"雅"相通之例傳世典籍習見，如《説文》："疋，古文以爲《詩》大疋字。"《爾雅序》："雅，《釋文》字亦作疋。""輿"與"邪"相通，如《吕氏春秋・淫辭》："前呼輿諤。"高誘注："輿諤或作邪諤。"《淮南子・道應》、《文子・徵明》作"邪許"。另外，"與"和"邪"相通之例，典籍中多見，可參高亨《古字通假會典》846—847頁。綜上所述，"政"可以讀爲"輿"。

"厮輿"，猶"厮役"。《吕氏春秋・決勝》："善用兵者，諸邊之内莫不與鬥，雖厮輿白徒，方數百里皆來會戰，勢使之然也。"《管子・治國》："故以上之徵而倍取於民者四，關市之租，府庫之徵，粟什一，厮輿之事，此四時亦當一倍貸矣。"《漢書・嚴助傳》："厮輿之卒有一不備而歸者，雖得越王之首，臣猶竊爲大漢羞之。"顔師古注："厮，析薪者。輿，主駕車者。此皆言賤役之人。"

楚官璽"右厮輿璽"，當是主管厮役的官員所用之璽，此官應分左、右。

6.

《書法選》40頁：

陳子振摹刻。首字"鱸"，《説文》"魚名，一名鯉，一名鰜"。次一字圖，是邦。

按：次字，《説文古籀補補》卷六九上作▉，"古鉢鱟邦，邦，國也。匚，是囗之省。或釋圃，非"。釋爲"圃"，應該是正確的。

7.

《書法選》40 頁：

龜紐。

按：此疑爲漢印。待考。

8. 銅墨盒（臨古璽）

《還倉室遺珍》112 頁釋爲"端都用鉨"，寫道：

▉，右从▉，▉即古"耑"字。《集均》、《均會》"耑"作▉。耑▉丁卣"耑"作▉，匋文"耑"作▉。古"耑"字作▉、▉、▉，於此可證。左从▉，與▉▉▉刀弟四字▉、▉、▉、▉皆極相類。▉，《古泉貨》釋"就"，殊費解且形亦不似。余謂本爲端。《説文》"端"訓正。齊刀所謂▉▉▉者，猶言正▉貨。"端"又訓始、訓首、訓專。此曰端▉。▉，舊釋"都"，其義當即首都或始都，爲始建國之用鉨，以首都爲是。▉，舊無釋。余謂即古用字。《説文》、《玉篇》"用"古文皆作▉，此極似之。許氏引衛宏説曰："用，从卜、从中。"案："中"字古文最多，如金文之▉、▉、▉、▉、▉，古布之▉、▉、▉、▉，不勝枚舉，而▉與▉、▉尤近。竊疑古"中"、"用"或爲一字。衛宏之説必有所授，特未深言以明之耳。其曰"用鉨"者，"用"，貨也、通也。《大禹謨》："正德、利用、厚生。"《王制》："冢宰制國用。""用鉨"，當爲制國用之鉨。古鉢多有"計鉢"二字，吳愙齋釋"計"，引"貨賄用璽節"以實之。此"用鉢"，亦猶"計鉢"之意也。

庚申六月立秋前二日佛言并作釋。

按：第一方古璽《古璽彙編》重新著録，作：

《璽彙》0292 竝（峙）鄩（都）市鉩

第二方未見。

從第一方古璽看，丁佛言先生摹刻精準。這是兩方燕國官璽，第一、二字又見於下列燕官璽：

《璽彙》0058 竝（峙）鄩（都）右司馬

《璽彙》0050 竝（峙）鄩（都）左司馬

"竝"字，從"立"，"之"、"止"均爲聲符，地名。待考。

"都"，大都邑，或相當於郡一級行政單位。《管子·度地》："百家爲里，里十爲術，術十爲州，州十爲都。"

"市"，從裘錫圭先生釋。① 丁佛言先生釋爲"用"，不確。《説文古籀補補》3、13 上沿襲此誤。"市璽"，爲市官所用之璽，戰國時期各國對集市貿易管理比較嚴格，均設有"市官"。《周禮·地官·司市》："司市，掌市之治教政刑，量度禁令，以次敘分地而經市，以陳肆辨物而平市，以政令禁物靡而均市，以商賈阜貨而行布，以量度成賈而徵價，以質劑結信而止訟，以賈民禁僞而除詐，以刑罰禁虣而去盜，以泉府同貨而斂賒。大市，日昃而市，百族爲主；朝市，朝時而市，商賈爲主；夕市，夕時而市，販夫販婦爲主。"

9. 銅墨盒（臨古璽）

濰縣王氏古印雋　　　匋齋藏

---

① 裘錫圭：《戰國文字中的"市"》，《古文字論集》，中華書局，1992 年，第 454—468 頁。

《還倉室遺珍》110頁"歸去疾□鉢"（濰縣王氏古印雋）、"宋去疾鉢"（端匋齋藏）。《書法選》51頁考釋古璽"陳去疾信鉨"、"宋去疾信鉨"時說：

  古人多有名去疾者。右兩鉨第二字从"大"、从"口"、从"辵"，舊無釋。以命名之義推之，自當釋爲"去"字。"去"字从"口"，於古刀幣 見之；从"辵"，則不見於字書。考"往"字古文从"辵"，"來"、"復"二字金文亦皆从"辵"，以此例推"去"字亦應从"辵"。而許書則从"大"、从"凵"，不知其何所取義。蓋其時古文就湮，許氏雜采各家以成書，故其字不盡合古義。今得此兩鉨，乃知今"去"字爲 字省文，其不从"口"而从"凵"，亦由許誤之也。

  或謂 字，从"大"、"凵"聲，終不能得其意義。或古"去"字本爲 ，後誤爲 ，果爾則"去"更當从" "、从"辵"，其義似較顯明矣。

  庚申暮春佛言摹并釋。

按：這兩方古璽是齊私璽，《古璽彙編》重新著録，作：

《璽彙》1481　　　《璽彙》1433

丁佛言先生摹刻精準，"去疾"之釋非常精彩，確不可移。

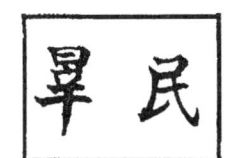

10.

《還倉室遺珍》111頁：

   、 皆"民"字。《説文》"母"字無古籀文。"民"字之古文作 ，"諆"、"閔"等古文从之，許氏於"母"曰"牧也，从女，象懷子形。一曰：象乳子也"，於"民"曰"衆萌也"。从古文之象，余乃恍然"母"、"民"古爲一字，而 字最古，曰"衆萌"實兼含"母"之意義，及後母字特定爲父母、母子之母,而▨乃專爲"民"字之古文,故徐氏入"民"而不入"母"也。此兩鈢▨、▨二字與▨適合,其爲古"民"字無疑。又案許氏所采古文古籀往往與篆文絶不相類,即世傳鼎彝匋鈢文字亦多與許不符。今此▨、▨不但與▨相同,即金文"民"省爲▨、▨,篆文之變▨爲"民",無一不有迹象可尋亦已奇矣。庚申立秋前二日佛言作并釋。(附圖二)

按:▨,當釋爲"每"。▨,當釋爲"母"。

11. ▨

《還倉室遺珍》113頁:

▨,疑"鹿",金文有作▨者。▨,或以爲"叔"。▨,從▨、從▨,▨古"皮"字。余謂當是"波"字,或謂即"陂"字。史書往往假"波"爲"陂"。《漢書·諸侯王表》曰"波,漢之陽",《西域傳》曰"傍南山北波河"是也。邁鈍作并釋。(附圖三)

按:前二字,待考。第三字釋"波",至確。

12. ▨

《還倉室遺珍》114頁釋作"節墨之亢封土",具體考釋如下:

陳簠齋云:周殘瓦器鈢字,文曰"節墨止亢▨"。"節墨"二字同刀化。"亢",地名。或曰"六化"之"六",非是。

▨,陳簠齋、吳愙齋兩先生均以爲"之▨"二字,▨即"鈢",吳釋見《說文古籀補》。

案:▨字匋文屢見:

一曰▨▨▨▨,

一曰▨▨▨▨▨,

一曰▨▨。

又古鈢 [字] [字] [字] [字] 之 [字]，亦與此同。

觀以上各鈢可知，[字]不能離下[字]爲獨立一字。若云[字]即"鈢"，則[字][字]于[字][字]有兩"鈢"字，實無此例。余謂，[字]自爲一字，與[字]、[字]同，而篆法微異，可決其必非"鈢"字。从"土"、从"止"、从"木"，或爲古"封"字耳。《說文》"封"，古作[字]，籀文作[字]。此極似籀文，右下之[字]，以許氏小部、分部之例例之，當有分意。所謂分土以封諸侯，各之其土也。[字]下[字]，當別爲一字，應釋"土"。松游盦古匋釋。（附圖四）

按：丁佛言先生所引古鉩是齊官鉩，《古鉩彙編》等書重新著錄，作：

《彙考 59》節墨之亓坿（市）工

《鉩彙》0355 鄞邵坿（市）鉩

《彙考》58 不䈞（其）坿（市）鉩

《陶錄》2.33.3 郘（邱）市

按：[字]字，當從裘錫圭先生釋爲"坿"（市）。"市"下一字或釋"工"。

通過以上對丁佛言先生古鉩題跋的梳理，我們得到以下認識：

1. 丁佛言對某些戰國文字的考釋，相當精彩，釋讀可信，已成爲定論。比如"去疾"的考釋、"萃車馬"的解釋。

2. 丁佛言先生學術視野寬廣，旁徵博引，在題跋中引述了胡石查、宋振之、陳介祺、吳清卿等先生之說。比較他們的說法，給出自己的看法。

3. 丁佛言先生在銅墨盒中摹刻的古鉩非常精準。

4. 丁佛言對古鉩文字的考釋，反映了他所處的那個時代的水平。有些說法，在今天看來是不對的，但我們絕對不能苛求。

附圖一：逵盧之鈢

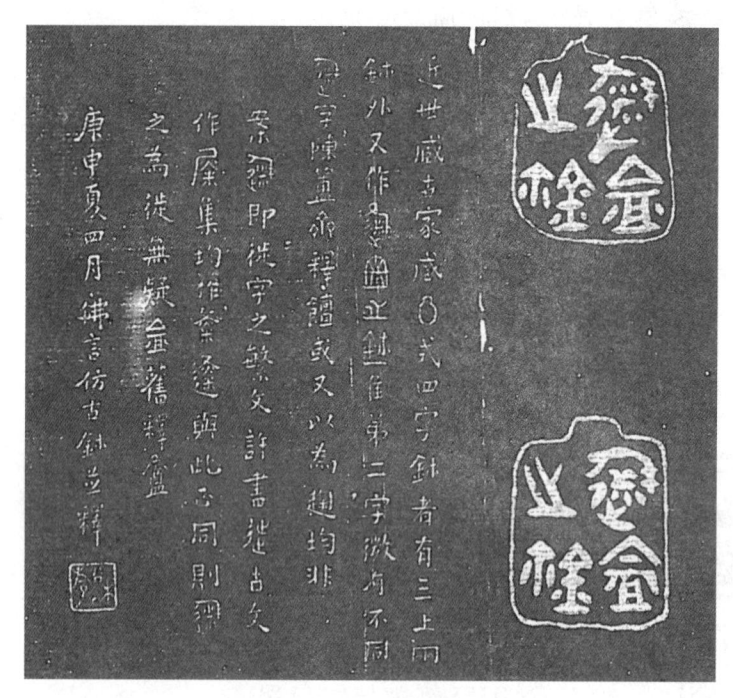

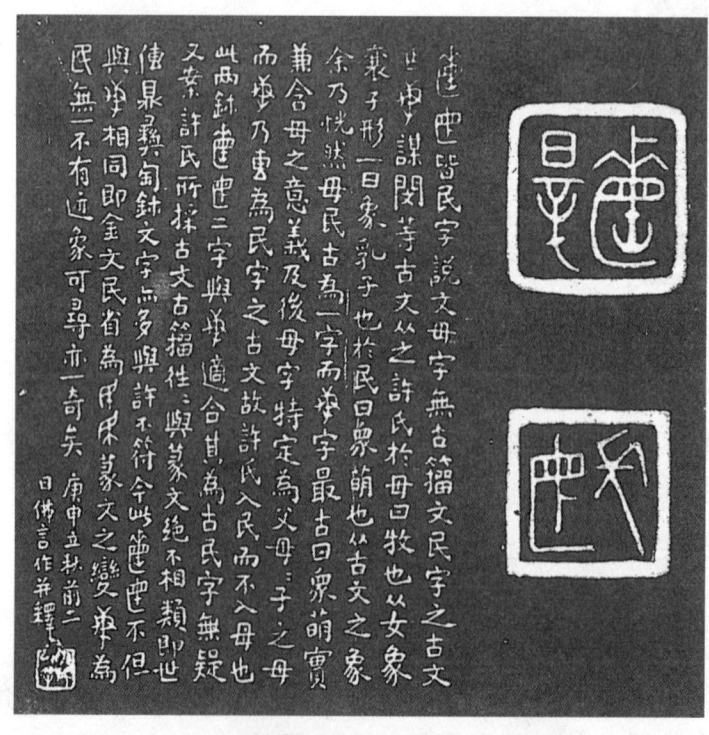

附圖二：每暈、長母

附圖三：□□波鉢

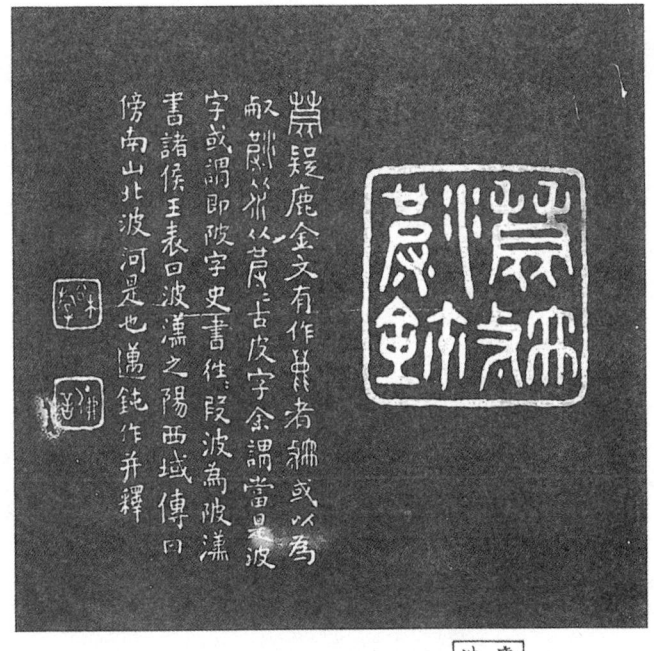

附圖四：節墨之䢍坿工

西辛戰國銀器銘文補釋*

張振謙

(河北大學文學院)

《文物》2014年第9期發表了5件有銘戰國晚期齊國銀器：銀豆(盒)2件，銀盤2件，銀匜1件，皆有銘文(圖一至圖四爲銀豆、銀盤銘文)。其中一件銀盒的原釋文爲"曑，一又卅分"，一件銀盤的原釋文爲"曑平，一又卅分"，①銀匜的原釋文爲："曑平，

| 圖一 | 圖二 | 圖三 | 圖四 |

---

* 本文係國家社科基金一般項目"燕系文字材料的整理與研究"(批准號13BYY105)階段性成果。
① 原文有一處張冠李戴的錯誤。從銘文字體和器物的殘損程度來看，圖四九應該與圖五四是同一銀盤，圖五○應該與圖五三是同一銀盤。

二又卅分"。①

同期《文物》還發表了李零先生的一篇文章,李文將銀豆銘文改釋爲"叟,一又卅分",并云:"'叟',工師或工匠的私名。此字可能是粤字的另一種寫法,上面省去姓氏。'一又卅分',估計是記重。'一'是整數,'卅分'是餘數。……從重量考慮,有兩種可能。……可見,'一又卅分'不可能是一又三十分之一斤,更大可能是一又三十分之一鎰。……如果'一又卅分'是一又三十分之一鎰,有兩種可能,一種……約合324.5克;一種……約合389.6克。這兩個數位,後一數位更接近器物的重量。"②按照我們的理解,其説大概意思爲:"'一又卅分'指記重,約合389.6克。"上述説法有可商之處,分析如下。

首先討論對銘文文字的釋讀。實際上,其中一件銀盤(《山東青州西辛戰國墓發掘簡報》圖四九,即本文圖四)在《2004中國重要考古發現》早已收録。③ 由於原字體很小,幾不可辨,我們當時就作了摹本,并提出了考釋意見:"上有銘文:'邵受一粺(升)分,□□二上公',從'受'字形體看,有燕系文字特徵,但從'升'、'公'等字形體看,爲標準的齊文字。"④

現在看來,十年前的摹寫是有一些問題的,這裏應該首先進行自我反省:一是當時我們所謂的"受"字,⑤實際是"平"字的誤摹,劉剛先生已經指出了這個錯誤;⑥一是所謂的"□□二上公",只是一些單字,而不是句子。

我們認爲銀豆、銀盤、銀匜的釋文應爲:"受一粺分"、"邵平,一粺分"、"邵平,二粺分"。李家浩、⑦劉剛二位先生認爲其中的"分"可讀爲"半",那麼銘文可分别讀爲:"受一升半"、"邵平,一升半"、"邵平,二升半。"

首先,"叟"并非"粤"字,而是具有燕國文字寫法特點的"受"字,朱德熙、⑧吳振武⑨等

---

① 山東省文物考古研究所,青州市博物館:《山東青州西辛戰國墓發掘簡報》,《文物》2014年第9期,第4—32頁。
② 李零:《論西辛戰國墓裂瓣紋銀豆——兼談我國出土的類似器物》,《文物》2014年第9期,第58—70頁。
③ 國家文物局:《2004中國重要考古發現》,文物出版社,2005年,第75頁。
④ 張振謙:《齊系文字研究》,安徽大學博士學位論文,2008年5月,第11頁第2段。
⑤ 張振謙:《齊系文字研究》,第115頁第8行。
⑥ 參劉剛《山東青州西辛戰國墓地出土銀器銘文小考》,復旦大學出土文獻與古文字研究中心網站,2014/10/18,http://www.gwz.fudan.edu.cn/SrcShow.asp?Src_ID=2352。
⑦ 李家浩先生的文章曾在2014年10月安徽大學的一次講座中宣讀。
⑧ 朱德熙:《古文字考釋四篇》,《古文字研究》第8輯,中華書局,1983年,第18—19頁。
⑨ 吳振武:《釋"受"并論盱眙南窑銅壺和重金方壺的國別》,《古文字研究》第14輯,中華書局,1986年,第51—59頁。

先生對這種寫法的"受"字的構形早有定論。如朱德熙先生在考釋重金罍(《殷周金文集成》09617)的"受"(字形寫作⬚)字時,指出其字形特點是"把爪和舟連在一起寫",并在文章中還釋出幾個璽印文字的"受"字。李家浩先生補充說:"這種寫法的'受'蓋是把'爪'與'舟'并列在一起,并把'又'寫作⬚,并進一步指出這是燕系文字的特點。"①我們認爲齊系文字也有這種受燕系文字寫法影響的"受"字,字形寫作⬚(《古璽彙編》3937)。

朱德熙先生說:"受是容的意思。《方言·六》'受,盛也,猶秦晋言容盛也'。《大戴記·投壺》'壺脰脩七寸,口徑二寸半,壺高尺二寸,受斗五升,壺腹脩五寸'。'受斗五升'《小戴記》作'容斗五升'。""受"用作"容",在燕系銘文中常見:

    永用析涅壺(《殷周金文集成》09607):受(容)六𦈢(觳)四鈘(掬)
    重金罍(《殷周金文集成》09617):受(容)一𦈢(觳)六鈘(掬)
    陳璋鑪(《殷周金文集成》09975):受(容)一𦈢(觳)五鈘(掬)
    ⬚陽鼎(考古1984年第8期第761頁):受(容)九鈘(掬)

其次,"䣑"字從"邑"、"卲"聲,可看作"邵"字異體。

最後,所謂的"又卅"二字,實際上是"升"字。"齊系文字'升',都綴加意符'米'旁,寫作'粎',具有獨特的地域特徵。"②

由上知,不僅是"受"字形體具有燕系文字的特徵,而且銀豆銘文格式也是受燕系銘文影響的。吳振武先生指出:"燕、齊接壤,兩地文字在寫法上互有影響,自屬情理中事。"③極確。因此,具有燕系文字特點的"受"字寫法,也是齊系文字"受"的典型寫法。

現在看來,在燕系文字特點和燕系銘文格式的影響下,又兼圖片字形微小不清,當時我們誤將"平"字摹作"受"字,是不應該的。但是在新公布的銘文圖片中,這種具有燕系文字特點的"受"字又出現在了相應位置上,這表明我們原來對銘文的理解在大方向上還是正確的。

其次討論一下銘文的性質。我們認爲銘文不是記重性的,而是記容性的,這從前面列舉的燕系記容銘文例子中可窺見一斑。現在大體估算一下銀豆和銀盤的容積。

原發掘報告24頁所公布的數據爲:銀豆腹徑11.3 cm、底徑5.6 cm、高11.1 cm

---

① 李家浩:《盱眙銅壺芻議》,《古文字研究》第12輯,中華書局,1985年,第355—361頁。
② 張振謙:《齊系文字研究》,安徽大學博士學位論文,2008年,第117頁第4行。
③ 吳振武:《陳曼瑚"逐"字新證》,《吉林大學古籍整理研究所建所十五周年紀年文集》,吉林大學出版社,1998年,第46—47頁。

（我們下面在計算其容積時，底徑和高的數據沒有用到，暫附於此，以便讀者作更爲精確的容積計算）；銀盤口徑 15.8 cm、底徑 6.7 cm、高 2.8 cm。

在原發掘報告 31 頁綫圖（原圖六九）中，我們測得銀豆的比例尺是 2∶1，銀盤的比例尺是 4∶1（計算中没有用到，暫附于此供讀者參考）。經實際測圖得出，銀豆綫圖的内高（綫圖内底至中間兩横綫中的上横綫距離）爲 2.3 cm，乘以 2 可得銀豆的實際内高爲 4.6 cm。

將銀豆粗略看作一個球冠，則其底面直徑 $2r = 11.3$ cm，高 $h = 4.6$ cm，設球冠的球半徑 R，則有 $R^2 = r^2 + (R-h)^2$，可得球半徑 $R = 5.77$ cm。則銀豆的容積按球缺體積計算爲 $V = \pi h^2 (R - h/3) = 281.49$ cm^3。

銀盤口徑 $2R = 15.8$ cm，底徑 $2r = 6.7$ cm，高 $h = 2.8$ cm。銀盤容積可大體看作中間水平横截面積乘以高：$V = \pi [(2R+2r)/4]^2 h = 278.18$ cm^3。

上述計算得出，銀豆、銀盤的容積相近，約爲 280 毫升，這是大體的估算值。又因爲他們的器型都是腰部稍寬的，所以他們的實際容量都應該比我們的估算值要稍大一些。如果現假設他們的容量值都是 300 毫升，這就是銀豆、銀盤銘文所説的"一升半"，據此可以推知其銘文所説的一升約爲 200 毫升。丘光明先生認爲，齊國量制一升約爲 205 毫升，[①] 與此數據非常相近。由銀匜銘文"二升半"可以推知，這個上部僅存小部分口沿、底部僅存殘片的銀匜的容積大約應爲 500 毫升。

總之，西辛戰國銀器銘文主要内容爲計量性質的，這爲我們研究戰國時期齊國量制提供了新的證據。從文字特點來看，其銘文具有鮮明的齊系文字特點而又深受燕系銘文的影響，應是戰國晚期樂毅破齊之後的器物。

附記：小文初稿完成後，呈李家浩先生審閲，李先生提出了寶貴的修改意見，并談了他對西辛銀器的看法。李先生指出，西辛銀器從花紋、形制等方面看，并非戰國器物，而屬西漢早期。而且李先生還進一步指出，銀器銘文中的"鄂平"爲人名，就是西漢早期的齊相邵平。

李先生的觀點無疑是正確而又非常重要的。由於銀器銘文字體具有典型的齊系文字特點，所以，齊系文字在概念上的時間下限可能要下延到西漢早期，而不是原來的戰國晚期。這批銀器的重大意義還不止於此，將涉及另一個重要的學術問題——對秦代"書同文"的徹底性進行重新反思。所以，這批銀器的出土對於文字學研究及文字學史研究具有重大的意義。

[①] 丘光明：《試論戰國容量制度》，《文物》1981 年第 10 期，第 65 頁。

曾公子弃疾斗銘補釋*

俞紹宏

（鄭州大學漢字文明研究中心）

湖北隨州義地崗曾公子弃疾墓出土一件有銘青銅斗，發掘報告釋讀斗銘爲"曾公子去疾之御斗"。① 其中"去"、"御"釋讀存在問題。所謂"去"字學者已經正確地釋爲"弃"②。釋"御"之字作"䢌"形（可參拓片字形），發掘報告於"御"後括注問號以存疑，網絡上有釋"酌"、"迅"、"近"、"辻"、"行"諸説。③ 據湖北隨州文峰塔東周墓地出土的銅缶銘文，④可以肯定釋"辻"可信。

簡牘文獻記載有"辻缶"、"湯鼎"，青銅器中有自名爲"辻缶"、"赽缶"、"浴缶"、"盥缶"、"行缶"、"辻鼎"、"湯鼎"、"浴甕"（筆者按，釋"甕"見下引廣瀨薰雄釋後文，此釋不確）者。施謝捷分析湖北省穀城縣禹山廟嘴楚墓出土的"邶子鬵赽缶"銘文中的"赽"爲从"走"、"攴"聲，解"赽缶"爲"趨缶"、"行缶"。⑤ 而許多學者將"辻缶"、"赽缶"與洗浴之器聯繫起來，讀"辻"、"赽"爲"浴"或

---

* 本文爲國家社科基金 2017 年規劃項目"戰國古文與敦煌先秦寫卷俗字對比研究"（項目編號：17BYY020）階段性成果。
① 湖北省文物考古研究所、隨州市博物館：《湖北隨州義地崗曾公子去疾墓發掘簡報》，《江漢考古》2012 年第 3 期，第 1—24 頁。
② 徐在國：《曾公子弃疾銘文補釋》，《中國文字學報》第 5 輯，商務印書館，2014 年，第 80—82 頁。
③ 諸説可參暮四郎《試釋隨州義地崗曾公子弃疾斗銘中的"酌"字》一文及回帖，見"簡帛網"之"簡帛論壇·簡帛研讀"欄目 2013 年 4 月 21 日（http://www.bsm.org.cn/bbs/read.php? tid=3076）。
④ 湖北省文物考古研究所、隨州市博物館：《湖北隨州市文峰塔東周墓地》（圖二十六），《考古》2014 年第 7 期，第 27 頁。
⑤ 施謝捷：《楚器"邶子鬵缶"跋》，《江漢考古》1989 年第 4 期，第 87 頁。

"沐"(諸説可參下引廣瀨薰雄文)。廣瀨薰雄從形制上將"辻缶"、"赿缶"與"浴缶"、"盥缶"等洗浴之器聯繫起來,以爲它們常與斗一起出土,這類缶是用來盛熱水洗浴的器具,洗澡時用斗從中取水,"辻"、"赿"讀"沐"。① 後來他進一步將"辻缶"與"辻鼎"、"湯鼎"、"浴甕"等器物聯繫起來,從形制上斷定他們爲洗浴之器,因而讀"辻"爲"沐"。②

曾公子弃疾墓所出的這一件銅斗,出土時斜扣在同墓出土的"行缶"上。馬智忠指出它們是配套使用的,該"行缶"形制上爲直領小口,應爲浴缶,斗銘之"辻"釋"辻",當表示洗浴義,讀爲"沐"。③ 看來考辨行缶是不是洗浴之缶爲考釋"辻"的關鍵。

我們知道,青銅器銘文不乏在器類名稱前綴加"行"、"旅"一類字的,比如蔡侯申墓所出銅器中有一組編鐘冠名爲"行鐘"(見《殷周金文集成》④第212、213、214—215號),再如"旅甗"、"行盉"、"行簠"、"旅簠"(分別見"集成"第947號,4389號、4406號、4475、4488、4489號,4631、4632號)等。此外還有"行戈",如"集成"11067號盗叔之行戈以及11140號蔡侯申行戈,2012年6月在隨州文峰塔曾國墓還出土了一件隨大司馬行戈,⑤ 又有曾侯越行戟(見"集成"11175—11181號)。

《説文》"行,人之步趨也","徒,步行也",可見"行"、"徒"意義相同,因此筆者曾以爲"行戈"或即"徒戈"(見"集成"10971、11024、11049、11050、11086、11116、11117等),與"車戈"(見"集成"10956、10957、11031、11037等)相對;上舉"行戈"之謂均出自楚系銘文,或與先秦楚方言有關。而據祝振雷《安徽壽縣蔡侯墓出土青銅器銘文集釋》,李純一以爲"行鐘"當爲上層貴族外出巡狩征行時所使用的樂器,李純一又據測音得出行鐘的定音和組合是以一個音階或調式中的骨幹音爲根據,形成大音程的跳躍,只能奏出簡單而剛健明快的曲調,適於製造熱烈激動的氣氛,適合出征出行的條件和要求。祝振雷以爲李純一之説可從,"行"字之義當是指天子貴族巡狩征行之類,并指出《集成》第7號收録一件銘爲"自作其走鐘"的鐘,曾侯乙墓亦出土兩件銘爲"曾侯乙之走戈"的戈(《集成》11168、11171),走鐘、走戈之"走"和行鐘之"行"應該是相同的意思。⑥ 後來又蒙吴國升告知,李家浩先生解釋"行戈"爲巡察所用

---

① 廣瀨薰雄:《釋"卜缶"》,《古文字研究》第28輯,中華書局,2010年,第504—509頁。
② 廣瀨薰雄:《釋卜鼎——〈釋卜缶〉補説》,《古文字研究》第29輯,中華書局,2012年,第441—448頁。
③ 馬智忠:《釋"沐斗"——隨州義地崗曾國銅器銘文補説》,《江漢考古》2014年第1期,第119—121頁。
④ 中國社會科學院考古研究所編:《殷周金文集成》,中華書局,1984—1994年。以下簡稱"集成"。
⑤ 中國新聞網2013年2月7日(http://www.chinanews.com/cul/2013/02-07/4557275.shtml)。
⑥ 祝振雷:《安徽壽縣蔡侯墓出土青銅器銘文集釋》,吉林大學碩士學位論文,2005年,第48頁。

的戈①。

冠名以"行"、"走"者學者們多以爲是征行之器,可能是有道理的,"集成"947、4406、4488、4489號等還有銘文"用征用行",4579號"從王征行",4631、4632號"以征以行","行"顯然表示征行義。本文暫且將銘文中於器類名稱前綴加"行"者稱爲"行器"。

以上諸器,編鐘爲樂器,盨、簠爲食器,戈、戟爲兵器,它們顯然與洗浴無涉。前引廣瀨薰雄前一文中提到直領小口的曾子㠱之行缶,與上述"集成"第4488、4489號曾子㠱之行簠爲同人之器,"行簠"爲征行之器,則"行缶"也當爲征行之器。由此可見,"行缶"應當是征行時用於裝水或燒水的,"行鼎"應爲征行時用來烹煮食物的。用缶裝或燒水,可以飲用,當然也可以洗浴,不過其功用不僅僅是洗浴。

再從器用、器形上看。前引廣瀨薰雄、馬智忠文指出"行缶"、"辻缶"、"辻鼎"、"湯鼎"等器均爲直領小口,并將直領小口視爲洗浴之鼎、缶的形制特徵。我們以爲:

第一,"湯鼎"不等於"浴鼎"。

一方面,從字面上看,"湯鼎"或可理解爲燒水的鼎,但是其所燒之水應當不僅僅是用來洗浴的——這正如我國西南地區一些少數民族居民,至今仍保留用火塘、陶缶燒水的生活習慣,陶缶燒的水可以洗滌,也可以飲用;還有今天的電水壺,可以用它燒水來洗臉洗脚,也可以用它燒水來喝。當然,自名"浴鼎"、"浴缶"之類的青銅器則應當是洗浴專器,正如鐵鍋可以煮飯、炒菜、燒水,而皖、蘇兩省的江南有些地方稱用來洗浴的鐵鍋爲"浴鍋"一樣(筆者按,用此鍋來燒洗澡水,水燒熱之後直接在鍋裏面洗浴)。"浴鼎"之謂與"浴鍋"之謂性質相同,"湯鼎"應比"浴鼎"功能寬泛。

另一方面,前引廣瀨薰雄後一文提到淅川下寺出土的"佣䗊鼎",他讀"䗊"爲"湯"。"䗊"右上從"康","康"從"庚"得聲,而"庚"、"羹"古音均屬見紐、陽部,②儘管楚系文字中另有被學者釋爲"羹"的字,③然春秋戰國時期一字多形現象常見,因此"䗊"或可釋"羹"。再者,從"湯"得聲的"蕩"、從"庚"得聲的"唐"古音均屬定紐、陽部,④"庚"、"羹"、"湯"古音關係密切,當可通,而古代"羹"可以表示帶肉或帶菜的湯。可見"羹"、"湯"不僅古音相通,且詞義也相關,或爲同源詞,因此"湯鼎"之"湯"

---

① 李説見《安大漢語言文字研究叢書——李家浩卷》,安徽大學出版社,2013年,第82頁。
② 郭錫良:《漢字古音手册》,北京大學出版社,1986年,第264頁。
③ 陳劍:《釋上博楚竹書和春秋金文的"羹"字異體》,復旦大學出土文獻與古文字研究中心網站,2008年1月6日(http://www.gwz.fudan.edu.cn/SrcShow.asp? Src_ID=295);李學勤主編:《清華大學藏戰國竹簡(三)》,中西書局,2012年第168頁注5。
④ 郭錫良:《漢字古音手册》,北京大學出版社,1986年,第252、253頁。

也存在讀"羹"的可能。劉彬徽、王人聰等學者以爲"湯鼎"是烹煮炊器,董全生、李長周等學者以爲是用來盛漿湯的鼎(筆者按,諸說可參本文所引廣瀨薰雄後一文),也都是有可能的。

第二,直領小口的形制特徵不能成爲斷定鼎、缶爲洗浴之器的標準。

首先,鼎、缶直領小口的形制可能應當與炖煮食物、燒水及盛水的用途直接相關,而與洗浴這種用途沒有什麽直接關係。鼎、缶往往帶有方便於搬行的鈕、耳,可見應經常搬動。若器口大而無直領阻擋,搬行時湯汁或水很容易向外濺溢,比如用碗和用礦泉水瓶盛水,行走時顯然前者容易外溢,原因就在於前者爲闊口而後者是小口且有直領。潑灑出的湯水不僅容易燙傷人,也容易造成浪費,因此用於燒水、盛水以及煮湯的缶、鼎往往是直領小口也就在情理之中了。

其次,小口是青銅缶在形制上的普遍特徵。我們以發掘青銅缶較多的淅川下寺春秋楚墓所發掘的青銅缶爲例來進行說明。據《淅川下寺春秋楚墓》一書,① 有自名爲"浴缶"與"尊缶"者,其差別主要體現在:"浴缶"肥碩,"尊缶"瘦削;"浴缶"之領部在領、肩過渡帶近乎向上突立,而"尊缶"則有一個弧形過渡帶。而無論是"浴缶"還是"尊缶",領、肩過渡帶之上都是直立的。如乙組 2 號墓"鄬子佣浴缶"之一通高 49.6、口徑 26.5、腹徑 51.6 釐米,之二通高 49.5、口徑 26.7、腹徑 51.3 釐米;"佣尊缶"之一通高 54、口徑 21.6、腹徑 45.6 釐米(第 130—134 頁。器形可參所附器形圖)。分析數據、察看器形可知,"浴缶"、"尊缶"均有所謂"小口直領"的特徵。

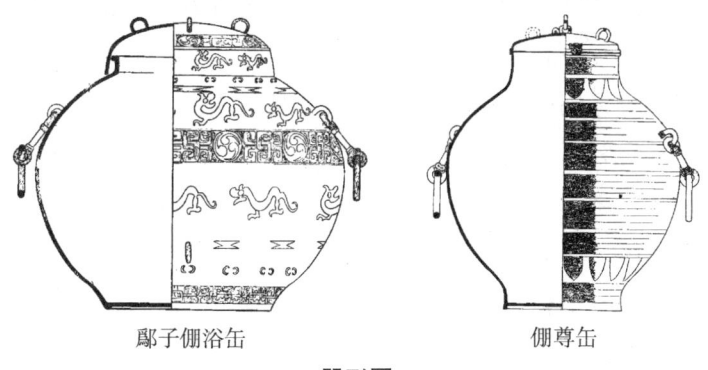

鄬子佣浴缶　　佣尊缶

器形圖

而淅川下寺春秋楚墓"尊缶"當爲貯酒器,墓葬中的"尊缶"均與深腹帶流銅勺放在一起。如乙組 1 號墓,52、53 號銅勺(據第 75 頁,爲深腹帶流勺)位於 51 號尊缶旁(可參第 51 頁墓葬平面圖)。乙組 2 號墓的兩件深腹帶流勺出土時位於兩尊缶之間

---

① 河南省文物研究所等:《淅川下寺春秋楚墓》,文物出版社,1991 年。

（第137、139頁）；乙組3號墓銅勺位於兩個"尊缶"旁（據第235頁，爲深腹帶流勺。位置關係可参第213頁墓葬平面圖）。丙組10號墓二件深腹帶流勺發現時在銅蹲缶的北側（第257頁）；11號墓深腹帶流勺位於尊缶邊（第294頁）。《淅川下寺春秋楚墓》一書指出"尊缶"與深腹帶流勺可能是一套用物（第139頁），應當是可信的。由此看來，淅川下寺春秋楚墓中的"尊缶"應爲貯酒器，帶流銅勺爲取酒器，用於從"尊缶"裏取酒倒入飲酒器。飲酒器相對器口較小，取酒的勺子若不帶流，往飲酒器裏面注酒時容易灑落，比如我們用普通粥勺子舀酒往酒杯裏注就很容易灑落。

廣瀨薰雄在其前一文中提到的與"辻缶"、"行缶"具有同樣的"小口直領"形制特徵的"䢵缶"，其中的"䢵"从水、从二鬲，或釋"瀝"讀"列"，①當然該字也有其他不同的意見，姑且不論其具體含義是什麼，考慮到青銅器銘文中該字也用在炊食之器鼎、簠、簋等器類用字前，則顯然其與洗浴意義無關，可見"䢵缶"并不能等同於浴缶。

據上可知，"辻缶"、"行缶"、"辻鼎"、"湯鼎"、"浴缶"之類的小口直領形制不能成爲洗浴之器的標志，它們未必爲洗浴專器。正如今人居家所用的陶罐子一樣，用它來裝酒就是酒罐子，用它來裝水就是水罐子，用它來醃菜就是菜罐子，用它來裝米就是米罐子，人們并沒有對它們從形制上作出統一的特殊的要求與區分。正是因爲如此，所以古人有時會在器物上留下明其功用的字眼，就像今人有時會在酒罐子、醋罐子上分別寫上"酒"、"醋"字一樣，廣瀨薰雄在其前一文中提到的漢代沐缶即屬此例。前文所述淅川下寺春秋楚墓所出的青銅缶，有不少沒有銘文，或銘文中沒有表明器物用途的字眼（如"浴"之類），研究者應當是將它們與帶有"浴缶"、"尊缶"銘文的器物從形制上比對而做出的命名，其中的所謂"浴缶"多與取水的銅斗相配，可見它們是盛水器，但是未必爲洗浴專用——因爲人除了洗浴需要用水之外，還有其他方面的用水需求，因此統名之爲"浴缶"未必妥當；而作爲酒器的所謂"尊缶"在形狀上具有一致性，可能是器主有意爲之，以便於將其與其他用途的缶區別開來，避免日常生活中誤用裝酒的缶盛水而串味，不過這種區別可能是家族與个人行爲，不一定具有全社會的一致性，正如今人所用的塑料水盆，張三用藍色的洗臉、紅色的洗脚，而李四用紅色的洗臉、藍色的洗脚，各人有各人的區分。

既然"辻鼎"、"辻缶"、"行缶"未必是洗浴之器，那麼曾公子棄疾墓所出、斜扣在"行缶"之上的銅斗也就不見得是洗浴用器，所謂"辻"讀"沐"也就失去了前提依據。

古文字"辶"、"走"二旁構字可互換，因此"辻"應即"赴"。《説文》卷二"走"部"赴，趨也"，即快步走。聯繫到《説文》訓"行，人之步趨也"，則"行"、"趨"義相類，那

---

① 吳振武：《釋䢵》，《文物研究》第6集，黃山書社，1990年，第218—223頁。

麼"辻斗"也是用於征行之斗。人在"征途",爲了快速到達目的地往往要快馬加鞭,因此銘文中用表示快走義的"赴"自然也在情理之中。《說文》卷三"攴"部"攴,小擊也。从又、卜聲","卜"、"攴"古音通,"赵"即"赴"字更換聲旁的異體字,前文所引施說不誤。

以上我們在將"行器"銘文中的"行"解讀爲"巡行"的基礎上,對銅器銘文中的"辻"、"赵"用法進行了探討。

事實上,"行器"之"行"也有可能另有它義。筆者咨詢過對窖藏青銅器銘文有研究的高玉平博士,其于安徽大學讀博士期間所做博士學位論文爲《建國以來所見商周青銅器窖藏研究》(2010年),在她所研究的新中國成立以來窖藏青銅器中,未發現於器類名稱前加"行"者。而所謂"行器"基本出於墓葬,文峰塔東周墓地、義地崗曾公子弃疾墓等墓葬所出銅器銘文中多數都帶有"行"字,這不免讓人疑慮:陪葬品中怎麼有這麼多的巡行器物?

我們知道,"行"由"行走"義可引申出"去"、"離開"之義,由此再引申爲"去世"義,如《呂氏春秋·知接》"今臣將有遠行,胡可以問",高誘注"行,謂即世也"。又可引申爲"葬",如《禮記·檀弓下》"始死,脯醢之奠;將行,遣而行之;既葬而食之",鄭玄注"將行,將葬也";再如《穀梁傳·莊公元年》"生服之,死行之,禮也"。因此所謂"行器"銘文中的"行"的含義也許可以訓爲"葬","行器"即陪葬用器。《湖北隨州義地崗曾公子去疾墓發掘簡報》一文明確指出該墓中所出的一件行壺、行缶、葬甂爲明器(筆者按,發掘報告誤釋葬甂銘文中的"葬"爲"登",并進而誤讀爲"升",同樣誤釋的還有一件葬簠銘文中的"葬"字。此據前文所引"暮四郎"文回帖),"葬"與"行"字出現於同一墓葬,似乎可以說明二者含義一致。據前引祝振雷文,學者或以爲蔡侯墓出土的行鐘的定音和組合是以一個音階(或調式)中的骨幹音爲根據,形成大音程的跳躍,只能奏出簡單而剛健明快的曲調。而事實極有可能是,該行鐘因爲只是用來陪葬而不是實用的,因而五音不全。

行器之"行"可能相當於"葬",而銅器銘文中其他地方出現的"行"字才可能與"征"含義相當,表示征行義。再來看"赵",或可讀"附"。《國語·周語下》"命姓受氏,而附之以令名",韋昭注"附,隨也","附"有隨帶義。

上述推測尚有待進一步考證。但不管"行器"之"行"如何訓解,"辻"、"赵"之類讀"沐"恐怕不可信從。

補記:本文初成於2014年上半年。陳英傑先生在其2014年提交的"曾國考古發現與研究學術研討會"論文中有《再說行器》一節,以爲有一部分行器應該是專門製作的隨葬器,其銘文體式一般爲"某之行器",器主的後人當是把先人的逝世當作一次遠行。

《中原文物》2016年第4期刊載的禤健聰先生《曾公子弃疾銅器銘文辨讀二則》一文也否定"辻"、"赵"讀"沐"的説法,以爲斗銘中的"辻(赴)"是指該器物移動使用的特徵。

談談《墨子·耕柱篇》的一處句讀

劉 剛

(安徽大學漢字發展與應用研究中心)

《墨子·耕柱篇》有一段講述"鬼神之智勝過聖人之智"的文字，引用到下面的歷史傳説：

  昔者夏后開使蜚廉折金於山川，而陶鑄之於昆吾，是使翁難雉乙卜於白若之龜，曰："鼎成三〈四〉足而方，不炊而自烹，不舉而自臧，不遷而自行，以祭於昆吾之虛，上鄉！"乙又言兆之由，曰："饗矣！逢逢白雲，一南一北，一西一東，九鼎既成，遷於三國。"夏后氏失之，殷人受之；殷人失之，周人受之。夏后、殷、周之相受也，數百歲矣。使聖人聚其良臣與其桀相而謀，豈能智數百歲之後哉！而鬼神智之。是故曰：鬼神之明智於聖人也，猶聰耳明目之與聾瞽也。

其中"是使翁難雉乙卜於白若之龜"句，《藝文類聚》卷七十三"雜器物部"、《初學記》卷三十"鱗介部"、《玉海》卷八十八"器用鼎鼐"所引文字雖有差異，然并無"是"字，後代研究《墨子》的學者如孫詒讓、吴毓江均未對此作出解釋。"是使"一詞在先秦秦漢文獻中也多次出現，"是"一般用作指示代詞，這種用法放在上面的引文中，明顯不太適合。王焕鑣讀"是"爲"寔"，把它當作一個虚詞處理。① 但是前面説"使蜚廉"，后面説"是(寔)使翁難"，讀上去感覺文氣不够順暢。

  在解釋"是"字之前，我們先來討論一下與上面引文有關的一些問題。

  夏朝鑄鼎是中國政治史上的一件大事，歷來爲史家所艷稱。九鼎在夏亡後先後爲商、周所得，成爲王朝統治的象徵。② 春秋時期楚莊王觀兵周疆，還向當時的周大夫

---

① 王焕鑣：《墨子集詁》，上海古籍出版社，2005年，第997頁。
② 李學勤：《青銅器入門》，商務印書館，2013年，第21頁。

王孫滿問詢九鼎的有關信息。鑄造九鼎的具體時間，《漢書·郊祀志》和《説文》都繫之於禹之世，如《説文》云："鼎，三足、兩耳，和五味之寶器也。昔禹收九牧之金，鑄鼎荆山之下，入山林川澤，魑魅蝄蜽莫能逢之，以協承天休……"上引《墨子·耕柱篇》則認爲是夏后開（啓）時發生的事情，吴毓江云"疑一事也，傳聞有禹、啓之異"，① 其説可從。

鑄鼎工作的實際負責人蜚廉（或寫作飛廉）也是古代傳説中的著名人物，《史記·秦本紀》説他是秦之先祖，商朝末年曾服事殷紂王。《清華簡·繫年》記載飛廉參與"三監之亂"，後東逃於商盍（蓋）氏，爲周成王所殺。② 可見飛廉活動的時間範圍在商末周初，不可能早到夏朝初年。清人梁玉繩③和民國尹桐陽④都認爲二個飛廉并非同一個人。

鑄鼎的地點"昆吾"，也與《説文》所云之"荆山"（漢代屬左馮翊襃德）有異。"而陶鑄之於昆吾"句，王念孫以爲本作"鑄鼎於昆吾"，"鑄鼎"與上文"折金"對應，"陶"字爲衍文。⑤ 于省吾批評王説云："陶謂作範，鑄謂融金，凡古代彝器，未有不用範者……《莊子·逍遥遊》'將猶陶鑄堯舜者也'，是'陶鑄'乃古人謰語。"⑥青銅器和陶器的製作之間，本就有着千絲萬縷的聯繫，而傳説中陶器的發明者正是"昆吾"，《世本·作篇》所謂"昆吾作陶"⑦是也。昆吾本是顓頊之後、祝融之子，己姓（楚國之同宗），始封在衛，《左傳·哀公十七年》"衛侯夢于北宫，見人登昆吾之觀"，杜注云："衛有觀，在古昆吾氏之墟，今濮陽城中。"後遷於許，《左傳·昭公十二年》載楚靈王曰："昔我皇祖伯父昆吾，舊許是宅。"夏桀之時，爲湯所伐滅。也有學者認爲昆吾居許在先，封於衛在後。如《詩·商頌·長發》"韋顧既伐，昆吾夏桀"，陳奂云："夏商之際，昆吾最強盛，顧在其東，豕韋在其西，俱在漢東郡界内，連屬密邇。"⑧《吕氏春秋·君守篇》高誘注認爲作匋（陶）者乃"始封之昆吾"而非夏桀時期的昆吾。段玉裁贊同此説，舉"舜匋（陶）河濱"等文獻記載爲證，指出陶器的發明不會晚至夏末，⑨其説甚辨。

---

① 吴毓江：《墨子校注》，中華書局，2006年，第650頁。
② 李學勤：《清華簡關於秦人始源的重要發現》，《光明日報》2011年9月8日。後收入氏著《初識清華簡》，中西書局，2013年，第140頁。
③ 梁玉繩：《人表考》，《史記漢書諸表訂補十種》，中華書局，1982年，第918頁。
④ 尹桐陽：《墨子新釋》，引自王焕鑣《墨子集詁》，第994頁。
⑤ 王念孫：《讀書雜志》，上海古籍出版社，2014年，第1550頁。
⑥ 于省吾：《雙劍誃群經新證 雙劍誃諸子新證》，上海書店，1999年，第298頁。
⑦ 雷學淇輯：《世本》，《世本八種》，中華書局，2008年，第83頁。
⑧ 陳奂：《詩毛氏傳疏》，台灣學生書局，1986年，第919頁。
⑨ 段玉裁：《説文解字注》，上海古籍出版社，1988年，第224頁。

其實,《墨子·耕柱篇》"鑄九鼎"的傳説是夏代初期我國青銅器冶造技術發展到一定階段的一種表現,也反映出陶器製作在青銅器鑄造中所起到的重要作用。至於其中一些人物時代的錯位問題,似乎不必深究。

古書"昆吾"或作地名,或作國名,或作姓氏,這是因爲古人的姓氏和所居之地關係密切。《左傳·隱公八年》"胙之土而命之氏",劉師培説云:

> 是氏即所居之土,無土則無氏。《國語·周語》言禹平水土,皇天嘉之,祚以天下,賜姓曰姒氏,曰有夏胙。四岳國命爲侯伯,賜姓曰姜氏,曰有吕。所云"賜氏姓"猶《禹貢》所言"賜土",姓氏以所居之土爲名,猶言國以夏名、國以吕名也。吕即春秋申吕之吕。《國語》下文言"亡其氏姓",《左傳·襄十一年》言"墜姓亡氏",蓋土失則氏亡,唯有土者斯有氏。由是而推測則古帝所標之氏,若盤古、燧人、大庭、有巢、祝融、女媧、伏羲、神農、金天、高陽、高辛之屬,氏即國號,有熊、陶唐、有虞又均所居之土。即共工、防風蓋亦諸侯有國者之稱,未有無土而可稱爲氏者也。①

劉申叔此説極是。和上述許多姓氏一樣,"昆吾"之名的來源,當因居於"昆吾"之地或受封於"昆吾"之國。這對我們解決《墨子·耕柱篇》"是"字的問題啓發很大,因爲在出土的先秦秦漢簡帛文獻中,用作姓氏的"氏"字多寫作"是":

1. 而惡安陵是(氏)於秦。(《戰國從橫家書·朱己謂魏王章》)

2. 秦、韓之兵毋東,旬餘,魏是(氏)轉,韓是(氏)從。(《戰國從橫家書·蘇秦謂陳軫章》)

3. 范、中行是(氏)先亡……智是(氏)爲次。(《孫子兵法·吴問》)

4. 卨(契)之母,又(有)娀(娥)是(氏)之女【10】也。(《上博二·子羔》)

5. [尊]盧(盧)是(氏)、苕(赫)疋(胥)是(氏)、喬結是(氏)、倉頡是(氏)、軒緩(轅)是(氏)、斲(神)戎(農)是(氏)、杭丨是(氏)、壚遷是(氏)之又(有)天下也,皆不受(授)丌(其)子而受(授)臤(賢)。【1】(《上博二·容成氏》)

6. 桀乃逃,之鬲(歷)山是(氏)……傑(桀)乃逃,之南菓(巢)是(氏)。湯或(又)從而攻之。【40】(《上博二·容成氏》)

《墨子》作爲先秦文獻,保存一些詞語的早期寫法是很自然的。我們認爲,《墨子·耕柱篇》的"是"字應該屬上讀"氏",全句當爲:"昔者夏后開使蜚廉折金於山川,

---

① 劉師培:《左盦集·釋氏》,《劉申叔遺書》,江蘇古籍出版社,1997年,第1220頁。

而陶鑄之於昆吾是（氏），使翁難雉乙卜於白若之龜，曰：鼎成三〈四〉足而方，不炊而自烹，不舉而自臧，不遷而自行，以祭於昆吾之虛，上鄉！"前引上博簡《容成氏》的"桀乃逃，之鬲（歷）山是（氏）……傑（桀）乃逃，之南巢（巢）是（氏）"，《淮南子·脩務》作"乃整兵鳴條，困夏南巢，譙以其過，放之歷山"，可知"歷山氏"、"南巢氏"應該是作爲地名使用的，足以證明"昆吾氏"也能夠用作地名。後代文獻引述用作地名的"某某是（氏）"，時常徑稱"某某"，唐宋以來的類書引此句或無"是"字，大概根據這些省略了"是（氏）"字的版本而來。而保留了"是（氏）"字原貌的版本，因讀者難以辨別不同時期用字習慣的差異，把它屬下讀作"是使"，也就不足爲奇了。

"是"、"氏"二字之間的關係，《說文》"氏"字下段玉裁云：

> 古經傳氏與是多通用，《大戴禮》"昆吾者，衛氏也"以下六"氏"字皆"是"之假借，而《漢書》、漢碑假"氏"爲"是"不可枚數，故知姓氏之字本當作"是"，假借"氏"字爲之，人第習而不察耳。姓者統於上者也，氏者別於下者也。是者分別之詞也，其字本作"是"。漢碑尚有云姓某是者，今乃專爲姓氏字，而氏之本義惟許言之，淺人以爲新奇之説矣。①

裘錫圭先生則認爲"是"、"氏"古代一度混用，後來二字功能分化，逐漸回復到混用之前（西周、春秋）的情況：以"是"表示指示代詞，以"氏"表示姓氏。②

---

① 段玉裁：《說文解字注》，第628頁。
② 裘錫圭：《文字學概要》（修訂本），商務印書館，2013年，第229—230頁。

傳抄古文研究（五題）

魏宜輝

（南京大學文學院）

一、兵

古文是漢代人從當時的古文經中整理而成，由於認識的局限性，人們很可能把當時通行的文字一并混入古文中，所以古文會受到漢代文字的影響。① 還有一些所謂"古文"，事實上是由後人依據篆隸文字改造而成的，對於這類"古文"我們需要注意。

《說文·収部》："㸢，械也。从収持斤并力之皃。𠧪，古文兵。从人収干。𠬝，籀文。"②小篆"兵"字寫作"㸢"，沿襲了古文字中从収持斤的寫法。春秋戰國時期的"兵"字出現了新的寫法，如"㐭"（庚壺，《集成》9733）、"㖾"（新鄭虎符，《集成》12108），在"斤"旁下加一横或兩横作爲飾筆。《說文》籀文"兵"字沿襲了"㸢"形的寫法，而秦漢時期的"兵"字基本上都沿襲了這種寫法。

《說文》古文"兵"字寫作"𠧪（俵）"，从人収干。段注云："干與斤皆兵器。"③《汗簡》3.43、《古文四聲韻》2.19 所收"兵"字古文還有作"㞑"、"㞒"形之例，寫作从尸収干。尸、人形義關係俱近，作爲偏旁常常換用。"㞑"、"㞒"可以看作是"𠧪"形的異體。然而這兩種寫法的"兵"字在古文字材料裏卻找不到可信的依據。《古璽彙編》5205、5206 著錄有單字璽"㪾"、"㪾"，這個字寫作"从干、从三又"之形。《古璽彙

---

* 本文係國家社科基金項目"戰國秦漢簡帛文獻用字綜合研究"（批准號：17BYY131）階段性成果。
① 李春桃：《傳抄古文綜合研究》，吉林大學博士學位論文（指導教師：吳振武教授），2012 年 4 月，第 251 頁。
② （漢）許慎撰、（宋）徐鉉校定：《說文解字》，中華書局，1963 年，第 59 頁。
③ （清）段玉裁撰：《說文解字注》，上海古籍出版社，1981 年，第 104 頁。

編》將此字釋作"戒"。① 何琳儀先生《戰國古文字典》將這個字歸在了"兵"字條下,認爲此字爲古文"兵"之異體。② 如果僅僅從文字的形義關係推測,那麼將"㦰"字爲"戒"或"兵"之異體都是有可能的,但是結合辭例來看,釋"兵"之說却難以讓人信服。在古文字材料中,凡是詞義可以確定的"兵",都是寫作"㾑"或"㾰",没有其他例外。所以將古璽文字中的"㦰"與《説文》古文"兵"聯繫在一起的思路很可能是有問題的。

我們懷疑《説文》古文"兵"作"倂"形這種寫法很可能是後人依據隸書"兵"字的形體改造而成的。我們結合漢代"兵"字隸書形體的演變來分析"倂"形産生的情况。

兵	兵	兵	兵
1. 銀 247	2. 北·老子 108	3. 孔宙碑	4. 孔宙碑

在上舉諸例中,例 2 到例 3 "兵"字形體的轉變值得注意。在例 2 "兵"字中"斤"旁下加一横筆的"𠂉",到了例 4 之"兵"已經變作"𠂇"形。"𠂇"的這種寫法正象是左從人、右從干之形。而例 5 之"兵"雖與例 4 寫法不一樣,但其中間部分也明顯寫作"干"形。

對於孔宙碑之"兵"字,清人顧藹吉指出:"《説文》古文'兵'作'倂',從人、從干。碑從古文而筆迹小異,非從斥逐之'斥'也。"③顯然顧氏認爲"兵"字是由《説文》古文之"倂"形演變來的。但我們認爲這條綫索似乎應該反過來考慮:很可能是後人誤解了"兵"字構形,以爲其從人、從干、從収,"干"即盾,恰好也是一種兵器,所以誤以爲這種寫法是從斤、從収之"兵"的一種異體,進而在這個錯誤認識的基礎上杜撰了這個所謂的古文"倂"字。

在漢印文字中,"兵"的寫法與上舉隸書的差别很明顯。

兵	兵	兵	兵
1.《漢徵》3.12	2.《漢徵》3.12	3.《漢徵》3.12	4.《漢徵》3.12

在例 3 "兵"字中,中間部分已經變作"干"形。而在例 4 "兵"中,"斤"旁外部的筆畫與内部分離開來,變作"尸"形。據此,我們判斷《汗簡》、《古文四聲韻》所收"屛"、

---

① 羅福頤主編:《古璽彙編》,文物出版社,1981 年,第 472 頁。《戰國文字編》亦將此字歸在"戒"字條下,參見湯余惠主編《戰國文字編》,福建人民出版社,2001 年,第 163 頁。

② 何琳儀:《戰國古文字典:戰國文字聲系》,中華書局,1998 年,第 710 頁。

③ (清)顧藹吉編撰:《隸辨》,中國書店,1982 年,第 251—252 頁。

"☐"形"兵"字古文很可能是依據類似"☐"、"☐"這樣的寫法改造來的。

二、迮

大徐本《説文·手部》:"撲,撮取也。从手,帶聲。讀若《詩》曰:蟓蝀在東。捺,撲或从折、从示。兩手急持人也。"① 小徐本《説文》於"兩手急持人也"下有:"☐,古文从止、乏。臣次立曰:今《説文》并李舟《切韻》所載徙字如此。"② 《集篆古文韻海》4.15 所收"撲"字古文寫作"☐"。③ 此字从辶、从企,與小徐本《説文》之"☐(徙)"有所不同。

李家浩先生在《〈説文〉篆文有漢代小學家篡改和虚造的字形》一文中,已指出"徙"字的構形是从辶、少(沙)聲。漢代小學家顯然已經不知道"徙"字所从的聲旁是"少",讀如"沙",故把它篡改爲跟"少"形近而又跟"徙"音近的"止"。④ 這樣看來,小徐本《説文》以"☐(徙)"爲"撲"字古文顯然不可信。這個"☐(徙)"字很可能是由《集篆古文韻海》中"☐"字的省訛而來的。"☐"字右从人、从止,與表示踮脚之"企"字相同,我們暫將"☐"字隸定作"迮"。

在馬王堆帛書文獻中,有一個形體與"企"相同的字:"☐"、"☐"(《馬·九主》)、"☐"、"☐"(《馬·明君》)。對於這個字學者們最初釋作"企",或以爲"法"之古文,但這兩種意見在字形或文例解釋上仍存在問題。⑤ 王輝先生認爲此字是"立"字的一種變體。值得注意的是《嶽麓秦簡(壹)·爲吏治官及黔首》簡 42 正—46 正:"一曰夸而夬,二曰貴而☐"。與"☐"相對應的字《睡虎地秦簡·爲吏之道》作"大"。有學者將"☐"釋作"企"。王輝文指出,嶽麓簡文該小段用韻,"☐"前後的"夬、割、害、貝"古音均在月部,"☐"也應該是一個月部字。方勇先生認爲"☐"是"大"字之誤,王輝文亦傾向於此觀點。

秦漢簡帛文獻中這個寫作"企"形的字究竟爲何字還有進一步探討的必要。從馬王堆帛書中的辭例,我們尚不能確定其音讀。而嶽麓秦簡中的"☐"與睡虎地秦簡中

---

① (漢)許慎撰、(宋)徐鉉校定:《説文解字》,第 253 頁。
② (南唐)徐鍇撰:《説文解字繫傳》,中華書局,1987 年,第 237 頁。
③ 徐在國編:《傳抄古文字編》,綫裝書局,2006 年,第 1202 頁。
④ 李家浩:《〈説文〉篆文有漢代小學家篡改和虚造的字形》,《安徽大學漢語言文字研究叢書·李家浩卷》,安徽大學出版社,2013 年,第 369—370 頁。
⑤ 王輝:《説馬王堆帛書中與"企"同形之字可能釋爲"立"》,《古文字研究》第 30 輯,中華書局,2014 年,第 447—452 頁。王文對此字的研究全面而細緻,本文有關此字的研究概述皆參引自王文。

的"大"互爲異文,且爲月部字,爲我們提供了很好的綫索,即"企"字的讀音當與"大"相同或相近。《集篆古文韻海》所收"撥"字古文寫作"迡(迡)",與"企"字音讀的這個綫索正相吻合。"大"字古音爲定母月部字,"撥"字有端母月部和定母月部兩個讀音,與"大"讀音或同或近。"撥"字古文"迡(迡)"所從聲符"企"字,應該就是來源於秦簡中的"企"字,所以其讀音與"撥"字相同或相近,這樣看來"迡"與"撥"字是屬於通假關係。傳抄古文與出土秦簡材料在音讀上的吻合,説明"企"是一個讀舌音月部的字應該不誤。

"企"字與表示踮脚之"企"形體相同,這種同形形態不僅見於秦漢時期的出土文獻,在傳世古書中也有所保留。王弼本《老子》第二十四章:"企者不立,跨者不行。自見者不明,自是者不彰。自伐者無功,自矜者不長。"馬王堆帛書本、北大簡本作"炊者不立"。馬王堆帛書整理者懷疑"炊"讀作"吹",是古導引術之一動作,①但未作進一步的解釋。北大簡整理者認爲"炊"與"企"乃音近借字。②從讀音上看,"炊"古音爲昌母歌部,"企"爲溪母支部,二者的關係并不近。我們認爲王弼本《老子》中的"企"字很可能就是上文討論的"企(企)"字。"企(企)"與"炊"字的讀音關係則是比較近的,所以不同本子中的"企(企)"與"炊"應爲通假異文關係。

"企者不立"中的"企",過去往往理解爲踮脚之"企"。河上公本《老子》作"跂者不立","跂"是踮脚之"企"的異體字,顯然也是受到這種理解的影響而改異。現在看來,這種理解顯然是有問題的。我們認爲這一句中的"企(企)"字可以讀作"大",驕傲、自大之義。"大者不立"與後面的"自見者不明,自是者不彰。自伐者無功,自矜者不長"文義相似。

三、虢

《集篆古文韻海》5.26"摭"字條所收古文寫作"𧆞"。③"𧆞"字左半之"㐭"旁形似"㐭"字。我們認爲古文中的這個"㐭"旁應該釋作"㡯"。

《二十世紀出土璽印集成》二-GY-0030 收録一方戰國楚系官璽,《集成》釋文作"大盇之鈢"。④

---

① 國家文物局古文獻研究室編:《馬王堆漢墓帛書(壹)》,文物出版社,1980 年,第 14 頁。
② 北京大學出土文獻研究所編:《北京大學藏西漢竹書(貳)》,上海古籍出版社,2012 年,第 155 頁。
③ 徐在國編:《傳抄古文字編》,綫裝書局,2006 年,第 1227 頁。
④ 周曉陸主編:《二十世紀出土璽印集成》,中華書局,2010 年,第 49 頁。

其中的"▨"字，施謝捷先生已釋作"虚"。① 其説正確可從。"虚"字所從"虍"旁變作"▨"形，與常見的"虍"旁有一定差異。結合戰國竹簡文字中"虞"字"虍"旁作"▨"、"▨"（上博·鬼神之明4）形的寫法來看，我們不難發現它們與璽印中的"虚"字所從"虍"旁的寫法非常接近，只是璽印"虍"旁省去了左側的兩撇，而且"▨"形筆畫頂部斷開作"▨"形。值得注意的是，"虍"旁寫作"▨"形的這種寫法，與"文"字的字形非常接近，而這極有可能就是"據"字古文"▨"左上所從"文"形的來源。

據此，古文"▨"所從"▨"旁應該來自戰國文字中的"虐"字。戰國文字中的"虐"字存在一形多讀的情況，劉樂賢先生曾對此有過細緻的分析論證：②

　　"虐"字在楚簡中有三種不同的讀法。一種是讀爲"乎"或"呼"。例如，上博簡《容成氏》第三十四號簡："禹於是虐讓益，启於是虐攻益自取。"簡中的兩個"于是虐"，都應讀爲"于是乎"。上博簡《魯邦大旱》第五號簡："孔子曰：'於虐……'"簡中的"於虐"，顯然就是"嗚呼"。另一種是讀爲"號"。上博簡《容成氏》第二十號簡："禹然後始爲虐之虐旗，以辨其左右，思民毋惑。"簡中的"虐旗"，應讀爲"號旗"。上博簡《周易》第三十八號簡的"帝虐"，今本《周易》作"惕號"。還有一種是讀爲"虐"。上博簡《容成氏》三十六號簡："民乃宜怨，虐疾始生。"簡中的"虐疾"，應讀爲"虐疾"。

　　…………

　　……古代的"虐"與"唬"字都有魚部和宵部（含藥部）兩讀。……讀魚部字的"虐"或"唬"是形聲結構，讀宵部字的"虐"或"唬"是會意結構，二者形同而音不同。

　　…………

　　至於"虐"在簡文中又讀"虐"，則可以從音近通假的角度解釋。按，"號"是宵部字，虐是藥部字，宵、藥兩部是嚴格的陰、入對轉關係，故讀"虐"與讀"號"應當是音近通假。

---

① 施謝捷：《古璽彙考》，安徽大學博士學位論文（指導教師：黃德寬教授），2006年5月，第170頁。
② 劉樂賢：《額濟納漢簡的"唬"字與楚簡的"虐"字》，《古文字研究》第26輯，中華書局，2006年，第489—490頁。

"摅"字是一個從虍聲之字,①從讀音關係考慮,古文"㤅"所從之"虐"應當屬於劉文所舉的第一種情況,其構形可分析爲從口、虍聲。"摅"與"㤅"聲符相同,可以相通,屬於通假異文的關係。

四、彔、彔

大徐本《説文・立部》:"䚇,見鬼䰠皃。从立、从彔。彔,籒文䰠字,讀若虙羲氏之虙。"《説文・鬼部》"䰠"字古文作"彔",籒文作"彔"。② 小徐本《説文》與大徐本有明顯差異,作:"䚇,見鬼䰠皃。从立、彔聲。籒文䰠字,讀若虙羲氏之虙。音伏。臣鍇曰:彔音禄。伐六反。"③

"䰠"字大徐本《説文》古文與籒文的寫法迥然不同。籒文"彔"當是"䰠"字的變體。而古文"彔"字,結合其形、音來看,很有可能是經過改造的"菔"字。

"菔"即"箙"之象形本字,④其早期寫法象盛放箭矢的箭箙,如"由"(《合集》16184)、"㠶"(《合集》3755)。西周金文"菔"字(旁)基本上承襲了矢箙之形,其所從的矢尾或添加兩飾筆作"㐅"形,如"㯭"(㲇簋)、"㯭"(元年師旋簋)。戰國楚簡帛中的"菔"字(旁)較之早期的形體則產生了很大的變化,其下部變作"卩"形,兩側綴加兩飾點,如"㯭"(望1.54)、"㯭"(帛甲5.9)。而楚簡中"彔"字下部的寫法與"菔"字(旁)基本一致,亦作"㐅"形,如"彔"(曾53)、"彔"(上博・詩11)。我們認爲這種情況是"菔"字受到"彔"字形體的影響而局部形體趨同的結果,而古文字中的這個"㐅"形應該就是"䰠"字古文"彔(彔)"下部的"㐅"旁的來源。"彔(彔)"字上部的形體明顯與"彔"字吻合,而與"菔"字不同,但大徐本《説文》指出"彔"讀若"虙羲氏"之"虙",小徐本亦云此字音"伏"。"伏羲"在古書中有多種寫法,或作"宓戲"、"虙羲"、"虙戲"、"伏犧"、"虙犧"、"包犧"。"虙"、"伏"互爲異文,⑤可見《説文》指出"彔"讀若"虙"、又音"伏",是有依據的。如果像小徐本那樣將"彔"理解爲"彔",但"彔"古音爲來母屋部字,與"伏"(并母職部)的讀音相去較遠,在讀音關係上很難做出合理的解釋。

---

① 《篇海類編・手部》:"摅,亦作摳。"作爲"摳"之異體的"摅"字與本文討論的"摅"可能是同形字關係。
② (漢)許慎撰、(宋)徐鉉校定:《説文解字》,第216、188頁。
③ (南唐)徐鍇撰:《説文解字繫傳》,第207頁。
④ 裘錫圭:《文字學概要》,商務印書館,1988年,第165頁。
⑤ 古書中多見"伏"通"宓"、"伏"通"虙"的例子。參見高亨纂著、董治安整理《古字通假會典》,齊魯書社,1989年,第441頁。

從讀音的角度考慮,我們認爲《説文》"彪"字古文"彔(彖)"很有可能是來自古文字中的"菐"字。"菐"字古音亦爲并母職部字,與"伏"字相同。文獻中亦有从伏聲之字與从菐聲之字相通的文例。《説文·糸部》:"䋲,車䋲也。……鞴,䋲或从革、菐聲。"① 在楚簡文字中,"菐"與"彔"字下部寫法一致,上部寫法雖不同,也有相近之處。在後代的傳抄過程中,後人將"菐"誤寫作了形近之"彔",又輾轉傳抄變作"彔"形。至於小篆"彔"字,應該是後人根據古文"彔"後造的字形。

五、害

《汗簡》、《古文四聲韻》收録"喊"字古文作"䨻"(汗 1.7)、"䨻"(四 4.12 林)。② 黄錫全先生認爲"䨻"所从之"䒤"乃是"虐"之古文"䖒"的變體。"䨻"字从宀、从虐即䖒,疑爲"虐"字別體。他又指出,虐爲疑母藥部字,喊爲影母月部字,二字聲近。③ 藥、月兩部的關係并不近,認爲"䨻"是从虐之字恐怕還是缺乏説服力的。

我們認爲"喊"字古文"䨻"很可能來源于戰國文字"害"字。關於"害"字的本義,諸家有不同看法,但證據都不夠堅強,難以判斷何説爲是。④ 西周金文"害"字作"害"(師害簋)、"害"(師克盨)形。戰國早期的曾侯乙墓編鐘銘文中"割"寫作"割",與上舉二例相比較,此"害"旁中間豎筆頂端形成一分叉。包山楚簡中的"割"字所从的"害"旁在此基礎上演變作"害"形(包 121)。在"害"的這種寫法中,中間的"丫"部分變作"丫"形。"喊"字古文"䨻"很可能就是來源於這種寫法的"害"字。

"喊"字古音爲影母月部字,"害"爲匣母月部字,二者聲紐關係極近,而韻部相同。古書中亦有从歲聲之字與害字相通的辭例。王弼本《老子》"廉而不劌"一語,河上公本作"廉而不害"。⑤ "害"與"劌"相通。據此,古文"䨻(害)"也可以理解爲"喊"之通假字。

引書及材料簡稱對照:
銀——銀雀山漢簡
北——北京大學藏漢簡

---

① (漢)許慎撰、(宋)徐鉉校定:《説文解字》,第 276 頁。
② 徐在國編:《傳抄古文字編》,綫裝書局,2006 年,第 116 頁。
③ 黄錫全:《汗簡注釋》,武漢大學出版社,1990 年,第 99 頁。
④ 關於"害"字本義的研究概述,參見季旭昇《説文新證》,福建人民出版社,2010 年,第 622—623 頁。
⑤ 高亨纂著、董治安整理:《古字通假會典》,第 618 頁。

《漢徵》——《漢印文字徵》
《集成》——《二十世紀出土璽印集成》
《合集》——《甲骨文合集》
上博——《上海博物館藏戰國楚竹書》
望——望山楚簡
帛——長沙子彈庫楚帛書
曾——曾侯乙墓竹簡
包——包山楚簡

讀嶽麓秦簡《爲吏治官及黔首》札記三則

劉 雲

(河南大學文學院)

　　《爲吏治官及黔首》是《嶽麓書院藏秦簡(壹)》中的一篇，①該篇講的主要是爲官之道，與《睡虎地秦墓竹簡》中的《爲吏之道》②性質相同。本文要討論的是《爲吏治官及黔首》中幾個字的含義。下文爲行文方便，我們將《爲吏治官及黔首》簡稱爲《爲吏》。

一

　　《爲吏》簡41—46中有如下簡文：

　　　　吏有五過：一曰夸而夬，二曰貴而企，三曰亶(擅)歾〈列〉(裂)割，四曰犯上不智(知)其害，五曰閒(簡)士貴貨貝。③

上揭簡文記録的是官吏的"五過"，即五種過失。我們要討論的是其中的"犯上不智(知)其害"。

---

① 朱漢民、陳松長主編：《嶽麓書院藏秦簡(壹)》，上海辭書出版社，2010年，第108—149頁。
② 睡虎地秦墓竹簡整理小組：《睡虎地秦墓竹簡》，文物出版社，1990年，釋文注釋第167—176頁。
③ 朱漢民、陳松長主編：《嶽麓書院藏秦簡(壹)》，第127—129頁；復旦大學出土文獻與古文字研究中心研究生讀書會：《讀〈嶽麓書院藏秦簡(壹)〉》，復旦大學出土文獻與古文字研究中心網，2011年2月28日；蔡偉：《讀竹簡札記四則》，復旦大學出土文獻與古文字研究中心網，2011年4月9日；方勇：《讀嶽麓秦簡劄記(二)》，簡帛網，2011年4月13日。

整理者對"犯上不智(知)其害"沒有作任何解釋,大概是認爲文意簡單,不需解釋。其實,簡文中的"其害",如果按照其常見意義來理解的話,文意并不順暢。

我們認爲"其害"之"其"應讀爲"忌",訓爲畏懼。

"其"與"忌"上古音完全相同,都屬群母之部。"忌"從"己"聲,"其"及"其"聲字與"己"及"己"聲字,在古書和出土文字資料中有很多相通之例。① 《詩·鄭風·羔裘》"彼其之子"之"其",《左傳·襄公二十七年》引作"己";《書·多方》"爾尚不忌于凶德"之"忌",《説文·言部》"䛊"字下引作"䜈";《詩·鄭風·大叔于田》"叔善射忌"之"忌",與《鄭風·羔裘》"彼其之子"之"其",代表的是同一個語氣詞;② 齊太宰歸父盤(《集成》10151)"爲忌沬盤"之"忌",趙超先生讀爲"其"。③

"忌"有畏懼之類的意思。《左傳·昭公十四年》"殺人不忌爲賊",杜預注:"忌,畏也。"晋潘岳《射雉賦》:"忌上風之餐切,畏映日之儻朗。"

我們認爲"其害"之"害"亦應訓爲畏懼。"害"有畏懼之類的意思。《戰國策·楚策》:"秦之所害於天下,莫如楚,楚强則秦弱,楚弱則秦强,此其勢不兩立。"《史記·魏世家》:"魏相田需死,楚害張儀、犀首、薛公。"

"其(忌)"和"害"都是畏懼的意思,那麼"其(忌)害"就是近義詞連用,顯然也是畏懼的意思。這樣看來,"犯上不知其(忌)害"的意思就是:冒犯上司,不知畏懼。

"犯上"和"不知其(忌)害"是并列的兩種行爲,這兩種行爲有密切的關係,即"不知其(忌)害"之人很容易"犯上",所以兩者在簡文中被歸爲一種過失。"犯上"和"不知其(忌)害"的關係,與下文同樣被歸爲一種過失的"閒(簡)士"(輕慢士人)和"貴貨貝"(重視錢物)的關係十分類似,因爲"閒(簡)士"和"貴貨貝"也是并列的兩種行爲,這兩種行爲也有密切的關係,即"貴貨貝"之人很容易"閒(簡)士"。

表示畏懼之意的"其(忌)害",古書中未見,但在表示畏懼之意時,古書中有類似的連用兩個近義詞的例子。《禮記·中庸》"小人而無忌憚也",《漢書·杜周傳》"横厲無所畏忌",《後漢書·孝桓帝紀》"冀心懷忌畏",其中的"忌憚"、"畏忌"、"忌畏",表示的都是畏懼之意,都是連用兩個近義詞。

睡虎地秦簡《爲吏之道》簡13(2)—18(2)中,有如下簡文:

  吏有五失:一曰夸以迣,二曰貴以大(泰),三曰擅裚割,四曰犯上弗智

---

① 參張儒、劉毓慶《漢字通用聲素研究》,山西古籍出版社,2002年,第35—36頁;王輝:《古文字通假字典》,中華書局,2008年,第1、5—7頁。
② 王引之:《經傳釋詞》,嶽麓書社,1984年,第113—114頁。
③ 趙超:《讀金文札記三則》,《考古與文物》1987年第4期。

（知）害，五日賤士而貴貨貝。①

上揭簡文記録的是官吏的"五失"，與《爲吏》中記録的官吏的"五過"意思相似，也是五種過失。兩處記録的五種過失基本相同，可以對讀。《爲吏》中的"犯上不智（知）其（忌）害"，在此處作"犯上弗智（知）害"，兩者大體相同，不過《爲吏》中的"其（忌）害"在此處作"害"。我們認爲此處的"害"與"其（忌）害"之"害"意思相同，亦當是畏懼的意思，也就是說，"犯上弗智（知）害"與"犯上不智（知）其（忌）害"意思相同。

二

《爲吏》簡75中有如下簡文：

城門不密。②

上揭簡文記録的是官吏的一種失職行爲。整理者將其中的"密"讀爲"閉"。③ "密"與"閉"上古音相近，將"密"讀爲"閉"在語音上沒有問題。"閉"的本義及常用義都是關閉，將這個意思放到簡文中，文意也比較順暢。這樣看來，整理者的這一觀點似乎沒有什麽問題。但值得注意的是，嶽麓秦簡中有"密"字，但不讀爲"閉"，如《爲吏》簡47"徵〈微〉密咸祭（察）"之"密"；④也有"閉"字，表示的就是關閉之類的意思，如《爲吏》簡84"封閉毋隋（墮）"之"閉"，⑤《占夢書》簡2"秋曰閉"之"閉"。⑥ 可見，從用字習慣來說，將"城門不密"之"密"讀爲"閉"，似不是最好的選擇。

我們認爲"密"不需破讀，訓爲密實即可。"密"有密實之類的意思。《國語·晋語八》"天子之室，斵其椽而礱之，加密石焉"，韋昭注："密，細密文理。"《管子·參患》："甲不堅密，與俴者同實。"漢王延壽《魯靈光殿賦》："駢密石與琅玕，齊玉瑞與璧

---

① 睡虎地秦墓竹簡整理小組：《睡虎地秦墓竹簡》，圖版第82頁、釋文注釋第169頁。"夸"字，《睡虎地秦墓竹簡》的釋文作"誇"，注釋作"夸"，從圖版來看，以注釋中的"夸"爲是，釋文中的"誇"當是手民誤植。
② 朱漢民、陳松長主編：《嶽麓書院藏秦簡（壹）》，第142頁。
③ 朱漢民、陳松長主編：《嶽麓書院藏秦簡（壹）》，第142頁。
④ 朱漢民、陳松長主編：《嶽麓書院藏秦簡（壹）》，第129頁；復旦大學出土文獻與古文字研究中心研究生讀書會：《讀〈嶽麓書院藏秦簡（壹）〉》。
⑤ 朱漢民、陳松長主編：《嶽麓書院藏秦簡（壹）》，第146頁；復旦大學出土文獻與古文字研究中心研究生讀書會：《讀〈嶽麓書院藏秦簡（壹）〉》。
⑥ 朱漢民、陳松長主編：《嶽麓書院藏秦簡（壹）》，第151頁。

英。"漢張紘《瑰材枕賦》:"制爲方枕,四角正端,會緻密固,絶際無間。"漢孔融《臨終詩》:"言多令事敗,器漏苦不密。"

"密"爲密實之意,那麽"城門不密"的意思就是:城門不密實,即城門不嚴密、不結實。

三

《爲吏》簡82、79、81、83中有如下簡文:

庫臧(藏)羽革,楊(煬)風必謹,工用必審,臧(藏)盇(蓋)必法。①

上揭簡文講的是官吏應如何對待倉庫中儲藏的羽毛、皮革。其中的"楊(煬)風必謹"、"工用必審"、"臧(藏)盇(蓋)必法",是對官吏的三項具體要求。在這三項具體要求中,"楊(煬)風必謹"和"臧(藏)盇(蓋)必法"的意思比較明確,分別是:暴曬、風吹(羽毛、皮革)時,一定要謹慎;②儲藏、遮蓋(羽毛、皮革)時,一定要合法度。"工用必審"的意思不是太明晰,但整理者未對其作任何注釋,下面我們試作分析。

"工用必審"中的"必"字,没有什麽問題,可以不論。下面我們來看看"工用必審"中的"工"、"用"、"審"三字。

我們認爲此處的"工"應讀爲"攻",訓爲加工。

"工"是"攻"的聲旁,兩字上古音很近。出土文字資料中有"工"與"攻"相通的例子。春秋時吴國人有時自名其國爲"工慮"、"工廠",有時自名其國爲"攻五"、"攻敔"、"攻吴","工"與"攻"通用無别;③馬王堆漢墓帛書《戰國縱横家書·須賈説穰侯章》行140"非計慮之攻也"之"攻",整理者讀爲"工"。④

"攻"有加工的意思。《逸周書·程典》"工攻其材",朱右曾《集訓校釋》:"攻,治也。"《詩·小雅·鶴鳴》"它山之石,可以攻玉",毛傳:"攻,錯也。"《左傳·襄公十五年》"使玉人爲之攻之",杜預注:"攻,治也。"《周禮·考工記序》"凡攻木之工七,攻金之工六,攻皮之工五",鄭玄注:"攻,猶治也。"《禮記·學記》"善問者如攻堅木",孔穎達疏:"攻,治也。"

---

① 朱漢民、陳松長主編:《嶽麓書院藏秦簡(壹)》,第144—146頁;復旦大學出土文獻與古文字研究中心研究生讀書會:《讀〈嶽麓書院藏秦簡(壹)〉》。
② 朱漢民、陳松長主編:《嶽麓書院藏秦簡(壹)》,第144頁。
③ 王輝:《古文字通假字典》,第457頁。
④ 馬王堆漢墓帛書整理小組:《馬王堆漢墓帛書(叁)》,文物出版社,1983年,釋文注釋第49頁。

我們認爲此處的"用"是使用的意思,"審"是明悉的意思。使用的意思是"用"的常用義,不煩舉例。"審"有明悉的意思。《論語・堯曰》"謹權量,審法度,修廢官,四方之政行焉",皇侃《義疏》:"審,猶諦也。"《管子・幼官》:"明法審數,立常備能,則治。"《史記・禮書》:"君子審禮,則不可欺以詐僞。"《淮南子・本經》"是故明於性者,天地不能脅也;審於符者,怪物不能惑也",高誘注:"審,明也。"

　　根據上文的分析,"工用必審"應讀爲"攻用必審",意思是:加工、使用(羽毛、皮革)時,一定要明悉,即加工、使用(羽毛、皮革)時,一定要將相關記錄記得清清楚楚,不要出現糊塗賬。

《説文解字》直訓的"以類限義"探析*

田立寶

(安徽大學文學院)

直訓作爲《説文》重要的釋義方式之一,在其術語名稱的選用、内涵外延的限定、釋義形式的描寫、結構類型的劃分,以及歸屬範疇等方面都存有較多分歧。如陸宗達(1981)、許嘉璐(1985)、董希謙(1988)、蘇寶榮(1997)、李先華(2005)、岳海燕(2010)等將《説文》釋義方式歸納爲直訓、義界、推源三種。張滌華(1985)、楊潤陸(1994)、陳琪宏(1995)、宋永培(2000)、梁偉(2010)、李姍(2011)等則分爲直訓與義界兩種。王若江(1991)、趙新民(2001)注意到《説文》中互訓與同訓的合用、遞訓與同訓的合用等多重直訓現象。對直訓的研究成果多體現在就某一具體釋義方式的研究或對《説文》詞義系統的研究,而缺乏對《説文》直訓整體釋義特徵、層級結構類型等方面的深入探討。

一、《説文》直訓的釋義形式

《説文解字》[①]9 833 條釋義中有 3 559 條釋義采用了直訓釋義方式,占釋義總量的 36.19%。按釋義格式的不同,《説文》直訓可以分爲單訓釋詞的直訓、多訓釋詞的直訓、義界與直訓的合用三大類。"單訓釋詞的直訓"是指只用一個訓釋詞解釋被訓釋詞的形式,在《説文》中有 3 274 組,占直訓總量的 92%,可以細分爲 8 小類,其主要訓釋形式爲"A,B 也"。"多訓釋詞的直訓"是指用兩個或多個訓釋詞解釋被訓釋詞的形式,有 144 條,占直訓總量的 4%,可以細分爲 11 小類,其主要訓釋形式爲"A,B

---

* 本文得到了安徽省哲學社會科學規劃項目 AHSKQ2015D64 的支持。
① 許慎撰、徐鉉校訂:《説文解字》,中華書局,2002 年。

也。一曰 C 也"。"義界與直訓的合用"是指在義界訓釋之後,再用直訓解釋被訓釋詞的形式,有 141 條,占直訓總量的 4%,可以細分爲 7 小類,其主要訓釋形式爲"A,……。一曰 B 也"。

《説文》402 個新附字中,采用直訓格式的有 136 個。《説文》直訓中有 151 條用兩個或多個訓釋詞解釋被訓釋詞的歧訓,本文將其拆分成兩條或三條單訓的形式。如"A,B 也。一曰 C 也。一曰 D 也"拆分爲"A,B 也"、"A,C 也"、"A,D 也"。拆分後新增的"A,C 也"與"A,D 也"直訓有 160 條,占原有直訓數的 4.5%。

直訓作爲《説文》釋義方式中的一個上位概念,與義界并列,其内部又包含單訓、同訓、互訓、遞訓、歧訓等五種釋義方式。除單訓外,其他四種釋義方式經常在同一組直訓中合用,使直訓釋義形式從單一結構變成了釋義方式多樣、詞語數量衆多、語義關係複雜的多重結構。所謂"以類限義",即在多重直訓形成的詞語類聚中通過衆多訓釋詞對被訓釋詞義域的填充以及直訓層級結構對訓釋詞語意義的多元化引申,以實現直訓在求同基礎上的别異效果,從而保障了多個訓釋詞與一個被訓釋詞之間能够形成意義的對等關係。

二、《説文》直訓的層級結構特徵

按直訓内部釋義方式的合用情况,《説文》直訓的結構層次可以分爲單一直訓和多重直訓兩大類。"單一直訓"是指一組直訓内部只有一種釋義方式,如單訓、同訓、互訓、遞訓。單一直訓共有被訓釋詞 1 058 個,占直訓被訓釋詞總量的 29.72%。"多重直訓"是指一組直訓内部同時出現兩種或三種訓釋方式,共分爲三大類:同訓與互訓的合用(同+互),同訓與遞訓的合用(同+遞),同訓、互訓、遞訓三者的合用(同+互+遞)。

釋義方式		被訓釋詞數	百分比	
單一直訓	單訓	424	11.91	29.72
	互訓	110	3.09	
	遞訓	155	4.35	
	同訓	369	10.37	
多重直訓	同+互	333	9.36	70.28
	同+遞	1 415	39.76	
	同+互+遞	753	21.16	
被訓釋詞總數		3 559	100	100

1. 互訓與同訓合用：是指一組多重直訓結構中同時使用了互訓和同訓兩種釋義方式。《説文》中互訓與同訓合用的情況有 68 組，共有 333 個被訓釋詞，占《説文》直訓 3 559 個被訓釋詞的 9.36%。互訓與同訓交叉的方式主要有兩種。互訓的兩個詞語中有一個還可以充當其他詞語的訓釋詞，如《説文》：問$_{P32}$，訊也；訊$_{P52}$，問也；譣$_{P52}$，問也；詰$_{P57}$，問也；偵$_{P168}$，問也；憖$_{P218}$，問也；娉$_{P262}$，問也。"問、譣、詰、偵、憖、娉"同訓爲"訊"，"訊"又與"問"互訓。

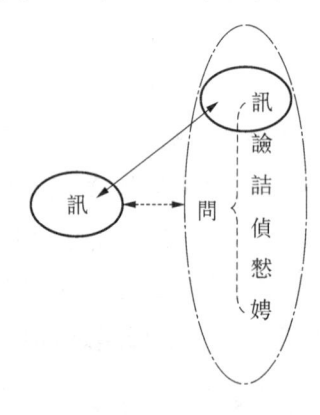

"問"和"訊"是一對互訓詞，"問"的意義和用法比較廣泛，凡提出問題讓人回答都可以用"問"，而"訊"古文象以繩索繫人而拷問之，本義指拷問罪人。"譣"是"按問"，"詰"是"細問"，"偵"是"占卜，卜問"，"娉"是作爲古代"問名"這種婚姻制度來問，而"憖"的"問"義則多被認爲是由"聞"的誤字造成的。"問"的義域包含了"訊"，兩者的詞義并不完全等同，因此二者互訓時，"問"的義域要借助"譣"、"詰"、"偵"、"憖"、"娉"等詞的限定，使其與"訊"的意義均等。在本組直訓形成的語義類中，層級關係較爲簡單，有上下兩層義類，"問"作爲上位層的主題詞，由"問"的同訓被訓釋詞充當下位層，而"訊"不能充當上位主題詞。

此外，當層級結構更爲複雜時，互訓的兩個詞語又可以同時充當其他詞語的訓釋詞，如《説文》：劓$_{P92}$，減也；瘦$_{P156}$，減也；媚$_{P263}$，減也；損$_{P254}$，減也；減$_{P237}$，損也；貶$_{P131}$，損也。本組多重直訓有"減"、"損"2 組同訓，"損，減也。減，損也"1 組互訓，共有兩個訓釋詞。

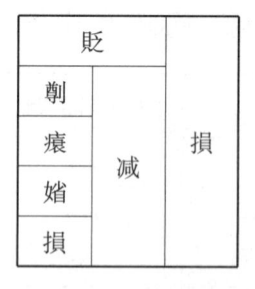

貶	
劓	
瘦	損
媚	減
損	

2. 遞訓與同訓合用：是指一組直訓中同時使用了遞訓和同訓兩種釋義方式。由於遞訓是三個或三個以上詞語遞相訓釋，其釋義形式多呈開放式，只有少量是半回環式或回環式。因此，它與同訓合用形成的多重直訓的結構層次要更爲複雜，語義類也更爲龐大。同訓與遞訓合用既有一組同訓和一組遞訓的簡單合用，也有多組同訓和多組遞訓合用。此類訓釋模式在《説文》中運用得最多，有 162 組，共有 1 415 個被訓

釋詞,占被訓釋詞總量的39.76%。

遞訓與同訓的合用可以是釋義層級較爲簡單的一組同訓與遞訓的合用,即遞訓釋義鏈中的一個詞還能解釋本遞訓之外的其他詞,形成在遞訓中嵌套一組同訓的多重直訓;更多的是多組同訓與遞訓的合用,即遞訓釋義鏈中的多個詞語都能解釋本遞訓之外的其他詞,形成在遞訓中嵌套多組同訓的多重直訓。多組同訓和多組遞訓合用形成的多重直訓的層級釋義關係更爲複雜多樣。如:戲$_{P103}$,虐也;虐$_{P103}$,殘也;殘$_{P85}$,賊也;戔$_{P266}$,賊也;賊$_{P266}$,敗也;壓$_{P289}$,壞也;壞$_{P289}$,敗也;拹$_{P253}$,摺也;摺$_{P253}$,敗也;毆$_{P269}$,敗也;伐$_{P167}$,敗也;殬$_{P85}$,敗也;敃$_{P69}$,毄也;毄$_{P69}$,毀也;圮$_{P288}$,毀也;俖$_{P167}$,毀也;謗$_{P54}$,毀也;歑$_{P111}$,缺也;鈷$_{P109}$,缺也;刮$_{P92}$,缺也;毀$_{P289}$,缺也。本組包含"賊、敗、毀、缺"4組同訓,"戲、戔、壓、拹、毆、伐、殬、敃、俖、謗"11組遞訓。它們形成的多重直訓結構如下表:

					刮	
					鈷	
					歑	
				謗		
				俖		
				圮		
			敃	毄1		
			殬			缺22
			伐		毀15	
			毆			
		拹	摺1			
		壓	壞1		敗12	
		戔	賊4			
戲	虐1	殘2				

3. 同訓、互訓、遞訓三者合用:指在同一組詞語訓釋中同時包含了遞訓、互訓、同訓三種釋義方式。可以分爲兩類:互訓、遞訓、同訓三者合用的簡單形式,即同訓、互訓與遞訓三者都是一組的合用的,其數量也非常少,僅有5例;互訓、遞訓、同訓三者合用的複雜形式,即互訓、遞訓、同訓三者合用時包含多組遞訓、同訓。《說文》中此類訓釋模式共有53組,包含458條釋義,共有753個被訓釋詞。

互訓、遞訓、同訓三者合用的簡單形式,如:餐$_{P107}$,吞也;吞$_{P30}$,咽也;嚨$_{P30}$,喉也;

喉ₚ₃₀,咽也;嗢ₚ₃₃,咽也;嚨ₚ₃₀,咽也;嗌ₚ₃₀,咽也;咽ₚ₃₀,嗌也。本組有"咽"1組同訓,有"餐,吞也;吞,咽也;咽,嗌也"、"嚨,喉也;喉,咽也;咽,嗌也"、"嚨,咽也;咽,嗌也"、"嗢,咽也;咽ₚ₃₀,嗌也"4組遞訓,"嗌,咽也;咽,嗌也"1組互訓。

		嗌		
		嚨		
		嗢	咽 7	嗌 7
嚨	喉1			
餐	吞1			

同訓、互訓與遞訓的合用大部分都是結構層次較爲複雜,一般都是多組同訓、多組遞訓與一個互訓的合用。如:恣ₚ₂₂₀,縱也;豫ₚ₁₉₇,逸也;逸ₚ₂₀₃,失也;失ₚ₂₅₄,縱也;選ₚ₄₀,遣也;侾ₚ₁₆₅,送也;送ₚ₄₀,遣也;遣ₚ₄₀,縱也;捨ₚ₂₅₂,釋也;釋ₚ₂₈,解也;篸ₚ₉₅,差也;倅ₚ₁₆₈,副也;副ₚ₉₁,判也;屠ₚ₁₇₄,刳也;刳ₚ₉₁,判也;劇ₚ₉₁,判也;辨ₚ,判也;剖ₚ₉₁,判也;柝ₚ₁₁₉,判也;判ₚ₉₁,分也;傀ₚ₁₆₂,偉也;偉ₚ₁₆₂,奇也;奇ₚ₁₀₁,異也;怪ₚ₂₀₂,異也;尢ₚ₃₀₈,異也;異ₚ₅₀₉,分也;攽ₚ₆₈,分也;件ₚ₁₆₈,分也;分ₚ₂₈,別也;甾ₚ₂₄₆,別也;仳ₚ₁₆₇,別也;𤰞ₚ₈₆,別也;八ₚ₂₈,別也。

八ₚ₂₈,分也。段玉裁在"刖"字"刖,分解也"下注曰:"分別、離別皆是也。今人分別則彼列切,離別則憑列切,古無是也。俗謂八部八爲古別字,且或於丫部乖字下益曰八,古文別。"

賸ₚ₁₃₀,物相增加也。从貝、朕聲。一曰送也,副也。段玉裁注曰:"人部曰:侾,送也。賸訓送,則與侾音義皆同。副,貳也。貳,副益也。訓送,訓副皆與增加義近。"

縱ₚ₂₇₂,緩也。一曰舍也。段玉裁注曰:"各本作舍也,由俗以舍、捨通用也。今正。"

貳ₚ₁₃₀,副益也。从貝、弌聲。弌,古文二。段玉裁於"副益也"下注曰"當云副也,益也。周禮注:'副,貳也。'說詳刀部。從貝弌聲。形聲包會意。"

差ₚ₉₉,貳也。差不相值也。

解ₚ₉₄,判也。从刀判牛角。一曰解廌,獸也。

斁ₚ₆₈,解也。从攴、睪聲。《詩》曰:"服之無斁。"斁,猒也。一曰終也。

本組有"解、副、判、異、分、別"等11組同訓,有"遣、斁、篸、倅、賸、屠、劇、辨、剖、柝、傀、怪"等20組遞訓,以及"分,別也。八,分也"1組互訓。

						八
						牌
						仳
						茊
					公	
					件	
					攽	
				各	異 6	
				尤		
				怪		
		傀	偉 1	奇 2		
				析	分 37	別 41
				剖		
				辦		
				劇		
			屠	劀 1		
			倅		副 5	
			䐉			
	篸	差 1	貳 2			
				斀	判 26	
	恣					
獬	逸 1	失 2	縱 9	捨 10	釋 11	解 13
	選	遣 4				
侪	送 2					
䐉						

　　直訓在訓詁專書的具體運用中,儘管其釋義格式具有靈活多樣性,其內部又包含衆多的下位釋義方式,但通過對其包含的釋義方式的交叉合用情況,將直訓劃分出來的層級結構類別却相對具有較强的一致性與系統性,無論單一直訓還是多重直訓,它們内部包含的具體小類也較爲明確。單一直訓和多重直訓二者內部包含的 7 小類在《說文》直訓中所占的比重有很大差異,其中使用程度最高的是遞訓與同訓合用,它們的被訓釋詞占總量的 39.8%,而互訓和遞訓的使用程度最低,它們解釋的被訓釋詞占

總量的 3.1% 和 4.4%。這表明《説文》直訓中大部分被訓釋詞的采用了同訓、遞訓釋義形式,這兩種釋義方式形成了大量詞語的類聚,從而導致《説文》多重直訓雖然數量不是很多,但是它們所統率的詞語數量却相當多,它們形成的語義類也具有結構層級多、義類範圍廣等特徵。

單一直訓和多重直訓的使用程度差别很大,多重直訓的使用程度要遠遠高於單一直訓。多重直訓在《説文》中所解釋的被訓釋詞數量僅占直訓被訓釋詞總量的 70% 多,這表明許慎在直訓的詞語釋義中,并非僅僅尋求訓釋詞與被訓釋詞之間的共同性,他往往通過大量訓釋詞語的類聚來彌補直訓詞語中語義區别特徵不突出的弱點。訓釋詞語的類聚對被訓釋詞的義域形成明確的限定,同時被訓釋詞在直訓層級結構中通過詞義的多元引申,體現出了較爲典型的"以類限義"的特徵。《説文》的直訓釋義中被訓釋詞的義域都較爲寬廣,在訓釋中往往形成義域之間的包含關係、交集關係以及全異關係等。多重直訓又可分爲互訓與同訓合用、遞訓與同訓合用、互訓遞訓與同訓合用三類。前兩類在語義關係上都表現爲通過互訓突出其形成的詞語類聚範疇中的典型成員;遞訓與同訓合用則較爲特殊,其詞語類聚的語義關係往往呈現綫形發散狀。《説文》直訓的運用看似零散雜亂,實則體現了許慎在直訓釋義的背後有着明顯"以類限義"的理性思考。

三、對現代辭書釋義的思考

許慎在《説文》中廣泛采用直訓方式解釋的詞語,其數量占到了全書總詞量的三分之一多。直訓不僅在傳統訓詁中具有極高的使用頻率,在現在辭書釋義中也被普遍采用。以《現代漢語詞典》爲例,其中就有大量的以詞釋詞的直訓釋義方式,如:

【懲辦】动 處罰:嚴加~。

【懲處】动 處罰:依法~。

【懲罰】动 處罰:從重~。

【懲治】动 懲辦:依法~。

【處理】② 动 處治;懲辦:依法~。

【處治】动 處分;懲治:嚴加~。

【處置】① 动 處理:~失當。② 發落;懲治:依法~。

【處分】③〈書〉动 處理;安排。

【發落】[动] 處理；處置（多見於早期白話）：從輕～。①

在本組釋義結構中，不僅有同訓、遞訓、歧訓等訓釋方式，還存在不同訓釋方式之間的合用現象。同訓釋義方式如"懲辦、懲處、懲罰"都釋爲"處罰"，"懲治、處理"都釋爲"懲辦"，"處治、處置"都釋爲"懲治"，"處置、處分、發落"都釋爲"處理"。遞訓釋義方式如"懲治：懲辦。懲辦：處罰"、"發落：處理；處理：懲辦；懲辦：處罰"、"發落：處理；處理：處治；處治：懲治；懲治：懲辦；懲辦：處罰"等。歧訓釋義方式是《現漢》採用較多的釋義方式，如"處理：處治；懲辦"、"處置：① 處理。② 發落；懲治"。但由於《現漢》直訓釋義中歧訓的數量要遠遠多於《説文》，因此，其不同訓釋方式之間的合用却很難像《説文》多重直訓一樣形成較爲明確的類別劃分。

釋詞位置		1個釋詞 A,B 也	2個釋詞 A, B 也。（一曰）C 也	3個釋詞 A,B 也。（一曰）C 也。（一曰）D 也	4個釋詞	總數
現漢	詞例數	3 672	2 313	45	3	6 033
	釋詞總數	3 672	4 626	135	12	8 445
説文	詞例數	3 408	142	9	0	3 559
	釋詞總數	3 408	284	27	0	3 719

據蘇新春統計，《現代漢語詞典》全書總詞目 61 261 條，使用的雙音釋詞有 10 100 餘條，占全書總詞量的 16.49%。其中全書雙音詞目有 39 800 條，單一義項的雙音詞目 31 500 餘條，雙音單義詞使用同義詞釋義有 6 033 條，占全書雙音單義詞目的 19.15%。② 從釋義內容來看，《説文》直訓的 3 559 條中被訓釋詞有 3 719 條訓釋詞，其中有兩個或兩個以上訓釋詞的被訓釋詞有 151 條，占直訓詞語總量的 4.24%。《現漢》6 033 條雙音單義詞有 8 445 條雙音同義釋詞，有 2 361 例採用了兩個或兩個以上同義釋詞 39.13%。

通過《説文》直訓與《現漢》同義詞釋義的比對，可以發現前者占全書釋義的比重是後者占全書釋義比重的兩倍多。在釋義對象範圍上，《説文》直訓的選取範圍要遠遠寬於《現漢》的同義詞釋義。《現漢》同義詞釋義的釋義內容要比《説文》直訓更爲豐富，採用兩個或兩個以上釋詞的情況也比《説文》直訓要高很多，這充分說明了在現代辭書編纂中更加注重對釋義內容的精確性闡釋，同時也體現了《説文》與《現漢》在

---

① 中國社會科學院語言研究所詞典編纂室：《現代漢語詞典》，商務印書館，2005 年，第 177 頁。

② 蘇新春：《漢語釋義元語言研究》，上海教育出版社，2006 年，第 92 頁。

對直訓或同義詞釋義的同義程度的要求有着很大的不同,《現漢》對同義詞的同義程度要求要更加嚴格,故其多采用兩個或多個同義釋詞來解釋被釋詞。

參考文獻:
許慎撰,徐鉉校訂.説文解字[Z].北京:中華書局,2002.
段玉裁.説文解字注[Z].上海:上海古籍出版社,1981.
羅竹風.漢語大詞典[Z].上海:漢語大詞典出版社,1993.
中國社會科學院語言研究所詞典編纂室.現代漢語詞典[Z].北京:商務印書館,2005.
陸宗達.説文解字通論[M].北京:北京出版社,1981.
董希謙,張啓焕.許慎與《説文解字》研究[M].鄭州:河南大學出版社,1988.
李先華.《説文》與訓詁語法論稿.合肥:安徽大學出版社,2005.
楊潤陸.怎樣讀《説文解字》[M].鄭州:河南人民出版社,1994.
張滌華.略論《説文解字》的説解[J].詞典和詞典編纂的學問[C].上海辭書出版社,1985.
王若江.《説文解字》中互訓詞研究[J].説文解字研究[C].河南大學出版社,1991.
吴先文.東漢單字爲訓研究[D].安徽大學,2007.
蘇新春.漢語釋義元語言研究[M].上海:上海教育出版社,2006.

英國國家圖書館藏《蒼頡篇》殘簡拼合十則

張傳官

(復旦大學出土文獻與古文字研究中心、
出土文獻與中國古代文明研究協同創新中心)

英國國家圖書館藏有大量斯坦因所獲未刊漢文簡牘。近年汪濤、胡平生、吳芳思諸位先生將它們整理公布，①嘉惠學林之處甚多。在這批材料中，有不少寫有《蒼頡篇》文句的殘簡（大多數是削柿），其中頗有可拼合者，《英藏》釋文注釋已提供了若干例子。本文繼續這一工作，對其中的二十支殘簡進行拼合，現分述如下。②

一、《英藏》2242+《英藏》3543

《英藏》2242、《英藏》3543 釋文分別爲：

　　□□瘁〈瘁〉□/□□□

---

① 汪濤主編：《英國國家圖書館藏斯坦因所獲未刊漢文簡牘》，上海辭書出版社，2007 年（下文簡稱爲"《英藏》"）；汪濤、胡平生、吳芳思：《〈英國國家圖書館藏斯坦因所獲未刊漢文簡牘〉補遺釋文》（胡平生執筆），中國文化遺產研究院編：《出土文獻研究》第 15 輯，中西書局，2016 年，第 320—329 頁（下文簡稱爲"《英補》"）；張存良、巨虹二位先生亦曾對《英補》簡文進行釋讀，見張存良、巨虹《英國國家圖書館藏斯坦因所獲漢文簡牘未刊部分》，《文物》2016 年第 6 期，第 75—79 頁（下文簡稱爲"《張巨釋》"）。
② 需要說明的是，本文所有用於拼合的圖片均與原書圖版保持同樣的縮放比例，并使用原書圖版檢驗拼合。爲便於排版，本文將原始圖版和拼合圖版列於文末。本文所引釋文均以《英藏》或《英補》爲底本，有所改釋者另行注明。其中，《英藏》、《英補》根據原簡行款分兩行排列的釋文，本文改用"/"表示另起一行；《英藏》、《英補》據殘字補釋的文字外加"□"，本文改用外加"〔〕"的形式表示。

□癱瘖,賞禄賢①□/□□□□□攴聿

值得注意的是,《英藏》2242下端有削薄之處,其邊緣大致如下圖所示:

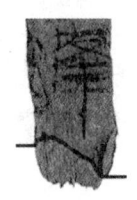

　　此二簡字體相同,邊緣相合,當可拼合。拼合之後如圖1(文末附圖,下同)所示,其中,《英藏》3543上端茬口與《英藏》2422下端削薄處的邊緣密合,二簡上兩行文字的行款亦基本一致。至於二簡顔色不一致,應當是保存情況、拍照時光照角度不同等原因造成的。

　　據此拼合,此二簡釋文當校正爲"□□痋〈瘖〉癱瘖。賞禄賢□/□□□□□攴聿□"(《英藏》2242+《英藏》3543)。《英藏》3176、《英藏》3382、阜陽漢簡C007② 等《蒼頡篇》簡均有"痋癱瘖"之語,可資對照。

　　整理者曾指出《英藏》2873與《英藏》2874可拼合,③其説可從。拼合後如下圖所示:

　　其中,兩支殘簡同樣由於削薄而有所重疊。這可以與本條以及下文所述的若干條拼合相對照。

二、《英藏》2522+《英藏》3561

　　《英藏》2522、《英藏》3561釋文分别爲:

---

① "禄賢"二字,《英藏》釋爲"賜□",此從白軍鵬先生釋,見白軍鵬《〈英國國家圖書館藏斯坦因所獲未刊漢文簡牘〉的初步整理與研究》,《中國文字》新39期,藝文印書館,2013年,第202頁。
② 阜陽漢簡整理組:《阜陽漢簡〈蒼頡篇〉》,《文物》1983年第2期,第25頁。
③ 《英藏》,第30頁。

☐宜，益就獲得☐
☐賓①勸向尚，馮亦〔脊②〕☐。

值得注意的是，《英藏》2522 末端因拗折斷裂，形成一個類似於 M 形的凹陷處，其邊緣大致如下圖所示：

此二簡字體相同，字間距一致，邊緣相合，當可拼合，拼合之後如圖 2 所示。其中，《英藏》3561 上端凸出之處與《英藏》2522 下端凹陷之處正相吻合。《英藏》2873+2874 "☐得，賓③勸☐"、阜陽漢簡 C009 "宧穀辥宜。益就獲得。賞勸向尚"④等《蒼頡篇》文句可與此拼合相對照。

又，《英藏》2739 釋文爲：

☐識宧穀☐

其字體與《英藏》2522、《英藏》3561 皆相同（可對比 "宧" 之 "宀" 形與 "宜"、"賓"、"向" 諸字上部 "宀" 形、"尚" 中部 "冂" 形的寫法），其木紋亦與後二者相同；根據上引阜陽漢簡 C009 文句，《英藏》2739 可與《英藏》2522 遥綴，拼合之後如圖 2 所示。其中，二簡之間尚缺與阜陽漢簡 C009 "辥" 字相同或相當的一個字。

根據上述拼合，此三簡釋文當校正爲 "☐識。宧穀☐宜。益就獲得。賓勸向尚。馮亦〔脊〕☐"（《英藏》2739+《英藏》2522+《英藏》3561）。

---

① "賓"，《英藏》釋爲 "實"，視爲 "實" 之誤字，此從白軍鵬先生釋，見白軍鵬《〈英國國家圖書館藏斯坦因所獲未刊漢文簡牘〉的初步整理與研究》，第 200 頁。
② "脊"，《英藏》釋爲 "青"，此從張存良先生釋，見張存良《〈蒼頡篇〉研讀獻芹（四）》，簡帛網，2015 年 12 月 18 日，http://www.bsm.org.cn/show_article.php?id=2397。
③ "賓" 從白軍鵬先生釋，見白軍鵬《〈英國國家圖書館藏斯坦因所獲未刊漢文簡牘〉的初步整理與研究》，第 200 頁。
④ 阜陽漢簡整理組：《阜陽漢簡〈蒼頡篇〉》，第 25 頁。其中，"賞" 字圖版已模糊不可辨（見中國簡牘集成編輯委員會編《中國簡牘集成·二編》第 14 冊 "圖版選卷下"，敦煌文藝出版社，2005 年，第 296 頁），整理者摹本作賞（阜陽漢簡整理組：《阜陽漢簡〈蒼頡篇〉》，第 32 頁），恐有誤。此暫從原釋。

三、《英藏》2884+《英藏》3171

《英藏》2884、《英藏》3171 釋文分別爲：

☐紅酨〈酢〉醤☐☐

☐〔魚〕酨馬酨（醢）①葱樜（薑）☐☐

按《英藏》2884"醤"下仍有殘字，作 ▨ ，對比《英藏》3633"魚"字作 ▨ 者可知，此字亦當爲"魚"字之殘，只是其上部兩筆連作一筆書寫而已，其中部靠右的方折筆畫還比較清楚，再下的橫筆亦約略可辨。值得注意的是，《英藏》3171 上端有削薄之處，其邊緣大致如下圖所示：

此二簡字體相同，字間距一致，邊緣大致相合，當可拼合。拼合之後如圖 3 所示。其中，此二簡的"魚"字殘筆可以相互對應、遥接。此外，此二簡文字之"酉"旁寫法相同，亦可爲此條拼合提供佐證。

據此拼合，此二簡釋文當校正爲"☐紅酨〈酢〉醤。魚酨馬酨（醢）。葱樜（薑）☐☐"（《英藏》2884+《英藏》3171）。白軍鵬先生曾將《英藏》中有關簡文聯綴作"紅酨〈酢〉醤〔魚〕酨馬醢葱樜（薑）☐"，②可資對照。

四、《英藏》3175+《英藏》3701

《英藏》3175、《英藏》3701 釋文分別爲：

☐〔夜〕勿置苟務☐

☐成史計☐

按"苟"字作 ▨ ，字從"竹"，當楷定作"筍"。值得注意的是，《英藏》3175 下端有

---

① "酨（醢）"，《英藏》原作"酪"。白軍鵬先生將之改釋爲"醢"，見上引白軍鵬《〈英國國家圖書館藏斯坦因所獲未刊漢文簡牘〉的初步整理與研究》，第 208 頁。按其改釋意見是正確的，只是字當楷定作"酨"，讀作"醢"。

② 白軍鵬：《〈英國國家圖書館藏斯坦因所獲未刊漢文簡牘〉的初步整理與研究》，第 208—209 頁。

削薄之處,其邊緣近似於略微傾斜的橫綫,大致如下圖所示:

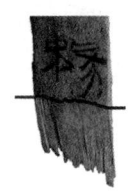

此二簡字體相同,字間距一致,邊緣相合,當可拼合,拼合之後如圖 4 所示。其中,《英藏》3701 上端邊緣與《英藏》3175 下端削薄處邊緣密合。

據此拼合,此二簡釋文當校正爲"☑〔夜〕勿置。笱(苟)務成史。計☑"(《英藏》3175+《英藏》3701)。《敦煌漢簡》①1459A+1459B、1460A+1460B、1461A+1461B、《居延新簡》②EPT50.1A+EPT50.1B 等《蒼頡篇》簡亦有"晝夜勿置。苟務成史"之語,可資對照。

五、《英藏》3446+《英藏》3122

《英藏》3446、《英藏》3122 釋文分別爲:

☑服逋☑
☑恌〈逃〉隱〔匿〕☑

值得注意的是,《英藏》3122 上端有削薄之處,其邊緣大致如下圖所示:

此外,從《英藏》3446 的圖版可以看出,其右側面下端收縮,可見其背面下端亦有削薄之處。《英藏》3446 "服"、"逋"二字字體似有所不同,不過"服"與《英藏》3122 的"隱"字字體却還是比較一致的。③ 但無論如何,"逋"字與《英藏》3122 "恌"字字體是相同的。

---

① 甘肅文物考古研究所編:《敦煌漢簡》,中華書局,1991 年。
② 甘肅文物考古研究所等:《居延新簡》,中華書局,1994 年。
③ 這一點蒙郭永秉先生提示。

此二簡邊緣相合，當可拼合，拼合之後如圖 5 所示。其中，《英藏》3446 下端與《英藏》3122 上端削薄處邊緣密合。《英藏》3122"恍"字上方仍有一筆殘筆，這似乎是此拼合的反證；但是該筆畫墨迹很淡，又位於削薄處，當是簡面的墨迹滲透所致，拼合之後這些筆迹亦與《英藏》3446"逋"字之左下方筆畫相重疊，這反而爲此拼合提供了佐證。

據此拼合，此二簡釋文當校正爲"☐服。逋恍〈逃〉隱〔匿〕☐"（《英藏》3446+《英藏》3122）。《居延漢簡》①9.1A+9.1C+9.1B、阜陽漢簡 C001② 等《蒼頡篇》簡均有"行步駕服，逋逃隱匿"之語，《英藏》3216 亦有類似殘文，可與上引簡文相對照。

六、《英補》1814+《英補》1809

《英補》1814、《英補》1809 釋文分別爲：

☐☐俗狠瞀吉忌☐☐/☐☐☐☐叶全（？）☐☐
☐☐☐厥（？）/☐伐☐☐☐

《張巨釋》分別爲：

☐〔葆〕俗狠瞀（晳）吉忌☐/☐▲桀紂迷☐
☐瘁（癃）瘛瘫（癱）/☐〔惑〕〔宗〕〔幽〕〔不〕☐

相比來説，《英補》闕釋、誤釋之處較多，《張巨釋》則較爲準確。略可補充的是：簡文"瘁（癃）瘛"當爲"瘛瘁（癃）"之誤倒（見前文《英藏》2242+《英藏》3543 條）；▲所代表的墨塊之上尚有筆畫，據北大漢簡《蒼頡篇》③簡 1 推知疑是"志"字之殘；"瞀"之楷定未必準確。值得注意的是，《英補》1809 上半截右側有一段削薄之處，其邊緣呈"ᄂ"形。

此二簡字體相同、木紋一致，似可拼合，拼合之後如圖 6 所示。其中，《英補》1814 下端邊緣正可與《英補》1809 上端削薄之處的邊緣相合；而且，《英補》1809 "忌"、"瘁"之間有一墨迹，當爲"忌"字抄寫完畢之後抄手所施之句讀符號或無意之墨點，拼合之後此墨迹亦可相連。

據此拼合，此二簡釋文當校正爲"☐〔葆〕俗。狠瞀吉忌。瘁（癃）瘛瘫（癱）。☐/

---

① 中研院史語所簡牘整理小組編居延漢簡：《居延漢簡（壹）》，中研院史語所，2014 年。
② 阜陽漢簡整理組：《阜陽漢簡〈蒼頡篇〉》，第 23 頁。
③ 北京大學出土文獻研究所編：《北京大學藏西漢竹書（壹）》，上海古籍出版社，2015 年。

☐☐。▲〔桀紂迷惑。宗幽不〕☐"(《英補》1814+《英補》1809)。阜陽雙古堆漢簡《蒼頡篇》C007、北大漢簡《蒼頡篇》2號簡皆有"豤鷙吉忌，瘛瘲癃痤"句，可資對照。

上述六則拼合,在字體、文例、茬口(邊緣)等方面的證據相對比較充足,甚至從照片上看,每則拼合的兩支簡的木質、木紋也是基本相同的。① 下文再介紹四例缺乏邊緣密合證據的拼合,供讀者參考。

七、《英藏》2670+《英藏》3140

《英藏》2670、《英藏》3140 釋文分別爲

☐步〔駕〕☐
☐服,逋恍〈逃〉☐

《蒼頡篇》有"行步駕服,逋逃隱匿"之語(已見前文所引),可資對照。此二簡字體相近,内容相合,似可遥綴。試綴之後如圖7所示。

若此拼合成立,此二簡釋文當校正爲"☐步〔駕〕服。逋恍〈逃〉☐"(《英藏》2670+《英藏》3140)。

八、《英補》1879+《英藏》3016

《英補》1879、《英藏》3016 釋文分別爲

☐初雖勞☐
☐〔苦〕卒必有〔喜〕☐

其中,《英補》1879"勞"字以下有削薄之處(從其下端右側所顯示的殘簡厚度亦可看出),其邊緣大致如下圖所示:

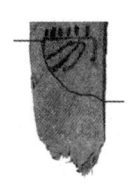

---

① 這一點蒙任攀先生提示。

按《英藏》3016之"喜",當爲"意(憙)"字。① 從《英藏》3016上端右側的殘簡厚度來看,其背面亦有削薄之處。此二簡字體相同,文句相連(《居延新簡》②EPT50.1B有"初雖勞苦,卒必有意〈憙〉"句,③可資對照),木紋也一致,當可遥綴。在保證殘簡右側基本對齊的情況下,拼合之後如圖8所示。

若此拼合成立,此二簡釋文當校正爲"☐初雖勞〔苦〕。卒必有〔憙〕☐"(《英補》1879+《英藏》3016)。

九、《英藏》3380+《英藏》3378

《英藏》3380、《英藏》3378釋文分別爲:

☐〔勞苦〕卒〔必〕有憙〔慤愿〕☐
☐☐忠信微密☐☐

其中,《英藏》3380"慤"字所在位置相比其上諸字已有些左傾,這應當是"憙"字下方的裂痕造成此二字所在木簡略微掀起,與其上諸字未能保持在同一個平面所致。"慤"字右下方、"愿"字大部分筆畫所在的小簡片作:

該小片與該簡其他部分也不在同一個平面上,而更像是"搭"在該簡上的,其左側中部可能有些許連接。將該小片略作旋轉,即成圖9之形,這樣更接近於原簡的面貌。其中"愿"上部所從之"原"之殘筆更爲緊密,也更符合該字筆勢。《英藏》3378"忠"字上

---

① 參看拙文《説漢代的"意"與"憙"》,復旦大學出土文獻與古文字研究中心主辦"戰國文字研究的回顧與展望"國際學術研討會論文,上海,2015年12月12—13日。看校追記:拙文已發表於復旦大學出土文獻與古文字研究中心編《戰國文字研究的回顧與展望》,中西書局,2017年。
② 甘肅省文物考古研究所等:《居延新簡:甲渠候官與第四燧》,文物出版社,1990年;甘肅文物考古研究所等編:《居延新簡》,中華書局,1994年。
③ "意"爲"憙"字之誤,參看拙文《説漢代的"意"與"憙"》。

部尚有一字，僅存末端兩筆殘筆，作▣。

此二簡字體、字間距較爲一致，内容皆與《居延新簡》EPT50.1B"愨愿忠信。微密俟僿"①之語相合，疑可拼合。在保證《英藏》3378 文字與《英藏》3380 的"卒〔必〕有薏"等字對齊的前提下，拼合之後如圖 10 所示。其中，二簡左側茬口基本銜接。"愿"字拼合之後作▣，上引《英藏》3378 殘字左側一筆可視爲"愿"之"广"形的末筆之殘，右側一筆可視爲"愿"所从之"心"的末筆。《英藏》3359"愿"字作▣，可資對比。

若此拼合成立，此二簡釋文當校正爲"☒〔勞苦〕。卒〔必〕有薏。〔愨愿〕忠信。微密☐☒"（《英藏》3380+《英藏》3378）。

十、《英藏》3650+《英藏》3126

《英藏》在 3124 號簡下注謂："此片可與 3126 號簡綴合，但筆畫不能全吻合，蓋兩刀從木觚上削下。"②按二者釋文分別爲：

☒幼子〔承〕☒
☒〔承詔〕謹慎敬☐☐☐〔勞苦卒〕☐☐☒

皆屬於《蒼頡篇》首章文句，在出土簡牘中多見，今引用較爲完整者如下：

蒼頡作書。以教後嗣。幼子承昭。謹慎敬戒。勉力風誦。晝夜勿置。苟務成史。計會辨治。超等軼羣。出尤別異。《居延新簡》EPT50.1A 初雖勞苦。卒必有薏。愨願忠信。微密俟僿。賞☒《居延新簡》EPT50.1B③

據此，《英藏》3126"卒"下的▣字可補釋爲"必"。從文句上看，《英藏》3124+3126 的拼合似乎是可行的。不過，本文認爲，該拼合存在如下四個問題：首先，二者字體不同。《英藏》3124 筆法較爲流暢，而《英藏》3126 的筆法則顯得十分樸拙。其次，二者文字間距不同。《英藏》3124 的字間距顯然要比《英藏》3126 的大得多。再次，二者木紋明顯不同。最後，按照筆者對《英藏》該拼合的理解，可以製作如圖 11、圖 12 兩張示

---

① "俟僿"二字從復旦大學出土文獻與古文字研究中心讀書會釋，見其《讀水泉子簡〈蒼頡篇〉札記》，復旦大學出土文獻與古文字研究中心網，2009 年 11 月 11 日。
② 《英藏》，第 36 頁。
③ 參看復旦大學出土文獻與古文字研究中心讀書會《讀水泉子簡〈蒼頡篇〉札記》。

意圖。由於《英藏》3124下端有削薄之處,這導致其"承"字筆畫有所殘缺,因此拼合時《英藏》3126需要與之部分重疊。此二圖均將《英藏》3126上端的兩筆殘筆視爲"承"上部筆畫,其不同在於"承"字殘筆的位置。圖11是在保證《英藏》3124"幼子承"與《英藏》3126"詔謹慎敬"文字兩邊均對齊的情況下製作的,此圖的問題在於"承"字太寬,尤其是《英藏》3126上端第一筆即較短的殘筆位置太靠左。圖12是將《英藏》3126上端兩殘筆與《英藏》3124"承"字殘筆相銜接,但這樣一來,二者的文字就無法對齊。如果將《英藏》3126上端的兩筆"承"字殘筆視爲"承"左部的"フ"或下部的"手"旁及其變體,就存在其他四種可能,這些可能也同樣存在上述文字太寬或無法對齊的問題。圖11、12不能説是完全符合《英藏》拼合的本意,但如果要將二者拼合,似乎也只有上述六種可能,而這六種可能恐怕都無法成立。

　　基於這些問題,本文認爲《英藏》3124與《英藏》3126不能拼合。在此基礎上,本文提供與之有關的另一種拼合可能,即《英藏》3126與《英藏》3650拼合。後者釋文爲:

　　　　□〔異初雖〕□

其中,"初雖"二字文字較全,實可徑釋;"異初雖"一行右側仍有兩字殘筆,其釋文當補作"□□□□/□〔異〕初雖□"。《英藏》3650、3126二觚字體相同(尤其是"異初雖"與"勞苦卒必"更是如此),字間距一致,内容相合,似可拼合,即《英藏》3650"□〔異初雖〕□"所在的一面與《英藏》3126"□□〔勞苦,卒必〕□□"所在的一面相拼合;而《英藏》3650"□□□□"所在的一面則與《英藏》3126"□〔承詔〕謹慎敬□"所在的一面相拼合。

　　由於《英藏》圖版主要展示其中文字較爲清晰完整的一面,對於僅存殘字的側面則未能提供正視圖版,這導致此二觚圖版雖然均爲立體圖,但照片的視角并不一致。所以,對於上述拼合,在保證觚棱對齊的情況下,本文只能製作較爲粗糙的示意圖,如圖13所示。其中,《英藏》3650正面下端及右側面下端均有削薄之處,其邊緣大致如下圖所示:

因此,《英藏》3126左側面需要向上與《英藏》3650左面有所重疊。拼合之後,《英藏》3650"雖"字右側一殘筆與《英藏》3126上端二殘筆,可分别視爲"承"之"フ"形和

"手"旁或其變體之下部筆畫。"初"字右側一筆殘筆亦可視爲"幼子"之"子"字末筆。當然,由於圖片信息不足,又缺乏實物對照,此條拼合尚有待進一步的檢驗。

若此拼合成立,此二觚釋文當校正爲"☐〔子承詔〕。謹慎敬☐╱☐☐〔異〕。初雖〔勞苦。卒必〕☐☐"(《英藏》3650+《英藏》3126)。

通過上述拼合,我們可以進一步認識到字體對簡牘拼合的重要性。本文僅僅是對《英藏》、《英補》中《蒼頡篇》殘簡進行拼合,相信在不限於《蒼頡篇》的這批殘簡中,還有可以拼合的簡牘,值得我們進一步探究。

附記:本文主要内容曾以筆名"李亦安"先後發布於復旦大學出土文獻與古文字研究中心網,包括《英國國家圖書館藏〈蒼頡篇〉殘簡拼綴五則(附存疑三則)》(2015 年 6 月 16 日,http://www.gwz.fudan.edu.cn/Web/Show/2540)和《英國國家圖書館藏〈蒼頡篇〉殘簡拼綴二則》(2015 年 8 月 26 日,http://www.gwz.fudan.edu.cn/Web/Show/2883)二文。本文即其修改稿,其中《英藏》2739 與《英藏》2522 的遥綴爲此次修改所增。本文初稿曾蒙任攀先生指教,謹此致謝。

本文曾在中山大學古文字研究所主辦的"紀念中山大學古文字學研究室成立 60 周年學術研討會"(廣州,2016 年 12 月 2 日—4 日)上宣讀,會上蒙郭永秉先生指教,謹此致謝。

2016 年 10 月 30 日

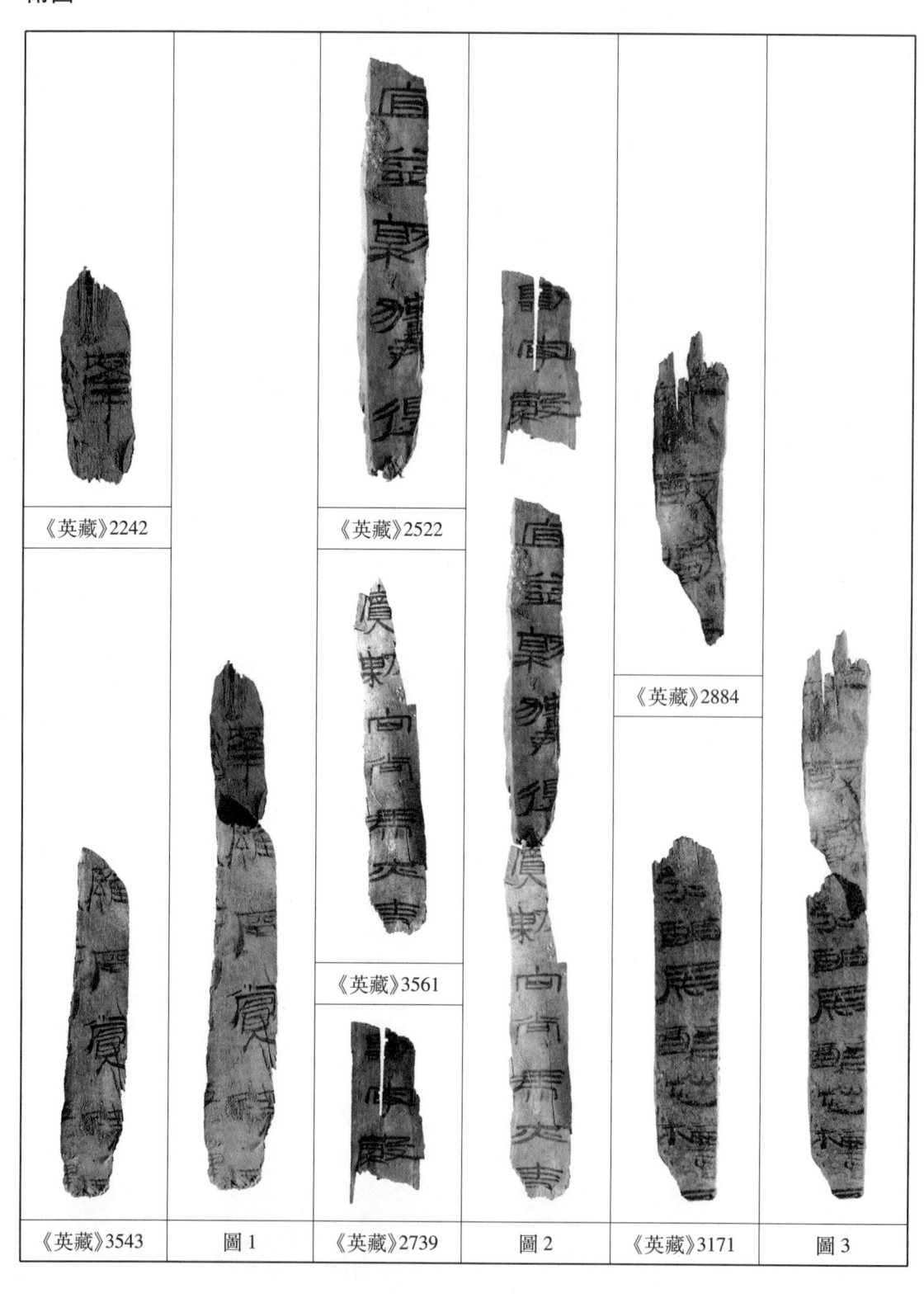

附圖

《英藏》2242		《英藏》2522			
		《英藏》3561		《英藏》2884	
《英藏》3543	圖 1	《英藏》2739	圖 2	《英藏》3171	圖 3

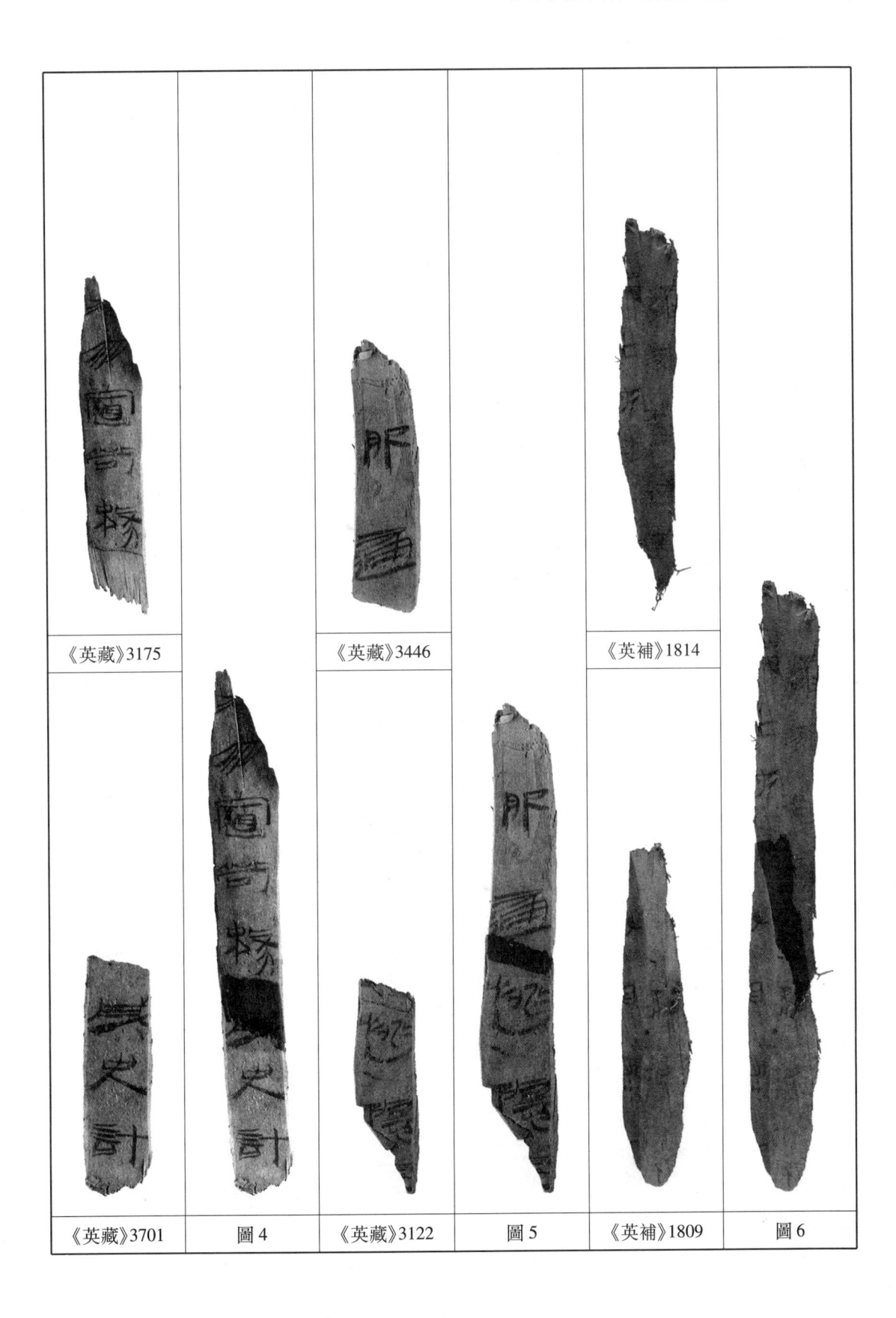

《英藏》3175		《英藏》3446		《英補》1814	
《英藏》3701	圖4	《英藏》3122	圖5	《英補》1809	圖6

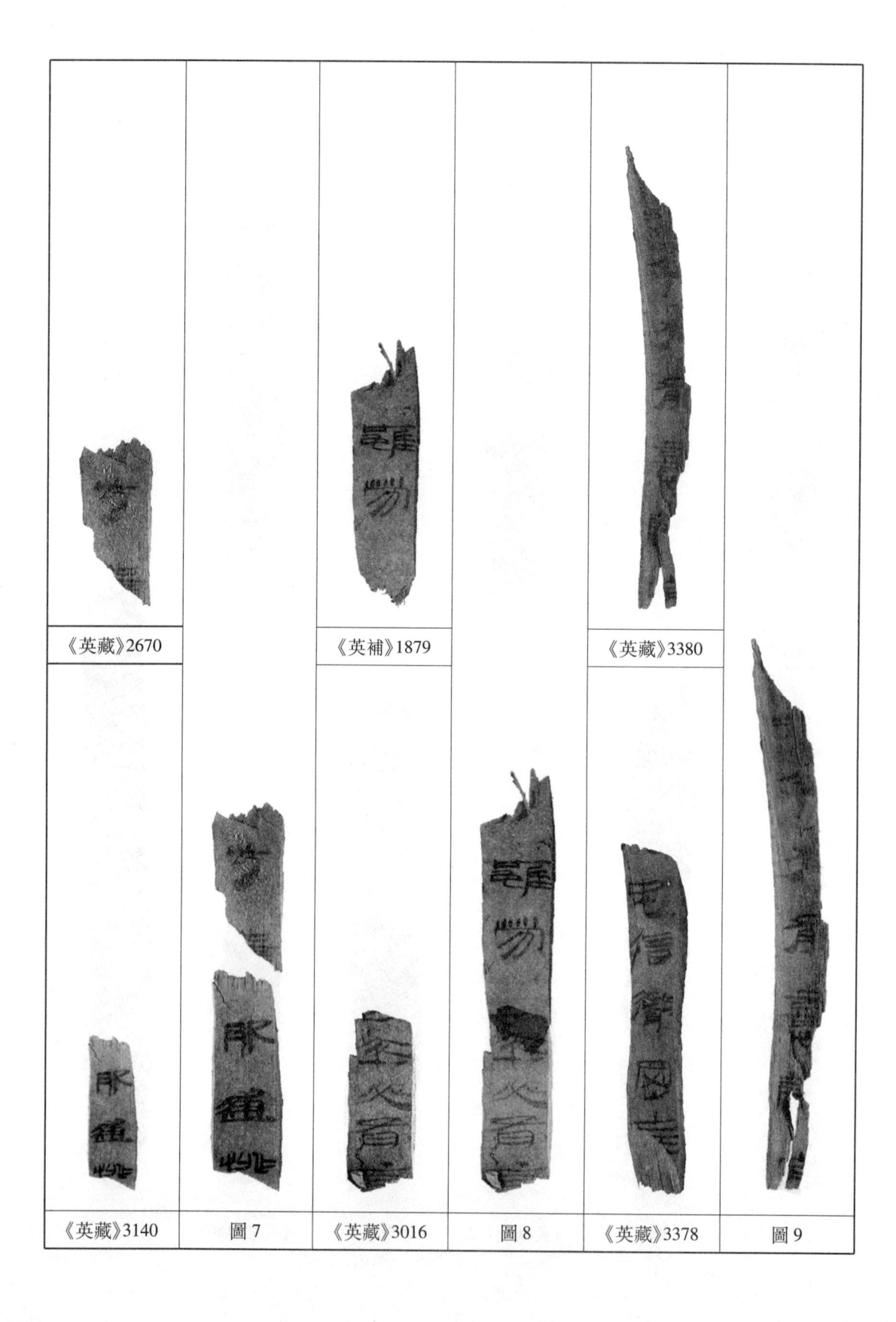

《英藏》2670	《英補》1879	《英藏》3380	
《英藏》3140	圖7	《英藏》3016	圖8	《英藏》3378	圖9

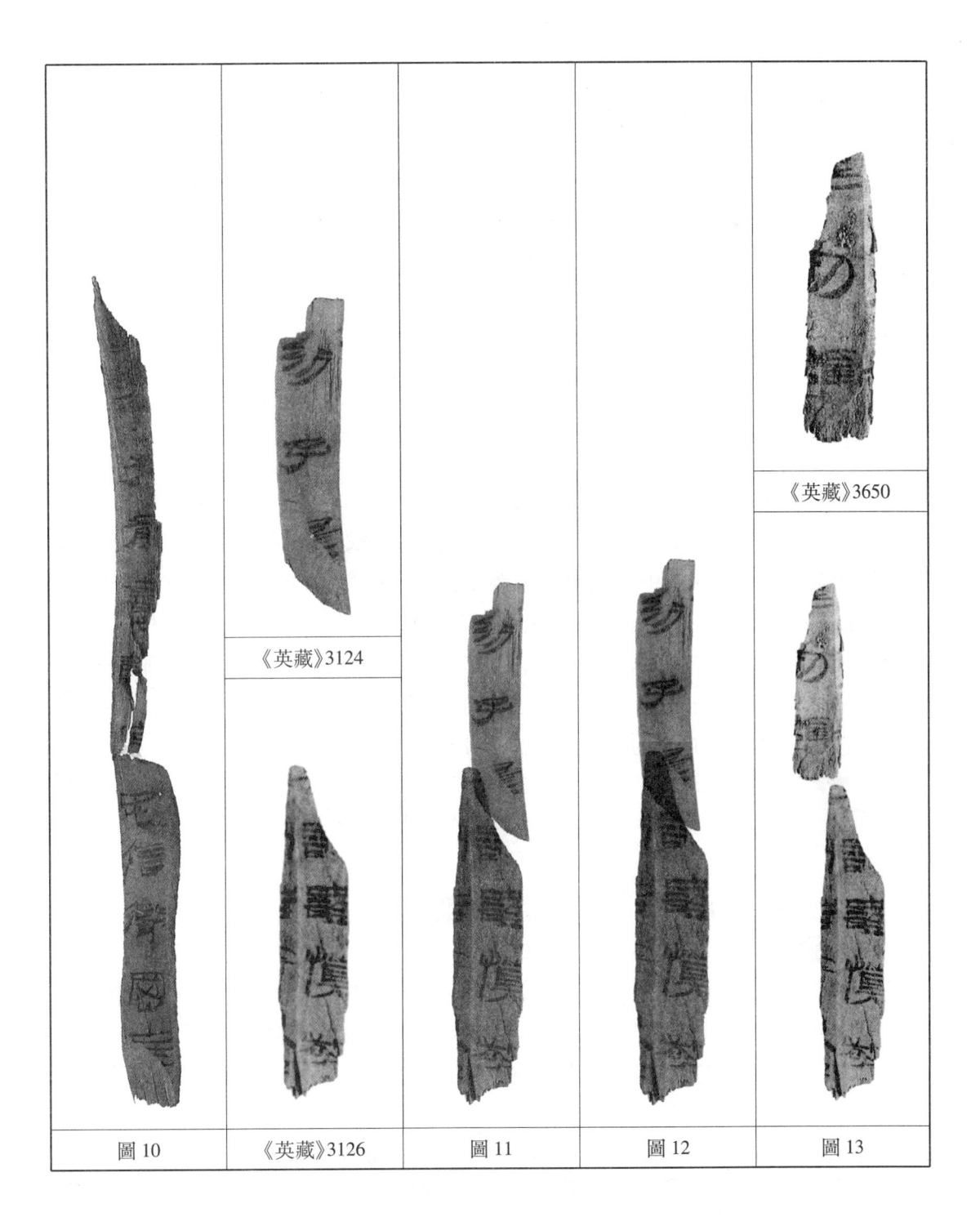

				《英藏》3650
	《英藏》3124			
	《英藏》3126			
圖 10		圖 11	圖 12	圖 13

隋代墓志疑難字考釋七則

張崇依

（中山大學歷史系）

《文章辨體序説·墓志》云："墓志，則直述世系、歲月、名字、爵里，用防陵谷遷改。"隋代墓志大多發現於中上階層的士族家庭，因其財力雄厚，故而墓志刻寫精良，篇幅較長，保留大量當時的文字形體，爲研究隋代墓志文字提供了豐富的材料。近年來，頗有學者注意到隋代墓志的重要性，對其進行了録文、校釋，爲墓志文字的研究奠定了有力的基礎。然而，墓志整理録文工作量巨大，其間難免有可疑之處。筆者不揣謭陋，就其中七則提出自己的看法，以就教於博雅君子。

一、【業/丘】

《侯明暨妻郭氏鄧氏墓志》："有詔追贈零■郡君。"①

按："■"，《隋代墓志銘匯考》釋作"北"，誤。它實爲"丘"的異體字。其形體最早見於甲骨文，并一直延續至小篆，如"■"（一期·前1.24.3），②金文寫作"■"（戰國·閶丘戈），③戰國文字寫作"■"（陶三676），④《説文》小篆寫作"■"。⑤這種復古的寫法也保留在了隸書當中，比如"■"⑥（漢代定縣竹簡二四五）、"■"⑦（《史

---

① 王其禕、周曉薇：《隋代墓志銘匯考》第1册，綫裝書局，2007年，第234頁。
② 高明、涂白奎：《古文字類編》（增訂本），上海古籍出版社，2008年，第55頁。
③ 高明、涂白奎：《古文字類編》（增訂本），第55頁。
④ 高明、涂白奎：《古文字類編》（增訂本），第55頁。
⑤ 高明、涂白奎：《古文字類編》（增訂本），第55頁。
⑥ 漢語大詞典字形組編：《秦漢魏晋篆隸字形表》，四川辭書出版社，1985年，第586頁。
⑦ 漢語大詞典字形組編：《秦漢魏晋篆隸字形表》，第586頁。

晨碑》)。隋代墓志中,漢字時常會使用更古老的字形,"丘"字也不例外。比如《□静墓志》:"君杖志⿱工一垣,保神崇德。"①《張協墓志》:"養志⿱工一園,不羡朱門。"②《□弘越暨妻龐氏墓志》:"或浮⿱工一接引涓子。"③隨着墓志文字的書寫,或許是出於刻工的草率,"⿱工一"的兩個小短竪被拉長,最終與"業"同形,從而導致訛混。受此影響,隋代墓志中,含有"丘"這一構件的字常作此形,如"嶽",《爾朱敞墓志》作"岦";④如"兵",《張茂墓志》作"兵"。⑤

反觀"北"字,隋代墓志中的"北"字底部筆畫均不相連,如"北"(《楊通墓志》)、⑥"北"(《張景略墓志》)、⑦"北"⑧(《王曜墓志》)。

零丘,即靈丘,也就是今天的靈丘縣,隸屬山西省大同市,史書多有記載,《漢書》卷第二十八《地理志》:"代,莽曰厭狄亭。靈丘,滱河東至文安入大河,過郡五,行九百四十里。并州川。"《魏書》卷第七:"二月辛卯,詔曰:'靈丘郡土既褊堉,又諸州路衝,官私所經,供費非一,往年巡行,見其勞瘁,可復民租調十五年。'"《魏書》卷第八十:"椿聞大喜,遂率所部棄州歸悦,悦授椿使持節、侍中、大將軍、領軍將軍、領左右、尚書左僕射、司空公,封靈丘郡開國公,邑萬户。"墓志中亦有"靈丘"這一地名,隋《張禮暨妻羅氏墓志》:"夫人靈丘人也,前東安郡守羅洪略女。"若作"靈北",則於史傳無徵。

二、【草/革】

《寇熾妻姜敬親墓志》:"忘身殉義,馬草言歸。"⑨

按:"草"是"革"的異體字。《隋代墓志銘匯考》釋作"草",誤。"革",《説文》:"獸皮治去其毛,革更之。象古文革之形。""革"上部的"廿"在形體演變中,較長的横畫從中間斷開,底部的横畫被省略,形似"艹"。下部的竪畫下移,不再貫穿中間的

---

① 王其禕、周曉薇:《隋代墓志銘匯考》第 1 册,綫裝書局,2007 年,第 69 頁。
② 王其禕、周曉薇:《隋代墓志銘匯考》第 2 册,綫裝書局,2007 年,第 213 頁。
③ 王其禕、周曉薇:《隋代墓志銘匯考》第 3 册,綫裝書局,2007 年,第 315 頁。
④ 王其禕、周曉薇:《隋代墓志銘匯考》第 2 册,第 15 頁。
⑤ 王其禕、周曉薇:《隋代墓志銘匯考》第 1 册,第 315 頁。
⑥ 王其禕、周曉薇:《隋代墓志銘匯考》第 1 册,第 11 頁。
⑦ 王其禕、周曉薇:《隋代墓志銘匯考》第 1 册,第 380 頁。
⑧ 王其禕、周曉薇:《隋代墓志銘匯考》第 1 册,第 370 頁。
⑨ 王其禕、周曉薇:《隋代墓志銘匯考》第 1 册,第 52 頁。

"口"。因此,"革"的字形也發生了相應的變化,比如"但恐陰陽改[草],氣序推遷,山逐風移,林從雨變"(《韵智孫墓志》),①"雖金[草]奪禮,而欒棘在容"(《楊紀暨妻韋氏墓志》),②"譽表緇衣,聲傳[革]履"(《楊素妻鄭祁耶墓志》)。③ 從"[草]"到"革",有以下兩種可能性:1. 隋代墓志文字多習慣在"口"增横筆。如"京",寫作"[京]"(《高潭墓志》),④"涼"寫作"[涼]"(《衛聞墓志》),⑤"哀"寫作"[哀]"(《皇甫忍墓志》);⑥2. 因"革"與"草"字形體相近,刻工書寫時誤將"革"認作"草",添上一横筆。上述兩種原因的可能性都很高,一時難以遽斷。

"馬革"即"馬革裹屍"之省,典出《後漢書·馬援傳》:"男兒要當死於邊野,以馬革裹屍還葬耳,何能臥床上在兒女子手中邪?"其後,多指英勇作戰、死於沙場,《南史》卷第五十五:"公則受命將發,邁疾,謂親人曰:'昔廉頗、馬援以年老見遺,猶自力請用。今國家不以吾朽懦,任以前驅,方於古人,見知重矣。雖臨塗疾苦,豈可僶俛辭事。馬革還葬,此吾志也。'"《北史》卷第七十八:"申其力用,符馬革之願,快生平之心,得丈夫之節矣。"《隋書》卷第六十三:"及北夷内侵,横戈制敵,輕生重義,馬革言旋。"《隋書》中的"輕生重義,馬革言旋"與《寇熾妻姜敬親墓志》"忘身殉義,馬革言歸",文辭、大意基本相同。若作"馬草",則不辭。

三、【[取]/取】

《孫高墓志》:"天生秀敏,見奇孩提之歲,[取]異繈褓之年。"⑦

按:"[取]",是"取"的異體字。《隋代墓志銘匯考》釋讀作"永",《新出魏晋南北朝墓志疏證》釋讀作"見",均誤。

"取"在隋代墓志中時常寫作下列形體,"[取]"(《王猛墓志》)、⑧"[取]"(《元范妻

---

① 王其禕、周曉薇:《隋代墓志銘匯考》第 2 册,第 158 頁。
② 王其禕、周曉薇:《隋代墓志銘匯考》第 3 册,第 106 頁。
③ 王其禕、周曉薇:《隋代墓志銘匯考》第 3 册,第 12 頁。
④ 王其禕、周曉薇:《隋代墓志銘匯考》第 1 册,第 6 頁。
⑤ 王其禕、周曉薇:《隋代墓志銘匯考》第 4 册,綫裝書局,2007 年,第 17 頁。
⑥ 王其禕、周曉薇:《隋代墓志銘匯考》第 1 册,第 357 頁。
⑦ 王其禕、周曉薇:《隋代墓志銘匯考》第 1 册,第 52 頁。
⑧ 王其禕、周曉薇:《隋代墓志銘匯考》第 2 册,第 46 頁。

鄭令妃墓志》)、"▨"(《王昞暨妻桑氏墓志》)。① 由是可知,隋代墓志中"取"之"又"旁的形體確乎形似"永"的右半部分。然而反觀"永"在墓志中的寫法,如"▨"(《侯明暨妻郭氏鄧氏墓志》)、②"▨"(《元仁宗墓志》)、③"▨"④(《趙世模墓志》)。很顯然,"永"字不論是何種字形,其點畫始終存在,且與其下橫折鉤判然分開,與"取"的字形明顯不同。我們再來看"見"在隋代墓志中的寫法。"見","▨"(《封祖業妻崔長暉墓志》)、⑤"▨"⑥(《趙世模墓志》),兩者的寫法更是相去甚遠。

自文意推斷,亦當作"取"。"見奇孩提之歲,取異繦褓之年",意爲"(孫高)在孩提之歲就令人稱奇,在繦褓之中便令人驚異"。隋代墓志中恰好亦有用例,《王昞暨妻桑氏墓志》:"取異日新,見奇月旦"。"取異"、"見奇"相對成文,可爲旁證。若釋作"永"或者"見",則與文意相悖。

四、【刀/刁】

《薛貴珍墓志》:"公刀斗不擊,燧象夜燃,所尚必摧,累獻愷捷。"⑦《郁久閭可婆頭墓志》:"不聞刀斗,長絶兵欄。如何大樹,獨有銘刊。"⑧

按:"刀",是"刁"的異體字。《西安新獲墓志集萃》、《隋代墓志銘匯考》均釋作"刀",誤。

其實,在隋代墓志文字中,"刁"有時會因爲筆畫的位移,而寫作"刀"形,與表示"刀劍"義的"刀"成爲同形字。從詞義的角度而言,"刁斗",是古時行軍的用具,白日可當鍋煮飯,晚間則用於巡視打更。《史記·李將軍傳》:"人人自便,不擊刁斗以自衛。"裴駰《集解》引孟康曰:"以銅作鐎器,受一斗,畫炊飯食,夜擊持行,名曰刁斗。"《薛貴珍墓志》、《郁久閭可婆頭墓志》的墓主生前皆是武臣,其生活皆與行軍打仗中的刁斗有關,因此,當作"刁斗",而非"刀斗"。

---

① 王其禕、周曉薇:《隋代墓志銘匯考》第4冊,第294頁。
② 王其禕、周曉薇:《隋代墓志銘匯考》第1冊,第234頁。
③ 王其禕、周曉薇:《隋代墓志銘匯考》第1冊,第375頁。
④ 王其禕、周曉薇:《隋代墓志銘匯考》第2冊,第25頁。
⑤ 王其禕、周曉薇:《隋代墓志銘匯考》第1冊,第273頁。
⑥ 王其禕、周曉薇:《隋代墓志銘匯考》第2冊,第25頁。
⑦ 西安市文物局、西安市文物稽查隊《西安新獲墓志集萃》,文物出版社,2016年,第23頁。
⑧ 王其禕、周曉薇:《隋代墓志銘匯考》第2冊,第63頁。

五、【父/文】

《來和墓志》:"紆金拖紫,史牒已傳;武德父昭,略而言矣。"①《牛方大墓志》:"公資善爲心,體和成性,父宗義府,標冠一時。"②

按:"父",是"文"的異體字。《隋代墓志銘匯考》釋作"父",誤。在隋代墓志文字的書寫中,"文"的點畫有時會向左移動,比如"貞石聊記,清徽父芳"(《宋文成墓志》),③"其人乃威神雄猛,性愛武父"(《□徹墓志》)。④ 漢字具有追求對稱性的特點,因此,"文"的點畫左移後,原本平直的橫畫開始向右傾斜,寫作"父"形。

同時,將"文"字代入具體文例中,也是完全可以説通的。《來和墓志》中的"武德文昭"是指來氏先祖文武德業俱全。而《牛方大墓志》中的"文宗"亦是墓志中之習語,指文章中的宗伯。《後漢書·裴駰傳》:"崔爲文宗,世禪雕龍。"《魏書·崔光傳》:"孝伯之才,浩浩如黄河東注,固今日之文宗也。"古文獻中多將"文"、"武"對舉,例多不煩舉。

六、【朋/鳳】

《楊德墓志》:"如何不淑,墜我鷟朋。"⑤

按:"朋",是"鳳"的異體字。《隋代墓志銘匯考》釋作"朋",誤。"朋",古代的貨幣單位,王國維《説珏朋》:"殷時玉與貝皆貨幣也……其用爲貨幣及服御者,皆小玉小貝,而有物焉以繫之。所繫之貝、玉,於玉則謂之珏,於貝則謂之朋。"《詩·小雅》:"錫我百朋。"《傳》云:"五貝爲朋。"其字形象繩索兩端串着的貝殼。前人誤以"朋"爲"鳳凰"之"鳳"的本字。段玉裁《説文解字注》:"鳳飛,羣鳥從以萬數,故以爲朋黨字。此説假借也。朋本神鳥,以爲朋黨字。"可見,段玉裁認爲,"朋"本指鳳凰,用作"朋黨"之"朋"爲假借。當"鳳"作爲本字流行之後,隋代墓志"朋"用作"鳳",實際上可以説是從古,也可以説是假借。

就詞義而言,"鷟鳳"常用以比喻賢俊之士。漢賈誼《楚辭·惜誓》:"獨不見夫鷟

---

① 王其禕、周曉薇:《隋代墓志銘匯考》第 1 册,第 294 頁。
② 王其禕、周曉薇:《隋代墓志銘匯考》第 5 册,綫裝書局,2007 年,第 381 頁。
③ 王其禕、周曉薇:《隋代墓志銘匯考》第 5 册,第 30 頁。
④ 王其禕、周曉薇:《隋代墓志銘匯考》第 5 册,第 269 頁。
⑤ 王其禕、周曉薇:《隋代墓志銘匯考》第 3 册,第 335 頁。

鳳之高翔兮,乃集大皇之野。"王逸注:"以言賢者亦宜處山澤之中,周流觀望,見高明之君,乃當仕也。""鳳"亦可指稱賢士,古有"三鳳"之説,《舊唐書·薛元敬傳》載,薛元敬有文學,少與薛收及其族兄德音齊名,時人謂之"河東三鳳"。復有"二鳳"之説,晉常璩《華陽國志》:"(杜)軫二子:長子毗,字長基;少子秀,字彦穎。珪璋琬琰,世號二鳳。"反觀《楊德墓志》中的"如何不淑,墜我鷟朋",便是説蒼天不善,令如此賢俊之士死去。若作"鷟朋",則意義不明。

七、【𣲙/水】

《郭達暨妻侯氏墓志》:"祖景,慈州臨𣲙縣令。"①

按:"𣲙",是"水"的異體字。《隋代墓志銘匯考》釋作"川",誤。"𣲙"這一字形是始見於甲骨文,如"𣱵"(前4.13.5·一期)、②"𣱶"③(粹148·三期),象水光摇曳粼粼之形,金文寫作"𣱵"(西周早期·沈子它簋),④戰國文字寫作"𣱶"(戰國·陶五249),⑤小篆則寫作"𣱵"。⑥ 秦漢隸書中也存在這種字形,如"𣱵"(《睡虎地秦簡》二五·四六)、⑦"𣱶"(《占地圖》)、⑧"川"⑨(《相馬經·一六上》)。隋代墓志中亦有例證,如"𣱵"(《張景略墓志》)、⑩"𣱶"⑪(《張囗妻蘇恒墓志》)。由此可知,"𣲙"亦是如此,中間一筆象徵水流,兩側斷開的兩筆象徵水光摇曳之姿。

我們再看"川"的形體。"川",甲骨文寫作"𠃉"(一期·合20319),⑫金文寫作"𑀦"(西周中期·衛鼎),⑬戰國文字寫作"𑀦"(戰國·貨系053),⑭小篆寫作"𑀦"。⑮

---

① 王其褘、周曉薇:《隋代墓志銘匯考》第4册,第196頁。
② 高明、涂白奎:《古文字類編》(增訂本),第628頁。
③ 高明、涂白奎:《古文字類編》(增訂本),第628頁。
④ 高明、涂白奎:《古文字類編》(增訂本),第628頁。
⑤ 高明、涂白奎:《古文字類編》(增訂本),第628頁。
⑥ 高明、涂白奎:《古文字類編》(增訂本),第628頁。
⑦ 漢語大詞典字形組編:《秦漢魏晉篆隸字形表》,第819頁。
⑧ 漢語大詞典字形組編:《秦漢魏晉篆隸字形表》,第819頁。
⑨ 漢語大詞典字形組編:《秦漢魏晉篆隸字形表》,第819頁。
⑩ 王其褘、周曉薇:《隋代墓志銘匯考》第1册,第380頁。
⑪ 王其褘、周曉薇:《隋代墓志銘匯考》第4册,第298頁。
⑫ 高明、涂白奎:《古文字類編》(增訂本),第381頁。
⑬ 高明、涂白奎:《古文字類編》(增訂本),第381頁。
⑭ 高明、涂白奎:《古文字類編》(增訂本),第381頁。
⑮ 高明、涂白奎:《古文字類編》(增訂本),第381頁。

"川"的本義是"貫穿通流水",字形左右兩側象涯岸,中間的筆畫象水流。因此,我們可以看見,無論"川"的形體如何變化,其兩側的筆畫始終不曾斷開。即便在秦漢隸書中亦是如此,比如"𛰋"(漢·《孫臏》一〇九)、"𛰋"(漢印徵)、"川"(《熹平石經·易·益》)。

更爲有力的證明是,魏晉至隋代并無"臨川縣"的地名,而獨有臨水縣,而"慈州"與"臨水縣"恰恰相鄰。《隋書》卷三十"魏"郡條下:"滏陽:後周置。開皇十年置慈州,大業初州廢。臨水:有慈石山、鼓山、滏山。"《舊唐書》卷三十九:"磁州,隋魏郡之滏陽縣。武德元年,置磁州,領滏陽、臨水、成安三縣。"由是可知,慈州在隋文帝時短暫設置之後,旋即被隋煬帝廢棄。直至唐代初年,方才重新設立。然而,隋代的慈州下轄幾縣,由於史料的匱乏,而始終付之闕如,這條記載恰好爲研究隋代行政地理區劃填補了空白。

《增廣鐘鼎篆韻》、《集鐘鼎古文韻選》與夏竦之書相關的字形來源討論

劉建民

(山西大學文學院)

近幾十年,隨着大批戰國竹簡的出土與公布,傳抄古文的價值也日益明顯。尤其是在出土古文字考釋方面,傳抄古文爲之提供了不少綫索,其重要性已爲學界熟知。從宋代開始,傳抄古文的流傳,主要依靠字書、韻書。北宋初年郭忠恕的《汗簡》和仁宗慶曆四年(1044)夏竦的《古文四聲韻》是兩部專門收録古文的集大成之作。《汗簡》現存最早的本子是國家圖書館藏明末清初馮舒鈔本,國家圖書館另藏有海源閣舊藏鈔本,爲馮舒鈔本的過録本。《汗簡》最早的刻本是康熙四十二年(1703)汪立名刻本,此本與馮舒鈔本同源。在《汗簡》基礎上編纂而成的《古文四聲韻》,目前還有部分宋刻本存世。國家圖書館所藏題爲《新集古文四聲韻》的宋刻配鈔本(下文引到此本時,如無必要使用全稱,直接簡稱爲《四》),其中鈔配的部分占一半略多。國家圖書館還藏有題爲《集古文韻》"上聲卷第三"的殘卷一册(下文簡稱爲《三》),這個本子雖然與《四》有較大差異,但學術界一般認爲此殘卷亦是夏竦之書,爲宋紹興十五年(1145)齊安郡學刊刻、開禧年間付印的本子。[①]《三》現在僅存上聲卷三,而且已不完整,缺去了"姥"、"薺"、"蟹"、"駭"四韻(共一頁半)。《三》這個殘卷準確性雖不如《四》,但在字形或是所標來源等方面都有能補正《四》的地方。多位學者已指出《三》對於研究傳抄古文,或是專門研究夏竦之書都頗具價值。[②]

[①] 亦有學者認識二者并非一書,見周祖謨《〈新集古文四聲韻〉與〈集古文韻〉辨異》,《古籍整理研究學刊》1991年第1期。收入《周祖謨語言學論文集》,商務印書館,2001年,第345—349頁。

[②] 李零:《汗簡 古文四聲韻》出版後記,中華書局,1983年,第165—166頁;王丹:《〈汗簡〉〈古文四聲韻〉新證》,北京師範大學博士學位論文,2009年;李春桃:《傳抄古文綜合研究》,吉林大學博士學位論文,2012年。

《四》、《三》雖是重要的古文字書,但《四》有一半以上是清人配鈔,《三》也僅存一卷殘本,甚爲可惜。我們知道,歷代字書多是承襲或是改編前人著作而成,尤其是收錄古文的字書,在"原始資料"流傳不廣、收集不易的時代,對前代著作的繼承性是非常強的。在《四》和《三》之後出現的字書中,是不是還保存着它們的部分内容呢? 爲此我們有必要考察下《四》、《三》在宋以來各種收錄古文的字書中的踪迹,這對於古文流傳的研究也是有價值的。收錄較多古文的字書,現存的主要有以下幾種:《集篆古文韻海》、《增廣鐘鼎篆韻》、《六書統》、《金石遺文》、《摭古遺文》及其《補遺》、《集鐘鼎古文韻選》、《大明同文集舉要》、《六書索隱》、《篆韻》、《六書通》、《六書通摭遺》、《廣金石韻府》、《六書分類》、《篆文纂要全宗》等。上列字書收錄古文字形時,有些基本上不標來源,如《金石遺文》、《篆韻》等;有些僅有個别字形標有來源,如《大明同文集舉要》、《六書索隱》等。這兩類字書所收字形,雖然大都亦是從前代字書中録來,但其具體來源考察起來比較困難,有些雖然也可以大概推知它們的來源,但終究不能確定。《增廣鐘鼎篆韻》、《集鐘鼎古文韻選》、《六書通》這三種字書中有一些字形與《四》、《三》中的字形相關,而且基本上每個字形都標有出處,其來源考察起來較爲容易。本文打算對《增廣鐘鼎篆韻》(下文如無必要則使用簡稱《增》)、《集鐘鼎古文韻選》(下文如無必要則使用簡稱《選》)這兩部字書中與夏竦之書相關的古文的來源進行分析(對《六書通》的考察詳另文),看看是否能分清是出自《四》還是《三》,抑或另有其他來源。

本文的研究方法,首先是分析《四》與《三》之間的差異,然後選取《四》與《三》兩個本子存在差異的内容,再將《增》、《選》中的相關資料與其對照,看究竟是與《四》相合還是與《三》相合。① 其中有一些相關内容,與二者都不相合,則就存在多種可能性,比如說有訛誤的情况,或者可能有其他現在無從考索的來源,與《四》、《三》都無關。

一、《增廣鐘鼎篆韻》

《增廣鐘鼎篆韻》七卷,爲元代楊鈎所編。此書主體部分是宋代王楚的《鐘鼎篆韻》及薛尚功《重廣鐘鼎篆韻》。楊鈎在這兩書的基礎上,又有所增補。所增補的内容

---

① 《增》、《選》中相關的内容,理論上還應該與《汗簡》中相關的字形進行對照。由於《汗簡》自宋初成書,到明末都未曾刊刻,僅有極少鈔本流傳,《增》、《選》直接參考此書的可能性較小,而且本文在討論中涉及《汗簡》的字形較少,并不影響本文的結論,所以將此問題簡單化,不再專門與《汗簡》相關字形對照。

主要來自夏竦之書及黨懷英的《鐘鼎集韻》。本文着重考察楊鈞增補内容中與夏竦之書有關的古文，共收集到了 29 例《四》、《三》所收有差異且《增》中亦有的内容（見下表）。

序號	字頭	《四》	《三》	《增》
01	動	陰符經	陰符經	陰符
02	奉	古老子	（無相應之形）	老
03	豕	汗簡	汗簡	汗
04	里	古老子	古老子	老
05	尾	汗簡	雜古文	汗
06	鬼	古孝經	同上（古老子）	孝
07	閔	古史記	古史記	史記
08	蠢	古尚書	古尚書	尚
09	粉	古尚書	古尚書	尚
10	產	華嶽碑	華嶽碑	華嶽
11	辨	李商隱字略	李商隱字略	商隱
12	禍	古孝經 古老子	古老子	孝 老
13	兩	古老子	古老子	老
14	上	古老子	古孝經	老
15	境	雲臺碑	雲臺碑	雲臺
16	鑛（礦）	唐韻	雜古文	唐韻
17	嶺	崔希裕纂古	略古	崔
18	朽	王存乂切韻	（無相應之形）	王存乂

(續表)

序號	字頭	《四》	《三》	《增》
19	厚	古孝經	古老子	孝
20	枕	雲臺碑	義雲文	雲臺
21	沈	義雲章 / 雲臺碑	義雲章 / 義雲文	義雲 / 雲臺
22	此	汗簡	（無相應之形）	（脱來源）
23	耻	義雲章	義雲章	義雲
24	衰	雲臺碑	雲臺碑	雲臺
25	宇	雲臺碑	雲臺碑	雲臺
26	履	朱育集字	朱育集字	朱
27	繭	（無相應之形）	説文	古
28	寢	説文 同上 / 崔希裕	古文	史 説文
29	黍	汗簡	汗簡	汗

《四》與《三》有差異的 29 組例子中，《增》與《四》完全相合的有 21 例（前 21 組），另外還有 1 例（第 22 組）：紙韻"此"字下《四》收有汗簡，《三》未收此形，而《增》收有此形却漏標來源，字形作，此例似乎亦應看作《增》與《四》相合的情況。

《增》與《三》相合或是相近的，只有 3 例（第 23—25 組）。

《增》與二者都不合的有 4 例（第 26—29 組）。這四例《增》可能有其他來源，也可能是在傳抄過程中有所訛誤。

考慮到《增》在傳抄過程中點畫訛誤等其他因素，《增》與《四》原本相合的情況或許要更多些。不管怎樣，從相合的 22 組來推斷，楊鉤在增廣《鐘鼎篆韻》時所依據的夏竦之書，其版本應該與《四》較爲接近。現在通行的《四》有一半爲清人配鈔，這部分存在錯訛之處是不可避免的。既然《增》在收錄字形時曾參考過與《四》相近的版本，那麽《增》中的相關字形，對於古文或是夏竦之書的研究，還是有一定參考價值的。

二、《集鐘鼎古文韻選》

《集鐘鼎古文韻選》五卷，爲明代僧人釋道泰所編。此書現存重要的本子有兩個：一是大連圖書館所藏明鈔本，① 二是國家圖書館所藏鈔本。② 黃虞稷《千頃堂書目》録有此書。《四庫全書總目提要》謂此書"所收頗雜"，"殊乖條貫"，"傳寫失真者多矣"。從整體印象來看，《四庫全書總目提要》對此書的評價是比較公允的。但是，若將此書古文逐個考察，仍可發現不少有價值的地方。

本文共收集到《四》、《三》有差異且《選》同時也有的内容共 89 例（見下表）。

序號	字頭	《四》	《三》	《選》
01	動	陰符經	陰符經	陰符經
02	奉	華嶽碑	華嶽碑	華嶽碑
03	勇	馬日碑集群書古文 籀韻	馬日集 籀韻	巳〈馬〉日集 籀韻
04	踊	古孝經	古孝經	古孝經
05	涌	庚儼演説文	庚儼字書	庚儼字書
06	巩	籀韻	籀韻	籀韻
07	是	同上（雲臺碑）	天台經幢	天台經幢
08	彼	（無相應字形）	同上（古老子）	古老子
09	累	（無天台經幢字形） 籀韻	天台經幢 籀韻	天台經幢 籀韻
10	鞠	彌勒篆銘	彌勒傳碑	彌勒傳碑
11	豕	汗簡	汗簡	汗簡
12	跂	并説文	古文	古文（僅一形）

---

① 此書收入《四庫存目叢書》經部第 197 册，齊魯書社，1995 年。
② 《北京圖書館古籍珍本叢刊》第 5 册，書目文獻出版社，2000 年，第 688—745 頁。

(續表)

序號	字頭	《四》	《三》	《選》
13	以	漢書	古漢書	古漢書
14	里	古老子	古老子	古老子
15	理	古老子	古老子	古老子
16	起	籀韻	籀韻	籀韻
17	子	（無相應字形）	古老子	古老子
18	梓	古尚書亦作"李"字；崔希裕篆古亦作"李"字	古尚書崔希裕又作"李"	古尚書崔希裕又作"李"字
19	恥	義雲章	義雲章	義雲章
20	尾	汗簡	雜古文	雜古文
21	豈	汗簡	汗簡	汗簡
22	呂	古孝經；雲臺碑	古孝經；雲臺碑	古孝經；雲臺碑
23	女	古孝經	古孝經	古孝經
24	宇	雲臺碑	雲臺碑	雲臺碑
25	俯	古史記	古漢書	古漢書
26	蠱	古尚書	古尚書	古尚書
27	盾	汗簡	汗簡	汗簡
28	粉	古尚書	古尚書	古尚書
29	謹	雲臺碑	義雲章	義雲章
30	堇	説文	雜古文	雜古文
31	宛	碧落文	碧落文	碧落文
32	混	古老子	古老子	古老子

(續表)

序號	字頭	《四》	《三》	《選》
33	損	併同上（古老子）	古老子	古老子
34	遜	籀韻	籀韻	籀韻
35	衮	雲臺碑	雲臺碑	雲臺碑
36	短	同上（義雲章）	同上（籀韻）	籀韻
37	版	（無相應字形）	雲臺碑	雲臺碑
38	產	華嶽碑	華嶽碑	華嶽碑
39	善	籀韻 義雲章	義雲章	義雲章
40	件	崔希裕纂古	説文	説文
41	免	古老子	古老子	古老子
42	窈	古老子	古老子	古老子
43	卯	崔希裕纂古	崔希裕略古	崔希裕略古
44	道	古老子	同上（古老子）	古老子
45	澡	義雲章	群書古文	群書古文
46	槀	義雲章	義雲章	義雲章
47	腦	（無相應字形）	古周易	古周易
48	禍	古孝經	古老子	古老子
49	下	石經	籀韻	籀韻
50	寡	同上（古老子）	同上（古老子）	古老子
51	憺（惔）	古老子	雜古文	雜古文
52	兩	古老子	古老子	古老子
53	掌	唐韻	説文	説文
54	嚮	古尚書	雜古文	雜古文

（續表）

序號	字頭	《四》	《三》	《選》
55	岡	华嶽碑 汗簡	华嶽碑 汗簡	华嶽碑 汗簡
56	上	古老子	古孝經	古孝經
57	黨	籀韻	古論語	籀韻
58	盎	王存乂切韻	王存乂切韻	存乂切韻
59	晃	古尚書	古尚書	古尚書
60	緶	古史記	古史記	古史記
61	境	雲臺碑	雲臺碑	雲臺碑
62	省	王庶子碑	衛宏字説	衛宏字説
63	杏	義雲章	義雲章	義雲章
64	鑛（礦）	唐韻	雜古文	雜古文
65	嶺	崔希裕纂古	略古	略古
66	鼎	汗簡	汗簡	汗簡
67	首	汗簡	汗簡	汗簡
68	守	华嶽碑	华嶽碑	华嶽碑
69	母	古孝經	古孝經	古孝經
70	偶	籀韻	籀文	籀文
71	廩	汗簡	古文	古文
72	染	籀韻	籀文	籀文
73	肯	古尚書	古尚書	古尚書
74	蟒	古爾雅	古爾雅	古爾雅
75	聳	南嶽碑	雜古文	古文
76	紙	（無相應字形）	群書古文	群書古文

（續表）

序號	字頭	《四》	《三》	《選》
77	比	（無相應字形）	![字形] 説文	![字形] 古文
78	繭	（無相應字形）	![字形] 説文	![字形] 古文
79	史	![字形] 汗簡	![字形] 汗簡	![字形] 汗簡
80	聚	![字形] 同上（古老子）	![字形] 群書古文	![字形] 古老子
81	左	![字形] 比干墓銘	![字形] 比之古文	![字形] 比干墓銘
82	閃	![字形] 籀韻	![字形] 古文	![字形] 籀韻
83	湛	![字形] 古老子	![字形] 古老子	![字形] 古老子
84	范（笵）	![字形] 演説文	（無相應字形）	![字形] 演説文
85	枕	![字形] 雲臺碑《增》作：![字形] 雲臺	![字形] 義雲文	![字形] 雲臺碑
86	履	![字形] 朱育集字	![字形] 朱育集字	![字形] 古文
87	朕	![字形] 籀韻	![字形] 古文	![字形] 籀韻
88	序	![字形] 雲臺碑	![字形] 雲臺碑	![字形] 雲臺碑
89	偃	![字形] 古老子	![字形] （脱來源）	![字形] 古文

上表的 89 組例證中，有 74 組是《選》與《三》完全相合（前 74 例），另外還有 5 組是《選》與《三》比較接近而與《四》差異較大（第 75—79 例）。《選》與《四》相合的僅有 6 組（第 80—85 例），與二者都不合的僅有 4 組（第 86—89 例）。

這說明《選》在編纂過程中，參考的夏書的主要版本應該與《三》相同或相近。至於《選》參考過《四》的可能性亦不能完全排除，但可以肯定的是，即使《選》參考了《四》（或與之相似的版本），①從中所取的材料應該比較少。

《三》目前只存一册卷三殘卷，而《選》在編纂之時，既然參考過與《三》相同或相近的版本，那麼《選》其他幾卷的相關内容就有其參考價值，下面略舉幾個例子。字形

---

① 表 2 中的第 85 例，是《選》與《四》相合。此條的内容《增》與《四》亦合，則《選》此處亦可能是參考了《增》。

方面,尤韻"收"字下《四》有 ![字形], 右側偏旁訛邊較甚, 已不大容易看出是"丩"旁, 而《選》作 ![字形], 字形無訛變。效韻"窖"字下《四》有 ![字形], "宀"旁與"告"字粘連, 訛變較嚴重, 而《選》則作 ![字形], 字形結構清晰明瞭。徑韻"徑"字下《四》有 ![字形], "巠"旁有所訛誤變, 而《選》則作 ![字形], 字形訛變較小。其他方面, 如震韻《四》有隸定古文 ![字形], 其上脫失字頭(即釋文),《選》則有字頭"胤", 不脫; 又如宕韻之"宕",《四》誤作"岩",《選》則不誤。鑒於《四》有一半以上都是清代鈔本,《三》也只有一個卷三殘卷,《選》的參考價值仍不可忽視。

釋 "四"

劉洪濤

（江蘇師範大學語言科學與藝術學院、語言能力協同創新中心）

甲骨金文有一個字，作下引之形：

甲骨文：㭰《合集》2354 白　　㭰《合集》3449
金文 a：㮍《集成》1225　　㮍《集成》5386
金文 b：㮍《集成》1226　　㮍《近出》736
金文 c：㮍《集成》10321　　㮍《集成》10811
金文 d：㮍《近出》639

下文用△來代表這個字。△過去主要有"臬"、"皋"、"泉"、"梟"、"鼻"、"息"等多種釋法，[1]現在學術界一般都從釋"息"之説，[2]也有學者認爲字不可識而缺釋。[3]

釋"皋"、"泉"、"梟"等説法顯然是不可信的，無需辯駁。釋"鼻"之説的錯誤在於，一方面甲骨文已有從"自"、"畀"聲之"鼻"字，見於《合集》8189 等；另一方面也無法解釋"自"下之幾筆的含義，把它看作是區別符號以區別"自"字顯然是不合適的。釋"息"之説在字形上跟△最爲接近，本是一種較優的説法。但是已有學者指出，其所

---

* 本文爲教育部人文社會科學研究青年基金項目"出土先秦古書與《禮記》形成研究"（項目編號：13YJC770029）階段性成果之一。

[1] 參看李伯謙、鄭傑祥《後李商代墓葬族屬試析》，《中原文物》1981 年第 4 期，第 224 頁。

[2] 陳漢平：《金文編訂補》，中國社會科學出版社，1993 年，第 197 頁；張亞初：《殷周金文集成引得》，中華書局，2001 年，第 524 頁；黃德寬主編：《古文字譜系疏證》，商務印書館，2009 年，第 3129 頁；劉釗、洪颺、張新俊：《新甲骨文編》，福建人民出版社，2009 年，第 589 頁；董蓮池：《新金文編》，作家出版社，2011 年，第 1482—1483 頁。

[3] 容庚：《金文編》，中華書局，1985 年，第 1198 頁；李宗焜：《甲骨文字編》，中華書局，2012 年，第 230 頁。

从之"自"是"目"之訛,其字實爲"罒"之訛體,①則其字與△也没有關係。只有把此字釋爲"息",認爲其字象從鼻中出氣息之形,是氣息之"息"的表意初文,在字形上的解釋比較完滿。這大概是學者普遍相信此説的主要原因。但是古文字中確定無疑的"息"字都與小篆寫法相同,如《集成》9735 中山王方壺"息"字、《集成》10330 郎子行盆"鄎"字等。二者形體差别較大,恐怕難以建立直接的聯繫。主張把△釋爲"息"之初文的學者,恐怕也是認識到這一點,因而才認爲由"息"字初文變作"息"是文字的聲化,即用一個從"自"、"心"聲的形聲字"息"替代了原有的"息"字表意初文。這種看法是不正確的。其實"息"并不是形聲字,根據《説文》,它也是一個表意字,從"心"、從"自"會意。《説文》説"自"旁兼作聲符,是不正確的,二字韻母并不近。在古人心目中,心是一個多功能的器官,不但掌控思維,還掌控呼吸,例如"懾"、"悶"等字即以"心"爲意符。心和鼻分别是呼吸的起點和終點,"息"字以這兩個器官會意,是再合適不過了。"息"字本身是一個表意字,正説明△很可能并不是"息"字初文。

我們認爲△應釋爲"四"。下面從文字構造、字形演變和讀音三個方面來論證。

首先,從文字構造來看,甲骨金文△與"四"字造字取象相同,很可能是同一個字的異體。《説文·四部》:"四,陰數也。象四分之形。兕,古文四。亖,籀文四。"根據現有的古文字學知識,"亖"與"四"本是不同的字:前者作四横,是數字"四"的本字;後者與古文"兕"是同一個字,它表示數字"四",是假借用法,《説文》誤合爲一。丁山認爲"四"爲"呬"之本字。《説文·口部》:"呬,東夷謂息爲呬。"②馬敘倫引曹籀説認爲是"泗"之本字。《詩·陳風·澤陂》"寤寐無爲,涕泗滂沱",毛傳:"自目曰涕,自鼻曰泗。"③這兩種觀點有相通之處,即都認爲"四"象鼻中有物流出之形。不同之處在於,丁山認爲流出的是氣息,因而認爲是"呬"的本字;曹籀、馬敘倫認爲流出的是鼻涕,因而認爲是"泗"的本字。甲骨金文△也象鼻中有物流出之形,如果流出的是鼻涕,則應釋爲"四(泗)";如果流出的是氣息,則應釋爲"四(呬)"。古文字"罒"作下引之形:

罒《合集》20074   罒《集成》4241

陳斯鵬先生認爲象目中有淚流出之形,是哭泣之"泣"的本字。④ 其説可從。"罒"字

---

① 郭沫若:《臣辰盉銘考釋》,《金文叢考》,人民出版社,1954年,第338—339頁。
② 丁山:《數名古誼》,《中研院歷史語言研究所集刊》第1本第1分,1928年,第90—91頁。
③ 馬敘倫:《説文解字六書疏證》卷二十八,上海書店,1985年,第31頁。
④ 陳斯鵬:《"罒"爲"泣"之初文説》,《古文字研究》第25輯,中華書局,2004年,第256—261頁。

的造字意圖跟甲骨金文"四"字相同。前引把甲骨金文"四"釋爲"眔（罧）"的説法，雖然是不正確的，但是已看出二字的造字意圖相同，還是值得稱道的。根據"眔"象目中有淚流出之形，則甲骨金文"四"很可能象鼻中有涕流出之形。也就是説，這個字應釋爲"四（泗）"的可能性更大一些。

其次，從字形演變來看，甲骨金文△同"四"字也能建立直接的形體聯繫，"四"是甲骨金文△的省變。我們先從古文字"自"的形體變化説起。古文字"自"一般作下引之形：

      《合集》32348　　《合集》19820

由上邊的∧形筆畫、中間的兩橫畫和兩側的兩曲筆三部分組成。兩側的兩曲筆很早就連作一筆作 U 形筆畫。例如：

      《集成》6016　　《集成》10176

上引△金文 c 類寫法所從之"自"與此相近。

"自"字上側的∧形筆畫或上移，與其下的 U 形筆畫的最上部相搭，進而連作一筆。例如：

      郭店《老子》甲 19　　郭店《老子》甲 23　　《集成》4609.1

前二字形只∧形筆畫的右邊與 U 形筆畫相連，後一字形則兩邊都相連。隸書寫法之"自"就是在這種形體基礎上形成的。上引△金文 d 類寫法所從之"自"與此相近，而 b 類寫法則只上部的筆畫相搭或相連，但下部尚未連作一筆。在後一字形的基礎上，如果∧形筆畫本身也連作一筆，就會變作"目"字形或"日"字形。例如：

      《秦印文字彙編》74"鼻"所從
      《璽彙》3479"儠"所從①

古文字"目"或作下引之形：

      上博《性情論》36　　上博《民之父母》6

把本作封閉性的圓弧筆畫寫斷開，變得跟"自"字形近。可見至少在戰國時期，"白"、

---

① 以上參看劉洪濤《古璽文字考釋四篇》，《中國文字研究》第 18 輯，上海書店出版社，2013 年，第 88—89 頁。

"目"二字的字形就已經開始訛混了。

古文字中確定無疑的"四"字最繁複的寫法作下引之形:

Ⅰ類: 〖圖〗《集成》2609 大梁鼎　　〖圖〗郭店《六德》3
　　　〖圖〗《集成》225 邵鐘

可以拆分爲兩個部分:一部分作"目"字形或"日"字形,對照上引"自"字的形體變化,可知是△所從"自"旁的變體。馬敘倫曰:"邵鐘'四'字作〖圖〗,其〖圖〗形與更中之〖圖〗(引按:馬氏以此爲作'白'之'自')正同。而大梁鼎'四'字作〖圖〗,從'自',亦甚明也。古文經傳中'四'字作〖圖〗,從〖圖〗,亦即'白'也。見甲文,更可證也。"①其論證雖不嚴密,但已看出所謂"目"和"日"是"自"和"白"之變。一部分作"八"字形,與△下部的筆畫相合,只是位置有所不同。這是"四"字形體演變中常見的筆畫收縮現象,詳下。由此可見,Ⅰ類寫法的"四"字跟△確是一字之異體。

早期古文字"自"又有一種比較常見的寫法,作下揭之形:

〖圖〗《合集》29116　　〖圖〗《合集》28581

是把上邊的∧形筆畫同兩側曲筆的下部連寫在一起,把中間的兩橫畫(已省作一橫)同兩側曲筆的上部連寫在一起,作V形筆畫。V形筆畫也可能只是兩側曲筆上部的連寫,中間的兩橫畫早已省掉了。如果甲骨金文△從這種寫法的"自"字,其進一步的字形演變很可能是"自"旁上部的V形筆畫跟"八"字形筆畫連寫在一起,作下引之形:

〖圖〗　〖圖〗　〖圖〗

第一種寫法是未省掉中間兩橫畫的寫法,第二種寫法是省掉中間兩橫畫的寫法,最後一種寫法是把"自"旁下邊的筆畫也連寫在一起的寫法。這三種字形均未見於已經發現的古文字資料,是我們根據古文字的連寫筆畫特點以及上引"自"字的形體變化構擬的。古文字"四"或作下引之形:

Ⅱ類: 〖圖〗包山楚簡259　　〖圖〗九店楚簡56—31

同我們所構擬的最後一種寫法十分接近。《説文》古文"四"字作下揭之形:

Ⅲ類: 〖圖〗《説文》古文

---

① 馬敘倫:《説文解字六書疏證》卷二十八,第31頁。

則同我們所構擬的第二種寫法十分接近,只是所從"八"字形上部筆畫已收縮到另一構件"自"的內部。如果把Ⅱ類寫法的"自"旁下邊筆畫連寫和Ⅲ類寫法的"八"字形筆畫向下收縮兩個特點結合在一起,就會形成Ⅳ類寫法。例如:

   Ⅳ類:🈺上博《容成氏》7 🈺包山楚簡266

在Ⅳ類寫法基礎之上,再把"八"字形下邊的筆畫也收縮到另一構件"自"之中,就會形成Ⅴ類寫法。例如:

   Ⅴ類:🈺曾侯乙簡32 🈺上博《孔子詩論》20

Ⅰ類寫法的形成與Ⅴ類寫法相似,只是所從"自"旁的兩橫畫一直没有省掉,或只省掉一橫畫而已。

  古文字"四"又有下列之比較特殊的寫法:

   🈺《貨系》3079 🈺《貨系》3420

前一字形上部作"厶"字形,是作"目"字形或"日"字形的"自"字的進一步省變,下部是甲骨金文△所從"八"字形之變。這種寫法還保留△的兩個偏旁的相對位置,相對原始一點。後一字形之"八"字形筆畫已經開始上移,進入"厶"字形之內。上引"四"的Ⅳ類、Ⅴ類寫法中,可能有一部分是從這種寫法變過來的。

  在上述寫法的基礎之上,把所從的"八"字形也省掉,就會變作"厶"字。上古音"四"屬心母質部,"厶"屬心母脂部,①二字聲母相同,韻部是嚴格的陰入對轉關係,古音極近。"厶"應該是"四"的簡省分化字。②何琳儀先生根據古幣文"厶"或用作"四",認爲"厶"、"四"古本一字,這是非常有見地的看法。但是他認爲"四"是"厶"的分化字,"四"所從之兩橫畫和"八"字形都是羨筆,③則是不正確的。現在知道"四"字在商代即已出現,而"厶"字則很可能到東周時期才產生,則"厶"應是"四"的分化字,而不是相反,是無可疑的。

  最後,從異文和讀音來看,甲骨金文△也應該釋爲"四"。傳抄古文"悉"字主要有下揭三種寫法:

---

① 本文所論的漢字上古音,根據陳復華、何九盈《古韻通曉》,中國社會科學出版社,1987年。
② 關於簡省分化字,看劉釗《古文字構形學》,福建人民出版社,2006年,第118—123頁。
③ 何琳儀:《釋四》,《文物春秋》1993年第4期,第39—40頁;收入氏著《古幣叢考》,安徽大學出版社,2002年,第24—29頁。此條資料蒙蘇建洲先生提示,謹志謝忱!

🉂《說文》卷二采部古文
🉂《古文四聲韻》卷五質韻引《古尚書》
🉂《汗簡》卷中之二心部引《尚書》

王筠認爲从"囧"、从"心"會意,"囧,明也,明於心也",是"悉"字異體。① 也有人認爲从"心"、从"目"會意,"目見而心知",該字爲"悉"字異體。② 如果實際情況是這樣,那麼"悉"字的這兩個異體就都是會意字,且都从"心",顯得有些怪異,不大符合常見的一個爲會意字一個爲形聲字的異體字構造常例。所以,祝鴻熹、黃金貴先生認爲其字所從"自"字的訛變,其字是一個从"心"、"自"聲的形聲字。③ 其說很有啓發性。不過其字所從的筆畫要比"自"字複雜一些,我們認爲更有可能是"四"。《汗簡》、《古文字四聲韻》之字跟Ⅰ類寫法之"四"字形近,可以爲證,《說文》之字則跟甲骨金文之△在形體上有很多相近之處,可見△確實可能是"四"字。再從讀音來看,上古音"悉"屬心母質部,"四"屬心母脂部,二字聲母相同,韻部是嚴格的陰入對轉關係,古音極近,可證"悉"字古文應該是一個从"心"、"四"聲的形聲字,其字所從確實是"四"。

甲骨金文"四"字一般都用作人名、族氏名或國族名,只有二例用作普通名詞,下面分别討論之。

(1) 戊申,婦四示二屯,侃。(《合集》2354 臼)

此例"四"用作人名。《合集》2737 臼作"姒",大概是同一個人。因爲是女子之名,故字又從"女"。舊說把"四"同下引表示國族名之"四"聯繫起來,認爲女子是從四國而來,故名爲"婦四"。這種看法有一定的道理,不過也不能排除"四"只是女子私名的可能。④

(2) 四。(《集成》1225—1227、10723—10724,《近出》174—175、784—786 等)

(3) 四父乙。(《集成》1535、《近出》742)

(4) 四父辛。(《近出》235)

(5) 四,己。(《近出》822)

---

① 王筠:《說文釋例》,武漢市古籍書店,1983 年,第 219 頁。
② 參張富海《漢人所謂古文之研究》,綫裝書局,2007 年,第 36—37 頁。
③ 祝鴻熹、黃金貴:《〈說文〉所稱"古文"中的假借字》,《語言研究》1982 年第 2 期;收入《祝鴻熹漢語論集》,中華書局,2003 年,第 28—29 頁。
④ 參看趙鵬《殷墟甲骨文人名與斷代的初步研究》,綫裝書局,2007 年,第 107—117 頁。

(6) 四,庚。(《近出》823)

(7) 四,乙。(《近出》808)

(8) 乙,四。(《集成》6824、《近出》737)

(9) 辛,四。(《近出》824—825)

(10) 四母。(《近出》736)

(11) 四父丁。(《集成》1598)

(12) 己父,四。(《安陽殷墟青銅器》82—83)

此十一例"四"都用作族氏名。例(2)至例(10)之器都出土於河南羅山縣蟒張鄉之商代墓葬,可知是同一族氏。河南羅山縣地近古息國,這是研究者把"四"釋爲"息"的一個重要原因。但是一方面上述之"四"只是族氏名,而非國族名,這個氏族可能只是所在國的一個貴族,未必一定與國君同族。另一方面從商代到春秋方國地理可能會有變遷,春秋時的息國所在地未必就是商代的息國所在地。而且出土文獻跟傳世文獻的用字習慣有時候會存在不同,息國之"息"在出土文獻中未必就寫作"息"。例如《集成》10276 塞公孫㞡父匜之"塞",于豪亮先生認爲即用作"息",指息國。① 按清華大學藏戰國竹簡《繫年》23 號息侯之"息"作"賽",可證于先生之說是正確的。蘇建洲先生還指出,《商周青銅器銘文暨圖像集成》16696 號著錄的塞公屈頾戈是一春秋中期楚戈,屈頾是塞縣的縣公,此"塞"也應讀爲申息之"息"。② 根據以上三點,可知僅憑地理上的偶合就把"四"釋爲"息"是靠不住的。我們認爲,還是從字形上把此字釋爲"四"更好一些。至於這個"四"是指哪個族氏或方國,那是另外一個問題。例(11)之器出土於陝西岐山王家嘴西周墓葬。例(12)之器出土於河南安陽劉家莊商代墓葬。三者既有可能是相同的族氏,也有可能是不同的族氏偶然同名。

(13) 乙亥卜,登$_{(?)}$四伯引。十一月。

[乙]亥卜,登$_{(?)}$叨伯尿。十一月。(《合集》20086)

(14) 唯王八月,四伯賜貝於姜。用作父乙寶尊彝。(《集成》5385—5386)

此二例"四"用作國族名或族氏名,待考。這兩個"四"國族,一個屬商代,一個屬西周,也未必是同一個國族。例(13)爲左右選貞之卜辭,詢問是登四伯引還是登叨伯尿。"登",或釋爲"奏"。"登四伯引"或"奏四伯引"是卜問是否要把四伯作爲犧牲薦

---

① 于豪亮:《論息國和樊國的銅器》,《于豪亮學術文存》,中華書局,1985 年,第 62—69 頁。

② 蘇建洲:《息公子朱相關銅器研究》,《出土文獻與古文字研究》第 6 輯,上海古籍出版社,2015 年,第 179—190 頁。

獻給神靈。① 過去認爲四國是商王朝的與國,從這一點來看,可能是不正確的。

(15) 公史(使)徵事,②又(有)四。用作父乙寶尊彝。冉蛬。(《集成》3862)

(16) 唯正月初吉,君在潦既宫,命趞史(使)于述土。畟其各以司寮女寮:奚、徵、華。天君史(使)趞事,四。趞敢對揚,用作文祖己公尊彝。其永寶用。(《集成》10321)

例(15)"徵"爲人名,與《集成》5975 徵尊之徵是同一人。彼銘云"公賜徵貝,對公休,用作父乙寶尊彝。冉蛬",記載公對徵之賞賜。此銘則記載公派遣徵做事。例(16)也有人名"徵",但因前者時代屬西周早期,此屬西周中期,可證二者并非一人。此銘則記載天君派遣趞做事。"有四"和"四"是事情的結果。二者文例相同,可證"四"字用法相同。疑"四"應讀爲"夷"。上古音"四"屬心母質部,"夷"屬以母(喻四)脂部,二字聲母都與舌音相近,③韻部是嚴格的陰入對轉關係,聲韻俱近,可以通用。例如作鼻液講的"泗"字,朱駿聲認爲是"洟"的假借字,《說文》水部"洟,鼻液也"。④ 按朱説是根據《說文》"泗"之本義爲泗水,因而才有此説。根據前文所述,"泗"是在表意初文"四"上加注"水"旁而產生的後起形聲字,也是表鼻液義之"泗"的本字,而"洟"則是另起爐灶新造的从"水"、"夷"聲的一般形聲字,二者實爲異體關係。是其證。《詩·大雅·桑柔》"亂生不夷",又《召旻》"實靖夷我邦",毛傳并曰:"夷,平也。"《逸周書·名堂》"夷定天下",朱佑曾集訓校釋:"夷,平也。""有夷",謂公派遣徵所做之事已擺平。一曰疑應讀爲"肆"或"遂"。上古音"肆"屬心母物部,"遂"屬邪母物部,三字聲母都與舌音相近,⑤質部與物部關係密切,如與"肆"本屬一字分化之"肄"即屬以母(喻四)質部,可證三字聲韻俱近,可以通用。"四"、"夷"音近古通,上文已述。"夷"、"肆"也音近古通。例如《書·多士》"予惟率肆矜爾",《論衡·雷虚》引"肆"作"夷"。"肆"與"遂"也音近古通。例如《書·舜典》"肆類於上

---

① 此條卜辭的理解,蒙趙鵬女士幫助,特此致謝!
② "徵"原釋爲"微",此從林澐先生、董蓮池先生釋。看林著《釋史牆盤銘中的"逖虘髟"》,《林澐學術文集》,中國大百科全書出版社,1998年,第174—177頁;董著《新金文編》,作家出版社,2011年,第1128—1129頁。
③ 張儒、郭存禮:《心母三源》,《山西大學學報》(哲學社會科學版)1991年第2期,第25—34頁;曾運乾:《喻母古讀考》,楊樹達編:《古聲韻討論集》,臺灣學生書局,1969年,第39—82頁。
④ 朱駿聲:《説文通訓定聲》,中華書局,1984年,第617頁。
⑤ 錢玄同:《古音無"邪"紐證》,《錢玄同音學論著選輯》,山西人民出版社,1988年,第55—68頁;郭晉稀:《邪母古讀考》,《甘肅師範大學學報》(人文科學版)1964年第1期,第6—26頁。

帝",《史記·封禪書》、《漢書·郊祀志》引并"肆"作"遂"。凡此都可證"四"與"肆"、"遂"音近可通。《韓非子·難勢》"桀紂爲高臺深池以盡民力,爲炮烙以傷民性,桀紂得乘四行者,南面之威爲之翼也",顧廣圻曰:"藏本'乘'作'成',今本'四'作'肆',皆誤。"王先謙集解曰:"四,當作肆。肆行,即指盡民力傷民性言。顧説非。"①如果此説可信,是"四"與"肆"相通的直接例證。《詩·周頌·時邁》"我求懿德,肆于時夏,允王保之",《左傳》宣公十二年引此詩,杜預注:"肆,遂也。"《吕氏春秋》"百事乃遂",高誘注:"遂,成也。""有肆"或"有遂",謂公派遣徵所做之事取得成功。後一説成立的可能性較大。

附記:本文蒙李家浩師、蘇建洲先生、趙鵬女士審閲,他們都提出了較好的修改意見,謹志謝忱!

---

① 王先謙:《韓非子集解》,中華書局,2013年,第425頁。

簡化字字源考釋四則*

沙宗元
（安徽大學文學院）

漢字在發展過程中，由於自身形音義的發展演變，在不同的歷史階段字形及其記錄的音義往往會發生一些或大或小的變化。有些發展變化是通過文字系統的前後比照看出來的，帶有總體性、規律性特點，比如由古文字向隸楷文字演變過程中筆畫的綫條化、結構部件的規整化等。但是對於漢字個體而言，形體變化的情况則各有不同，有些還差異很大。例如有的漢字形體較爲簡單，自古至今未曾經歷十分複雜的演變過程，如日、人、刀、口等。有的漢字的形體在不同階段變化較大，特別是將現代漢字形體與古漢字形體進行對比時，我們發現中間演化的痕迹不清晰，原因是這些漢字的發展經歷了較多的中間環節，甚至有不少鮮爲人知的訛變現象。分析這部分漢字的形體演變，繫聯缺失的一些中間環節，對於我們正確瞭解漢字個體發展過程，探尋個體漢字的字源和理據，進而認識漢字整體的發展演變規律，無疑都有很重要的意義。

本文對"备"、"开"、"罢"、"关"這四個簡化漢字進行研究，試圖對它們及其相關的字，從古文字到現代漢字不同階段的形體演變進行系統梳理，從而揭示出這些漢字的發展脉絡，理清各自的源流關係。其中，相關字形的發展演變對於我們深入認識漢字系統的構形規律也很有幫助。

一、备

簡化字"备"的繁體作"備"。"備"本爲"𠈃"的古本字。我們先來看一看這個字

---

* 本文系安徽省社科規劃項目"漢語國際教育等級漢字中的不規則形聲字研究"（批准號 AHSKY2016D111）的階段性成果。

自古至今的演變過程。

在甲骨文、金文中,該字形象形意味濃厚,象盛矢的器具。清代吳大澂《字説》云:"爲盛矢之器。"王國維《毛公鼎銘考釋》也認爲它是"古箙字"。《説文・竹部》:"箙,弩矢箙也。"甲骨文作 ▨ 或 ▨,可隸定爲"葡"。金文番生簋、毛公鼎字形作"▨"、"▨",其矢箭之形已經不太明顯。此外,金文中還出現了加"亻"旁的繁化異體字,例如戠簋"備"字作"▨",加"亻"旁與不加"亻"旁,其意義和用法并無二致,"亻"旁僅僅是添加上去的繁化手段而已。古文字中在原來字形之上添加"亻"旁是一種較爲常見的字形繁化方式,但從結構方式來説,則由原來的獨體象形字變成了从亻、葡聲的形聲字了。戰國文字中,這個字形在此基礎上進一步發展。例如,郭店楚簡"備"字有這樣幾種形體:▨、▨、▨等。① 戰國文字中也存在不加"亻"旁繁化的"葡"字,例如郭店簡中或作"▨"(語叢 3.39),② 不過在戰國文字中這種不加"亻"旁的"葡"字比較少見。漢代文字中類似這樣加或者不加"亻"旁的字都可見到,漢代簡牘中有不加"亻"的"▨"字,白石神君碑"備"字作"▨"。

《説文》對這兩個字分別進行了解説。《説文・用部》收入"葡"字,小篆字形作"▨",其解説爲:"具也。从用、苟省。"許慎依據已經訛變的小篆字形進行説解,當然無法得出正確的解釋。另外,《説文・人部》收入增加了"亻"旁的"備"字,解説爲:"慎也。从人、葡聲。"顯然,許慎已經不明此兩字原本實爲一字,更是不明"葡"字的真正意義。

順便提一下,《説文》於"備"字之下收録了一個古文形體"▨",這個看起來很奇怪的字形,據學者考證其所从的"夂",當由戰國文字中"備"字右上部分訛變而成;所从的"女",當源於"▨"字右下部分的形變。③ 這種在類似人形的豎筆下端,添加象腳趾形的繁化部件,是一種較爲常見的戰國文字繁化方式。

"葡"字,後世字書和文獻一般隸定作"葡"。它和"備"字(後世字書和傳世文獻一般隸定作"備")在後世的使用情況如何呢?請看《玉篇》對二者的解説。今本《玉篇・用部》:"葡,具也。今作備。"④《玉篇・人部》收入"備、俻"二字,其解釋是:"備,預也。俻,同上,俗。"查檢《原本玉篇殘卷・用部》,我們發現了"葡"字,但抄録者寫成了"葡",其解釋爲:"葡,皮秘反,《説文》葡,具也,从用、苟省聲也。今爲俻字,在人

---

① 張守中等編:《郭店楚簡文字編》,文物出版社,2000 年,第 118 頁。
② 湯餘惠主編:《戰國文字編》,福建人民出版社,2001 年,第 214 頁。
③ 徐在國:《隸定古文疏證》,安徽大學出版社,2002 年,第 171 頁。
④ (梁)顧野王:《玉篇》,中華書局,1987 年,第 86 頁。

部。"①從這些記載我們可以看出,至遲到南北朝時期"葡"字(異體或寫作"备、蔔、奝")已經基本退出了使用領域,贅加"亻"旁的"備"字(文獻中異體或寫作"俑、俗、偹")已經取而代之。

無論哪一種形體,現在看來其演化的痕跡都是很清晰的:贅加的繁化部件"亻"旁來自金文、戰國文字;楷書字形之"艹"、"芍"當源於説文篆形的隸寫;字形上部的部件或寫作"夂、父",當來源於金文、戰國文字的字形訛變;所从的部件"用",當爲金文和小篆字形的訛變,"用"進一步訛省則變爲"田"。這些演變過程大略可用以下圖示表明:

A:𝕲→𝕱→𝕲→𝕮→葡、备、奝
B:𝕮、𝕰→𝕮→𝕲→備、備、俗

今本《玉篇》明確記載"俗"爲"備"的俗體字,可知"俗"作爲"備"的民間俗寫在六朝時期已開始流行,但後世的文獻和典籍中一般寫作"備"。1932年國民政府教育部公布《國音常用字匯》,收録的簡體字中有"俗"字,注爲"備"的簡體字。1935年《簡體字表》也收入"俗"字。新中國漢字簡化進一步將"俗"簡作"备",1964年公布的《簡化字總表》正式將"备"確定爲"備"的簡化字。② 值得一提的是,台灣地區1979年公布的《標準行書範本》也採用了不帶"亻"旁的字形作爲標準,寫作"𝕮",但稍有區別的是字的下半部分部件寫作"用",而不作"田"。③

以上我們分析了"備"字自古至今字形演變的歷程,那麽它在典籍文獻中的用法如何呢?前面説過,"蔔"爲矢籣字的象形初文。西周毛公鼎銘文"金箙彌、魚蔔",所謂"魚蔔"即爲"外蒙魚皮的箭袋"。後世文獻中借"服"爲"蔔",例如《詩經·小雅·采芑》"路車有奭,簟茀魚服",《小雅·采薇》"四牡翼翼,象弭魚服"。繼而,又在假借字"服"之上加注"⺮",造出了表示箭袋義的專用形聲字"箙",因此,"箙"字爲"蔔"的後起本字。例如《周禮·夏官·司弓矢》:"中春獻弓弩,中秋獻矢箙。"鄭玄注:"箙,盛矢器也,以獸皮爲之。"

漢代以後,"蔔"字逐漸退出了使用領域,"備"取而代之。從後世文獻的記載來看,其字義主要有:

1. 防備,預備。《左傳·成公十六年》:"申宫儆備,設守而後行。"《尚書·説命中》:"有備無患"。

---

① (梁)顧野王:《原本玉篇殘卷》,中華書局,1985年,321頁。
② 張書岩等:《簡化字溯源》,語文出版社,1997年,第94頁。
③ 李樂毅:《簡化字源》,華語教學出版社,1996年,第14頁。

2. 完備,具備。《詩經·周頌·有瞽》:"既備乃奏,簫管備舉。"

3. 武備,守備。《左傳·哀公十四年》:"家備盡往。"杜預注:"甲兵之備"。《史記·三王世家》:"毋乃廢備"。

4. 長的兵器。《左傳·昭公二十一年》:"齊致死莫如去備。"杜預注:"備,長兵也。"

另外,古代字書和文獻中曾出現過一個從"備"的"邍"字,如《周禮·夏官·邍師》"掌四方之地名,辨其丘陵墳衍邍隰之名"。這個"邍"字金文作 㺑（史敄簋）,石鼓文作 㺑,《說文》小篆作 㺑,字形下部的"㺑"已訛變為"彔"。《說文》:"邍,高平之野。人所登,从辵、备、彔,闕。"王筠《說文解字繫傳校錄》依據《石鼓文》字形,對"邍"字形體做了這樣的分析:"從辵、從夊、從田以會意,备則聲也。"段玉裁《說文解字注》:"後人以'原'代高平曰邍之'邍',而別製'源'字為本原之'原',積非成是久矣。"① 王、段對"邍"及相關字的分析是正確的。總之,表示"地之高平"本用"邍"字,後世文獻多假借"原"字代之,"邍"遂廢而不用,成為一個貯存在字書中、失去通用價值的廢棄字,不過該字形中的"备"恰好與我們現在使用的簡化字"备"形體正好偶合而已。

二、开

簡化字"开"對應的繁體為"開",《說文》小篆的字形"从門、从开",《說文》古文作"開"。段玉裁在《說文解字注》中對這個古文形體作了分析,認為:"一者,象門閉,從 𠬞 者,象手開門。"② 段說甚是。據《說文》古文,可知《說文》小篆字形所謂"从开"已有訛變。檢古文字字形,未見其他"从开"的"開"字,如睡虎地秦簡"開"字作"開"、"開",③前一形體正與《說文》古文形同,後者明顯是在前者的基礎上,將"𠬞"形的兩手連綴、拉直而形成的,而這一變化正是古文字字形演變的常例。

漢代以後的草書,常將"開"的"門"旁寫得十分簡略,甚至於只用一橫鈎來表示。如唐宋時草書常將"開"寫作"开"、"开",這種寫法成為現代群眾創造簡化字"开"的基礎。④

由"開"的來歷,我們聯想到現代漢字中從部件"开"的一系列字形——"邢"、

---

① （清）段玉裁:《說文解字注》,上海古籍出版社,1981年,第569頁。
② （清）段玉裁:《說文解字注》,第588頁。
③ 張守中撰:《睡虎地秦簡文字編》,文物出版社,1994年,第178頁。
④ 張書岩等:《簡化字溯源》,第104頁;李樂毅:《簡化字源》,第138頁。

"形"、"刑"、"研"、"汧"、"妍"等,它們是否經歷了同"開"一樣的變化呢?

仔細探究這些漢字的發展過程,可以發現這些現代漢字中共同的部件"开",其實與"開閉"之"開"沒有任何關係。事實上,它們另有兩個不同來源:

其一,"刑、邢、形"中的部件"开"本爲作爲聲旁使用的"井"。例如古璽中"邢"字常作"井阝",小篆的"井"旁已全都訛變爲从二"干"的"开",漢代隸書則進一步發展,"开"的二"干"橫畫相連接,變爲現在"开"的形體。例如,漢碑中"邢"字已寫作"开阝"(魯峻碑陰)。需要説明的是,《説文》另收有一個"从邑,井聲"的"邢",其實該字與"邢"并非一字。《説文》:"邢,鄭地有邢亭,从邑、井聲。"段玉裁《説文解字注》認爲"邢、井,蓋古今字",後世"邢"字廢而不行,以"井"代之。

其二,"汧、研、妍"等字中的部件"开"本爲作爲聲旁使用的"开"。《説文》:"开,平也,象二干對構。"段玉裁《説文解字注》:"开從二干,古音仍讀如干。"① 以"汧"爲例,《説文》:"汧,汧水,出右扶風汧縣西北,入渭。从水、开聲。"石鼓文字形作"汧"。漢代時該字形已經産生訛變,漢代金文作"汧"(汧鼎蓋),"开"已變爲"开"形。

至此,我們可以爲以上相關諸字的變化過程作這樣的總結:

"開"本爲"从廾、一、門"的會意字,會以手打開門閂,即開門之意,小篆訛變爲"从門、从开",已失去構形本意。漢代以後,"开"變爲"开"形,後代的草書字形"開"的簡略寫法,又成爲現代簡化字"开"的直接來源。現代漢字中有一系列从"开"形之字,與"開閉"之"開"無關,其來源有二:"邢、刑、形"諸字本从"井"聲,小篆全都訛爲从"开",漢以後又都變爲从"开"。"汧、妍、研"諸字本从"开"聲,隸變後"开"也同樣變爲"开",形體看上去與"開、邢、刑"等字所從相同,實際上它們的來源、音義均沒有任何瓜葛,正可謂殊途同歸。

三、罢

現代簡化字"罢"的繁體作"罷"。《説文·网部》:"罷,遣有罪也。从网、能。言有賢能而入网,而貫遣之。《周禮》曰:'議能之辟'。"因此,此字應爲"从网、从能"的會意字。從古代文獻中"罷"的使用來看,該字主要有如下義項:

第一,接近於構形本義的"放遣罪人"義。《史記·齊悼惠王世家》:"灌將軍熟視笑曰:'人謂魏勃勇,妄庸人耳,何能爲乎?'乃罷魏勃。"司馬貞《索引》:"罷,謂不罪而放遣之。"

---

① (清)段玉裁:《説文解字注》,第715頁。

第二，由"放遣"義而引申有"遣歸"、"遣去"義。《國語·吴語》："我既執諸侯之柄，以歲之不獲也，無有誅焉，而先罷之，諸侯必説。"韋昭注："罷，遣諸侯令先歸。"《韓非子·説林上》也有類似的用例："樂羊罷中山，文侯賞其功而疑其心。"

第三，引申有"免除"、"解除"義。《戰國策·秦策三》："吴起爲楚悼罷無能，廢無用，損不急之官，塞私門之請。"

第四，引申有"廢除"、"取消"義。《鹽鐵論·本議》："邊用度不足，故興鹽鐵，設酒榷，置均輸，蓄貨長財，以佐助邊費。今議者欲罷之。"

"罷"的形體結構從小篆到隸楷没有發生大的變化，直到現代簡化爲"罢"，那麽現在的簡化字形"罢"是怎麽來的呢？這中間經歷了什麽環節呢？原來在唐宋行書、楷書文獻中，"罷"字常寫成這樣的形體"罷"，元明清時期的民間刻本、通俗小説等也簡作"罢"，或直接簡作"罢"。① 字形演化的痕迹十分清楚。1932 年國民政府教育部公布的《國音常用字彙》收録了簡體"罢"字，1935 年公布的《簡體字表》也采用了這個"罢"。

這裏有個疑問，爲什麽字形"罷"下的半部分會逐漸演變爲"去"呢？我們認爲除了行書"㠯"的寫法與"去"的形體較爲相似這個因素之外，還有幾個重要原因值得引起注意：

其一，由於"罷"有"遣去"、"廢除"、"取消"等義項，那麽在後來的字形演化過程中，使用者一方面爲了便於書寫而簡省部分字形，省去了書寫起來較爲繁複的部件"肎"，另一方面又有意識地將行書部件"去"逐漸寫成"去"，以附合"罷"字的"去除"、"遣去"等意義。這種通過形體"訛變"來附合字義的漢字演變形式，在古文字發展演變過程中并非罕見。研究者將這種"以文字形體附會字義而造成的訛變"現象稱之爲"變形就義"。②

其二，漢字在發展過程中，其構形系統内部往往存在一種自身優化選擇的機制。就是説，在一定的歷史時期，或一定的發展階段，如果某種字形存在着對兩種或兩種以上不同部件選擇的可能性時，字形系統的優化原則會產生作用和影響，傾向於選擇某個既有且常見的或稱説性較强的部件。③ 當作爲"罷"字構形部件的"能"簡省爲"㠯"後，在字形系統優化原則的作用下，很快就被更常見、稱説性强、與字義契合度高的"去"所取代。

---

① 李樂毅：《簡化字源》，第 9 頁。
② 沙宗元：《試論古漢字字形訛變的原因》，《安徽大學學報》2001 年增刊，第 106 頁。
③ 王寧：《漢字學概要》，北京師範大學出版社，2001 年，第 55 頁。

其三,漢字構形布局總體上講求對稱均衡,"這除了漢字的方塊空間爲布局調整提供了便利條件之外,恐怕主要跟漢族人的審美意識和心理感受有關。對稱美是漢族人的重要審美觀念,所謂'好事成雙'、'門當户對'、'對聯'、'對偶',等等,在生活的各個方面和各種物質文明上,無不打下對稱審美的烙印,漢字構形總體上的對稱均衡特徵,正是這種審美意識造就的"。① 因此,在這個字形的優化選擇過程中,最終棄"㠯"取"去",也與漢字構形所力求的"對稱均衡"原則相一致。

四、关

現代簡化字"关"字的繁體作"關",《説文》:"關,以木横持門户也,从門、鎖聲。"戰國文字"關"主要有三種情况:

1. 楚系文字一般寫作 ![A], 是一個"从門、毌聲"的形聲字。該字形中的部件"串"實爲"毌(貫)"的初文。《説文》:"毌,穿物持之也。从一横貫,象寶貨之形。凡毌之屬皆从毌。讀若冠。"段玉裁《説文解字注》:"毌、貫古今字。古形横直無一定,如'目'字偏旁皆作'囗'。"該字形暫稱作 A 形。

2. 齊系文字一般寫作 ![B],爲"从門、丱聲"的形聲字,暫稱作 B 形。

3. 秦系文字作"![C]",爲"从門、鎖聲"的形聲字("鎖"爲"聯"的初文)。暫稱作 C 形。

觀察以上三類形體,可以看出後世傳承下來的"關"字其實是 B 形和 C 形相結合產生的。B 形中的"丱"本爲象形字,象"兒童束髮如兩角之貌",《集韻》:"丱,束髮也。"古代字書中"丱"字也寫作"卯",如《廣韻》:"卯,總角也。"清代阮元《校勘記》:"唐石經'卯'作'丱'。案:各本皆誤,唐石經是也。"《詩經·齊風·甫田》:"總角丱兮。"朱熹注:"丱,兩角貌。"

關,後世俗字有多種簡寫形式,如"閞"、"関"、"関"等。其中,最後一形"関"是"流行最廣的一種",②該形體無疑是後來簡化字"關"的直接來源。《玉篇·門部》收入"関",注明爲"關"的俗體。《篇海類編·宫室類·門部》:"関,關俗字。"《宋史·文天祥傳》:"一旦有急,徵天下兵,無一人一騎入関者,吾深恨於此。"宋、元、明、清時期的許多民間通俗刻本也都采用這種寫法,并流傳下來。由此可見,現代簡化字"关"就是在此基礎上省簡了"門"而形成的。

---

① 李運富:《漢字的文化闡釋》,《中國文字學報》第 4 輯,商務印書館,2012 年,第 194 頁。
② 李樂毅:《簡化字源》,第 90 頁。

此外,需要注意的是,現代漢字系統中還有一些从"关"形的字,如"送、朕"等。實際上,這些字所从的"关"形與上文中所謂的"關閉"之"關"并無任何聯繫。

首先看"送"字。甲骨文有" "字,可隸定作"关"或"夶",應爲"媵送"字之初文,其義爲"遣去"、"送親"。《説文·辵部》:"送,遣也。从辵、倴省。"徐鍇《説文繫傳》:"倴,即送也。"《左傳·莊西元年》:"夏,單伯送王姬。"《周禮·司寇》:"邦有賓客,則與行人送逆之。"《荀子·富國》:"男女之合,夫婦之分,婚姻娉内送逆無理。如是,則人有失合之憂,而有爭色之禍也。"楊倞注:"送,致女。"後世分化造出"媵"字,專門記錄"送親、嫁女"之意。再看"朕"字。《説文》:"朕,我也。"段玉裁《説文解字注》:"朕在'舟部',其解當曰舟縫也。從舟、夶聲。"顯然,"朕"字本義爲"舟縫",後來作第一人稱代詞"我"爲其假借用法。邵瑛《説文解字群經正字》:"《石經》作'朕',經典相承,隸省作'朕',正字當做'䑙'。"邵説甚是。"騰"、"滕"、"縢"、"螣"、"賸"、"䲢"、"䐴"、"䐴"、"䐴"等一組字,均爲从"朕"得聲的形聲字,不過字形右上部分在隸變過程中略有形變。

綜上所述,現行漢字系統中的字形"关",有兩個不同來源:其一,簡化字之"关"是對民間俗字"関"加以簡省所形成的,"関"的寫法至遲可追溯到六朝時期。"関"是"關"的草書楷化字形。"關"字則來源於戰國時齊系文字和秦系文字的共同影響。其二,"送"、"朕"等字所从的部件"关",或隸定作"夶",源於甲骨文字形,其本義爲"遣去"、"送親"。"送"字是表此義的"後起本字"。本義爲"舟縫"的"朕"則以此爲聲旁,"騰、滕、媵"等一組字均以"朕"爲聲旁,但字形的右上部分在隸變時產生了細微的形變。

乾隆十三年新安民間刊刻《雜字旁通》鑒識[*]

王建軍

（廣西高校人文社科重點研究基地）

一、《雜字旁通》的內容和體例

　　梧州學院西江歷史文化研究院藏本分上下卷，上卷四十三頁，下卷四十七頁。書名頁最上方有"乾隆戊辰夏鐫"，左上欄題"新安繩武樓編輯"，中欄大字題"雜字旁通"，左下欄題"本堂藏板"，有序言、凡例，凡例五條。正文上下截，上截審音，下截以韻文形式列寫雜字，并附上通用俗字和注釋。葉半六行，行十六字。正文首頁卷端題"新安澧溪呂獻潤德滋編輯；男世綰章侯、世姪紀肇修全校"。白口，上單魚尾，四周單邊，版心魚尾上鐫"雜字旁通"，魚尾下鐫卷次、"繩武樓"及正文頁數。全書八十八章，總共5 752字，通過ACCESS查重統計，正文重複字276個，如《農器》章"耖耙磟碡"、《農務》章"犁翻耙耖"，"耙"、"耖"兩字重複，所以不計重複全書字種數5 476個。全書彙集雜字內容及每章字數如下：

　　務學（64字）、文册（112字）、農務（144字）、農器（48字）、五穀種（112字）、菜務（80字）、菜名（64字）、薪米（48字）、山利（96字）、漁臘（32字）、修造（128字）、竹木器用（96字）、琢傘（32字）、彈織（32字）、染皂（80字）、裁縫（48字）、傾銷（48字）、銅鐵錫器（64字）、軍器（72字）、樂器（48字）、土石磁器（96字）、釘稱琢鎖（32字）、

---

[*] 本文係國家社科基金青年項目"清至民國粵西手抄、刻本文獻俗字整理與研究（13CYY048）"、中國博士後科學基金項目"西江流域民間文獻俗字整理與研究（2013M531643）"、廣西人文社會科學發展研究中心"西江流域雜字文獻調查與收集（KF2014030）"階段性成果之一。

開店(48字)、布帛(64字)、雜貨上(112字)、雜貨下(112字)、屠宰(64字)、船隻(64字)、木箒(128字)、工商合錦(64字)、宮室(64字)、首飾(48字)、冠履衣服(128字)、茶(32字)、酒(64字)、葷饌(64字)、素食(64字)、烹飪(64字)、果品(96字)、奢(32字)、儉(32字)、天文(64字)、地輿(128字)、歲時(64字)、身體(112字)、冠婚(64字)、喪(80字)、祭(48字)、朝紳(80字)、人群(128字)、匪類(48字)、三教九流(16字)、三父八母(16字)、婦道(80字)、里役(80字)、訟獄(192字)、珍寶(32字)、竹(32字)、木(48字)、花(80字)、花中十友(24字)、草(80字)、鳥(80字)、獸(48字)、蟲(96字)、魚(64字)、六畜(64字)、藝士(16字)、梨園(64字)、病症(128字)、殘疾(48字)、雜技戲具(80字)、釋道鬼神(96字)、虛無濟渡(64字)、摘古七十二賢(80字)、孟門十七(32字)、漢三傑唐四傑(16字)、戰國四君(16字)、商山四皓(16字)、八仙出處(64字)、六逸七賢(32字)、飲中八仙(16字)、香山九老(16字)、十八學士(32字)、二十四孝(96字)、雲臺二十八將(56字)。

正文四言連綴成文。有些章節用詞質樸,行文流暢,易於誦讀,如《務學》章:"經書浩博,義理淵深,延師訪友,茹古含今,訓詁句讀,理會認真,真草隸篆,抄寫摹臨,學習舉業,緯武經文,揣摩講究,抖擻精神,資質庸敏,功力淺深,焚膏繼晷,日夜辛勤。"有些章節辭藻華麗,極盡鋪陳,如《雜貨上》:"紫草紅花,銀皮金片,錫鉑鉛條,銅絲鐵綫,臙脂鉛粉,礬紅硃砂,雄臘銅綠,飛丹靛花,黃蠟牛筋,肥皂蘇水,硫磺焰硝,流星爆竹,沉檀速降,株櫧藕菱,茶油皮璽,桐菜麻青,瑞金漳建,紅麯石膏,蜂糖砂白,油燭蒲包,科儀吊馬,連四毛邊,花尖官表,銀母長連。"有些章節文筆優美,如《酒》章:"陳窖釀臘,堆花青香,三白九醖,玉蘭封缸,流霞老桂,竹葉葡萄,茅柴雙料,桑落香醪,千日千里,挏馬屠蘇,宜春椒柏,金華麻姑,甜酸苦澀,厚薄清滑,人世蜉□得飲且飲。"

通篇大體符合"采摘要字,串作四言,謹輯一編"體例,然書中有自破其例之處,如《訟獄》章末有"些小爭端莫若休,何須經縣與經州。費錢辛苦賠茶酒,贏得貓兒賣了牛"七言勸誡語。

二、《雜字旁通》的性質

《雜字旁通》成書目的序言有云:

上古書契未興,結繩記事,迄聖人製字代繩,象形、指事、會意、諧聲其爲類,正繁其爲用,甚溥。但文章經世者,或融貫經書,專工制義,或□通典故,諳練應酬,誰復屑意於雜字?雖鳥語蟲書,吾儒弗尚,而正僞辨體點,學士本懷,倘乳郭得登,魯魚亥豕,概置勿問,安保鄉塾中捏柳爲樺之,必無其人乎?竊恐訛以傳訛,繆又加繆,其勢不至自不識字不已也。愚自甫冠課徒至今白首,奇文奥字,閱歷頗多,因爲綜覽《康熙字典》暨《玉篇》、《海篇》、《字彙》等書,采摘要字,串作四言,謹輯一編,便蒙誦習。縱音操土風,或雅免於詰屈聱牙,而字遵成憲,不必疑於荒謬無稽。名曰《雜字旁通》,特取兩旁湊字,意義貫通云爾,覘是編者倘蒙,曲諒不鄙爲妄作聰明,是則愚之所深感也夫。

由序言知,呂氏撰寫此書有四個原因:第一,時人多著道德經世文章,無暇顧及雜字;第二,時人學士對於"魯魚亥豕"文字錯訛現象,概置勿問;第三,鄉塾中捏柳爲樺、訛以傳訛,繆又加繆,其勢不可遏制;第四,便蒙誦習。可見《雜字旁通》成書目的主要是正文字訛誤,使蒙童誦習便捷,與當時其他的雜字成書的實用目的不同,如山東地區刊刻《新刻商農秘書》旨在解決當時農家讀書人"記寫雜賬之餘,茫然無措":

  余每見莊農家讀書往往至六七年或十數年,凡《千文》、《百姓》以及各家小本,幾於搜羅殆盡,而至於記寫雜賬之餘,茫然無措。一字之□,竟訛謬不通,其故何哉?蓋讀之未得其要耳。即近來之讀《七言雜字》者,亦似廣識矣。

又如廣西桂林地區乾隆五十四年刊刻《捷經》(又名《五七言雜字》)旨在解決"鄉塾蒙童讀書十年而不能舉筆記一賬者":

  讀書之道,明理識字而已,明理之功,非數十年不能,而識字則一二年固已足。然往往見鄉塾蒙童讀書十年而不能舉筆記一賬者,何也?無他,缺其書,且不得其法也。所讀者皆明理之書,非識字之務,其在富家大族,用以取功名則可;其在平常之家,毫無益於實用,虛延歲月而已。故讀書多年,而不能記一帳也。

又如河南地區嘉慶年間聶村賀汝田刊刻《童蒙雜字》旨在解決"切近鍋灶耕種者,暫記二十四條,以備目前使用":

  今讀書者,常存事君安民之志,不暇省察於微末。余學問無成,乃天地間一廢人耳,既不能致心於高遠,且留意於卑下,素以莊農爲業,子侄又甚愚頑,不能讀書,止可耕種,故於諸雜字中,選擇切近鍋灶耕種者,暫記二十四條,以備目前使用。

又如嶺南地區咸豐年間刊刻《一串珠雜字》旨在爲"習生理、習工藝,或事於農務

者"寫字、識字服務:

> 世人教子弟有兩等焉,一則望其學問有成,爲考試、取功名之路;其餘望其他曉通道理,不過識多個字耳。村中子弟,未必盡能讀書求名,及長都是習生理、習工藝或事於農務者居多,或讀兩三年、或讀四五年,學力未精,字義尚多未曉,一旦執筆,心裏茫然,然難免搔首問天之歎。在經書字,爲作文章用,未必盡合時宜,世上當行之字,至粗至俗,爲至緊要,不盡載於四書五經,所以別有雜字相傳也。

通過以上幾種較爲典型的雜字文獻的序言比較,可知《雜字旁通》是一部帶有字書性質的雜字,其收字量大,正文加通用部分(俗體字1 652個)收字種數7 128個,數量相當於一部中小型字典,遠超《三》、《百》、《千》、《文字蒙求》等蒙學類字書收字量。① 雖然全書八十八章幾乎彙集所有傳統社會生活各領域所使用的文字,客觀上也取得了行業雜字要達到買賣、記賬、農耕等實際用字目的,但《雜字旁通》編寫的目的却是識字、通字,是正書籍刻印或抄寫過程中出現的訛誤字,所以我們認爲《雜字旁通》是一部帶有字書性質的雜字。

三、《雜字旁通》在語言文字學上的價值

作爲一部帶有字書性質的雜字,《雜字旁通》在語言文字學上的價值有以下四方面:

(一) 搜羅了明清時期民間使用的大量俗體字

書中通用字部分彙集了明清時期民間使用的大量俗寫字,這是本書的最大特點,也是本書在語言文字學上最有價值的材料。《凡例》:"《篇海》䏔杷之杷,鴨蛋之蛋,遺漏不取,未免太簡。"故全書共收羅俗體字1 652個,以《農務》章爲例,全章用字112個,收集俗體字竟達62個,如下表:

| 牧牛耕作,犁翻杷耖,倩雇幫備,耡草踏窖。 | 撓圲開圳,掘角掏溝,捍塳作面,圍壩分坵。 | 秧田穀種,浸搵部撒,潑脚壅栽,蒔耘眍灑。 | 轆堰值澆,扼障築窟,趴坼作坪,陂堨機劫。 | 柴灰糞土,青餅菜蔬,發漿捵抆,劉塝撩扶。 |

---

① 據筆者考察,至目前爲止,還未發現有雜字收字數量超過《雜字旁通》者,傳統社會西南地區有《日用時行雜字》,全書字數8 846,但字種數只5 178個。

（續表）

耕(畊)、犂(犁)、倩(掅)、幇(幚/犎)、窖(窨)	掘(㩧/撅)、捍(擀/扞)、塝(㙛/塍/䐈/膱)、垻(壩/礵/灞)	穀(糓)、浸(寖)、撒(擶)、潑(溌)、壅(壠)、耘(芸)、曬(曬㬢)	扼(搹/挖/搤)、（擤/塎/拆)、劫(刦)	糞(𥻦)、掞(撊)、挨(俟)、撩(摷)
做苔出稯，拾稗捼秋，結顆成粒，履畝監妝。	扤斛割刈，拖揀篩揚，乾濕老嫩，分租交價。	運接擔挑，擴䎱批脫，糴糶扛稱，搬盤量囷。	禾捕秲把，縛撘堆乘，倉箱滿貯，五穀豐登。	
稗(秖)、畝(晦𤲪)	/扤(扡)、篩(篗籮)、揚(颺)、乾(幹)、濕(涇)、嫩(嫩/㜢)	擔(儋)、挑(挑)、擴(擀)、糴(糶/糴)、糶(糶/䊕)	秲(秲)、撘(扡)、堆(塠)	

《凡例》又言："案頭檢字之書，類多梅子《字彙》等，好奇者捏無考字樣嫁誣出自《海篇》，如改'篒'爲'篘'，變'𥻦'爲'硋'，'解鋸'之'解'旁加金，'椀楪'之'椀'旁用石，篘、硋、椀、鑭等字，愚嚮相沿不覺，近考《海篇》全部不見此字，深痛捏訛貽悞，爲害匪輕，茲集所敘，逐字苦心參校，點畫無僞。"所以除正文後附錄通用俗體字外，全書還在頁上截補釋誤寫或無考字22例："耳垂之垂俗從躱，悞；幹濕之幹，俗從乾，無考；鋸解之解，俗加金旁，椀盞之椀，俗用石旁，俱無考，宜改正；梗葉之梗木，從木旁，草薑從草頭；踪迹之踪俗或用踩，無考；甌桶之甌，從木旁，悞；瑣吶之瑣，俗從嗩，無考；盆鉢之鉢，俗從缶旁，無考；等秤之等，俗從戥，無考；帳籍之帳，從貝旁，無考；金鉑之鉑，俗從箔，悞；木篅之篅，俗從簞，繩纜之纜，俗從箮，俱無考；槽坊之槽，俗從水旁，悞。古詩小槽酒滴珍珠紅。小槽謙言小槽坊也；裕聯之聯俗從褳，無考；雙單之雙，俗多用雙，無考；糙粿之糙，俗從糙，無考；老妳之妳，俗用奶，無考；針菕之菕，俗多用指，悞；發沙之沙俗加广頭，無考。"實際上，《雜字旁通》中"深痛捏訛貽悞，爲害匪輕"的勘誤或無考俗體字中，後來多成爲我們現在正使用的標準簡化字。作爲一部清初帶有字書性質的雜字，全面、大量地搜羅明末清初民間使用的俗體字，對我們瞭解明清際各種文獻使用俗字情況大有裨益。整理和正確釋讀這批俗字，對明清際文獻的整理和校勘，也有重要參考價值。

（二）音注材料非常豐富

鑒於《字彙》、《篇海》中音義不全，呂氏編撰《雜字旁通》時格外注重標音。《凡例》云:"《字彙》如茉莉之莉,玫瑰之瑰,有平無仄。……《海篇》如十部之⊕(音力)、⊕(音骨),亞部之凸(音犯)、弓(音爲),字體多奇,子部之翼𩕾,雨部之䨻(音震),筆畫似蝟,未免失之太繁,兹集點畫音義。"故正文上截首云:"上截審音,正格與注釋內遇字疑惑,悉昭次序,審音列在本行上截。"全書音注材料非常豐富,據筆者統計,全書共有各種音注 1 259 個。如《菜務》章:"整理園蔬,㨒籬砌塝,肥泥草汁,囤釀摻䎃,掘種抎抄,拌子壅種,鋤扞抔松,滴灌澆壅,壟移扎討,搭眼櫺杈,引擺竹杪,柴篠松椏,拔斫摩攎,劇頭削蒂,根心葉黃,攤曬托齊,探切醃藏,垎間複揑,鮓欐片絲,黃韭乾晰。"全章八十字,上截竟有三十四個音注:"㨒(插);砌(妻,去);汁(執);釀(讓);上種(去聲);下種(上聲);抎(音聿);拌(盤,上);上壅(平聲);下壅(去聲);扞(罕);抔(盃);壟(惢);扎(聖);眼(浪);櫺(吝);杈(差);杪(藐);篠(小);椏(鴉);攎(奴);劇(肩);黃(梗);攤(貪);探(罙);醃(煙);垎(責);揑(藝);鮓(查);欐(羅,去聲);韭(嗟);乾(幹);晰(別)。"細分全書注音格式,主要有三種:一,以同音字直接注音,如《人群》章"嫩(論)",這類音注材料占全書音注材料一半以上;二,以音近字注音,注明調類,如《竹木動用》章"輦(連,上聲)",這類音注材料占四分之一左右;三,只注明調類,如《歲時》章"更(平聲)",這類占全書音注材料四分之一左右,由這類標明聲調的注音方式可知明清兩季通過變調構詞的破音字已非常之多。全書除音注材料外,還有若干則音注補注材料,如"櫺音吝,木名,拷櫺、眼櫺可借用,又因凜,楚人呼門限爲櫺,但門櫺音義止有《康熙字典》詳載,他字書多略",又如"甂本音榜,俗認半邊,多讀爲普,非"。這些音注材料爲明清時期安徽新安及周圍地區方音研究提供了絕好的研究材料,甚至對漢語語音史、漢語方言史的研究,都有重要價值。奇怪的是,通篇反切方式注音只有一例——《奢》章中"溺,娘照切",而反切注音在其他雜字文獻如《述同雜字》、《雜字旁音》、《方言插注雜字》中常見,是編撰者個人喜好,還是地域性雜字的特徵,需作進一步考察。

(三)大量旁通字,使蒙童識字更爲便捷

《雜字旁通》取名緣由如序言:"名曰《雜字旁通》,特取兩旁湊字意義貫通云爾。"兩旁湊字目的是便於識字。正文中兩旁湊字體例頗爲複雜,書中《凡例》曰:"兩旁所湊,悉屬重複與眼前易識之字,安置居卜者,湊右居下者,湊左居中者,湊在兩字中縫之右,間有中夾二字者,則前湊縫右,後湊縫左,兩相對待(湊字同上,悉以圈代)。"然《凡例》所敘體例,稍嫌籠統,筆者根據書中正文雜字兩旁實際湊字進行歸納,其方式可分五類:

1. 後湊縫左
(1) 後湊單字縫左

  牧

  牛

___ 田 耕　即耕田（後湊縫左）

___ ○ 作　即作田（湊字同上，悉以圈代）

___ ○ 犁　即犁田（湊字同上，悉以圈代）

___ ○ 翻　即翻田（湊字同上，悉以圈代）

___ ○ 耙　即耙田（湊字同上，悉以圈代）

___ ○ 耖　即耖田（湊字同上，悉以圈代）　　　　　　　　　　　《務農》

(2) 後湊雙字縫左

穀種 浸　即浸穀種（後湊縫左）

○○ 搵　即搵穀種（湊字同上，悉以圈代）

○○ 瓿　即瓿穀種（湊字同上，悉以圈代）

○○ 撮　即撮穀種（湊字同上，悉以圈代）　　　　　　　　　　《務農》

2. 前湊縫右
(1) 前湊單字縫右

筴 秧　即秧筴（前湊縫右）

筲 茶　即茶筲（前湊縫右）

筦 稈　即筦稈（前湊縫右）

棒 芸　即芸棒（前湊縫右）

衝 犁　即犁衝（前湊縫右）

脚 ○　即犁脚（湊字同上，悉以圈代）

鑱 ○　即犁鑱（湊字同上，悉以圈代）

尖 ○　即犁尖（湊字同上，悉以圈代）　　　　　　　　　　　《農器》

(2) 前湊雙字縫右

削 王瓜　即王瓜削（前湊雙字縫右）

劗 蘿蔔　即蘿蔔劗（前湊雙字縫右）

刨

劇　　　　　　　　　　　　　　　　　　　　　　　　　《竹木器用》

3. 湊在兩字中縫之右，間有中夾二字者（遍檢全書，未見中夾二字情況）

捍
　田　即捍田塍（湊在兩字中縫之右）
塍

作
　田　即作田面（湊在兩字中縫之右）
面
　　　　　　　　　　　　　　　　　　　　　　　　　　　《務農》

4. 湊左居下者

　　千
酒　日　即千日酒（湊左居下者），注釋：劉玄石從山中沽千日酒，一醉千日。
　　千
○　里　即千里酒（湊左居下者），注釋：貴陽程鄉有酒，飲之，至醉，行路千里方醒。
　　挏
酒　馬　即挏馬酒（湊左居下者），注釋：以馬乳撞挏成酪，其味如酒，飲之，亦醉。
　　屠
○　蘇　即屠蘇酒（湊左居下者），注釋：昔人居草庵，除夕遺里人藥，令囊盛之，浸在
井中，元日取水置酒罇，名屠蘇酒，飲之不染疫疾。　　　　　　　　　《酒》

5. 湊右居上者

百
合
花　落　即落花生（湊左居上者）
生
　　　　　　　　　　　　　　　　　　　　　　　　　　　《果品》

筆者統計，上述五種湊字方式占全書正文一半以上。《雜字旁通》除兩旁湊字外，正文內部如若成詞，則不用兩旁湊字，以橫綫隔開標明其自成一詞，如正文"貔貅白澤，麒麟獅象"，貅、麟兩字後以短橫隔開，以此表明貔貅、白澤、麒麟、獅象成詞。如此算來，正文內部組字成詞和兩旁湊字成詞，占全書五分之四。組詞識字也是明末清初雜字的一個特點，如流行於山西地區的《方言插注雜字》亦在正文旁邊標上能與正文成詞之字，但没《雜字旁通》系統、規範。

(四) 注釋援引，可讀性强

《雜字旁通》對正文中出現的方言詞、俗語詞、生僻詞加以注釋，是本書的又一重要特點，《凡例》："注釋援引，悉本《字典》、《韻府》、《百物類纂》、《故事尋源》等書摘來，并不妄創一解。"書中注釋部分，多對方言詞、俗語詞、生僻詞進行解釋，許多被注

釋的生僻方言詞、名物詞可補《漢語大詞典》收詞、釋義之失。如《雜貨下》章注釋下列名物詞:"報君知,瞽者看命所執銅板;虎撐,過路醫人所持鐵圈;換頭,剃頭人所彈剪;喚嬌娘,雜貨客所搖之鈴;蕭編,買糖人所吹之簫;驚閨,磨鏡人所持鄉鐵;引秀,買古董者所持搖鼓。"上述七詞《漢語大詞典》失收,書中對這些方俗語詞的準確注釋可爲安徽新安地區本土文獻的整理和校勘,提供重要參考。

此外,《雜字旁通》中大量注釋,援引典故,頗具情趣,如"抹胸"一詞,注釋説明其名其物來源:"楊貴妃私通安禄山,安禄山抓傷貴妃乳,貴妃恐明皇得見,故作抹胸遮之。"又如"饅頭"一詞:"孔明征孟獲,班師回至瀘水,不能渡,或曰蠻地多邪術,宜殺人頭祭之。孔明不忍,乃用羊豕炙粿麵以象人頭祀神,號曰饅頭。"上述注釋,可能是流俗詞源,不一定能揭示這些名物詞名稱的正確來源,但可讀性非常強,符合蒙學識字階段孩童的閱讀水準和閱讀趣味,又能增長蒙童見識。又如《奢》章:"萬錢給日,殺妓佑觴,陳更董夜,錦帳金床,肉陣臺盤,玉釵珠履,醉輿裸飲,爨臘沃飴。"短短三十二字,注釋字數達千二百字之多。其中"萬錢給日、殺妓佑觴、陳更、董夜、錦帳、金床、肉陣、臺盤、玉釵、珠履、醉輿、裸飲"等十二詞皆出自於有據可考的歷史典故,對於這些詞,呂氏溯源窮流,一一詳述,極大地豐富了閱讀者的歷史文化知識,可見書前體例中提及"注釋援引,不妄創一解",屬實。這也是本書作爲蒙學讀物的一個重要特點之一,這個特點在當前發現的雜字文獻中少見。

四、餘　論

新世紀以來,民不藏寶,傳統社會異彩紛呈的雜字文獻紛紛面世。這批文獻是近代漢語研究的一種重要材料,其中保留了大量的方言本字、俗寫字及傳統社會生活方方面面的名物詞。目前,近代漢語、文獻學和民俗學三領域對這類材料的關注還不够。筆者認爲,當前雜字文獻挖掘、整理和研究有三個方面工作值得我們去開展:第一,大量雜字文獻的來龍去脉有待弄清楚。筆者收藏或經眼的雜字,如《目前雜字》、《群珠雜字》、《應急雜字》、《璣珠雜字》、《群玉雜字》、《日用時行雜字》(七言)等産生於什麽時代?最先出現在什麽地方?演變流傳情況怎樣?到目前爲止,上述雜字的不同版本還未見有序言、牌記等內容,甚至連作者、刊刻時代等信息都不全。筆者認爲,解決這些問題是挖掘和整理雜字文獻的首要工作。第二,雜字文獻地域性特徵的探求。據筆者考察,全國各地區都出現了各種雜字文獻,不同地區雜字文獻使用的方言俗字、記載的民俗文化各不相同,各具特色。如山東地區典型的雜字有《買賣雜字》、《山頭雜字》、《日用雜字》、《日用俗字》;山西地區有《方言雜字》、《契約雜字》、

《天宮雜字》、《使用雜字》；西南地區有《禮儀雜字》、《日用時行雜字》、《陳晴山廣宜雜字》；江浙地區有《日用雜字》、《鷓鴣天雜字》、《智燈雜字》、《藥寶雜字》；嶺南地區有《一串珠雜字》、《東園雜字》、《霞園雜字》、《西園雜字》、《梨園雜字》、《七十二行雜字》、《演算法雜字》；江西地區有《種田雜字》、《建新雜字》、《松軒雜字》；湖南湖北地區有《包舉雜字》、《捷徑雜字》、《求真雜字》、《勤儉雜字》。這些地域性雜字文獻在形式和內容上，具體呈現怎樣的特徵？對當地歷史、民俗、語言文化的挖掘能起怎樣的貢獻？這些問題值得我們進行深入探討。第三，雜字文獻所承載的文化內涵有必要作進一步挖掘。存世的雜字文獻種類多樣，有綜合類雜字，又有類型各樣的行業雜字，尤其是目前存世的行業雜字如《藥寶雜字》、《記賬雜字》、《契約雜字》、《買賣雜字》、《種田雜字》等，簡直可以說是傳統社會民俗文化的記憶庫，其文化價值值得我們深入研究。

參考文獻

（清）呂獻潤：《雜字旁通》，清乾隆十三年新安繩武樓刻本。
李振聚：《宋元明清雜字書籍考》，山東大學碩士論文，2012年。
王守照：《清〈莊農日用雜字〉解讀》，山東人民出版社，2009年。
顧月琴：《日常生活變遷中的雜字——明清時期雜字研究》，光明日報出版社，2013年。
潘傑、劉濤：《山西雜字說山西》，中國文化出版社，2013年。
李國慶主編：《雜字類函》，上海教育出版社，2009年。
來新夏主編：《雜字》，南開大學出版社，1995年。
孟森：《明清史論著集刊》，中華書局，1959年。
（清）戴克一：《日用時行雜字》，清道光十三年文淵堂梓行。
（清）王鳳梧：《新刻商農秘書》，清嘉慶十三年文淵堂梓行。
（清）全廷掄：《捷經雜字》，清乾隆五十四年經合堂刻本。
（清）賀汝田：《童蒙雜字》，嘉慶壬申嘉慶聶村刻本。
（清）佚名：《一串珠雜字》，清咸豐二十四年刻本。
（清）佚名：《雜字述同》，清同治四年富文堂藏刻本。
（清）杜九塾：《方言插注雜字》，清嘉慶十年刻本。

敦煌文獻字詞札記

曾 良

(安徽大學文學院)

暇日讀敦煌文獻,隨手作札記一二。今擇取數則,條錄於下。或有不當,祈請方家正之。

一、消昏假睹

《敦煌變文校注·維摩詰經講經文》:"舍利弗,日之與月,兩耀齊明,一日一夜,照四天下,消(曉)昏攸睹,除熱得凉,蕩蕩巍巍,净無瑕穢,功德廣大,難贊難思,引導衆生,豈不清浄。"① 按:"消昏攸睹"四字,我曾撰文,根據敦煌卷子斯3872《維摩詰經講經文》定爲"消昏假睹",釋讀爲"消昏叚(段)暗"。蓋"叚"是"假"的古字(直到清代段玉裁還喜歡將"假借"寫成"叚借"),故書手回改爲"假";實際此"叚"是"段"的俗寫,即斷的意思。② 拙文發表後,楊琳先生、趙家棟博士先後對"假睹"有不同的解釋,認爲"睹"是"曙"的古字。③ 不過,本人的觀點并没有改變,依舊認爲釋讀爲"消昏斷暗"較爲合理。當時没有解釋,這裏再申説一下。"暗"與"睹"形近易訛,并不是没有根據的。敦煌抄本中有"暗"、"睹"相混者,可惜當時失於記録,現在只能舉一些類似例子。伯2133V《金剛般若波羅蜜經講經文》:"信脚夜行迷暗走,不知南北與西東。"(6/259)"暗"字,原卷作"睹",與"睹"形近。《磧砂大藏經》本失譯者《佛説大金色孔

---

① 黄征、張涌泉:《敦煌變文校注》,中華書局,1997年,第827頁。
② 曾良:《敦煌文獻字詞劄記二則》,《中國語文》2009年第4期。
③ 楊琳:《訓詁方法新探》,商務印書館,2011年,第186頁;趙家棟:《字詞釋義復議五則》,《語言研究》2015年第2期。

雀王咒經》:"十四羅刹女:一名黑闇,二名作黑闇,三名鳩槃荼,四名白具,……"①《中華大藏經》本可洪《新集藏經音義隨函録》卷七對《孔雀王咒經》音義:"黑闇:音闇。作黑闇:同上。"②這兩個"闇"字,顯然當作"闇"。一直到明清小説"暗"還有訛寫爲"睹"形者,如《古本小説集成》清刊本《五虎平南後傳》第十九回:"不覺身體輕浮,飄飄蕩蕩,黑暗中飛沙走石,不辨東西。""暗"字作"睹"。③ 又清刊本《雙鳳奇緣》第二十六回:"李虎不防有人暗算,一馬衝來。""暗"作"睹"。④《雙鳳奇緣》第六十五回:"林后見這女子,舉止文雅,説話伶俐,方知是昭君之妹,暗暗稱讚道:'好個知文達理的佳人,也不枉姊妹聰明,生在一家。'"⑤"暗"作"睹",已訛作"睹"了。再説"曙"字在敦煌卷子中常見,罕見寫"睹"形的。如斯 2454《維摩五更轉》:"天將曙,命無垢,與君今爲不請友。"⑥伯 3141《五更轉》亦作"天將曙,命無垢,與君今爲不請友"。⑦ 伯 2054《十二時普教四衆依教修行》:"鷄鳴丑,曙色纔能分户牖。"⑧另外伯 2714《十二時》、⑨伯 3286《十二時》⑩均作"曙"字。伯 2054《十二時普教四衆依教修行》:"纔將曙色襯三山,漸曉微明光八表。"⑪伯 2714、⑫伯 3286⑬均作"曙"字。又伯 2054《十二時普教四衆依教修行》:"黄昏戌,有可説,鼓罷長街人不出。莫言遇夜得身閑,弄(筭)錢徹曙猶啾唧。"⑭伯 2714、⑮伯 3087⑯均作"曙"字。敦煌卷子罕見"曙"字寫"睹"的,故我認爲"睹"解讀爲"曙"是非常可疑的。既然《玉篇》、《廣雅》中都有了"曙"字,説明"曙"是當時通行的寫法,畢竟變文是俗文學,不太可能去寫古字。

"睹"字如何釋讀,特别需要結合佛教義理來解釋。楊先生認爲"睹"是"曙"的初

---

① 《磧砂大藏經》第 34 册,綫裝書局,2005 年,第 486 頁。
② 可洪:《新集藏經音義隨函録》,《中華大藏經》第 59 册,中華書局,1993 年,第 798 頁。
③ 《五虎平南後傳》,《古本小説集成》本,上海古籍出版社,1990 年,第 236 頁。
④ 《雙鳳奇緣》,《古本小説集成》本,上海古籍出版社,1990 年,第 232 頁。
⑤ 《雙鳳奇緣》,第 581 頁。
⑥ 《英藏敦煌文獻》第 4 册,四川人民出版社,1991 年,第 82 頁。
⑦ 《法藏敦煌西域文獻》第 22 册,上海古籍出版社,2002 年,第 29 頁。
⑧ 《法藏敦煌西域文獻》第 3 册,上海古籍出版社,1995 年,第 333 頁。
⑨ 《法藏敦煌西域文獻》第 17 册,上海古籍出版社,2001 年,第 331 頁。
⑩ 《法藏敦煌西域文獻》第 23 册,上海古籍出版社,2002 年,第 61 頁。
⑪ 《法藏敦煌西域文獻》第 3 册,第 334 頁。
⑫ 《法藏敦煌西域文獻》第 17 册,第 331 頁。
⑬ 《法藏敦煌西域文獻》第 23 册,第 61 頁。
⑭ 《法藏敦煌西域文獻》第 3 册,第 337 頁。
⑮ 《法藏敦煌西域文獻》第 17 册,第 332 頁。
⑯ 《法藏敦煌西域文獻》第 21 册,上海古籍出版社,2002 年,第 272 頁。

文,"假"爲給予義,"'消昏假晤'是説消除昏暗,送來光明"。趙家棟認爲:"'假晤'指日月假合而成光明。'假晤'之'假'乃'假合'之省,佛教認爲一切事物均由衆緣和合而成,暫時聚合,終必離散,是謂'假合'。"又謂:"'消昏假晤',指日月可以消除昏暗假合成光明,佛教認爲日月之明乃非實有而是一種假明,所以'日月'爲'假明日月'。"這段講經文是申講《維摩詰經·佛國品》:"佛知其念,即告之言:'於意云何?日月豈不净耶?而盲者不見。'對曰:'不也,世尊!是盲者過,非日月咎。''舍利弗!衆生罪故,不見如來佛土嚴净,非如來咎;舍利弗!我此土净,而汝不見。'"可以看出,"日月"比喻佛,日月的光明喻佛之光明。謂"假晤"是"指日月假合而成光明",其理解違背佛經的義理,甚爲明顯;且佛經中實無"假曙"這一名相。講經文是説:日月的光明,一在晝,一在夜,照四天下,消昏斷暗,功德廣大,盲者看不見日月之光,看不見佛土清净,非如來咎。必須注意的是,這段文字表面説日月之光,實喻佛之光明,所以纔説"除熱得凉"、"引導衆生"等語;"熱"謂人之熱惱,"凉"謂清凉、清净。我所説"消昏斷暗"與"除熱得凉"句式對稱,亦並無不妥,它們都是"動賓"結構,又非對聯,不須絶對工整。再説"晤"解讀爲"曙"字在文意上也有未安,"曙"確切的含義是"旦明也",即天剛亮、拂曉。比如上午、中午、下午的日光,"曙"字是概括不到的,至於有的古注説"曙,明也",那是籠統釋義,再如"天明"也是指天剛亮。更重要的是,講經文説的是"日之與月,兩耀齊明",如果説"日"勉强可説"曙","月"的光是萬萬不可用"曙"字表示的。所以我認爲"晤"是"暗"之訛。

二、攬

《英國國家圖書館藏敦煌遺書》將斯 00514 定名爲《衆經要攬并序》,據原卷"攬"作"攢",當作"攢"字。① 亦非并序,無序。斷句有誤。《敦煌寶藏》第 4 册將斯 514 定名爲《衆經要攢并序出衆經文略取妙言要義十章合成一卷》,②"攢"亦釋讀爲"攢"字;王重民先生《敦煌遺書總目索引》也將斯 0514 號卷子定名爲《衆經要攢并序出衆經文略取妙言要義十章合成一卷》。③ 按:"攢"實際上應該是"攬"字,作"覽"字用。我們看"覽"字俗寫或作"覽",參黄征《敦煌俗字典》,如 S.6825V 想爾注《老子道經》卷上:"滌除玄覽能無疵。"敦煌卷子也見"覽"寫"攬"的,S.2073《廬山遠公話》:"皇帝攬(覽)表,大悦龍顏,頻稱善哉,惟言罕有。""攬"是"攬"字,作"覽"字

---

① 方廣錩、吴芳思主編:《英國國家圖書館藏敦煌遺書》第 8 册,廣西師範大學出版社,2011 年,第 87 頁。
② 黄永武:《敦煌寶藏》第 4 册,臺灣新文豐出版公司,1981 年,第 410 頁。
③ 商務印書館編:《敦煌遺書總目索引》,中華書局,1983 年,第 119、457 頁。

用。又"攬"俗或作"擥",如《四庫全書薈要》本毛居正《六經正誤》卷首魏了翁《六經正誤序》云:"遂又挍讎增益,以申明於寧考更化之日,其於經傳,亦既博擥精擇。"《知不足齋叢書》本《相臺書塾刊正九經三傳沿革例》作:"後又校訂增益,申明於嘉定之初,其於經傳,亦既博攬精擇。"①

斯514號的定名問題,是否爲"并序",可以結合全文來考慮。録文如下(用"/"表示文字轉行):

衆經要攬,并序出衆經,文略取妙言要義,十/章,合成一卷。　　　　　/
檀章第一　尸羅章第二　羼提章第三　毗梨耶章第四/禪章第五　般若第六　出家章第七　孝順章第八/制色章第九　利養過患章第十
檀章第一/

夫日以照明爲用,月以清凉爲性。菩薩悲心,以布施爲體。見/來乞者,特生憐愍,和顏悦色,與其愛語、濡語,言語莫/生恐怖,種種安慰:汝來欲何所須? 隨意而與。能如/是者名爲生人。慳貪者見人來乞,即背其面,/是名死人。乞者甚難,難爲顏面,心懷慚愧,言色變/異,是以宜須安慰。出《大丈夫論》中　　　　/

人身甚難得,命亦不久停。財貨磨滅法,歡喜念惠施。出《阿/含經》

慳心多者,雖是堲土,重於金玉;悲心多者,雖施金玉,/輕於草木。慳心多者,喪失財寶,心大憂愁;悲心多/者,雖有財寶,無有施處,心懷悲苦。慳貪之人聞乞/糞土,猶懷悋惜,況於財物。有悲心者,無財慧施,見乞人/不忍言無,悲泣墮淚。出《大丈/夫論》中

一切衆事具,莫不由施成。施是生天道,出世之胞胎。/

夫財貨寶物,在家者非我物;施於福田中是我/物。何以故? 物施以後堅牢,在家者不堅牢。物施以/後永世樂,在家者少時樂。出《十住毗婆沙論》　　/

…………

尸羅章第二/

夫戒者入道之根源,趣聖之津路者也。然法僧住/世,唯持戒焉。若旡此戒,諸善功德,皆不得生。仏言:/菩薩持具足戒,不毁不缺,不穿不濁,欲令三千大/千世界,皆變爲水,或變爲珍寶,或變世界諸山,合/爲一山;或變世界大海合爲一海;即皆如意,旡不成/就。持戒力故,所願皆得。出《自在王經》中　　　/

---

① 鮑廷博:《知不足齋叢書》第5冊,中華書局,1999年影印,第4頁。

持戒最爲樂,身不受諸苦。睡眠得安樂,悟則心歡喜。^{出《涅槃經》中}

…………

從此卷子的具體內容可以看出,并沒有序言,這個"序"不能當作序言、序文來理解。我認爲此"并序出衆經",是説敘述出所引衆經的經名。我們看摘取的每一段話,都標明了所出經名。還有一種斷點法是"并序出衆經文,略取妙言要義"。無論哪種句讀,"序"均非序言的意思。故此卷定名爲《衆經要攢并序》是不合適的,可定名爲《衆經要攬(覽)》。

三、支 福

斯 00361《書儀鏡》之《父母喪告兄姊書》:"孟春猶寒,伏惟哥姊動止支福。"① 斯 00361《書儀鏡》中説道:"凡前人有大功已上服通弔書,極尊云:支福。次尊云:支豫。稍尊云:支勝。平云:支適、支常、支祐。卑云:支度、支遣。"② "支"是"祇"的音借字,"祇"表示恭敬義,虛化作詞綴。③ 敦煌卷子也有寫"祇敍"、"祇對"等者,如斯 00361《書儀鏡》之《與親家翁書》:"未議祇敍,無慰乃心,時嗣德音,是所望也。"④《敦煌變文校注·韓擒虎話本》:"衾(擒)虎亦(一)見,喜不自勝,祇揖蕃王,當時來射。"⑤ 元雜劇中有許多"祇揖"寫作"支揖"的,《元曲選》石君寶《魯大夫秋胡戲妻》第三折:"〔秋胡做揖科,云〕小娘子,支揖。"⑥《元曲選》高文秀《黑旋風雙獻功》第三折:"哥哥你便開門,呆廝可便與哥哥支揖。"⑦

四、丘井、丘墟

佛經中有"丘井"一詞,應作何解? 中國國家圖書館藏敦煌卷子"冬"字三七號南

---

① 方廣錩、吳芳思主編:《英國國家圖書館藏敦煌遺書》第 6 册,廣西師範大學出版社,2011 年,第 29 頁。
② 方廣錩、吳芳思主編:《英國國家圖書館藏敦煌遺書》第 6 册,第 28 頁。
③ 另可參《敦煌文獻語言詞典》"祇敵"、"祇對"、"祇供"、"祇候"等條。蔣禮鴻主編:《敦煌文獻語言詞典》,杭州大學出版社,1994 年,第 407 頁。
④ 方廣錩、吳芳思主編:《英國國家圖書館藏敦煌遺書》第 6 册,第 27 頁。
⑤ 黃征、張涌泉:《敦煌變文校注》,第 304 頁。
⑥ 臧懋循:《元曲選》,浙江古籍出版社,1998 年影印,第 259 頁。
⑦ 臧懋循:《元曲選》,第 325 頁。

朝齊釋曇景譯《佛說未曾有因緣經》卷上："憶念過去無數劫時,毗摩大國徙他山中有一野干,爲師子王追逐欲食,野干惶怖奔走,墮一丘井,不能得出,經於三日,開心分死。"又同前："禍哉今日苦所逼,便當没命於丘井。"《大正藏》本《七曜攘災决》卷上《木宫占災攘之法第三》："若至人命星起災者,當畫一神形,形如人,人身龍頭,著天衣,隨四季色,當項帶之。若過其命宿,棄於丘井中,大吉。"① 南朝宋求那跋陀羅譯《賓頭盧突羅闍爲優陀延王說法經》："昔日有人,行在曠路。逢大惡象,爲象所逐。狂懼走突,無所依怙,見一丘井,即尋樹根,入井中藏。有白黑鼠,牙齧樹根。此井四邊,有四毒蛇,欲螫其人。而此井下,有大毒龍。傍畏四蛇,下畏毒龍;所攀之樹,其根動摇。"② 《維摩詰所說經·方便品》："是身如丘井,爲老所逼。"注："什曰:丘井,丘墟枯井也。昔有人有罪於王,其人怖罪逃走,王令醉象逐之。其人怖急,自投枯井。半井得一腐草,以手執之。下有惡龍,吐毒向之。傍有五毒蛇,復欲加害。二鼠嚙草,草復將斷。大象臨其上,復欲取之。其人危苦,極大恐怖。上有一樹,樹上時有蜜滴,落其口中。以著味故,而忘怖畏。丘井,生死也。醉象,無常也。毒龍,惡道也。五毒蛇,五陰也。腐草,命根也。黑白二鼠,白月黑月也。蜜滴,五欲樂也。得蜜滴而忘怖畏者,喻衆生得五欲蜜滴不畏苦也。"③《漢語大詞典》"丘井"條云："空井;枯井。佛家常以喻老而不堪復用之身。""丘井"釋爲"空井"可從,釋爲"枯井"則未爲精確。其實"丘井"也有可能不是枯井,有水也能稱"丘井"。"丘"取空凹義。《廣雅·釋詁三》："丘,空也。"《漢書·息夫躬傳》："躬歸國,未有第宅,寄居丘亭。"顔師古注："張晏曰:'丘亭,野亭名。'此說非也。丘,空也。"《後漢書·龐參傳》："三輔山原曠遠,民庶稀疏,故縣丘城,可居者多。"李賢注："丘,空也。""丘"字我們常理解的意思是小土山、土堆,實際上它有四周高中央低的意思。《說文》："丘,一曰:四方高中央下爲丘。"《史記·孔子世家》："〔孔子〕生而首上圩頂,故因名曰丘云。字仲尼,姓孔氏。"司馬貞《索隱》："圩音烏。頂音鼎。圩頂言頂上窳也,故孔子頂如反宇。反宇者,若屋宇之反,中低而四傍高也。"這是說孔子生下來首上腦囟凹陷,如反宇,故名"丘"。"丘井"爲同義并舉,丘有凹陷、陷坑的含義,"井"也是低陷的大坑,如"礦井"。

佛經中用"丘井"比喻身體易衰朽,不可久住世間。中國人可能不容易理解這個比方,這是梵漢語言對譯不準確的問題。後來或將"丘井"翻譯爲"隧級"。唐玄奘譯

---

① 日本《大正新修大藏經》(簡稱《大正藏》)第 21 册,第 426 頁。
② 《大正藏》第 32 册,第 787 頁。
③ 僧肇等:《注維摩詰所說經》,上海古籍出版社,1990 年影印,第 34 頁。

《説無垢稱經》卷一:"是身易壞,如水隧級,常爲朽老之所逼迫。"① 慧琳《一切經音義》卷二十八"隧級"條:"辭醉反,下音急。掘地通路曰隧。隧,徑也。《聲類》:隧,延道也。級,階次也。案:西域井如此方古井也,掘地爲隧,施安隥級,入中取水也。舊經言'丘井'者,非當梵名,故依本譯也。"② 可見佛教用上下水井的磴級磨損爛壞比喻人身易衰朽。《大正藏》本窺基《説無垢稱經疏》卷三:"如水墜級者,西方水井,如此方人旁穿其井,以爲近道。近道名墜,級謂階道。以木爲蹬級,扱坑入出。亭(甲本作'其')中取水,年深日久,自致朽爛,身亦如是。或級謂級索,日久自朽,身亦如是。舊云丘井,乃意難知。"③ 按:"近道"當作"延道","延"的俗寫與"近"字形似。《中華大藏經》本可洪《新集藏經音義隨函録》卷五:"隧級:上音遂,古井中延道。"④《莊子·天地》:"鑿隧而入井,抱甕而出灌。"

"丘墟"也有坑洼、凹坑的意思,"丘"和"墟"都取虛空的含義。《爾雅·釋詁》:"壑、阬阬、滕、徵、隍、濠,虛也。"郭璞注:"壑,谿壑也。阬阬,謂阬塹也。隍,城池無水者。《方言》云:濠之言空也。皆謂丘墟耳。滕、徵未詳。"慧琳《一切經音義》卷三"溝坑"條:"下苦耕反,《爾雅》:坑,墟也。郭璞注云:塹池丘墟也。《蒼頡篇》:壑也,陷也。《説文》闕訓,《古今正字》從土、亢聲也。亢音岡。"⑤ 慧琳《音義》卷十八"溝壑"條:"下訶各反,鄭注《禮記》:壑,坑也。《爾雅》:壑,虛也。郭注云:謂坑塹丘墟耳。"⑥ 又卷三十"壑空"條:"上訶各反,顧野王云:壑,谿谷也。郭注《爾雅》云:壑,坑塹丘墟耳。"⑦ 卷九十一"溝壑"條:"下訶各反,郭注《爾雅》云:壑,坑塹也,丘墟也。《説文》:壑,亦溝也。从叡、从谷、从上(土)。"⑧ 敦煌卷子《净名經集解關中疏》:"是身如丘井,爲老所逼:丘井者,故破村落丘墟故井也。謂人物宮室移就新居,井不可改,日見崩壞。人老亦然,盛力少色,皆悉遷移,衰老形骸,留此散壞,此老壞想也。"⑨《大正藏》本《佛本行集經》卷五十一:"所有丘墟悉平滿,山陵堆阜皆坦然,尸棄如來大聖師,應感流行如是事。"⑩《大正藏》本《佛説方等般泥洹經》卷下:"阿難!諸

---

① 《大正藏》第 14 册,第 561 頁。
② 慧琳:《一切經音義》,上海古籍出版社,1986 年影印,第 1132 頁。
③ 《大正藏》第 38 册,第 1040 頁。
④ 《中華大藏經》第 59 册,中華書局,1993 年,第 713 頁。
⑤ 慧琳:《一切經音義》,上海古籍出版社,1986 年影印,第 122 頁。
⑥ 慧琳:《一切經音義》,第 676 頁。
⑦ 慧琳:《一切經音義》,第 1216 頁。
⑧ 慧琳:《一切經音義》,第 3468 頁。
⑨ 引自《藏外佛教文獻》第 2 輯,宗教文化出版社,1996 年,第 226 頁。
⑩ 《大正藏》第 3 册,第 892 頁。

佛世尊有三昧名金剛光明,住是三昧足蹈地時,三千大千諸鐵圍、大鐵圍山、須彌山王及黑山,諸溝坑谿谷山林及地皆正,高者爲卑、丘墟爲平,其地柔軟譬如好衣。"①

《水經注·潁水》:"東南逕召陵縣故城南,《春秋左傳·僖公四年》,齊桓公師于召陵,責楚貢不入,即此處也。城内有大井,徑數丈,水至清深。闞駰曰:召者,高也。其地丘墟,井深數丈,故以名焉。"②《漢語大詞典》"丘墟"條舉此語例釋爲"山陵之地"。我覺得此"丘墟"是説地凹陷下去,即四周高中央低如"丘"之狀,故有深井。《水經注·濁漳水》:"今臨側水湄,左右方一二里中,狀若丘墟,蓋遺囷故窖處也。"③《漢語大詞典》釋此爲"陵墓;墳墓",雖不能説錯,但確切的解釋是指地面凹陷、空虛大坑。當然,古代的墓而不墳,也是挖成凹陷的大坑。

現在來總結一下"丘"字爲什麽會有這樣的含義。"丘"的古字形有 ⱴ(乙四五一八)、ⱴ(粹一二○○)、ⱴ(子禾子釜)等,象中央低四周高的小山。當我們使用語言時,詞義是有强調重心的。有時詞義主要關注點是整個山形,我們就説它是個山丘,故有"小土山"、"土堆"的意思,而忽略它的山峰是凹陷的;有時詞義突出丘的中央凹陷,弱化山的特徵,故有"空"、"凹坑"一類的含義。

---

① 《大正藏》第 12 册,第 928 頁。
② 陳橋驛:《水經注校證》,中華書局,2007 年,第 516 頁。
③ 陳橋驛:《水經注校證》,第 262 頁。

《西遊記》俗語詞考釋四則*

陳 敏

（集美大學教師教育學院）

明清通俗小説大多是用當時流行的白話文寫的，所以其中藴藏着豐富的俗語詞。"俗語詞"即方俗語詞，又稱"口語詞"、"白話詞"。《西遊記》也是成就於這樣的背景下，書中記録了大量的俗語詞。本文將上海古籍出版社出版的《古本小説集成》（以下簡稱《集成》，均爲古籍原典影印本）所收入的明代世德堂本《西遊記》（以下簡稱"世本《西遊記》"）、清康熙刊本《西遊證道書》（以下簡稱《證道書》）、清乾隆刊本《西遊真詮》（以下簡稱《真詮》，該本與標點本所使用的輔校本爲"清康熙丙子原刊本"有所不同）、上海古籍出版社藏本《新説西遊記》（以下簡稱《新説》，也與標點本所使用的版本不太相同）等四個版本，并臺北天一出版社出版的《明清善本小説叢刊初編》第五輯《通易西遊正旨》（以下簡稱《正旨》）和《李卓吾先生批評西遊記》（以下簡稱《李批西遊記》）兩個版本，凡六個版本，一一與人民文學出版社 1980 年版《西遊記》（以下簡稱"標點本"）進行對校。發現其中有大量的俗語詞與俗字，這裏僅僅摘出四條，求證方家。

一、銀褐馬

1. 世本《西遊記》第十二回："再選兩个長行的從者，又銀搨的馬一疋，送爲遠行脚力。"（287 頁）"搨"，《李批西遊記》作"搨"，標點本徑改作"驃"（147 頁）。"銀搨的馬"，《證道書》、《真詮》、《正旨》均作"白馬"，《新説》則作"欽賜

---

* 本文係福建省社會科學規劃基礎研究年度項目"《西遊記》俗字考"（JAS170247）階段性成果。

你馬"。

　　2. 同上第三十二回："長老聞言，只得樂以忘憂，放轡催銀[褐]，兜[轡]（轡）趲玉龍。"（780頁）"[褐]"，《李批西遊記》作"濁"，《集成》明萬曆楊閩齋本《西遊記》作"[楬]"（358頁），《新說》作"褐"（1009頁），標點本作"驪"（372頁）。

　　按：例1、2中的"楬"、"揭"、"禓"均是"褐"的俗字。因古籍中"扌"、"衤"、"礻"三旁不別，①所以"褐"俗寫作"揭"或"禓"。又因古籍中"木"旁、"扌"旁不別，②所以"揭"又作"楬"，即"楬"也是"褐"的俗字。

　　例2中"[褐]"看起來似"燭"又似"濁"，《李批西遊記》作"濁"。無論是"燭"還是"濁"，都是因是與"褐"形近造成的訛誤，"燭"的草書作"[燭]"或"[燭]"，③其右部構件"蜀"的上半部與"曷"的上半部十分相似。現在再來具體解釋為什麼"曷"的下半部分俗寫會變成"蜀"的下半部分，因"蜀"旁俗寫或作"[曷]"，如《集成》清刊本《鳳凰池》第十三回："老夫預擇今日，已准備花[燭]，專等狀元駕到，即便合卺矣。"（366頁）同前："晏、白兩个道：'方纔小弟未來之時，老主意結了花[燭]，不怕這小畜生胡賴，然後小弟輩至，應一應故事，這是絕妙的了。'"（372頁）同前第十六回："到了院中，天子正將金蓮[燭]送到。此時玳瑁筵前花[燭]交輝；錦繡屏邊，珠翠林立。"（464頁）《集成》清刊本《宛如約》七回："到次日起個清辰，備了香[燭]，步行去瞻禮。"（105頁）可見"燭"或作"[燭]"。《集成》清刊本《枕上晨鐘》第五回："又説失了一個匣子，内有銀十兩，銀手[鐲]一對，帳薄一本。"（99頁）"[鐲]"是"鐲"的俗字。《集成》清刊本《飛花咏》第十六回："端榜眼也住了數日，方纔別了鳳儀、王夫人，[獨]往松江。"（456頁）"[獨]"即"獨"之俗字。故"蜀"的俗寫與"曷"旁往往不別。蓋"褐"俗作"[楬]"，手民以為右旁是"蜀"的俗寫，故還原後進一步訛為"[燭]"、"濁"等。標點本改成"驪"，估計是以為"[燭]"或"濁"是"驪"的訛誤字，同時又不識"[楬]"等字是"褐"的俗字。

　　以上先是解決了字形問題，明確了例1、2中確實為"銀褐馬"。"銀褐"是一種名馬，明代文獻多有記載，且所記內容幾乎無二，現僅舉兩書，一見明代郎瑛《七修續稿》卷六《事物類》"八駿"條，曰："周穆八駿之名舊矣，唐太宗八駿有圖并事，予俱載前'事物類'。成祖八駿，曾聞劉呆齋有咏，今得《名歲抄》曰龍駒、曰赤兔、曰烏兔、曰飛兔、曰飛黃、曰銀褐、曰棗騮、曰黃馬。"④二見明代田藝蘅《留青日札》第二十九卷"大

---

① 曾良：《俗字及古籍文字通例研究》，百花洲文藝出版社，2006年，第163頁。
② 曾良：《俗字及古籍文字通例研究》，第89頁。
③ 兩個草書均見《草書大字典》，中國書店，1989年，第820頁。
④ （明）郎瑛：《七修續稿》，《續修四庫全書》第1123冊，第384頁。

明名馬"條,曰:"龍駒、赤兔、烏兔、飛兔、飛黃、銀褐、棗騮、黃馬,成祖八駿名。"①可見,這八匹馬是明成祖的御用坐騎,是著名的戰馬,且其命名與顏色相關。其他明清小說中也有借用的,如《集成》明崇禎本《開闢衍繹通俗志傳》第三十回:"九太子名叔達,年十五歲,身長一丈,白面朱唇,髮剛齊眉,未冠,頭戴束髮冠,身穿紫錦袍,腰繫八寶玉帶,手持虎尾鞭,坐下<u>銀褐馬</u>。"(206頁)因"褐"與"合"音近,"銀褐馬"又多作"銀合馬",常見於明清小說,如《集成》明萬曆刊本《杜騙新書》一類《脱剥騙》之《假馬脱緞》:"棍遂騎<u>銀合馬</u>往,慶亦騎馬隨後。"(3頁)《集成》明末刊本《封神演義》第二回:"侯虎父子、衆將,急向前看時,見一員小將,束髮金冠,金抹額,雙搖兩根雉尾,大紅袍,金鎖甲,<u>銀合馬</u>,畫杆戟,面如滿月,唇若塗硃。"(52頁)《集成》清光緒刊本《狐狸緣全傳》第一回:"提絲韁舉鞭稍,指甲長天然俏,<u>銀合馬</u>把素尾搖,穩坐在馬鞍橋。"(10頁)

"銀褐馬"與"白馬"在《西遊記》中都出現了,都指的是唐僧的坐騎。那"銀褐馬"與"白馬"真的是同一種馬嗎?《南村輟耕録》卷十一《彩繪法》:"銀褐,用粉入藤黃合。"②因此,銀褐色應該是一種介於銀色與褐色之間的顏色,不是白色。而世本中關於"白馬"的字樣就有八十五處之多。這裏,《西遊記》其實是把"銀褐馬"與"白馬"混爲一談了。寫手之所以把白馬寫成銀褐馬是因爲銀褐馬是一種名貴馬,李世民作爲君王,他賜給臣子的必定是好馬,所以寫成銀褐馬,但寫手可能已經不清楚銀褐是一種什麼顏色,又與白馬混爲一談。所以,《西遊記》中唐僧的坐騎應該是白馬才是。

二、剗　馬③

1. 世本《西遊記》第十五回:"三藏無奈,只得依言,跨了<u>剗馬</u>。"(352頁)

2. 同上第十五回:"那師父也似信不信,只得又跨著<u>剗馬</u>,随著行者,徑投大路,奔西而去。"(353頁)

按:"剗馬"指的是無鞍轡的馬。例1前文"三藏道:'那無鞍轡的馬,怎生騎得?且待尋船渡過澗去,再作區處'"(352頁),即是對"剗馬"的注解。該詞常見於元曲、

---

① (明)田藝蘅:《留青日札》,《續修四庫全書》第1129册,第237頁。
② (元)陶宗儀:《南村輟耕録》,中華書局,1959年,第133頁。
③ "剗馬"與"差、蹉、蹉"詞條蒙蕭旭先生的修改或提出寶貴意見,在此一并表示感謝。關於"剗馬",蕭先生在其著作《群書校補(續)》(花木蘭文化出版社,2014年)一書中認爲"俴"爲本字,"蹉"、"驏"等字面均爲俗寫,對於"俴"是否爲本字,本人認爲還可商榷。

明清通俗小説中。《元曲釋詞》(一)收有"刬馬"條,并列舉了"刬"的多個字面,按語中説:"'刬馬'之'刬',應作'驏'(zhàn);刬、剗、搌,均以同音混用。"①《前漢書》卷一百下:"三代損益,降及秦、漢,革刬五等,制立郡縣。"顔師古注:"晋灼曰:刬音剗削之剗。師古曰:音初限反。服虔曰:刬音剪。韋昭曰:刬音鏟。刬,削也。"②可見,"刬"同"鏟",訓除去,謂除去鞍轡也。"刬"爲本字。《元曲釋詞》以"驏"爲正字,非,當是"刬"的後起分化字。《康熙字典》曰:"《正字通》:'驏,鉏版切,棧上聲,馬不施鞍轡爲驏。'《吹萬集》:'驏,不鞍而騎也。'令狐楚《少年行》:'少小邊州慣放狂,驏騎蕃馬射黃羊。'"③清翟灝《通俗編》卷三十六《雜字》:"驏,初限切,不鞍而騎也。"④

字或作"躧",比"驏"還早,字省則作"産"。《玉篇》:"躧,初産切,騎馬也。"胡吉宣校釋:"《集韻》、《類篇》皆云徒騎也。徒騎,謂不加鞍也。"⑤"徒騎"也稱"但馬"、"徒馬",就是指馬無鞍,又借字作"誕馬",見宋程大昌《演繁露》卷三"誕馬"條:"《宣和鹵簿圖》有誕馬,其制用色帛周裹一方。毡蓋覆馬脊,更不施鞍。此其爲制必有古傳,非意創矣。然名以爲誕,則其義莫究也。蔡攸輩雖加辨釋,然不協當。案《通典》:宋江夏王義恭爲孝武所忌,憂懼,故奏革諸侯國制,但馬不得過二。其字則書爲但,不書爲誕也。但者,徒也。徒馬者,有馬無鞍,如人袒裼之袒也。迹其義類,則古謂徒歌曰謡,是其比也。其所謂徒者,但有歌聲,而無鐘鼓以將也。然則謂之但馬,蓋散馬備用而不施鞍轡者也。"⑥或作"搌馬"、"鏟馬",見胡竹安《水滸詞典》"扩馬"條。⑦

《昭通方言疏證》2004條"滑馬、划馬":"划馬,昭人謂騎無鞍韂之馬曰騎划馬。元曲《敬德不伏老》第一折:'有軍士來報,某即划馬單鞭直趕至。御科園,鞭打單雄信。'三折:'見那廝划馬單鞭來意若何。'今昭俗用滑字。"⑧這個詞條存在幾個問題:一是斷句有誤,引文"有軍士來報,某即划馬單鞭直趕至。御科園,鞭打單雄信"當斷成"'有軍士來報,某即划馬單鞭直趕至御科園。'《鞭打單雄信》",如此才是。二是"划馬"當作"刬馬"。我們先對引文作了覆查,發現《脉望館鈔校古今雜劇》二十三册《敬德不伏老》"划馬"之"划"作"刬",《脉望館鈔校古今雜劇》五十八册《尉遲恭鞭打

---

① 顧學頡、王學奇:《元曲釋詞》(一),中國社會科學出版社,1983年,第224頁。
② (漢)班固撰、(唐)顔師古注:《前漢書》,《景印文淵閣四庫全書》第251册,頁415。
③ 中華書局編輯部編:《康熙字典》(檢索本),中華書局,2010年,第1445頁。
④ (清)翟灝:《通俗編》,《續修四庫全書》第194册,第636頁。
⑤ 胡吉宣:《玉篇校釋》,上海古籍出版社,1989年,第1436頁。
⑥ (宋)程大昌:《演繁露》,《景印文淵閣四庫全書》第852册,第87頁。
⑦ 胡竹安:《水滸詞典》,漢語大詞典出版社,1989年,第52頁。
⑧ 姜亮夫:《姜亮夫全集》十六《昭通方言疏證》,雲南人民出版社,2002年,第409頁。

單雄信》:"兀那厮尔風魔九伯㦿馬單鞭來意若何。"原來引文中"划馬"之"划"本作"㦿","㦿"是"躠"簡省俗字。估計是因爲形似造成的訛誤,"刬"的簡寫作"划",與"划"十分相似。《漢語方言大詞典》也收有"剗馬"一詞,并舉西南官話,以雲南昆明、昭通爲證,也引姜先生的《昭通方言疏證》爲例,①但寫作"剗",非"划"。張華文《昆明方言詞源斷代考辨》也收有"剗馬"一詞,②意義同上所述。《昭通方言疏證》中又寫作"滑馬",當是與"剗馬"同義,"滑"取光義,不是由"剗馬"而來,這裏誤將"滑馬"與"剗馬"混爲一詞了。

三、煠、扎、炿、炸

《明清通俗小説語彙研究》"炸"③條認爲"炸"是個晚出的字面,在唐代或之前寫作"咤"、"炧"、"乍"等,并指出"'炸'字的語源是取義於描摹爆裂的聲音,即爆裂時發出'咤'的響聲。'炧'與'炸'之間,只不過是换了個聲旁而已"。此書還指出了寫成"吒"、"鍺"、"扎"、"咋"等字面,結論可信,論證翔實。但我們認爲這主要討論了"炸"讀作"zhà"時的語源問題,而其讀作"zhá"時的語源如何? 這有待我們作進一步的探討。且該條所提供的關於"鍺"與"扎"的例子,也爲我們提供了不一樣的字面和語例。我們認爲該條所舉的以下兩例中的"鍺"與"扎"當是"炸"讀作"zhá"時的不同字面。見《古本小説集成》清刊本《唐鍾馗平鬼傳》第十二回:"鍾馗斬了替死鬼,油鍺了賭錢鬼并他的六個兒子老婆,還有一個暗鬼。"(118頁)或作"扎",世本《西遊記》第二十五回:"把清油拗上一鍋,燒得滚了,將孫行者下油鍋扎他一扎,與我人參樹報仇!"(619頁)關於來自《西遊記》的例句,比勘了不同的版本後,發現有這樣的異文:第二個"扎",《正旨》作"炿"。文中兩個"扎",《新説》均作"煠"。《西遊記》中還有其他的語例,如:

世本第二十五回:"且將唐三藏解下,另换新鍋,把他扎一扎,與人參樹報報仇罷。"(619頁)文中兩個"扎",《正旨》均作"炿"。

同上第二十五回:"不要扎我師父,還来扎我。"(619頁)例中第一個"扎",《正旨》作"炿"。

《説文·鬻部》:"鬻内肉及菜湯中薄出之。"段玉裁注:"内,今之納字。薄音博,

---

① 許寶華、[日]宫田一郎主編:《漢語方言大詞典》,中華書局,1999年,第2371頁。
② 張華文:《昆明方言詞源斷代考辨》,民族出版社,2002年,第220頁。
③ 曾良:《明清通俗小説語彙研究》,江西教育出版社,2009年,第296—297頁。

迫也。納肉及菜於灑湯中而迫出之,今俗所謂煠也。玄應曰:江東謂瀹爲煠。煠音助甲切。䰞今字作瀹,亦作汋。《通俗文》曰:以湯煮物曰瀹。廣雅曰:瀹,湯也。孫炎說夏礿之義曰:新菜可汋。从䰞,翟聲。"①這就是説"煠"是個方言詞,同"瀹",剛開始也是將肉或菜放在湯中煮的意思。S.6204/11《字寶碎金并序》:"煮煠,士甲反。"這裏,"煠"與"煮"放在一起,也能略窺其義。

最晚在宋代,"煠"就經常與"油"一起出現,漸漸地表示出祇有"油"的語境中才能用"煠",而不再是"湯"了。如宋代洪邁《夷堅志·乙志》卷第十五"程師回"條曰:"命其徒擊鼓吹笛奏蕃樂,燒油煠魚,香達于外。"②宋代吳自牧《夢粱錄》(清代知不足齋本第四冊)卷十六"分茶酒店"條記錄了很多菜名,如"油煠春魚"、"油煠魠鰤"、"油煠鮑"等等。這些都是將食物放在油中使其熟,這已經是現代意義上的"炸(zhá)"了。

元明也多作"煠",或又寫成"乂",是"叉"的俗字,見《古本戲曲叢刊》四集之《元刊雜劇三十種》(上冊)之《看錢奴買冤家債主》第一折:"又不曾將他去油鼎内乂,劍樹上踏。"同樣的内容,明萬曆四十四年刻本《元曲選》癸集上《看錢奴買冤家債主》第一折作:"又不曾將他去油鍋裏煠,又不曾將他去劍樹上殺。"臧懋循《音釋》:"煠,之沙切。"《全元戲曲》第四卷《看錢奴買冤家債主》則直接將"乂"或"煠"點校成"炸",③非。還見明萬曆四十四年刻本《元曲選》(壬集下)之《羅李郎大鬧相國寺雜劇》第二折:"小哥説:'我四五日不曾吃飯,那邊賣的油煠骨朵兒,你買些來我吃。'我侯興買了五貫錢的油炸骨朵兒,小哥一頓吃完,就脹死了。"《音釋》:"煠,音查。""煠",《脉望館鈔校古本今雜劇》第三十冊同劇目也作此。

又有作"渫"的,見世本第三十四回:"他當時曾下九鼎油鍋,就渫了七八日也不曾有一點淚兒。"(840頁)《李批西遊記》從此。顯然"渫"就是"煠"。而《齊民要術》卷三《種胡荽》:"作胡荽菹法:湯中渫出之,著大甕中,以暖鹽水經宿浸之。"石聲漢《今釋》:"'渫':在沸水中煮叫'渫',在沸油中煎叫'煠'。後一字,現在在全國各地的方言中,幾乎普遍保留;不過一般都錯寫成'炸'字。"④繆啓愉、繆桂龍《譯注》:"渫(chā):焯(chāo)。這字在《要術》烹飪各篇用得很多,也寫作'煠'、'煤',意思是在沸湯中暫滾一下就撈出來,目的在解去其苦、辣、澀乃至腥惡的氣味。"⑤這裏,石聲漢

---

① (清)段玉裁:《說文解字注》,上海古籍出版社,2006年,第113頁。
② (宋)洪邁《夷堅志》,《續修四庫全書》第1265冊,第98頁。
③ 王季思主編:《全元戲曲》第四卷,人民文學出版社,1999年,第134頁。
④ (北魏)賈思勰著、石聲漢校釋:《〈齊民要術〉今釋》,中華書局,2009年,第258頁。
⑤ (北魏)賈思勰著、繆啓愉、繆桂龍譯注:《〈齊民要術〉譯注》,上海古籍出版社,2009年,第180頁。

關於"渫"與"煠"的解釋有所偏差,是典型的以今義來釋古義。據上文關於"煠"的解釋,"煠"剛開始就是放在湯中煮的,何曾放到油中?而"渫"不過是"煠"的記音字而已,"炸"也不能就斷定其爲錯字。《譯注》對於"煠"的解釋太過細化,也沒有這個必要,"在沸湯中暫滚一下就撈出來",其實也是要放在湯中煮,只不過時間的長短不同罷了。

又作"劄"。世本《西遊記》第四十六回:"又奏道:'和尚身微骨嫩,俱劄化了。'"(1177頁)"劄",《李批西遊記》、《新說》均作此。《元曲選》臧懋循《音釋》"扎"與"劄"并作"莊洒切",可見二者音同。

就目前所看到的語料,"煠"寫成"炸"的字面是在清代才出現的,但《漢語大字典》與《漢語大詞典》所舉均爲《兒女英雄傳》的語例,較晚的至遲在《紅樓夢》裏就已經出現了,見《脂硯齋重評石頭記》(庚辰本影印)第四十一回:"你把纔下來的茄子把皮劊了,只要净肉,切成碎釘子,用雞油炸了。"(938頁)"劊"當是"劉"訛俗字。

綜上,"炸"讀作"zhá"時當來源於"煠",又作"乂(叉)"、"扎"、"灺"、"鐟"等字面。原指的是放在湯里煮熟,后漸漸地放在油里也用"煠",之後,則完全被"油"這個載體所取代,并成爲一種烹調方法,如《現代漢語詞典》"炸"條讀作"zhá"時的第一義項即爲:"烹調方法,把食物放在煮沸的油里弄熟。"①

四、差、蹉、蹉

1. 世本《西遊記》第三十四回:"那大聖在樹(柱)根下爬差,忽驚動八戒。"(851頁)

2. 同上第三十四回:"真個甚有見識:走上廳,對那怪扯個腿子道:'大王,你看那孫行者拴在柱上,左右爬蹉,磨壞那根金繩,得一根粗壯些的繩子换將下來纔好。'"(853頁)

3. 同上第四十六回:"你就把我鎖在鐵柱子上,我也要上下爬蹉,莫想坐得住。"(1156頁)

按:例1、2中"爬差"之"差"、"爬蹉"之"蹉",《李批西遊記》、《證道書》、《真詮》、《正旨》均作"蹉",《新說》、標點本作"蹉"。例3的"蹉",《李批西遊記》也作"蹉",《新說》作"踏"(1462頁)。"爬差"、"爬蹉"或"爬踏",《漢語大詞典》均未收

---

① 中國社會科學院語言研究所詞典編輯室編:《現代漢語詞典》(增補本),商務印書館,2002年,第1577頁。

入,其收入的爲"爬蹉"一詞,解釋作"来回爬动磨搓",所舉語例正是例2。

《新説》"踏"當是"蹉"的形訛字。"爬差",至遲在唐代就已經出現,但詞形有所不同,韓愈《新刊經進詳注昌黎先生文集》宋刻本卷五《月蝕詩効玉川子作》:"把沙脚手鈍,誰使汝解緣青冥。"注:"把,一作爬。把沙,音巴查。"①清胡文英《吴下方言考》卷四有"爬沙"條曰:"韓昌詩:爬沙手脚笨。案:爬,地行也。沙,語助辭。爬沙:行地甚遲也。今吴諺於伏行之物輒目之曰爬沙。"②顧學頡、王學奇《元曲釋詞》(一)收有"扒沙"一詞,又作"扒扠":"扒沙,扒扠,都是爬行的意思。或作杷沙、爬沙,如韓愈《月蝕詩効玉川子作》:'杷沙脚手鈍。'楊萬里《和蕭判官》:'尚策爬沙追歷塊。'或作扒叉,如明無名氏雜劇《南極登仙》三折:'四脚扒叉水上遊。'義均同。宋沈遘《沈文通集》:'四脚爬沙脚如戟'句中的'爬沙',是叉枒分開意。北語呼并紐濁音字,俱同幫紐,故'爬'作'扒'。杷、扒同音混同。"③《吴下方言考》與《元曲釋詞》都引了韓愈的詩,但跟宋刻本又有所不同,根據宋代的注,"把"、"爬"是異文的關係,而"杷"估計是"把"的俗字,因古籍中"木"、"扌"不別造成的。

《古本戲曲叢刊》四集之《元刊雜劇三十種》(上册)之《看錢奴買冤家債主》第一折:"又不曾將他去油鼎内乂,劍樹上蹉。"同樣的内容,明萬曆四十四年刻本《元曲選》癸集上《看錢奴買冤家債主》第一折作:"又不曾將他去油鍋裏煠,又不曾將他去劍樹上殺。"可見,"蹉"、"殺"音同。又因"沙"與"殺"同音,故"蹉"與"沙"也是音同的關係,所以例2、3中的"爬蹉"也即"爬沙",而例1與例2講的是同一件事,"爬差"就是"爬蹉"。

上文主要列舉了"爬差"的各種字面,并對其進行了解釋,其中清代胡文英認爲"沙"是語助詞,有誤,"沙"當是"蹉"的記音字。"爬沙"是由"摩沙"、"抹殺"、"末殺"等音轉而來,④《釋名》:"摩娑,猶末殺也,手上下之言也。"手上下摩動爲摩娑,詞義擴大,脚動亦爲摩娑,唐宋以後,音變作"爬沙",而"爬沙"正字似又當作"跋蹩"。《玉篇·足部》:"跋,跋蹩,行皃。"⑤《廣韻·曷韻》:"蹩,跋蹩,行皃也。"《説文解字繫傳》:"臣鍇曰:《莊子》曰:'蹩躠爲仁。'小行也。"⑥《龍龕手鏡·足部》:"蹩,音薛,跋

---

① (唐)韓愈,(宋)文讜注、王儔補注:《新刊經進詳注昌黎先生文集》,《續修四庫全書》第1309册,上海古籍出版社,第469頁。
② (清)胡文英:《吴下方言考》,《續修四庫全書》第195册,第32頁。
③ 顧學頡、王學奇:《元曲釋詞》(一),第33頁。
④ 關於"爬沙"的音轉,具體參看蕭旭《群書校補(續)》,花木蘭文化出版社,2014年,第2459—2469頁。
⑤ (梁)顧野王:《大廣益會玉篇》,中華書局,2004年,第34頁。
⑥ (南唐)徐鍇:《説文解字繫傳》(影印本),中華書局,1998年,第39頁。

蹩,行不正皃。"①《集韻》:"蹩,跋蹩,行不正。或作蘖,通作殺。""跋蘖"指行動遲緩貌。清吴玉搢《别雅》曰:"弊殺、徽循、嫛屑,蟞蘖也。《莊子·馬蹄篇》:'蟞蘖爲仁。'崔譔、向秀二本皆作'弊殺'。按,《釋文》:蘖,本悉結反,又素葛反,與殺音相近,故古本或通作'殺'字,以音同也,今皆讀'屑'。《廣韻·葛韻》載'蘖'字,《屑韻》載'蹩'字,'蘖'爲'跋蘖,行貌','蹩'爲'蟞蹩,旋行',音義各分。其實'蟞蹩'即'蟞蘖','行貌'即'旋行',一字而二音耳,足字在旁在下無異也。觀《莊子》'蟞蘖'一作'弊殺',《釋文》具兩音,可知《史記·司馬相如·上林賦》'媥姺徽循',《漢書》、《文選》俱作'嫛屑',音義皆與'蟞蘖'通。"②

---

① (遼) 釋行均:《龍龕手鏡》(高麗本),中華書局,2006 年,第 467 頁。
② 《景印文淵閣四庫全書》第 222 册,(清) 吴玉搢:《别雅》,第 758 頁。

閩語量詞"奇"字探源

——兼論漢語量詞發生動因

時 兵

（安徽大學文學院）

    閩語中有量詞"奇"字（福建廈門和福州 khia^{55}、建甌 khuɛ^{54}、廣東揭東 kha^{33}、雷州 kha^{24}、海南屯昌 xa^{213}），可稱量成對事物中的一個，如：[1]

    （1）廈門話："一奇鞋"、"一奇箸"
          福州話："蜀一奇鞋"、"五奇箸"
          揭東話："一奇襪"、"一奇耳鈎"
          雷州話："一奇糜箸"、"一奇手指"

    其實，"奇"字的量詞用法最早可追溯到殷商卜辭，如：

    （2）古示十屯又一丿（奇），賓。（《甲骨文合集》17581，以下簡稱《合集》）
    （3）十屯又一丨（奇），互。（《合集》17663）
    （4）旻示四屯又一肩（奇），互。（《合集》15734）[2]

    上三例"屯"字是指肩胛骨一對，而"奇"字是指用來稱量一對肩胛骨中的一塊。其後，量詞"奇"字亦見於秦漢文獻，如：

---

[1] 本文漢語方言語料多引自《現代漢語方言大詞典》、《漢語方言大詞典》、《福建縣市方言志 12 種》等，以下均不出注。
[2] 例句引自李家浩《仰天湖楚簡十三號考釋》，《著名中青年語言學家自選集·李家浩卷》，安徽教育出版社，2002 年，第 218 頁；楊澤生《甲骨文"丿"讀爲"奇"申論》，《華學》第 8 輯，紫禁城出版社，2006 年，第 94 頁。

(5) 男子西有纍秦綦履一兩,去男子其一奇六步,一十步。(《睡虎地秦墓竹簡·封診式》)

(6) 漆杯兩雙一奇。(江陵高臺漢墓木牘 M18：35 丁)

(7) 乘輿鐵股衣二百廿五兩一奇……乘輿鐵罷七十四兩一奇。(《尹灣漢墓簡牘》M6：6 正)

(8) 夫衛國雖貧,豈無文履一奇,以易十稷(穆)之繡哉?(《説苑·反質》)

例(5)"其一奇"猶言"(鞋)一隻"。例(6)、(7)中"X 雙/兩一奇"與殷墟卜辭"X 屯又一奇"結構相仿。另外,在現代閩南語中也有此類結構,如南安市方言"六雙蜀奇",它們之間可能有繼承關係。

"奇",《說文·五上·可部》云:"異也。一曰不耦。"戴侗《六書故·卷九》云"奇","別作踦"。徐灝《說文解字注箋》引戴侗說:"奇,從立,可省聲。一足立也。別作踦。奇古踦字。"其說甚是。"踦",《說文·二下·足部》云"一足也",又《方言·卷二》:"倚、踦,奇也。自關而西秦晉之間,凡全物而體不具謂之倚,梁楚之間謂之踦。雍梁之西郊,凡支體不具者謂之踦。"以"奇"爲"踦"的用例如《睡虎地秦墓竹簡·封診式》"肘膝□□□到□兩足下奇(踦),潰一所"。

另外,在古文獻中亦見"踦"作量詞的用例,如:

(9) 其獄一踦腓(菲)、一踦屨而當死。(《管子·侈靡》)

"踦"與"奇"又都可以用來注釋表"二者之一"的"隻"字,如《春秋公羊傳·僖公三十三年》"匹馬隻輪無反者",何休注:"隻,踦也",又《玉篇·隹部》"隻,奇也,一枚也",可見"踦"與"奇"均有"隻"義。由此,筆者以爲量詞"奇"的用法最初是來源於"踦",因爲"足"作爲人體器官是成雙成對的,但在使用上却又是獨立的,就像漢語"足"本單複數同形,強調雙數時才説"雙足"。類似的虛化過程亦見於閩語,如"骹"(福建建甌 khau^{54}、仙遊 khp^{44}、大田前路 kha^{33}),其訓讀字爲"脚"(海南海口 xa^{34}、廣東海康 kha^{24}、揭陽 kha^{33}),它們作名詞是"指大腿根至脚趾尖或脚跟的全長",虛化爲量詞也是"稱量成對事物中的一個",如:

(10) 建甌話:"一骹箸"、"一骹襪"
　　　仙遊話:"一骹鞋"
　　　海口話:"一脚鞋"、"一脚襪"、"一脚鐲"、"一脚耳環"、"一脚箸"。

如果我們把考察範圍擴大到中國境内所有的語言,就會發現上述語法化現象是具有一定普遍性的。先看一組量、名同形的例子,它們既可稱量"成對中的單只",又可作名詞表"腿"、"脚"等義(具體語義見括弧内説明),前者無疑是後者虚化的結果,如:①

(11) 龍州壯語:kha^{24}(脚、腿)　　龍勝壯語:ka^{53}(腿)
　　　寧明壯語:ha^{343}(脚、腿)　　布依語:ka^{33}(小腿)
　　　黎語:khok^{55}(脚)　　　　　文馬壯語:kho^{31}(脚)
　　　佯僙語:ten^{11}(脚)　　　　 滇東北苗語:tshai^{11}(腿)②

上例中 kha^{24} 至 ka^{33} 四詞是同源詞,自李方桂先生始便認爲它們與漢語"股"相對應,③其後邢公畹先生、潘悟雲先生均從之,④但也有學者認爲當與閩語"骹"對應。⑤ 現在看來,不排除 kha^{24} 與漢、閩語"奇"字對應的可能,這樣就可以把漢語、閩語、侗台語的材料全部貫穿起來。至於如何解釋"奇"與 kha^{24} 在各自語言及方言中量名同形的現象,是發生學關係還是類型學關係,則有待於深入研究。

接下來再看一組量、名部分同形的例子,名詞都是雙音節,而量詞與名詞後一個音節相同,如:

(12) 傈僳語:phε55(tɕhi53 phε55 脚)　　永勝彝語:pha33(tɕhi55 pha33 脚)
　　　文山彝語:pɯ55(tɕhi21 pɯ55 脚)　　果力柔若語:pho53(po55pho53 大腿)
　　　瓊山臨高語:kon35(kok44kon35 腿)

上面括弧中的雙音節名詞結構可分析爲"名+量",其中第一個音節原本就表示"腿"或"脚"等義,如彝語 tɕhi、臨高語 kok 等;第二個音節便是稱量"成對中的單只"。其實這些量詞最初也可能是來源於與"腿"、"脚"相關的名詞,譬如彝語的 pha、柔若

---

① 本文少數民族語料引自《壯語方言研究》、《黎語簡志》、《佯僙語研究》、《苗瑶語方言詞彙集》、《雲南彝語方言詞語彙編》、《柔若語研究》等,以下均不出注。
② 龍州壯語、黎語、佯僙語、滇東北苗語的例子引自時兵《關於〈合補〉9264 的文字與語言學分析》,《中國文字學報》第 5 輯,商務印書館,2014 年,第 68 頁。
③ Fang Kuei Li, *Sino-Tai*, PaPers for the 1st Japan-US Joind Scminar on East & South-east Asian Linguistics, ToKyo, 1976.
④ 邢公畹:《論漢語台語"關係字"的研究》,《民族語文》1989 年第 1 期;潘悟雲:《對華澳語系假説的若干支持材料》,《著名中青年語言學家自選集·潘悟雲卷》,安徽教育出版社,2002 年,第 163 頁。
⑤ 鄧曉華:《南方漢語中的古南島語成分》,《民族語文》1994 年第 3 期。

語的 pho,應源自本尼迪克特構擬的原始藏緬語 *pa(手心、脚底)。① 現將本尼迪克特搜集的材料轉録如下:

怒語 ur-pha"手心",米里語 lak-po<*-pa"手心",le-po"脚底",緬語 bhǎwà(phǎwà)"手心、脚底",加羅語 dźak-pha"手心",dźa-pha"脚底",但克欽語是 ləphan<* lak-phan。②

除藏緬語外,pa 表"腿"義還見於侗台語,如倪大白先生指出:印尼語 paha"腿",侗語、侗語、毛南語跟印尼語第一個同源,壯語、布依語、傣語、佬語、黎語跟第二個音節同源。"水語内部有 pa1 和 qa1 兩種説法,分別跟印尼語的第一、二音節同源。"③潘悟雲先生也認爲水語中 pa、qa 同源。④ 不過,根據新西蘭奥克蘭大學南島語核心辭彙資料庫(http://language.psy.auckland.ac.nz/austronesian/)提供的資料,原始南島語是*qaqay(腿、脚)。paha 可能是後起的形式,其中 pa-的來源不排除借自藏緬語。

綜上,量詞"奇"(用以稱量成對事物中一個)早見於殷商時期的漢語文獻,并一直延續至漢;其後便不見於傳世文獻,惟在閩語中得以保存,甚是可貴。

另外,量詞"奇"字的較早使用,有其區别語義的現實需要。譬如《合集》35211"骨十骨",⑤第一個"骨"字是名詞,是指"肩胛骨";第二個"骨"字是反響型量詞(echo classifier),但到底是"十對肩胛骨"還是"十片肩胛骨"呢? 這便有了歧義,因爲漢語名詞單複數同形,而量詞"屯"與"奇"的使用就可以消除這種表達上的模糊。現代漢語也是如此,比如説"我脚痛",便有"一雙脚都痛"和"一隻脚痛"兩種可能,但用了量詞"雙"或"只"後,就可消除歧義。在名詞單複數有詞形變化的語言中,就不存在這種問題,my feet hurt 和 my foot hurt 區别得很清楚。

由這個例子可以看出,某些量詞的産生確實是對名詞數範疇缺乏形態變化的一種補償,Aikenvald 關於名詞分類機制的設想有一定道理。⑥ 不過,就總體而言,漢語

---

① 本尼迪克特:《漢藏語言概論》(樂賽月、羅美珍譯),中國社會科學院民族研究所,1984 年,第 104 頁。
② 本尼迪克特又指出:*pa 現在應構擬爲*pwa,而在原始漢藏語中可能是*b-wa。參見本尼迪克特《漢藏語言概論》(樂賽月、羅美珍譯),第 201 頁。
③ 倪大白:《侗台語概論》,中央民族學院出版社,1990 年,第 325 頁。
④ 潘悟雲:《對華澳語系假説的若干支持材料》,《著名中青年語言學家自選集·潘悟雲卷》,安徽教育出版社,2002 年,第 163 頁。
⑤ 張玉金:《甲骨文語法學》,學林出版社,2001 年,第 20 頁。
⑥ Aikhenvald, Alexandra Y. *Classifiers: A Typology of Noun Categorization Devices*, Oxford: Oxford University Press, 2000.

量詞的產生與發展主要是語用驅動。下面以一段現代漢語口語對話爲例來加以分析，例句引自《漢語會話301句》第12課"會話"部分的"我要買毛衣"：

大　衛：小姐，我看看那件毛衣。
售貨員：好。
大　衛：我可以試試嗎？
售貨員：您試一下吧。
瑪　麗：這件太短了。
售貨員：您試試那件。
大　衛：好，我再試一下兒。
瑪　麗：這件不大也不小。
大　衛：好極了，我就買這件。

原課文針對"這件太短了"這句有注解，即"句中省略了中心語'毛衣'。在語言環境清楚時，中心語可以省略"。[1] 其實在日常對話中，把量詞後面的名詞語省去是極平常的事，因此量詞便"具有名詞代替語（Pro-forms）即代名詞的性質"，[2]其功能類似於英語的稱代詞one，原課文正是把"這件太短了"譯作This one is too short。不過，量詞的替代要比one具體得多，因爲它們本身就已包含名詞所指事物的形狀或功能的特徵。[3] 因此，可以說避免名詞尤其是雙音節名詞的重複是漢語量詞使用的最大內驅力，用單音節的量詞來替換雙音節的名詞正符合語言經濟原則的要求。

在量詞的跨語言調查中，其替代名詞的用法被稱爲"回指"（Anaphoric）功能，被認爲是量詞的重要功能之一，例如：（以下例句格式作統一處理，與原文略有差異）

(13) Siamese (Conklin 1981：76)

khun^1 hen^5 pet^4 kii^4　tua^1/hok^2 tua^1

see duck how many BODY six BODY

'How many ducks did you see?' 'Six'

(14) Vietnamese (Nguyen-Dinh-Hoa 1957：130)

Tôi có hai quyên sách, một quyên mong, một quyên dây

---

[1] 康玉華、來思平：《漢語會話301句》，第103—105頁。以下涉及該課文內容均出於此。
[2] 劉丹青：《語言庫藏類型學構想》，《當代語言學》2011年第4期。
[3] 劉丹青先生在分析壯語量詞功能時就已指出，"one的解讀完全取決於語境，而壯語量詞則提供了名詞的類別信息"。參考文獻同②。

'I have two books, one thin and one thick.'①

(15) Tzotzil(De Leon 1987: 54)

jay　　ch'ix　　　　　cha-k'an
INTER　NUM.CL: LONGISH　2p-want

'How many (longish ones) do you want?'②

(16) Tuyuca

bɨɨ-ro　　　bɨɨ--wɨ　　　　　ati-gá　　　　　sɨɨ-gã
hɨɨ-wa
like-ADV　　like-INAM.PAST.EV　　this-CL.3D.general
snail-CL.3D.general say-IMP

'Say, "This snail was like that."'③

(17) Hmong(Mottin 1978: 57)

kuv lub tsev　　txawv　　　koj lub.
I　CL house　be different you CL

'My house is different from yours.'

(18) Thai(Conklin 1981: 76)

màakrúk sămráp nỳŋ mii　máa sìi　tua, sĭi-dam　　sǒoŋ tua, sĭi-dɛɛŋ
sǒɔŋ tua.
chess　Q: set　one have horse four CL colour-black two　CL colour-white two CL

'A chess set has four knights, two black and two red.'④

量詞的"回指"從指稱上看大致可以分成同指與同類指兩類,同指是指量詞替代

---

① 例(13)(14)轉引自 Downing, Pamela A. "The Anaphoric Use of Classifiers in Japanese," Craig, Colette G. (ed) *Noun Classes and Categorization*, Amsterdam/Philadelphia: John Benjamins Publishing Company, 1986, pp.345 – 376。

② 例(15)轉引自 Aikhenvald, Alexandra Y. *Classifiers: A Typology of Noun Categorization Devices*, Oxford: Oxford University Press, 2000, p.330。

③ 該例引自 Barnes, Janet. "Classifiers in Tuyuca," Payne, Doris L. (ed) *Amazonian Linguistics: Studies in Lowland South American Languages*., Austin: University of Texas Press, 1990, pp.273 – 292。

④ 例(17)(18)轉引自 Bisang, Walter. "Classifiers in East and Southeast Asian languages: Counting and beyond," Gvozdanovic, Jadranka. (ed) *Numeral Types and Changes Worldwide*, Berlin: Walter de Gruyter, 1999, pp.113 – 186。

的名詞與先行詞所指爲同一事物,而同類指是指替代的名詞與先行詞所指爲同一類事物,而非同一事物。① 以上舉"我要買毛衣"的會話爲例:第五句"這件太短了"中"件"後面省略的成分和第一句中"毛衣"所指爲同一事物,因此第五句中的"件"是同指;第六句"您試試那件"中"件"後面省略的成分和前面的"毛衣"所指非同一事物,因此這句中的"件"是同類指。

不過需要指出的是,量詞的"回指"是一種複合型回指。仍以"這件(毛衣)太短了"爲例,其中可能重複的名詞"毛衣"通過省略造成"零形式回指";同時量詞"件"通過重複造成回指。如果量詞是首次出現且其後的名詞省略,例如"我要買毛衣$_i$,可以試試那件ø$_i$嗎?"這裏的ø與"件"同時回指"毛衣",其中ø直接回指先行詞,"件"是間接回指,或可稱爲"搭橋式互參回指"(Bridging cross-reference anaphora)。

由上述分析可以看出,回指是量詞的一個重要的語用功能,它不僅豐富了漢語回指的手段,同時也促進了量詞自身的發生與發展。譬如筆者曾論及漢語"數+量+名"序列的形成必須經歷"數+量"獨立使用的階段,② 由此可見省略名詞的"數+量"結構見於漢語量詞發展的各個時期。不過,由於歷史文獻的書面語性質,獨立使用"數+量"的普遍性在統計上未必能被充分展現出來。譬如上舉對話中倒數第二句"這件不大也不小",在該課文"句子"部分被説成"這件衣服不大也不小",以今律古,由此可見一斑。

---

① Lyons 等學者把"同類指"稱爲 pronouns-of-laziness。參見 Lyons, John. *Semantics* (Volume 2), Oxford: Oxford University Press, 1977, p.674. Huang, Yan 稱之爲'Lazy'anaphora 和 N-anaphora。參見 Huang, Yan. *Anaphora: A Cross-linguistic Study*, Oxford: Oxford University Press, 2000, pp.3－7。
② 時兵:《出土文獻量詞示例三則》,《淮北師範大學學報》2013 年第 4 期。

漢語方言入聲韻尾演變研究述評

粟華益

（安徽大學文學院）

"衡量一種學術成果的價值，要看它是否總結和發展了在此之前的研究成就，是否提出了以往未曾有過的論題，引導學術研究的深入發展，是否在繼承和創新方面作出了貢獻。"（熊正輝、張振興 2008）從 20 世紀初中國進行現代意義的方言調查至今，複雜的入聲韻尾情況得以呈現出來。關於入聲韻尾的研究成果豐碩，總結這些研究有助於深入探討入聲韻尾的演變。現有研究主要有四個方面：一是從宏觀角度研究漢語方言的韻尾演變，二是從微觀角度研究方言區或方言點的韻尾演變，三是特殊韻尾專題研究，四是討論影響韻尾演變的因素。

一、宏 觀 分 析

宏觀分析有兩個角度：一是縱向分析歷代韻書考察韻尾的歷時演變，二是橫向分析現代漢語各方言韻尾的情況推測入聲韻尾的演變。但事實上這兩個角度經常一起使用，考察歷代韻書時會參考現代方言，考察現代方言韻尾演變時會拿歷代韻書作佐證。

（一）從歷代韻書考察韻尾演變

《漢語語音史》（王力 1985：505—515）第十章"歷代語音發展總表"依據各時代的韻書和韻文，排列了各時代入聲的韻尾情況。根據此表，上古時期的長入到了南北朝時期消失塞尾變讀去聲；短入保持-p、-t、-k 直到宋代出現合并，曾梗攝開合口三四

---

* 本文是筆者博士學位論文《漢語方言入聲韻尾演變研究》中的一節。本文參閱的文獻截至 2011 年 5 月。

等-k 尾變成了-t,合并後的-p、-t、-k 尾到了元代就全部消失;塞尾消失後部分入聲韻主元音變化,部分增加了元音尾,部分保持主元音不變。但入聲韻不是直接變成了陰聲韻,"入聲韻尾-p、-t、-k 的消失,大約經過合并爲韻尾-ʔ 的階段。我們設想,合并爲-ʔ 之後,大約還在經過短入變長入的階段,然後由於元音延長,導致後面輔音-ʔ 的脱落"(王力 1985:542)。此觀點後被許多文獻談及入聲韻尾演變時引用。但有三點需進一步討論:-p、-t、-k 尾在宋元之際以何種方式變成-ʔ?變成-ʔ 是否是-p、-t、-k 尾演變的唯一出路?這種演變過程適用於整個漢語方言還是只適用於北方方言從古至今的演變?

《唐五代西北方音》(羅常培 1933:68)認爲入聲韻尾的演變呈現南北差異:從上古到中古再到現代,-p、-t、-k 仍保持在大多數南方方言裏,吳語變爲喉塞尾;北方方言在中古時期-p、-t、-k 弱化爲濁塞音-b、-d(-r)、-g,繼而弱化爲濁擦音-β、-ð、-ɣ,最後消失輔音韻尾,與陰聲韻從上古到中古的演變過程相同。如下:

上古音		中古音		近代音
*-b *-d *-g > *-β *-ð *-ɣ	>	無收聲之陰韻	→	→全國方言
			→	→廣州、客家、汕頭、廈門
*-p *-t *-k	>	-p-t-k	→	→吳語-ʔ
		→ -b-d(-r)-g	>-β-ð-ɣ	→官話、西南方言等

此觀點有啓發性。北方方言入聲韻尾的演變過程是不同於南方方言,還是經過了南方方言正在走的演變過程?南方方言的演變過程或途徑能否解釋北方方言韻尾的演變過程?此外文中指出了入聲韻尾演變的一條重要途徑:-t 弱化爲-r。儘管早在 1933 年此觀點就被提出,但很久以後才引起注意。今天贛語和江淮官話部分方言的鼻音韻尾或邊音韻尾可證實入聲韻尾演變的"另一個方向是弱化、濁音化以致轉化爲發音部位相同或相近的鼻音韻或元音尾韻。這是沿着原來的發音部位改變發音方法的縱向遞變"(李如龍、張雙慶 1996:318)。

《宋代汴洛語音考》(周祖謨 1966)認爲北宋汴洛方音中咸深攝部分音節保持-p 尾而山臻、宕江曾梗通攝消失塞尾,即-p、-t、-k 分別變成-p、Ø、Ø;入聲韻失去塞尾後與陰聲韻相承,"是入聲字之收尾久已失去,以其元音與所配之陰聲相近或相同,故列爲一貫耳";"然其聲調當較短較促,自與平上去不同",但還保持着入聲調。《從回鶻文〈玄奘傳〉看西北方言入聲的演化》(黃艾榕等 1999)認爲中古音系-p、-t、-k 尾在 11 世紀西北方言中變成了-p、-r、-ɣ。該文聯繫宋代汴洛方音的-p、Ø、Ø 韻尾演變類型,認爲入聲韻尾可走另一條演變過程:-p、-t、-k>-p、-r、-ɣ>-p、Ø、-Ø>Ø。此文對入聲韻尾演變的思考與王力、羅常培等觀點不同,有新意。

(二) 從漢語方言考察韻尾演變

從漢語方言入聲韻尾的今讀情況來考察韻尾的歷時演變,會因所見方言材料不同而得出不同結論。但科學研究本來就是不斷進步的,每一階段基於當時條件的研究成果都爲後續研究做好了階梯。

《論入聲》(許寶華 1984)對入聲調、入聲韻尾做了多方面分析,其中關於韻尾演變的論點較多,儘管部分是從歷代韻書研究中得到的,但對於現代方言的韻尾演變研究很有啓發性。第一,作者敏銳地注意到從上古到中古部分入聲韻尾發生了轉化,轉化條件與入聲韻主元音類型關係密切:① 受圓唇後元音的異化作用-p>-t,② 在前元音 i 的影響下-k>-t,③ 在前元音 i 的影響下-p>-t,在低元音 a 後面也有-p>-t 的現象。第二,文章分析了入聲韻尾從中古發展到《中原音韻》的情況後考察了漢語方言中各種韻尾演變的類型,分析了入聲韻消失塞尾後入聲調的演變。第三,文章指出"從語言地理學的角度來考察,無疑可以看出漢語入聲的消失過程,大致是由點到面、由北而南地進行的",提出了入聲韻尾演變序列,如下:

$$
\text{-p、-t、-k} \begin{array}{c} \nearrow \text{-k、-t、-ʔ} \rightarrow \text{-k、-ʔ} \searrow \\ \\ \searrow \text{-p、-k、-ʔ} \rightarrow \text{-p、-ʔ} \nearrow \end{array} \text{-ʔ} \rightarrow \text{-∅}
$$

此外,文章指出韻尾演變過程中可能經過變成-r 或-l 的較爲特殊過程,如湖北通城話。這可看作是對羅常培(1933)觀點的繼承和發展。

《從今南方諸方言推測古入聲韻尾脱落的過程》(李永明 1986)依次考察了粵語廣州話、客家梅縣話、閩語廈門話、贛語南昌話、閩語潮安話、閩語澄海話、閩語福州話、吳語蘇州話、湘語長沙話的韻尾情況,討論了各方言韻尾的演變情況,分析了-k>-t、閩南話部分-p、-t、-k>-ʔ 等現象,其中提到的諸如陽聲韻鼻音尾與入聲韻塞音尾同步演變的觀點等很有見地。文章最後總結了韻尾演變的七種類型,摘錄如下:

中古	廣州/梅縣	廈門	南昌	潮安	澄海	福州/蘇州	長沙/北京
-p	-p	-p	—	-p	—	—	—
-t	-t	-t	-t	—	—	—	—
-k	-k	-k	-k	-k	-k	—	—
—	—	-ʔ	—	-ʔ	-ʔ	-ʔ	—

《Cross-dialectal comparison: A case study and some theoretical considerations》（Matthew Chen 1973）和《漢語方言入聲音節的生理特徵——兼論入聲韻尾的歷時變化》（岩田禮 1992）兩篇文章關於韻尾演變的觀點具有一定的連貫性，但也有差異。Chen 文認爲中古-p、-t、-k 演變的最早一步是部分-t 幷入-k，然後-p 幷入-t，而-p、-t 合幷後不久都幷入-k，來自-p、-t、-k 的-k 最終變爲-ʔ。可能是限於所見材料，此觀點有很大的討論空間。岩田文比較謹慎，只指出-p、-t、-k 最終都要弱化爲-ʔ，認爲具體弱化過程還需再討論。如下：

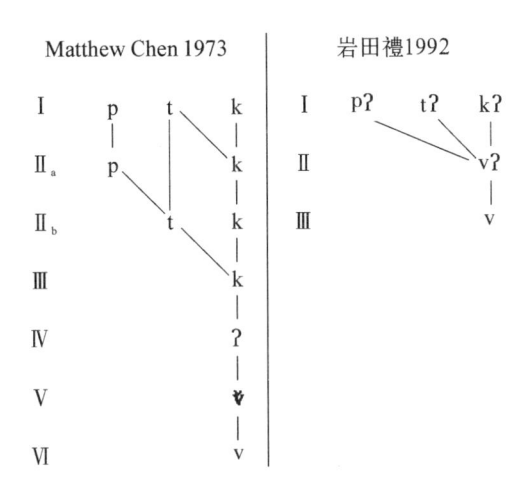

```
        Matthew Chen 1973              岩田禮1992
 I       p     t     k          I      pʔ    tʔ    kʔ
         |     |     |                  \    |    /
 IIₐ     p           k          II             vʔ
         |           |                         |
 II_b          t     k          III            v
               |     |
 III                 k
                     |
 IV                  ʔ
                     |
 V                   v̆
                     |
 VI                  v
```

隨着方言材料的日益豐富，入聲韻尾演變的研究空間越來越大，研究角度相應增加了地理語言學等。《中國入聲之地理研究》（後藤朝太郎 1931）較早作了嘗試，文中所畫"入聲-k，-t，-p 分布現狀圖"大致展示了當時漢語方言入聲韻尾的分布情況。《澄海方言咸深二攝閉口韻尾的地理分布研究》（鄒珣 2007）分析廣東澄海方言咸深攝入聲韻尾的演變，幷預測其演變方向，結論有說服力。但目前從這種角度研究韻尾演變的文獻很少。

限於本文對文獻的收集範圍，暫時未見以某個言語社區爲對象，從社會語言學角度研究入聲韻尾演變的文章。從社會語言學角度考察入聲韻尾的演變是一條重要研究途徑，共時層面的演變現象能反映歷時的演變過程。

（三）參考漢藏語及海外譯音考察韻尾演變

民族語言研究者在探討民族語塞音韻尾時會參考漢語方言入聲韻尾的演變情況，也有學者把漢藏語的塞音韻尾放在一起對比、考察，代表性研究有《試論漢藏語系輔音韻尾的消失趨勢》（李敬忠 1989）、《論漢藏語系語言塞音韻尾的發展演變》（石林、黃勇 1997）。前文把漢藏語系中鼻音韻尾的演變與塞音韻尾的演變放在一起，從二者演變同步性角度考察韻尾演變。後文討論漢藏語系塞音韻尾演變的共性與差異,分析塞音韻尾的結構特點、演變規律、發展方向和演變原因,涉及元音長短對韻尾的影響,塞音韻尾弱化爲鼻音、邊音等問題。

漢語歷史上不同時代流入海外的譯音對語音史研究非常重要(高本漢 1923)。較早拿日語譯音來比證漢語入聲韻尾的是外國學者查爾默(羅莘田 1933)。分析比較細緻的是《從日本譯音研究入聲韻尾的變化》(張世禄 1929),該文利用日譯漢音、吳音對比分析指出中古《切韻》時期的入聲韻尾爲清塞音而不是濁塞音,並認爲所謂的入聲韻尾弱化爲濁塞音-b、-d、-g 純屬中古以後北方的一種方音現象;文中還討論了演變過程中韻尾與主元音、介音等的同化、異化作用及韻尾消失後出現的 i、u 韻尾。這些觀察在今天看來都很有創意。

二、分 區 研 究

"如何判斷大的趨勢,如何決定哪一種演變更具普遍性,恐怕不能以少數個別的方言點爲根據,而要以各大方言爲單位來討論。"(丁邦新 1998b:227)入聲韻尾的研究更需如此。漢語各大方言由於歷史來源、形成過程、演變層次不同,入聲韻尾的演變情況也不同。官話區除江淮官話外,其他區方言入聲韻尾已消失,入聲調并入舒聲。晋語入聲有喉塞尾,獨立於周圍的官話。除湘語外,東南方言中粵、平、閩、客贛、吳徽等方言程度不同地保留着入聲韻尾,但韻尾讀音類型不同,即使韻尾讀音類型相同來源也不相同。《東南方言聲調比較研究》(辛世彪 2004)討論東南方言聲調演變時,列舉了粵、客贛和閩等方言的入聲韻尾讀音類型,提出了相關方言的韻尾演變過程,可參看。

具有科學意義的漢語方言調查與研究最早可追述到 1918 年北京大學的歌謡采集工作。隨後漢語方言的調查得到很大發展,尤其是 1949 年後各種調查報告陸續出現,爲方言研究提供了材料基礎(劉堅主編 1998:507—536),入聲韻尾演變的研究也因此有了較大發展。總結各方言區韻尾演變情況,有助於從宏觀角度考察漢語方言入聲韻尾的演變。

(一)粵語

粵語被認爲是-p、-t、-k 韻尾保存最好的方言(胡適 1929),-p、-t、-k 的音值和《切韻》一樣都是唯閉清塞音。近年來單點粵方言和粵語整體的韻尾演變情況得以研究,可知粵語入聲韻尾已經變化。

學界很早就關注粵語代表方言廣州話的入聲，如《關於廣州話入聲的討論》（羅常培 1932）。早在 1928 年趙元任先生在翻譯高本漢《上古中國音當中的幾個問題》作譯注時就指出當時的廣州話 -p、-t、-k 出現讀音近似同部位鼻音的現象："去年我記廣州音時，有好些人把'篤'tuk、'穀'kuk、'得'tak、等字讀成 tug、kug、tag 等等。旁邊有一位外省人聽着説：'他們廣東人怎把屋韻字念成東韻了？'由此可見 -ng 與 -g 尾音之近似。"《珠江三角洲粵語疑母及輔音韻尾的演變趨勢》（李敬忠 1990）認爲現代廣州話 -p、-t、-k 不但已弱化成濁音，且大有與 -m、-n、-ŋ 合并的趨勢，尤其與短元音結合時更加明顯，如：十 ʃep³³→ʃemʔ³³ ｜ 筆 pɐt⁵⁵→pɐnʔ⁵⁵ ｜｜ 局 kok³⁵→koŋʔ³⁵。《從"等"來看廣州入聲消失的迹象》（黄家教 1984）認爲廣州話中入的主元音拉長、韻尾逐漸弱化，-k 已似 -ʔ。《關於廣州話 -k 塞尾入聲變化的調查實驗》（侯興泉 2005）證明了廣州話 œk、ɛk 兩組的大部分入聲字弱化或脱落 -k 尾。兩文相距 20 年，説明廣州話入聲韻尾的演變速度很快。除了 -k 尾的演變外，《〈廣韻〉咸深二攝廣州話今讀 [-n] [-t] 韻尾字音分析》（羅偉豪 2000）對廣州話 -p>-t 的現象作了分析。

其他粵語的韻尾變化也引起了注意。《廣東莞城話"變入"初析》（陳曉錦 1987）、《寶安沙井話入聲舒化現象》（陳曉錦 1993）詳細描寫了粵語莞城話、寶安沙井話部分來自清入、韻母主元音爲低或半低元音的中入消失塞尾産生新的調類（莞城話的變入）或歸入舒聲調（沙井話的歸入陰平）的現象。《廣西玉林白話古陽聲韻尾、入聲韻尾脱落現象分析》（陳曉錦 1999）報告了玉林白話宕開三、梗攝二等主元音爲低或半低元音的入聲韻消失塞尾但保持入聲調的現象，與莞城話、沙井話有同有異。陳文報告的韻尾演變現象與漢語語音史的韻尾演變過程不同。陳文指出這些演變現象具有重要價值，是韻尾演變的另一種途徑。此外，《廣西玉林方言入聲塞音韻尾的消失》（陳世饒 2005）也對玉林方言作了討論。

整體上粵語入聲韻尾在變化。《廣東粵語的鼻音韻尾和入聲韻尾》（陳曉錦 2001）考察了 44 個點的輔音韻尾，指出包括入聲韻尾在內的輔音韻尾"出現了程度不等、多寡不一的變化，甚至還有丢失輔音韻尾、鼻音韻和入聲韻轉化爲元音韻的現象"；就涉及的攝來説，44 點咸攝均發生變化，主要是合口三等 -p 尾，説明唇音最容易發生變化，-k 尾的地位較穩定，表現在 -p、-t 尾變成 -k 及 -k 尾自身很少有變化；就演變途徑來説，粵語入聲韻尾的主要演變途徑是"順勢變化"（-p>-t>-k>-ʔ>ø），但部分粵語如番禺、南海、順德、臺山、開平、仁化、樂昌、雲浮、新興等曾梗攝 -k>-t 以及部分方言山攝部分字發生 -t>-p 的"逆勢變化"。《粵方言陽聲韻尾及入聲韻尾的分化模式及成因初探》（邵慧君 2003）進一步細分了韻尾讀音類型，根據類型不同劃爲四個不同的演變區域。但該文更多的是探討韻尾演變的内外條件，下文會有討論。《粵語古入聲分化情況考察》(楊蔚 2003)、《珠江三角洲粤方言入聲韻尾舒化過程中的幾種類型及陽聲韻尾的關係》(孫玉卿 2003)也分別討論了粵語入聲韻尾的演變,分析角度略有不同。

(二) 閩語

閩語入聲韻尾的演變有相當強的複雜性。《論閩方言內部的主要差異》(李如龍、陳章太 1985)列舉閩語入聲韻尾讀音類型:閩東多數方言只有-ʔ尾,少數點還有-t、-k和-p尾;閩南多數方言有-p、-t、-k、-ʔ,少數點只有-ʔ尾;蒲仙方言多數字有-ʔ尾,少數字無塞尾;閩北、閩中沒有塞音韻尾。具體到各方言片則更爲複雜。《漢語方言概要》(袁家驊等 2001:263)指出,廈門話保存了韻尾-p、-t、-k,口語有-ʔ;潮州話保存-p、-k沒有-t尾,山臻攝讀爲-k,此外還多出了一個-ʔ;澄海一帶-p尾失落,山臻攝讀爲-k尾;海南文昌有-p、-t、-k韻尾,萬寧一帶無-p有-t、-k、-ʔ尾。袁家驊等(2001:263)已注意到閩南話文讀層和白讀層(口語)入聲韻尾的不同。《閩音系研究》(王育德 1968:809—821,轉引自遠藤光曉 1994)指出閩南話文讀層一律保持-p、-t、-k,在白讀層裏內轉諸攝保持中古的韻尾系統(但曾攝變爲-t),外轉諸攝韻尾的發音部位對立消失,一律弱化爲-ʔ。單點方言中,文白讀在入聲韻尾演變方面的差異非常突出,如福建漳平永福方言(張振興 1982、1989b、1989c、1990)。

部分閩語的韻尾演變比較特殊。《海豐方言三十年來的演變》(潘家懿 1996)指出閩南潮汕片海豐話山臻攝-t尾正漸變爲-k,低元音 a 後面的-t尾較易消失,高元音尤其是後高元音 u 後的-t尾較爲穩定。相關研究證實了此文的觀察。《粤東閩語-n(-t)韻尾消失的軌迹》(吳芳 2009)分析了粤東 12 個縣市-n、-t韻尾朝着-ŋ、-k演變的情況,指出帶-n、-t尾的陽聲韻和入聲韻中,主元音是 a、e 的最早變化,主元音是 i、u 等的變化較遲。此外,《鼻/塞韻尾的消變及其粤東閩語模式》(潘家懿 1998)將粤東閩語的韻尾演變分爲四個類型:惠東型、海陸型、潮汕型和澄海型。四個類型呈現了粤東閩語入聲韻尾以元音爲條件逐步變爲-k的過程:-p、-t、-k>-p、-k>-k。《閩語方言輔音韻尾今讀的歷史分析》(吳瑞文、林英津 2007)考察 1883 年版的《汕頭音義字典》與 100 年後的汕頭方言入聲韻尾類型,從歷時角度證明了汕頭方言-p、-t、-k>-p、-k 的演變過程。

《古陽聲韻入聲韻海南府城話今讀陰聲韻初探》(梁猷剛 1983)發現海南府城話主元音開口度較大的入聲韻輔音韻尾易脱落,且開口呼入聲韻的輔音韻尾較易脱落(臻攝除外)。《福州方言的入聲》(馮愛珍 1993)指出當時的福州話入聲韻尾處在-k>-ʔ的過程。文章從連讀變調入手,結合福清方言及早期韻書等材料分析,認爲早期福州話入聲韻尾從-p、-t、-k 發展到只有-k 尾,而後主要是來自宕江曾梗通攝白讀層的-k 尾以主元音是低元音爲條件弱化,深江曾梗通等攝的 ik、uk、yk 韻因主元音是高元音而保持-k 尾。兩篇文章深入分析了入聲韻主元音對韻尾演變的作用。

在漢語方言中地位比較特殊的閩語,在入聲韻尾演變方面有着很多其他漢語方言中所沒有的特點。現有文獻對閩語讀音類型下面隱藏的演變規律的挖掘較少,但爲數不多的研究已給我們揭開了冰山一角,如梁猷剛(1983)。

(三) 客贛方言

鑒於客家話與贛語的系屬關係,諸多文獻把客家話與贛語放在一起討論,因此我們把關於二者的韻尾演變研究放在一起分析。

客贛方言是入聲韻尾類型較爲豐富、演變較爲複雜的兩大方言。關於它們韻尾演變的描寫多見於各種調查報告,如《臨川音系》(羅常培 1941,轉引自 1999:402)記錄了當時臨川話咸深攝部分-p 尾變讀-t 或-ʔ、宕江曾梗通攝-k>-ʔ 的情況。袁家驊等(2001:151)很早注意到梅縣客家話曾梗攝-k 尾因入聲韻主元音變化而變讀-t 尾的情況,"梗曾攝各韻原收-ŋ 尾和-k 尾,但主要元音如果變成了 i、e、ə,韻尾也就跟着變成了-n 和-t"。《客家方言古入聲字的分化條件》(黃雪貞 1997)指出-p、-t、-k 在客家話中不同程度地分化和演變,受入聲韻主元音影響很大,"[-ŋ -k]韻尾逢低元音後元音不變,逢前元音央元音變[-n -t]"。

以方言區、方言片爲單位考察客贛方言入聲韻尾演變的文獻較少,可見文獻有《客贛方言的入聲韻和入聲調》(李如龍、張雙慶 1996)、《閩西客家方言》(藍小玲 1999)、《客贛方言的聲調系統綜述》(劉倫鑫 2000)、《江西贛方言語音研究》(孫宜志 2007)等。其中《客贛方言的入聲韻和入聲調》以當時的 36 個方言點第一手材料,全面、詳細地分析了客贛方言的入聲韻及入聲調演變情況,所述創新觀點很多。該文分三部分,第一、二部分討論客贛方言入聲韻、入聲調的演變情況,第三部分從入聲韻和入聲調的演變來看客贛方言的分區。我們主要看第一部分。文章首先根據韻尾讀音類型把 36 個方言點分爲兩大類、四小類共 11 種類型,以此歸納了入聲韻尾的演變方向和演變途徑。客贛方言入聲韻尾朝着兩種方向演變:橫向的塞音韻尾簡化,先合并後脱落;縱向遞變,塞音韻尾改變發音方法或弱化或濁音化,以至轉化爲發音部位相同或相近的鼻音韻尾或元音韻尾。文章認爲在簡化過程中,三種塞尾首先受到衝擊的是-p 尾,其動向是先混入-t,後混入-ʔ;其次是-k 尾,其主要動向是混入-ʔ,在高、前元音的條件下部分也先混入-t,後混入-ʔ,從-ʔ 尾再往前走便是脱落塞尾混爲陰聲韻。文章給出了咸深、山臻、宕江、曾、梗和通攝的韻尾演變路綫,如下圖:

咸深攝　-p ⟶ -t(-l、-t^n) ⟶ -ʔ ⟶ -∅

山臻攝　-t ⟶ -l、-t^n ⟶ -ʔ ⟶ -∅

宕江攝　-k ⟶ -k^ʊ ⟶ -ʔ ⟶ -∅

曾　攝　-k ⟶ $\begin{array}{c}\text{-t}\\\text{-k}\end{array}$ ⟶ $\begin{array}{c}\text{-t、}\\\text{-ʔ}\end{array}$ -k^ʊ ⟶ -ʔ ⟶ -∅

梗　攝　-k ⟶ -t、-k ⟶ -k^ʊ ⟶ $\begin{array}{c}\text{-ʔ}\\\text{-t}\end{array}$ ⟶ -ʔ ⟶ -∅

通　攝　-k ⟶ -k^ʊ ⟶ -ʔ ⟶ -∅

以上反映了作者對入聲韻尾演變過程的思考。不過,關於餘干方言-t^n、-k^{ʊ}尾將弱化成喉塞尾的觀點還有待進一步考察。第二個方向即弱化,文章認爲"和簡化合并的橫向遞變相比,這個演變方向只是一條并不寬廣的小道,但却很具特色",并畫出演變路綫,如下:

$$-p \begin{array}{c}\nearrow \text{-m} \to \text{-n}\\\searrow \text{-i}\end{array}$$

$$-t \begin{array}{c}\nearrow \text{-t}^n\text{、-l}\\\searrow \text{-i}\end{array}$$

$$-k \begin{array}{c}\nearrow \text{-k}^ʊ\\\searrow \text{-u}\end{array}$$

可看出作者認爲塞音韻尾弱化有三個方向或三種類型,即弱化爲邊音或鼻音、弱化爲餘干方言的塞音加鼻音形式、轉化爲元音 i 和 u。客贛方言中還有比較特殊的塞音韻尾變成邊音、鼻音現象,我們將在後文"專題討論"中介紹。

(四)吳徽語

"徽語跟吳語關係密切。……徽語脱胎於吳語,此後二者又長久保持着密切的聯繫。"(趙日新 2008)因此我們把吳語和徽語的韻尾研究文獻放在一起討論。吳語、徽語位於北方方言與東南方言的過渡地帶,從考察入聲韻尾演變的角度看,它們的地位極其重要。

《現代吳語的研究》(趙元任 1956:68)指出現代吳語古入聲韻尾都已變爲喉塞尾,喉塞尾在單字音裏還可以聽到,一進入語流中就消失,只剩下短促的入聲音節。

袁家驊等（2001：57）基本持此觀點。但趙元任當時調查的主要是北部吳語，南部吳語涉及的很少。《中國語言地圖集》（1987）指出部分南部吳語入聲韻尾已消失，但還保持着入聲調，極少數方言韻尾消失後入聲調歸入舒聲。《現代吳語入聲變化述略》（許寶華 1998）持相同觀點并指出甌江片絕大部分方言入聲都已失去喉塞尾，婺州片部分方言也有類似現象。

徽語由於其特殊的方言特點而一直系屬不定，相應的研究不多，尤其表現在入聲韻尾方面。直到《中國語言地圖集》（1987）將之獨立爲漢語十大方言區之一，這種情況才得以改變。《嚴州方言研究》（曹志耘 1996：13）分析徽語嚴州片方言共同特點和内部差異時總括了嚴州四縣入聲韻尾演變情況："古入聲韻，淳安全部帶喉塞音尾，遂安全部失去塞音尾讀開尾或元音尾，建德、壽昌白讀部分帶喉塞音尾，部分失去塞音尾讀作開尾或元音尾，文讀全部帶喉塞音尾。"《徽州方言研究》（平田昌司主編 1998：23）介紹了徽語徽州片入聲韻尾特點，指出濁入韻尾先消失的演變趨勢："績溪、歙縣（古清聲母字）、休寧五城（古清聲母字）、黟縣（古清聲母字）等保留喉塞音尾；屯溪古清聲母字保留不太明顯的喉塞音尾；休寧有獨立的陰陽入，但無喉塞音尾；祁門古清聲母字在連讀中快讀時會讀成短促調，并伴隨一定的緊喉現象；婺源入聲跟去聲相混。"《現代漢語方言概論》（侯精一主編 2002：96）總結了徽語入聲韻尾的演變特點："古入聲字有保留喉塞尾及不保留兩種，讀舒聲的占多數，只績溪、旌德、淳安全有-ʔ，歙縣、屯溪、休寧的五城、黟縣古清入字有-ʔ，建德、壽昌咸山攝白讀以外的字有-ʔ尾。祁門只在連讀中出現清入字短促緊喉現象。"

吳徽語中北部吳語喉塞尾保存較爲完整，南部吳語和徽語出現消失現象。這種差異的原因值得分析，因爲北部吳語緊靠韻尾早已消失的强大的北方方言，而南部吳語遠離北方方言。更爲重要的是吳徽語入聲韻尾以什麽方式消失，許寶華（1998）略有提及。《吳徽語入聲演變的方式》（曹志耘 2002b）從宏觀（整個南部吳語和徽語）和微觀（如遂安一縣18點）兩個角度考察了南部吳語和徽語入聲演變的方式，并將其放在漢語方言入聲韻尾發展的高度與北方方言作對比分析。吳徽語入聲的變化表現爲短促特徵的消失，即喉塞尾消失、調值拉長，然後入聲并入其他舒聲調類。由於"吳徽語各地方言之間調值系統差別很大，而在南部吳語和徽語地區，都不存在一個對各地方言有較大影響力和制約力的强勢方言，所以，在入聲演變的過程中，各地方言各自爲政，各行其道"。與官話方言相比，吳徽語入聲呈現了截然不同的演變取向，爲考察漢語方言入聲演變過程提供了新的觀察切入點。

上述研究文獻主要分析了吳徽語入聲韻尾的共時情況。吳徽語入聲韻是怎樣從古-p、-t、-k尾演變成現在的喉塞尾？從共時的吳語方言材料中很難找到演變痕跡，因此有學者結合歷史文獻來考證。目前研究最多的是上海話的韻尾演變過程。

《上海市區話語音一百多年來的演變》(陳忠敏 1995)、《古文獻所見吳語的鼻音韻尾和塞音韻尾》(游汝傑 1997)、《西洋傳教士著作所見上海話的塞音韻尾》(游汝傑 1998)先後拿《A Grammar of Colloquial Chinese as Exhibited in the Shanghai dialect》(Joseph Edkins 1853、1868,中文名《上海話口語語法》)等西方傳教士著作來分析一百多年前上海話入聲韻尾情況。結果主要有：① 19 世紀上海話有-k、-ʔ 兩類塞尾；② 帶-k 尾的宕江曾梗通攝入聲韻主元音大多是低元音 a 或後元音 o；③ -k 尾正處在變成-ʔ 的過程中；④ 上海話-k>-ʔ 的年代下限是 19 世紀末至 20 世紀初(游汝傑 1998：112)。這一發現非常重要。19 世紀的上海話咸深攝-p 尾、山臻攝-t 尾和部分宕江曾梗通攝的-k 尾變成-ʔ,主元音爲後低元音的宕江曾梗通入聲韻還讀-k 尾,這一演變類型在現代漢語方言中很少見。

《南部吳語語音研究》(曹志耘 2002a：90—91)發現泰順莒江話的深臻曾梗通攝入聲收-k 尾而咸山宕江及曾攝一等、通攝韻尾變爲-ʔ,由此聯繫金華等方言的韻尾情況,可以認爲南部吳語-p、-t、-k 尾以元音開口度大小爲條件進行合并或弱化,不是一步弱化成-ʔ 尾的。《中古入聲字在南部吳語縉雲西鄉方言的演變規律》(陳貴麟 2006)采用"致病基因"概念分析音韻結構和特徵,指出縉雲西鄉方言韻尾演變過程基本符合曹志耘(2002b)的分析。《皖南涇縣吳語入聲的演變》(朱蕾 2007)指出宣州片涇縣吳語在清乾隆年間咸山攝與深臻曾梗通攝的入聲韻尾不同。《切韻》咸山攝入聲韻主元音都是低元音(開口度大),而深臻曾梗通攝則是以高元音爲主(開口度小)。可見涇縣方言入聲韻尾歷史上也經歷過以元音開口度大小爲條件的演變。南部吳語和宣州片吳語以元音爲條件的韻尾演變和北部吳語的上海話一致,顯示了吳語在韻尾演變類型上一定程度的共性。

(五) 晋語

晋語指山西省及其毗鄰地區有入聲的方言(李榮 1985)。《入聲研究與太原盆地人之讀入聲》(劉文炳 1941)較早分析了山西境內方言入聲的地理分布情況及太原盆地方言的入聲韻類："吾儕在正太鐵路橫過太行時,在壽陽之東境,觀山中之水東流者已入國音之無入聲區。西流者入入聲區,可云北方入聲區。此事實上之分水嶺也。"對晋語的入聲,晋語研究學者做了大量的、非常有價值的研究工作,可分爲三個部分。

1. 晋語入聲的特點。在討論劃分晋語區所依據的語言特徵時,《晋語的分區(稿)》(侯精一 1986)、《晋語入聲韻母的區別性特徵與晋語區的分立》(侯精一 1999)和《晋語的"分立"與漢語方言分區問題》(溫端政 2000)先後提出多達八條的入聲特點。李如龍(2001b：42)對它們進行總結,充分説明了入聲在晋語裏并没有弱化的趨勢,反而在强化、繁化着。張振興(1997)認爲晋語的入聲不同於江淮官話,和吴語、閩語、粤語等南方方言的入聲性質相同。對於方言之間的類似現象應抓住本質性區别。

2. 晋語入聲的共時演變現象,有三個角度：入聲韻類型、入聲韻尾的演變及入聲調的分合。入聲韻類型和入聲調的分合與入聲韻尾的演變有重要關係。

(1) 入聲韻類型。討論晋語入聲韻的文獻主要有兩篇。《入聲韻在山西方言中的演變》(王洪君 1990)以山西 26 點的入聲韻討論主元音舌位高低和前後的變化對入聲韻歸并、分化的影響,得出山西話入聲韻的類型及特點。此文使用了中原官話汾河片 4 點材料,因此對於晋語入聲韻的總體把握還有拓展空間。《山西晋語的入聲韻研究》(沈明 1995)以山西 76 點材料全面討論晋語入聲韻的類型和特點。文章從宏觀角度分析、對比晋語與東南方言和官話的入聲韻類型異同;從攝的角度爬梳整理入聲韻的類型及其地理分布,爲考察晋語入聲特點及晋語的分區提供了重要依據。文章指出山西晋語入聲韻的一個重要特點是韻類的合并和保留喉塞尾,而官話是丢失喉塞尾、保持韻類獨立(沈明 1995：42)。如果以該文提出的入聲韻分析模式考察漢語方言入聲韻的演變類型,會有助於得到漢語入聲的演變過程。

(2) 入聲韻尾的演變。處在官話包圍之中,晋語入聲韻尾舒化、消失是必然的,諸多文獻對此作了大量描寫與分析。單點描寫的如《太原話的促音韻尾和入聲》(趙秉璿 1963)、《古入聲在清澗話中的分化與廣州話的長短入》(劉勛寧 1983)、《中古入聲字在大同方言的變化》(馬文忠 1984)、《介休方言的入聲字和古入聲字比較》(張益梅 1986)、《今陝北話之古入聲》(劉育林 1986)、《大同方言的輔音韻尾》(田希誠 1989)、《左權方言古入聲字今舒聲化現象》(王希哲 1996)、《山西陽泉方言入聲舒化的初步分析》(曹瑞芳 1996)、《五臺方言的入聲》(孫小花 2004)、《從山西定襄方言看晋語入聲的演變》(范慧琴 2004)、《陝北甘泉、延長方言入聲字讀音研究》(邢向東、孟萬春 2006)等等,《山西方言志叢書》(温端政主編 1982—1995)也分别描寫、分析各方言點入聲韻尾的舒化、消失現象。

隨着大規模調查成果出現,以晋語區或某一片入聲爲對象的研究展示了晋語入聲韻尾演變的多樣性。《試論山西晋語的入聲》(温端正 1986)認爲晋語入聲喉塞尾的消失具有階段性：保持喉塞尾,喉塞尾消失但保持獨立入聲韻,完全舒化。《山西方言入聲的現狀及其發展趨勢》(楊述祖 1982：133)指出晋南方言入聲韻尾消失後有保持獨立入聲韻和入聲韻瓦解與舒聲韻合并兩階段。定襄(范慧琴 2004)和晋城(焦妮娜 2007)就屬於"喉塞尾消失但保持獨立入聲韻"類型。《山西晋語入聲舒化情况分析》(孫玉卿 2005)認爲晋語入聲喉塞尾的消失具有很强的漸變性和多樣性,漸變性表現在各點入聲韻尾消失以部分攝爲單位各自爲政,消失的字數不多且不成系統,呈離散性消失。《晋東南晋語的入聲舒化現象》(王利 2008:37)考察晋東南晋語各攝入聲喉塞尾消失的速度,結論是曾梗通>宕江或咸山>深臻(>,快於),且"曾梗通攝入聲舒化字數量相對較多、深臻攝入聲字舒化數量相對較少在整個山西晋語中可以算是比較普遍的現象"。晋語入聲韻尾演變的多樣性還體現在不同方言片和方言點的喉塞尾消失各有特點。如晋東南晋語的入聲消失途徑是先次濁聲母或清聲母,最後是全濁聲母,這"與左權、介休、太原等晋語腹地方言的'先次濁入、再清入、最後全濁入'的入聲消失方式不盡一致";而晋北地區大同、代縣等方言全濁、次濁聲母入聲舒化的比例差别不大,河北北部晋語則是先次濁入、再全濁入,最後是清入(王利 2008:36)。

討論晋語韻尾演變時需抓住晋語存在性質不同的入聲字的本質性問題,不抓住本質而只是從量變角度分析,所得結論不具有說服力。《晋東南晋語入聲調的演變》(沈明 2005)把《方言調查字表》裏的古入聲字分成四類,這四類在晋語中,第一類是根本不用的,第二類是另有舒聲來源或由於其他原因早已說成舒聲的,第三類是雖然口語裏說但是從書上或跟着新事物學來的,第四類是口語中常說的。前述相關研究所分析的晋語入聲舒化現象往往與第一、二類字有很大關係。因此沈明(2005)主要討論了晋東南晋語第四、三類(分別是文中所說的甲類和乙類)入聲字的韻尾演變方式,主要結論是:① 晋東南晋語入聲舒化方式與入聲兒化連調相同,一律丢失喉塞尾、短調拉長,第四類和部分第三類入聲字舒化後一律歸到調值相同或相近的舒聲調,即按調值舒化,屬方言自身演變。這一入聲韻尾演變方式與東南方言如吳語是一致的。② 部分乙類字受外方言影響,按官話方言的調類進行舒化。③ 入聲舒化有兩種情形:類變和音變。類變是晋東南晋語的普遍類型,還有一種舒化類型和音類、音值都有關係。從文中所提供的材料來看,是以入聲韻主元音高低爲條件發生的按攝(咸山宕江攝與深臻曾梗通攝)分調現象。《晋語五臺片入聲調的演變》(沈明 2007)指出五臺片入聲韻尾的舒化方式也和入聲兒化連調相同,喉塞尾丢失,短調拉長,歸陽平。這在一定程度上與晋東南晋語一致。

(3) 入聲調的分合。晋語入聲只有一個喉塞尾,其演變趨勢對於考察官話方言入聲韻尾的演變過程具有參考價值。入聲發展到這個階段,其韻尾舒化、消失往往和入聲調的演變有很大關係。沈明(2005、2007)抓住入聲喉塞尾與入聲兒化連調的密切關係,分別探討五臺片晋語、晋東南晋語入聲調的演變過程,如晋東南晋語:入聲調的合并過程是次濁入或和清入合流成爲陰入,或和全濁入合流成爲陽入,之後陰入和陽入合流爲一個入聲,合流方向各方言幾乎"各自爲政"。

3. 入聲韻尾的歷時演變過程。結合歷史文獻及晉語入聲情況,《晉方言語音史研究》(喬全生 2008:233—236)認爲晉語古韻尾-p、-t、-k 從中古至今走了兩條演變路綫:一條是在唐五代時期-p、-t、-k 就合并、弱化爲-ʔ 尾,直到宋金時代完成演變并保持至今,并州等片入聲韻尾屬於此類;一條是-p、-t、-k 在唐五代時期弱化爲濁音或消失,宋以後就完全消失,這一類型保存在今中原官話汾河片。具體情況如下:

《切韻》	唐五代	宋(西夏)	金	現代	方言點
-p、-t、-k	→ -ʔ	→ -ʔ	———	-ʔ	并州等片
↘	-b、-r、-g/∅ →	∅ →	∅ →	∅	汾河片

喬文(2008:238)認爲,與古入聲-p、-t 尾先合并後弱化的情況相似,晉語還是原收-p、-t 尾的入聲字先消失-ʔ 尾。晉語-p、-t、-k 尾合并、弱化爲-ʔ 的過程需以晉語現有的入聲韻分化合并類型爲基礎,結合古文獻材料,參證東南方言韻尾演變類型做分析。

(六) 江淮官話

歷史上江淮之間的方言本屬吳語,但受北方方言強大影響,吳語逐漸由淮河邊退縮至江南武進、常熟一綫,但這一帶的官話方言具有吳語的底層(魯國堯 1988:205)。因此,江淮官話被看成南方非官話方言區和北方官話方言區的過渡地帶,其入聲是吳語等南方方言入聲的延續(張振興 1997:246)。從這個角度來看,江淮官話入聲的演變是觀察漢語入聲韻尾從東南方言類型向北方方言類型發展的重要窗口。《安徽江淮官話語音研究》(孫宜志 2006)和《江淮官話入聲研究》(石紹浪 2007)以第一手調查材料爲基礎,分別對各自調查的江淮官話入聲作了較爲詳細的描寫。其中《江淮官話入聲研究》對江淮官話各種入聲韻尾類型作了描寫,具有一定價值。

江淮官話在-p、-t、-k 尾弱化爲喉塞尾-ʔ 後(淮陰話似乎還存在-k 尾,見陳旻 2000),入聲韻以何種方式逐步消失韻尾、入聲調以何種方式并入舒聲調,這是研究重點。《江淮官話入聲發展演變的軌迹》(伍巍 2006)根據入聲韻和入聲調的實際情況把江淮官話分爲三類:甲類,有兩類獨立的入聲調,一般都保留入聲韻(有喉塞尾);乙類,只有一類入聲調,保留入聲韻;丙類,無入聲韻,僅存一類入聲調,或爲短調或爲舒調。甲乙丙三類又據實際情況各分 A、B 兩類,以此討論江淮官話入聲韻尾演變途徑。

途徑一：在清、濁入只有一個入聲調情況下，入聲逐漸消失喉塞尾、拉長調值，入聲調最後或保持獨立或并入舒聲調。如下：

$$
\begin{array}{ccc}
乙\,A & 丙\,A & 丙\,B \\
合肥 \to & 桐城 \to & 安慶 \\
ʔ5_{喉塞尾} \to & 5_{短調} \to & 55_{舒調}
\end{array}
$$

途徑二：入聲分陰陽，濁入先消失喉塞尾、拉長調值并入舒聲後，陰入逐漸消失喉塞尾、拉長調值，最後或保持獨立入聲調或入聲調并入舒聲調。如下：

$$
\begin{array}{cccc}
乙\,B & & 丙\,A & 丙\,B \\
廬江 & 望江 & 宿松_{高嶺} & 宿松 \\
陰入\,ʔ5 \to & 陰入\,ʔ5_{緊喉} \to & 陰入\,5 \to & 陰入\,55 \\
濁入\,11_{歸陽平} \to & 濁入\,324_{歸陽去} \to & 濁入\,324_{歸陽去} \to & 濁入\,324_{歸陽去}
\end{array}
$$

途徑三：入聲分陰陽，陰入和陽入保持促調和喉塞尾，但陽入以文白讀爲條件歸并：文讀并入陰入，白讀保持陽入。以此有兩條路綫：一是陽入在權威方言影響下最終全部并入陰入，然後走途徑一的路綫；二是歸到陰入的陽入文讀和陰入繼續保持喉塞尾，而後保持喉塞尾的陽入白讀逐漸消失塞尾、拉長調值，最後或保持獨立入聲調或入聲調并入舒聲調，如下：

$$
\begin{array}{cccc}
甲\,A & 甲\,A & 甲\,B & 乙\,B \\
泰興 & 泰州 & 樅陽_{義津} & 桐城_{練潭} \\
陰入\,ʔ4 \to & 陰入\,ʔ3 \to & 陰入\,ʔ5 \to & 陰入\,ʔ5 \\
陽入\,ʔ5 & 文讀\,\nearrow & \nearrow & \nearrow \\
& 白讀 \to & 陽入\,ʔ5 \to & 陽入\,43 \to & 全濁入\,33_{歸陰平}
\end{array}
$$

據此文，江淮官話入聲韻尾的演變有兩條規律：一是濁入尤其是全濁入先消失喉塞尾，二是入聲韻消失喉塞尾後會逐漸拉長調值，最後并入相關舒聲韻。江淮官話入聲韻尾的演變受文白異讀的影響很明顯。不過，此文關於江淮官話入聲韻尾演變途徑的論述有很大的討論空間，因爲文中所列的望江、宿松等方言屬於贛語懷嶽片。此外文中分析了部分江淮官話在入聲韻尾消失後、保持獨立的入聲調逐漸并入舒聲調的過程，提出調類合并的三種模式。在此方面，《江淮官話北沿的入聲——兼論北方話入聲消失過程》（顏景常等 1988）從詞彙擴散、同一言語社區内不同年齡層次等角度分析江蘇北部泗洪至連雲港之間兩百多公里邊界上江淮官話的入聲字演變,做了非常深入的研究。

三、專題討論

(一) 塞音韻尾音值分析

1. 口塞音韻尾

-p、-t、-k 的成阻位置在口腔,與喉塞尾不同,本文稱之爲"口塞音韻尾"。口塞音韻尾的音值有兩方面需要關注:一,是否爆破或者除阻;二,構成成分是否單一。

(1) 塞音發聲有三階段:成阻(形成阻礙,即閉合期)、持阻(保持阻礙)、除阻(解除阻礙,破裂期)。關於入聲韻尾-p、-t、-k 有幾個發聲階段存在分歧。王力先生(1980:102)認爲從上古漢語至現代漢語還保存着入聲的方言裏"入聲字的尾音-p、-t、-k 都是一種唯閉音",即-p、-t、-k 有成阻、持阻階段,無除阻的破裂期,與作聲母的 p-、t-、k-不同(羅常培、王均 1981:78)。高本漢(1940:169)認爲入聲塞尾雖不爆破但有除阻的動程。冉啓斌(2008:15—16)贊同高氏的觀點,且認爲入聲塞尾解除阻礙的過程不以劇烈的方式進行。兩種觀點可能是在對不同方言入聲韻尾的感知基礎上形成的。不同方言的塞尾音數值型別可能反映了入聲塞尾音值變化的不同階段。

我們發現廣西懷集懷城粵語-p、-t、-k 尾有除阻動程,在解除阻礙時部分音節有輕微爆破,-k 尾甚至有爆破後的氣流。圖一顯示,"踏[tap^{325}]"的-p 在雙唇成阻後持續一段時間後解除阻塞,在離音節尾約 170 ms 處出現一條較弱的冲直條,那是緊閉雙唇打開時產生的痕跡;"益[iɛk^{55}]"的-k 在成阻後持續一段時間(180—200 ms)後舌根部位鬆動輕微爆破,冲直條之後還有氣流產生的高頻亂紋,這是"踏[tap^{325}]"的-p 輕微爆破後所沒有的。

懷集懷城的塞尾爆破現象不是孤立的。崔振華(1997)指出湖南桂東客家話入聲喉塞尾"有除阻階段,除阻後仍有少量氣流呼出,聽起來象帶個小尾巴",與懷集懷城-k 尾的爆破在聽感上一致。朱曉農(2010)報告香港粵語也出現此類現象,漢藏語其他民族語言中也有塞音韻尾爆破現象(沈向榮、劉博 2010)。這種現象在粵語裏是個案還是共性,需更多的調查來核實。如果是共性,可以今證古推測《切韻》時期的-p、-t、-k 是否有解除阻礙的動程;如果是個案,則是以王力等先生的觀點爲准。

(2) 趙元任等指出"中國有-p、-t、-k 尾的方言,例如廣州,大都同時帶一點喉頭塞音 ʔ 的作用",即-p^ʔ、-t^ʔ、-k^ʔ(見高本漢 1940:170 注腳)。這一觀察是極其敏鋭、有價

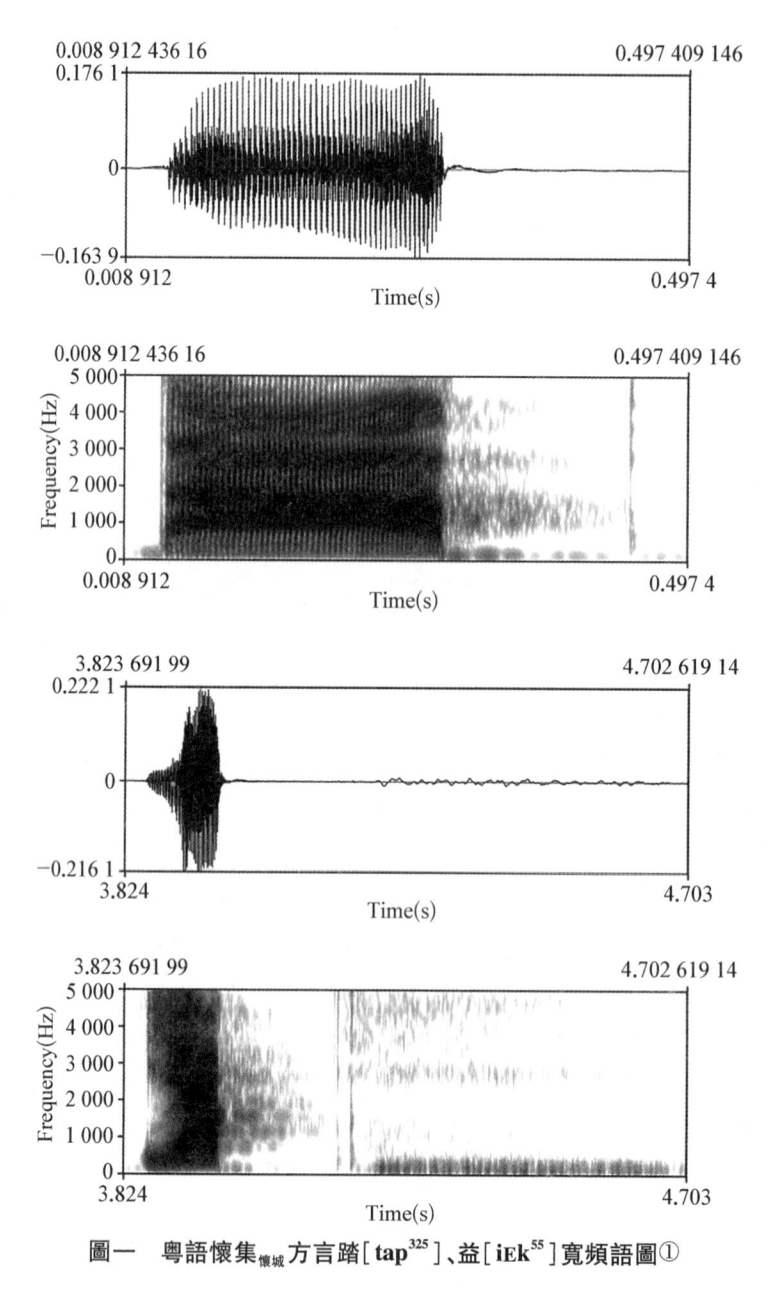

圖一　粵語懷集懷城方言踏[tap³²⁵]、益[iɛk⁵⁵]寬頻語圖①

值的。岩田禮(1992)采用光纖維鏡和肌電分析了粵語香港話、閩南方言臺灣話、吳語蘇州話、晋語太谷話入聲音節發聲時的喉頭動作,結論是:① 在-ʔ 尾的發音動作中,假聲帶的内轉動作從韻母開頭部分就開始了,説明發帶-ʔ 尾音節時,"不僅是韻尾部分而且是整個入聲韻母都發生'喉化'(glottalized)";② 漢語方言-p、-t、-k 尾帶有緊喉

---

① 語料由廣西賀州學院楊璧菀博士提供。

運動,與帶-ʔ尾的音節元音部分明顯喉化不同的是,-p、-t、-k尾音節的緊喉運動在塞尾成阻前不顯著,只是在塞尾成阻後喉化才顯著;③舒聲調音節在音節首段和中段沒有緊喉運動,在音節尾往往出現聲門上面的緊喉運動;④漢語方言帶-ʔ尾音節中,緊喉運動是停止聲帶顫動、產生短促音節的一種手段,而喉塞音本身不起區別作用;在閩南等方言的入聲音節裏有"短促性"或"喉化"這類特徵,-p、-t、-k與-ʔ的區別在於口腔内封閉的有無而不在於發音部位的不同。

此文深化了入聲韻尾音值的研究,對入聲韻尾的演變研究具有啓發意義。首先,人們總是把喉塞尾與緊促調聯繫在一起,有-ʔ尾的音節聲調必然短促。實際上漢語中有方言帶-ʔ尾聲調却不短促,這種現象與整個入聲韻是否"喉化"應有密切關係。那些帶-ʔ尾、聲調却不短促的音節應是没有"喉化"或"喉化"消失。其次,根據-p、-t、-k尾成阻後有喉化這一結論,岩田文把-p、-t、-k描寫爲-pʔ、-tʔ、-kʔ,與前述趙元任等的觀察一致。這爲證實-p、-t、-k弱化爲-ʔ的過程提供了依據,韻尾-pʔ、-tʔ、-kʔ弱化爲-ʔ是發音部位和發音方法共同變化的結果。此外作者還指出"-p、-t、-k與-ʔ的區別在於口腔内封閉的有無而不在於發音部位的不同",抓住了喉塞尾在音系結構中的地位特點。

-p、-t、-k的作用在於堵住氣流使音節短促,達到目的後它們在語流中不可能持續很長時間,否則就妨礙繼續發音,因此它們必然以某種方式除阻,釋放被堵氣流。氣流釋放的方式理論上可有三種:①成阻部位除阻讓氣流從口腔釋放;②軟齶下垂讓氣流從鼻腔釋放;③氣流同時從口腔和鼻腔釋放。入聲塞音韻尾以何種方式除阻會影響其演變方式,從而產生不同的韻尾類型,後文將討論。

2. 喉塞音韻尾

入聲-ʔ尾與作聲母的ʔ-發聲不同。聲母ʔ-是聲門先閉,然後突然打開緊接着發元音,使音節有突發的感覺;作韻尾的-ʔ則是發元音時突然關閉聲門,使這個音有中斷的感覺(吴宗濟等主編1989:115)。岩田禮(1992)認爲漢語方言喉塞尾的產生方式是聲帶肌等喉内肌的活動明顯增强,促使聲門緊閉,與此同時假聲帶向內轉動,聲門上面明顯緊縮。

相關研究對-ʔ尾音值的分析提供了重要信息。一是桂東方言-ʔ尾,"念單字時,其喉塞音……有除阻階段,除阻後仍有少量氣流呼出,聽起來象帶個小尾巴"(崔振華1997)。桂東方言有除阻段的-ʔ尾具有重要的類型意義,説明入聲塞音韻尾演變到一定階段會有爆破除阻階段,包括喉塞尾。二是馮愛珍(1993)指出福州話兩字連讀時後字聲母以前字韻尾爲條件產生變化:後字聲母p、pʻ、t、tʻ、s、l、ts、tsʻ、k、kʻ、h、ø在前字鼻音尾韻後分別變讀爲m、n、ʒ、ŋ,在前字元音尾韻和-ʔ尾韻分別變讀爲β、l、ʒ、ø,但前字爲-k尾韻時不變。這説明其-ʔ尾已具有響音性質,從而把後接的清輔音聲母同化爲濁音,而-k尾不具備這種性質。三是潮陽方言-ʔ尾可以拼口元音和鼻化元音而-p、k尾只拼口元音不拼鼻化元音(張盛裕1981)。-ʔ尾能和鼻化元音相拼説明其響音性質已很明顯。四是宋益丹(2009)分析蘇州話入聲-ʔ尾時發現其語圖上有被動爆破産生的冲直條,連續的多條冲直條之間有共振峰,證實了-ʔ尾在部分方言中具有響音性質。這是韻尾-ʔ與聲母ʔ-的重要區別。

(二) 入聲邊音、鼻音韻尾的研究

1. 邊音韻尾

入聲邊音韻尾很早就出現在漢語裏。羅常培(1933:60—62)發現梵文用-r對應漢語山臻攝入聲韻-t尾,這種現象在西藏譯音和高麗譯音裏都有。羅常培(1949:46)認爲"至於高麗譯音及湖北江西一部分方言由[-t]變來之[-l]尾,則與唐末西北方言中之'-r'尾相近,蓋古代方音歧義之遺迹也"。漢語方言中贛語湖南平江_{三墩}(楊時逢1974,1935年董同龢調查)、湖北通城_{十里市}(趙元任等1948,1936年吴宗濟調查)最早被發現入聲有-l尾。隨後發現江淮官話有邊音尾,如安徽樅陽(鮑時詳《樅陽方言》,轉引自董紹克1985附錄)、桐城(邢公畹1962:19頁註脚)等。相關研究除了分析邊音尾音值,重點是邊音尾的形成過程。

邊音l的聲學性質很複雜。它不是典型的破裂音,也不同於一般濁擦音,其共振峰一般和鼻音n的共振峰相似,其發音常因後接元音的不同而有各種變體,其長度與鼻音聲母的長度比較相似(吴宗濟、林茂燦1989:151)。作爲入聲韻尾的邊音在漢語方言中有比較複雜的音值類型。江淮官話桐城方言邊音尾是舌根化的-ɫ,不短促但也不像舒聲音節那樣舒緩,其音長比一般舒聲音節略短,且有三個變體-ɫ、-ɣ、-ɤ(楊自翔1989:363)。樅陽_{湯溝}、青陽_{九華}、廬江_{盛橋}等方言的邊音尾也是舌根化的-ɫ(石紹浪2007:103)。平江、修水邊音尾是"典型的-l韻尾,舌尖略微卷起,與上顎形成較松的接觸,與此同時,聲帶振動,氣流經舌頭兩邊流出,發出一個清晰的-l。從旁觀察,可以明顯看到舌尖的卷曲動作;猛然聽去,甚至會有一種特殊'兒化'的感覺"(董爲光1987:50)。通城_{麥市}入聲-lʔ尾是有緊喉色彩的邊音尾(曹志耘2011)。

《獨山話的塞音韻尾》(李方桂1971)借助貴州獨山臺語側面映證中古漢語-t尾可能會先變成濁卷舌音,然後再進一步弱化爲邊音,爲研究入聲邊音韻尾的演變過程提供了新角度。文中指出,"獨山話中,長短韻腹之後也保存着舌尖塞音韻尾,但它的發音發生了變化,舌尖塞音變成了卷舌塞音。如果後面不是緊跟着另一個音節,因而没有除阻的話,這個塞音韻尾很難區分是舌尖塞音還是卷舌塞音。然後,如果後面緊跟着另一個音節,并且除阻,就會聽到塞音後面有一個清晰的卷舌滑音"。《湘鄂贛三界方言的"l"韻尾》(董爲光 1987)分析邊音韻尾的產生過程,認爲首先是卷舌化破壞了較嚴的閉塞,隨之導致了其他發音方法的相應改變。文章強調,湘鄂贛三界方言和臺語獨山話-t 尾的各自獨立而趨於一致的發展,説明卷舌作用導致-t 尾的改變絶非偶然。兩篇文章抓住了邊音韻尾產生的關鍵性步驟,推動了邊音韻尾演變過程的研究,但都没論及-t 尾爲什麽會出現發音方法的變化。此外董文討論的是贛語區的邊音尾現象,江淮官話存在同樣現象但表現形式不一樣,值得關注。

《桐城方言入聲的特點》(楊自翔 1989)描寫了桐城方言邊音韻尾-ɬ 的三種變體實際音值及分布,結合周邊地區若干有邊音尾的贛語討論桐城邊音尾的形成過程是:-p、-t、-k>-t、-k>-t、-l、-k、-ɣ>-l、-ʔ>-ɬ、∅。即在-p、-t 合并爲-t 後主元音爲較高元音的入聲韻-t、-k 尾形成-l 和-ɣ,最後-l 和-ɣ 合并爲-ɬ;主元音爲較低元音的入聲韻-t、-k 尾分别變爲-ʔ,最後消失。文章抓住了韻尾演變的元音條件,解釋了通攝韻尾-k>-ɣ>-ɬ 的演變過程。《江淮方言的邊音韻尾》(吳波 2007)基本贊同楊文觀點,進一步分析認爲在入聲韻舒化爲陰聲韻的過程中,短促消失造成的音節空檔得到了元音的"形容性成分"補充,結果之一就是韻尾的"通音化"成爲邊音。不過需要解釋所謂的元音"形容性成分"在入聲塞尾消失後如何確定發音部位而填補空檔成爲邊音的。

《漢韓對音中爲何*-t>*-l》(申東月 2004)從漢韓對音角度探討漢語山臻攝塞音韻尾變爲邊音尾的原因,認爲漢韓對音中來自漢語的-t 尾在古韓語尚未閉音節化時夾在兩個元音之間容易被元音同化爲 r。韓語的閉音節是多音節短化元音脱落而來,尾音節的元音脱落而使本爲開音節的語音變成了閉音節。漢字音的轉寫演變可歸納爲規則:漢語 CVt ——附加元音→ 韓語 CVtV→CVrV 音節末元音脱落→CVr。此觀點雖抓住了元音影響韻尾演變的重要性,但無法圓滿解釋爲什麽韓語中固有詞没有全部實現這種演變。《就梵漢對音收-t/-l 韻尾試論韓漢入聲譯音收-l 韻尾》(朴萬圭 1999:301)則認爲漢韓對音中的-l 尾是直接從漢語借過來的。

2. 鼻音韻尾

入聲讀鼻音韻尾的現象在漢語方言中很特殊,表現複雜。根據《湖北方言調查報告》(趙元任等 1948),湖北武昌、漢口、漢陽、漢川、沔陽、天門、京山、荆門等通攝明母入聲韻讀-ŋ 尾,此類現象與特定的鼻音聲母有一定的關係(丁邦新 1998b:234)。閩語福建南安溪美有-ŋʔ 尾,如物 mŋʔ³ | □猜豫 tsʰŋʔ³ | □手捏 kŋʔ³等(李如龍 2001a)。漢語方言中,表現比較突出的是閩語福建邵武和光澤方言、贛語江西餘干方言及湖北通城方言的入聲鼻音韻尾,相關研究較多。

(1)《光澤、邵武話裏的古入聲字》(熊正輝 1960)報告了福建閩西北邵武、光澤方言山臻、宕江曾梗通攝入聲-t、-k 尾消失而咸深攝-p 尾分別變爲-n 和-m,如"鴨"邵武說[anɔ]、光澤說[amɔ]。隨後《福建漢語方言分區略説》(潘茂鼎等 1963)、《The Classification of the Shaowu Dialect》(羅傑瑞 1982)、《邵武方言的入聲》(陳章太 1983)相繼介紹了邵武和光澤方言入聲鼻尾的情況。根據《邵武市内的方言》(陳章太 1991:235),邵武城關咸深攝入聲讀-n 尾,光澤杭川咸深攝入聲讀-m 尾。

《説邵武方言》(張光宇 1984)推測邵武-n 尾的演變是:古-k 和-t 尾很早就變成-ʔ 尾,形成-p、-ʔ 并立,後來-ʔ 尾消失,-p 變成-t 尾,結果只有-t 尾;陽聲韻中-m>-n,成爲-n、-ŋ 并立,此時來自咸深攝-p 尾的-t 尾,以音近關係及結構均衡需求并入發音部位相同的-n。這一推測有個問題需解決:在山臻攝-t 尾已弱化爲-ʔ 的前提下,咸深攝-p 尾爲什麽要變成-t? 從目前掌握的材料看,-p>-t 一般都是音系内山臻攝還有-t 尾,才能吸引-p 尾改變發音部位并入。李如龍、張雙慶(1996:319)認爲邵武方言入聲-n 尾的演變過程是咸深攝的-p 先變成-m,邵武鄰縣光澤方言處在這一階段,然後-m 變成-n,但没有論證。

(2) 由於性質很特殊,關於餘干方言入聲韻尾本質的觀點是仁者見仁、智者見智。《江西方言的分區(稿)》(顔森 1986)描寫餘干入聲韻尾爲:"無論陰入、陽入,單字調可以説都是一個同樣的短促低調,但事實上入聲字總不單説,後面緊跟着一個[n]或[ŋ],這個[n]或[ŋ]在陰入後面讀得高,在陽入後面讀得低,陰入、陽入就靠這個後綴的鼻音的高低來區别,如:'八 paʃn┌|拔 p'ʌʃn┤|百 paʃŋ┌|白 p'ʌʃŋ┤|叔 ʃuʃŋ┌|熟 ʃuʃŋ┤'。説快了入聲字和後綴連在一起就像一個音節。"顔文把餘干入聲韻尾記爲[n]和[ŋ]。《贛方言概要》(陳昌儀 1991:76)描寫了餘干韻尾音值:"入聲韻在發了塞音尾之後,經過短暫的停頓,然後又有一個同部位的鼻音,也就是説在[t]韻尾之後還有一個[n],在[k]韻尾之後還有一個[ŋ]",認爲餘干方言入聲韻尾是[t……n]和[k……ŋ],後又撰文(陳昌儀 1992)認爲這是一種聲調的不連續成分。李如龍、張雙慶(1992:15,198)把餘干方言的入聲韻尾處理爲-tn 和-kŋ,指出-tn 和-kŋ 有的發音人逢陽入字已脱落,在連讀前字位置則脱離,脱落後有的發音人陰陽入字混同,有的發音人則用聲調加以區别,認爲這是塞音韻尾弱化現象。餘干方言入聲塞音帶鼻音成分韻尾的語音性質和音系地位都有待進一步考察。

(3) 通城方言入聲韻尾的演變極具創新性。吴宗濟 1936 年調查通城十里市方言時發現其咸深山臻攝及少數曾梗攝三四等入聲韻尾弱化爲-l 尾(趙元任等 1948)。50 年後,《通城黄袍語音特點》(鄧曉華 1986)、《通城入聲的複輔音韻尾》(陳有恆 1987)分别報告通城東南部的黄袍鄉和縣城方言咸深山臻四攝等入聲字讀-nʔ(黄袍)或-ʔn(縣城)。《漢語方言地圖集》(曹志耘主編 2008)對通城麥市方言作重點調查,結果是咸深山臻攝入聲字讀-nʔ、-lʔ 或-ʔ 等韻尾。關於通城入聲韻尾有兩個問題:一是其鼻音韻尾的實際音值如何?二是爲什麽會在短期内出現如此複雜的演變類型?演變過程又是如何?

鄧曉華(1986)説"黄袍部分入聲字念鼻音 n 尾韻,保留入聲調,及由此而生的喉塞輔音尾,即形成了一種雙輔音尾 nʔ"。陳有恆(1987)認爲"有些入聲與收前鼻輔音的舒聲韻相配,在元音與鼻音之間夾帶喉塞,形成複輔音〔-ʔn〕"。兩種描寫有很大差别。這種差别是方言之間的實際差異還是處理方法的不同?分别處在 n 前或後的喉塞尾本質如何,是否相同?《湖北通城方言的語音特點》(曹志耘 2011)指出靠近黄袍的麥市入聲韻"〔l n〕尾後的〔ʔ〕表示一種緊張色彩,不是獨立的喉塞音",結合韻尾的地理分布和年齡層次分析,指出通城方言入聲以咸深山臻攝爲主流的字,塞尾先合并爲〔t〕,再弱化爲〔lʔ〕,在此階段可能像石板鋪和縣城那樣先全部變爲〔nʔ〕,然後再逐漸脱落鼻音變爲〔ʔ〕;也可能像麥市那樣低元音韻母保留〔lʔ〕,高元音韻母變爲〔nʔ〕,然後再脱落邊音或鼻音變爲〔ʔ〕。

四、演變原因

找出引起不同類型的韻尾演變的原因有助於分析韻尾演變過程。現有文獻從語音、詞彙和音系結構等角度解釋了入聲韻尾的演變原因。

(一) 語音因素

影響韻尾演變的語音因素理論上有多種。邵慧君(2003)指出有入聲韻元音開口度大小、舌位的前後高低與韻尾之間的協調,以及唇音聲母對唇音韻尾的異化作用等。當前的研究集中於入聲韻主元音對韻尾的影響作用。許寶華(1984:437—439)指出前諧聲時代至原始漢藏語時代入聲有韻尾交替表現,具體形式有:① -p 尾受圓唇後元音異化作用變作-t;② -k 尾在前元音 i 的影響下變作-t;③ -p 尾在前元音 i 影響下變作-t,在低元音 a 後面也有-p>-t 的現象。發展到現代漢語方言,主元音類型對韻尾的影響更爲明顯。張世禄(1929)注意到了客家話中-k 變讀爲-t 與入聲韻較高元音之間的關係。黄家教(1984:428)注意到廣州話中入的-k 尾已近似-ʔ,楊蔚(2003)進一步指出粵語下陰入及下陽入先行舒化是一種趨勢。兩文都注意到粵語上陰入與下陰入因主元音舌位高低差異而在韻尾演變方面存在差異,主元音爲偏低元音的下陰入因韻母時長較長而促使韻尾漸趨模糊并最終消失。

元音影響韻尾演變的機制適用於各種方言。《從交城方言看漢語入聲消失的歷史》(潘家懿 1984:431)指出,與吴閩方言入聲-ʔ 尾比較,晋語交城方言-ʔ 尾顯得較弱,尤其當-ʔ 出現在低元音 a 後面時喉塞音色更爲模糊。這種觀察得到了證實:元音舌位越低,塞尾越易脱落(王洪君 1990)。因爲"從音理上説,在低元音後發喉塞尾比在舌位高、後的元音後發喉塞尾動程大,因此相對容易失落塞尾"(邢向東、孟萬春 2006)。前述研究注意到了舌位偏低的元音影響韻尾弱化、消失,黄雪貞(1997)則發現前元音和央元音對韻尾演變的作用:客家話中-k 尾逢低元音後元音不變,逢前元音央元音變爲-t。

除了入聲韻主元音類型,聲母對入聲韻尾演變也有影響。如咸攝合口三等唇音聲母對雙唇韻尾-p 的異化作用,使之改變發音部位變爲-t(李如龍 1996:25,李新魁 1994:75)。此外,在韻尾演變的不同階段影響韻尾演變的語音因素不同。《漢語官話方言入聲消失的成因》(賀巍 1995)結合官話及東南方言詳細分析了連讀變調、兒化、變音及合音等音變對入聲韻尾的影響,指出在連讀變調等音變發生時入聲韻從調值和韻尾兩方面不同程度地向舒聲韻靠攏或合并,這是影響韻尾演變的重要因素。許寶華(1998:276—277)認爲影響吴語入聲韻尾消失的因素可能有入聲字兒化、連讀變調、濁音清化等。

(二) 音系因素

語音單位的演變受音系結構因素制約。漢語語音發展過程中,攝、等、開合等漢語獨有的音系結構單位對語音單位的發展起到了重要作用。劉勛寧(1983)指出晋語陝西清澗方言入聲韻尾的演變與粤語廣州話入聲韻尾的演變有着"奇特而又嚴格的對應關係",本質是漢語咸山宕江梗₂₋等攝和深臻曾梗₃₋四等攝之間的外轉與内轉區别。音系結構的簡化和重新整合推動入聲韻尾的演變(邵慧君 2003:271),整合過程中如果出現音位不對稱性,韻尾易變化,如因音系中無與之匹配的韻母而廣州話 œk 韻最易舒化(侯興泉 2005)。結構上不平衡、不對稱的單位最易發生變異,音系結構的不平衡性是語言變異之源(徐通鏘 1990)。

《試論入聲的性質及其演變》(楊信川 1997)認爲漢語的音節組織特性導致了入聲韻尾消失:漢語的音段序列嚴格按照語音的響度峰組織,每個音節以元音爲中心,其周圍輔音必須圍繞元音中心形成一個響亮的音節,在元音與輔音之間不允許再插入别的輔音;語流中前音節的塞音韻尾和後音節的塞音聲母形成了"複輔音",但這種結構不被漢語的音節結構所接受,必須消失一個輔音,從而導致入聲塞音韻尾的消失。

《漢語韻尾輔音演變的音系理據》(張吉生 2007)認爲入聲韻尾的演變是塞音韻

尾歷時磨損引起的非口腔化結果,作爲韻母成分的塞音韻尾所具有的"非響音性"標記性決定了塞音韻尾消失的音系理據,即有標記性的容易消失。不過塞音韻尾的消失會有一定的限度。《從音系的輔音含量看晉語保留入聲的原因》(李小平 1998)從音系中輔音含量平衡性角度考察晉語入聲韻尾保留的原因,認爲制約晉語入聲喉塞尾不易進一步消失的一個重要因素就是晉語輔音韻尾減少到了不能再無條件脱落任何一個輔音韻尾的地步。

李永明(1986:44)指出音系内部如果有文白讀,不同層次的入聲韻尾會有不同的演變表現;文讀因和漢字緊緊結合在一起,一般發展變化較慢(但也有相反情況,如果文讀音是由於移民從中原地區帶來的,可能它的發展變化比南方口語還要跑到前面去,如客家話);口語是不管文字的,因此發展變化較快。賀巍(1995)認爲文白讀的分立可能是入聲舒化的一種重要方式。文白讀對入聲韻尾演變的影響之一在於當文讀系統經過一定時間完全替換了白讀系統後,方言入聲韻尾的正常演變被中斷,從而造成演變類型的異樣。

(三) 詞彙因素

賀巍(1995)指出,漢語發展過程中詞尾的產生和發展引起了語音變化,促使入聲向舒聲轉化最重要的因素是兒尾和子尾;在官話方言裏名詞詞尾和動詞詞尾大都讀輕聲,前字如果讀入聲,受後字輕讀影響入聲-p、-t、-k 韻尾減弱,而逐漸丢失向舒聲過渡。《從非音節性詞尾看入聲韻尾[ʔ]的脱落》(周磊 2003)進一步指出非音節性詞尾的出現是入聲韻-ʔ尾脱落的主要原因,東南方言的音節性詞尾則沒有引起-ʔ尾脱落。此外,賀文指出"複音詞增多"、"詞義分化"、"語法功用的不同"等因素都推動了入聲舒化,認爲入聲消失是詞彙發展變化到一定階段引起語音變化的產物,即詞尾的產生和發展促使入聲向舒聲轉化:單音詞變爲多音詞,由於連讀、構詞等語法功能的參與,入聲韻尾的作用減弱,其區別意義的功能轉由多音詞承擔而逐漸引起入聲韻尾的轉換(-p、-t、-k 變爲-ʔ)或消失,短調變長調向舒聲分化。賀文認爲漢語詞彙的發展變化可能是促使入聲向舒聲轉化的最重要條件,從漢語發展的宏觀角度探討了入聲韻尾演變的原因。

以上從四個角度分析總結了入聲韻尾的研究情況。四個角度的研究取得了顯著成就,爲入聲韻尾演變的深入研究奠定了很好的基礎。在此基礎上,我們認爲可從三個方面繼續深入探討:一,在統一的、具有可比性的田野調查材料基礎上,從宏觀角度全面分析漢語方言入聲韻尾的演變類型,探討漢語從古至今的韻尾演變過程;二,進一步深入分析入聲韻尾演變的内部和外部因素;三,對特殊的入聲韻尾作跟踪調查,分析其韻尾演變類型和音值的本質。

參考文獻

Matthew Chen 1973, Cross-dialectal comparison: A case study and some theoretical considerations, *Journal of Chinese Linguistics*, 1-1.
曹瑞芳 1996,山西陽泉方言入聲舒化的初步分析,《語文研究》第 3 期。
曹志耘 1996,《嚴州方言研究》,日本好文出版。
曹志耘 2002a,《南部吳語語音研究》,商務印書館。
曹志耘 2002b,吳徽語入聲演變的方式,《中國語文》第 5 期。
曹志耘 2011,湖北通城方言的語音特點,《語言研究》第 1 期。
曹志耘主編 2008,《漢語方言地圖集》,商務印書館。
陳　旻 2000,淮陰話入聲韻的 k 尾,錢曾怡、李行傑主編:《首屆官話方言國際學術討論會論文集》,青島大學出版社。
陳昌儀 1991,《贛方言概要》,江西教育出版社。
陳貴麟 2006,中古入聲字在南部吳語縉雲西鄉方言的演變規律,《聲韻論叢》第 14 輯,學生書局。
陳世鐃 2005,廣西玉林方言入聲塞音韻尾的消失,《第十屆國際粵方言研討會論文集》。
陳曉錦 1987,廣東莞城話"變入"初析,《中國語文》第 1 期。
陳曉錦 1999,廣西玉林白話古陽聲韻尾、入聲韻尾脫落現象分析,《中國語文》第 1 期。
陳曉錦 2001,廣東粵語的鼻音韻尾和入聲韻尾,《方言》第 2 期。
陳有恆 1987,通城入聲的複輔音韻尾,《咸甯師專學報》(哲學社科版)第 3 期。
陳章太 1983,邵武方言的入聲,《中國語文》第 2 期。
陳章太 1991,邵武市內的方言,《閩語研究》,語文出版社。
陳忠敏 1995,上海市區話語音一百多年來的演變,《吳語和閩語的比較研究》,上海教育出版社。
崔振華 1997,桂東方言同音字彙,《方言》第 1 期。
鄧曉華 1986,通城黃袍語音特點,《龍岩師專學報》第 2 期。
丁邦新 1998b,論官話方言研究中的幾個問題,《丁邦新語言學論文集》,商務印書館。
董爲光 1987,湘鄂贛三界方言的"l"韻尾,《語言研究》第 1 期。
范慧琴 2004,從山西定襄方言看晉語入聲的演變,《西南民族大學學報》(人文社科版)第 4 期。
馮愛珍 1993,福州方言的入聲,《方言》第 2 期。
高本漢 1923,答馬斯貝羅論切韻之音,《國學季刊》第 1 卷第 3 號。
高本漢著、趙元任譯 1928,上古中國音當中的幾個問題,《歷史語言研究所集刊》第 1 本第 3 分。
高本漢著、趙元任等譯 1940,《中國音韻學研究》,商務印書館。
光澤縣地方志編纂委員會編 1994,《光澤縣志》,群衆出版社。
賀　巍 1995,漢語官話方言入聲消失的成因,《中國語文》第 3 期。
侯精一 1986,晉語的分區(稿),《方言》第 4 期。

侯精一 1999,晋語入聲韻母的區別性特徵與晋語區的分立,《中國語文》第 2 期。
侯精一主編 2002,《現代漢語方言概論》,上海教育出版社。
侯興泉 2005,關於廣州話-k 塞尾入聲變化的調查實驗,《暨南學報》(人文社科版)第 2 期。
後藤朝太郎 1931,中國入聲之地理研究,《嶺南學報》第 2 卷第 1 期。
胡　適 1929,入聲考,《新月》第 1 卷第 11 號。
黃艾榕、張盛如 1999,從回鶻文《玄奘傳》看西北方言入聲的演化,《武漢教育學院學報》第 1 期。
黃家教 1984,從"等"來看廣州入聲消失的迹象,《音韻學研究》第 1 輯,中華書局。
黃雪貞 1997,客家方言古入聲字的分化條件,《方言》第 4 期。
焦妮娜 2007,晋城話中的入聲字,《語言研究》第 2 期。
藍小玲 1999,《閩西客家方言》,廈門大學出版社。
李方桂 1971,獨山話的塞音韻尾,《歷史語言研究所集刊》43 本 2 分;譯文收中國社會科學民族研究所編:《漢藏語系語言學論文選譯》,1980。
李敬忠 1989,試論漢藏語系輔音韻尾的消失趨勢,《貴州民族研究》第 4 期。
李敬忠 1990,珠江三角洲粵語疑母及輔音韻尾的演變趨勢,《廣東民族學院學報》(社科版)第 1 期。
李如龍、陳章太 1985,論閩方言内部的主要差異,《中國語言學報》第 2 期,商務印書館。
李如龍、張雙慶主編 1992,《客贛方言調查報告》,廈門大學出版社。
李如龍、張雙慶 1996,客贛方言的入聲韻和入聲調,《方言與音韻論集》,香港中文大學中國文化研究所吴多泰中國語文研究中心。
李如龍 1996,聲韻調的演變是互制互動的,《方言與音韻論集》,香港中文大學中國文化研究所吴多泰中國語文研究中心。
李如龍 2001a,《福建縣市方言志 12 種》,福建教育出版社。
李如龍 2001b,《漢語方言學》,高等教育出版社。
李　榮 1985,官話方言的分區,《方言》第 1 期。
李小平 1998,從音系的輔音含量看晋語保留入聲的原因,《語文研究》第 4 期。
李新魁 1994,數百年來粵方言韻母的發展,《學術研究》第 4 期。
李永明 1986,從今南方諸方言推測古入聲韻尾脫落的過程,《湘潭大學學報》(哲社版)第 2 期。
梁猷剛 1983,古陽聲韻入聲韻海南府城話今讀陰聲韻初探,《中國語文》第 3 期。
劉　堅 1998,《二十世紀的中國語言學》,北京大學出版社。
劉倫鑫 2000,客贛方言的聲調系統綜述,《南昌大學學報》(人文社科版)第 4 期。
劉文炳 1941,入聲研究與太原盆地人之讀入聲,《説文月刊》第 3 卷第 1 期。
劉勳甯 1983,古入聲在清澗話中的分化與廣州話的長短入,《語言學論叢》第 10 輯,商務印書館。
劉育林 1986,今陝北話之古入聲,《延安大學學報》(社科版)第 3 期。
魯國堯 1988,泰州方音史與通泰方言史研究,*Computational Analyses of Asian and African languages*, No.30。
羅常培、王均 1981,《普通語音學綱要》,商務印書館。

羅常培 1932,關於廣州話入聲的討論,《國語周刊》第 41 期。

羅常培 1933,《唐五代西北方音》,中研院歷史語言研究所。

羅常培 1941,《臨川音系》,科學出版社,後載于《羅常培文集》第 1 卷,山東教育出版社,1999 年。

羅常培 1949,《中國音韻學導論》,"國立"北京大學出版部。

羅傑瑞 1982,The Classification of the Shaowu Dialect,《歷史語言研究所集刊》第 53 本第 3 分。

羅偉豪 2000,〈廣韻〉咸深二攝廣州話今讀[-n][-t]韻尾字音分析,《第七屆國際粵方言研討會論文集》,商務印書館。

羅莘田 1933,查爾默的漢語入聲聲尾説,《東方雜志》第 38 卷第 22 期。

馬文忠 1984,中古入聲字在大同方言的變化,《語文研究》第 2 期。

潘家懿 1984,從交城方言看漢語入聲消失的歷史,《音韻學研究》第 1 輯,中華書局。

潘家懿 1996,海豐方言三十年來的演變,《方言》第 4 期。

潘家懿 1998,鼻/塞韻尾的消變及其粵東閩語模式,《語文研究》第 4 期。

潘茂鼎等 1963,福建漢語方言分區略説,《中國語文》第 6 期。

平田昌司主編 1998,《徽州方言研究》,日本好文出版。

朴萬圭 1999,就梵漢對音收-t/-l 韻尾試論韓漢入聲譯音收-l 韻尾,《聲韻論叢》第 8 輯,學生書局。

喬全生 2008,《晋方言語音史研究》,中華書局。

邵慧君 2003,粵方言陽聲韻尾及入聲韻尾的分化模式及成因初探,《第八屆國際粵方言研討會論文集》,中國社科出版社。

申東月 2004,漢韓對音中爲何*-t>*-l,《民族語文》第 4 期。

沈　明 1995,《山西晋語的入聲韻研究》,中國社科院語言研究所博士學位論文。

沈　明 2005,晋東南晋語入聲調的演變,《語文研究》第 4 期。

沈　明 2007,晋語五臺片入聲調的演變,《方言》第 4 期。

沈向榮、劉博 2010,漢藏語中的塞尾爆破現象,《民族語文》第 1 期。

石林、黄勇 1997,論漢藏語系語言塞音韻尾的發展演變,《民族語文》第 6 期。

石紹浪 2007,《江淮官話入聲研究》,北京語言大學博士學位論文。

宋益丹 2009,南京方言中的入聲喉塞尾實驗研究,《南京師範大學文學院學報》第 2 期。

孫小花 2004,五臺方言的入聲,《語文研究》第 4 期。

孫宜志 2006,《安徽江淮官話語音研究》,黄山書社。

孫宜志 2007,《江西贛方言語音研究》,語文出版社。

孫玉卿 2003,珠江三角洲粵方言入聲韻尾舒化過程中的幾種類型及陽聲韻尾的關係,《第八屆國際粵方言研討會論文集》,中國社科出版社。

孫玉卿 2005,山西晋語入聲舒化情況分析,《山西師大學報》(社科版)第 4 期。

田希誠 1989,大同方言的輔音韻尾,《山西方言研究》。

王　力 1980,《漢語史稿》,中華書局。

王　力 1985,《漢語語音史》,中國社會科學出版社。

王　利 2008,晋東南晋語的入聲舒化現象,《語文研究》第 3 期。

王洪君 1990,入聲韻在山西方言中的演變,《語文研究》第 1 期。
王求是 1997,孝感入聲的緊元音性質,《孝感學院學報》第 2 期。
王世華 1992,寶應方言的邊音韻尾,《方言》第 4 期。
王希哲 1996,左權方言古入聲字今舒聲化現象,《語文研究》第 2 期。
王育德 1968,《閩音系研究》,東京大學博士論文,收在王育德《臺灣語音の歷史的研究》,東京第一書房,1987 年。
溫端政 1986,試論山西晉語的入聲,《中國語文》第 2 期。
溫端政 2000,晉語的"分立"與漢語方言分區問題,《語文研究》第 1 期。
溫端政主編 1982—1995,《山西方言志叢書》第 40 種,語文出版社。
吳 波 2007,江淮方言的邊音韻尾,《語言研究》第 1 期。
吳 芳 2009,粵東閩語-n(-t)韻尾消失的軌跡,《第七屆潮學國際研討會論文集》。
吳瑞文、林英津 2007,閩語方言輔音韻尾今讀的歷史分析,《中國語文研究》第 1 期。
吳宗濟、林茂燦主編 1989,《實驗語音學概要》,高等教育出版社。
伍 巍 2006,江淮官話入聲發展演變的軌跡,《中國方言學報》第 1 期。
辛世彪 2004,《東南方言聲調比較研究》,上海教育出版社。
邢公畹 1962,論調類在漢台語比較研究上的重要性,《中國語文》第 1 期。
邢向東、孟萬春 2006,陝北甘泉、延長方言入聲字讀音研究,《中國語文》第 5 期。
熊正輝、張振興 2008,漢語方言的分區,《方言》第 2 期。
熊正輝 1960,光澤、邵武話裏的古入聲字,《中國語文》10 月號。
徐通鏘 1990,結構的不平衡性和語言演變的原因,《中國語文》第 1 期。
許寶華 1984,論入聲,《音韻學研究》第 1 輯,中華書局。
許寶華 1998,現代吳語入聲變化述略,《語言研究的新思路》,上海教育出版社。
岩田禮 1992,漢語方言入聲音節的生理特徵——兼論入聲韻尾的歷時變化,《中國境內語言暨語言學》第 1 輯,中研院歷史語言研究所。
顏 森 1986,江西方言的分區(稿),《方言》第 1 期。
顏景常、鮑明煒 1988,江淮官話北沿的入聲——兼論北方話入聲消失過程,《語言研究集刊》第 2 期,江蘇教育出版社。
楊 蔚 2003,粵語古入聲分化情況考察,《第八屆國際粵方言研討會論文集》,中國社會科學出版社。
楊時逢 1974,《湖南方言調查報告》,中研院歷史語言研究所。
楊述祖 1982,山西方言入聲的現狀及其發展趨勢,《語文研究》第 1 期。
楊信川 1997,試論入聲的性質及其演變,《廣西大學學報》(哲學社科版)第 1 期。
楊自翔 1989,桐城方言入聲的特點,《中國語文》第 5 期。
游汝傑 1997,古文獻所見吳語的鼻音韻尾和塞音韻尾,《橋本萬太郎紀念——中國語學論集》,日本內山書店。
游汝傑 1998,西洋傳教士著作所見上海話的塞音韻尾,《中國語文》第 2 期。

袁家驊等 2001,《漢語方言概要》,語文出版社。

遠藤光曉 1994,元音與聲調,《中國境內語言暨語言學》第 2 輯。

張光宇 1984,說邵武方言,《語言研究》第 2 期(署名雷伯長),收入《切韻與方言》,臺灣商務印書館。

張吉生 2007,漢語韻尾輔音演變的音系理據,《中國語文》第 4 期。

張盛裕 1981,潮陽方言的語音系統,《方言》第 1 期。

張世祿 1929,從日本譯音研究入聲韻尾的變化,《中山大學語言歷史研究所周刊》第 9 集第 99 期。

張益梅 1986,介休方言的入聲字和古入聲字比較,《語文研究》第 3 期。

張振興 1997,重讀《中國語言地圖集》,《方言》第 4 期。

趙秉璿 1963,太原話的促音韻尾和入聲,《學術通訊》第 2 期。

趙日新 2008,安徽省的漢語方言,《方言》第 4 期。

趙元任、丁聲樹、楊時逢 1948,《湖北方言調查報告》,商務印書館。

趙元任 1956,《現代吳語的研究》,科學出版社。

中國社會科學院、澳大利亞人文科學院合編 1987,《中國語言地圖集》,(香港)朗文出版(遠東)有限公司。

周　磊 2003,從非音節性詞尾看入聲韻尾[ʔ]的脱落,《中國語文》第 5 期。

周祖謨 1966,宋代汴洛語音考,《問學集》,中華書局。

朱　蕾 2007,皖南涇縣吳語入聲的演變,《語言科學》第 5 期。

朱曉農 2010,入聲唯閉韻尾的共時變異和歷時演化——香港粵語個案研究,《南方語言學》第 1 輯。

鄒　珣 2007,《澄海方言咸深二攝閉口韻尾的地理分布研究》,暨南大學碩士學位論文。

《集韻》新增小韻探源(二)*

劉華江　潘　應

(皖西學院文化與傳媒學院)

一、引　言

北宋一朝時間先後不遠出現了兩部重要韻書,一部是《廣韻》,成書於大中祥符元年(公元 1008 年);一部是《集韻》,成書於宋仁宗二年(公元 1039 年)。兩書成書之年相隔僅 31 年,而《集韻》的編者在"韻例"裏又明確指出其爲《廣韻》的"修訂"。因此,二書的關係到底如何,其間的差别及産生這些差别的原因何在,這都值得我們去做更爲全面而深入的比較研究。《廣韻》一書共收有 3 874 個小韻,《集韻》一書共收有 4 493 個小韻。兩者相比,《集韻》一方面承襲了其前韻書如《廣韻》中的絶大多數韻字,另一方面又明顯地增加了一些新的韻字,尤其是還增加了一些新的小韻。那麽,《集韻》新增的這些小韻從何而來,其讀音依據爲何,這無疑是一個很有意思而又意義重大的問題。文章以《集韻》下平聲新增小韻爲例,以《廣韻》爲參照,考察這些新增小韻的分布和特點,并嘗試探討這些新增小韻的讀音來源。

二、《集韻》下平聲新增小韻分布及特點分析

據筆者統計,《廣韻》下平聲共收有 583 個小韻,《集韻》下平聲共收有 671 個小韻。兩相對照,對等的小韻 532 個,占《集韻》下平聲小韻總數的 79.3%。而《廣韻》上

---

* 本文係教育部人文社會科學研究青年基金項目(11YJC740064)、國家社科基金重大招標項目(12&ZD184)、國家社科基金重大招標項目(14ZDB097)階段性成果。

平聲共收有574個小韻,《集韻》上平聲共收有656個小韻,二者對等的小韻571個,占《集韻》上平聲小韻總數的87%。由此可見,《廣韻》和《集韻》上、下平聲所收小韻的主體部分還是相同的。較之《廣韻》下平聲,《集韻》下平聲新增小韻93個,占《集韻》下平聲小韻總數的13.9%。考察《集韻》下平聲所增加的93個小韻,我們發現這些新增小韻至少表現出如下三個方面的鮮明特點:

1.《集韻》下平聲除了先韻、豪韻、歌韻3個大韻下沒有新增小韻外,在其他26個大韻下都有新增的小韻。因此,《集韻》下平聲在各個大韻下增加新的小韻是其常例,這一點和《集韻》上平聲新增小韻的表現相同。

2. 這些新增小韻所轄的同音字數量極少。《集韻》下平聲新增93個小韻中,僅有一字的小韻57個,占新增小韻總數的61.3%;兩個同音字的小韻15個,占新增小韻總數的16.1%;三個同音字的小韻11個,占新增小韻總數的11.8%;四個同音字的小韻4個,占新增小韻總數的4.3%;五個同音字的小韻3個,占新增小韻總數的3.2%;六個同音字的小韻1個,占新增小韻總數的1.1%;七個同音字的小韻1個,占新增小韻總數的1.1%;九個同音字的小韻1個,占新增小韻總數的1.1%。這一點和《集韻》上平聲新增小韻的表現亦同。

3. 這些新增小韻在各大韻所屬小韻的排列次序上以居尾爲多。如:十九侯韻、二十一侵韻新增的1個小韻,四宵韻、五肴韻、十陽韻、十一唐韻、十三耕韻、二十五添韻、二十九凡韻新增的2個小韻,三蕭韻、二十二覃韻新增的3個小韻,二十六嚴韻、二十七咸韻新增的5個小韻,十四清韻新增的6個小韻,十五青韻新增的10個小韻等,這些新增的小韻全都排列在該大韻所屬小韻的末尾。其他大韻新增的小韻雖然不是全部排列在末尾,但亦以排列在末尾者居多。如十七登韻新增有5個小韻,其中有4個新增小韻排列在本大韻的末尾;二十三談韻新增有8個小韻,其中有7個新增小韻排列在本大韻的末尾。這一點和《集韻》上平聲新增小韻的表現也相同。

《集韻》下平聲和上平聲新增小韻所體現出來的三個方面的鮮明特點,既彰顯了這些小韻在《集韻》中新增的性質,同時也是對中國古代韻書在發展過程中層增性質的一種反映。

三、《集韻》下平聲新增小韻來源考察

僅下平聲一卷,《集韻》就比《廣韻》新增了93個小韻。考察這93個新增小韻在《集韻》姊妹篇《類篇》中的表現,我們發現,除了二十三談韻新增之"笤"小韻"七甘切"在《類篇》中沒有對應之音以外,其他新增小韻的讀音在《類篇》中均收錄有對應

之讀音,體現了"篇韻"之間的高度一致性。這讓我們有較爲充分的理由相信以下基本事實,即《集韻》增收的這些小韻都是有依據的。然而這些新增小韻的讀音所依之據究竟爲何,由於主客觀方面的原因,我們未必能一一探得。筆者嘗試對《集韻》下平聲新增的 93 個小韻進行考察後發現,《集韻》新增的這些小韻的讀音大多數都是能找出其依據的,其中至少有 53 個新增小韻我們能夠明確指出其讀音來源或是對其讀音來源做出較爲有力的判斷。具體情況分析如下:

1.《集韻》二仙韻新增"山"小韻,所旃切,釋義爲:"土高有石曰山。"今檢今本《經典釋文》卷二十九《爾雅音義》上"釋山第十一"條下音義爲:所閒反,或所旃反。《廣雅》云:"土高有石曰山,山,産也,能産萬物也。"《説文》云:"山,宣也,宣氣散生萬物也。"凡天下名山五千二百七十,出銅之山四百六十七,出鐵之山三千六百有九。可見,《集韻》此處所增之音即殆本自《經典釋文》。

2.《集韻》二仙韻新增"鸇"小韻,己仙切,釋義爲:"《字林》鷂屬。"今檢今本《經典釋文》卷十六《春秋左氏音義》之二"鸇"字條音義爲:之然反。《説文》止仙反,《字林》己仙反。卷三十《爾雅音義》下"鸇"字條音義亦有:之然反。《説文》上仙反。《字林》己仙反。可見,《集韻》此處所增之音即殆本自《經典釋文》,抑或直接來自《字林》音。

3.《集韻》二仙韻新增"觶"小韻,火全切,釋義爲:"角俯仰也。"趙振鐸《集韻校本》指出:"方校:案《類篇》同。嚴氏云:當作觲,《角弓》音義引《説文》火全反。"① 今檢《説文》"觲"訓釋爲:用角低仰便也。从羊牛角。《詩》曰:"觲觲角弓。"息營切。段玉裁《説文解字注》云:"用角低仰便也。《小雅》騂騂角弓。毛曰:騂騂,調利也。按毛意謂角弓張弛便易,許意謂獸之舉角高下馴擾,毛説正許説之引伸也。從芉牛角。羊,祥也。祥,善也。牛角馴善之意。息營切。十一部。讀若《詩》曰觲觲角弓。今《詩》作騂騂。按許所引《詩》作觲,則不得言讀若,鉉本所以删讀若也。《詩》音義云:騂騂,《説文》作鶰。火全反。此陸氏之誤。當云《説文》作觲也。鶰自訓角弓,不訓弓調利。"今檢今本《經典釋文》卷第六《毛詩音義》中"騂騂"條音義爲:息營反。調和也,沈又許營反。《説文》作"鶰",音火全反。可見,"觶"字爲"觲"之誤,當作觲。《集韻》此處所增之音當與《説文》或《經典釋文》有關。

4.《集韻》三蕭韻新增"藨"小韻,普遼切,釋義爲:"草名,《爾雅》藨麃。"今檢今本《經典釋文》卷三十《爾雅音義》下"藨"條音義爲:謝蒲苗反。或力驕反。孫蒲矯反。《字林》工兆反。顧平表、白交、普苗三反。另外,《爾雅注疏》卷八"藨麃"條音義有:

---

① 趙振鐸:《集韻研究》,語文出版社,2005 年,第 233 頁。

薰,謝蒲苗反,或力驕反,孫蒲矯反,《字林》工兆反,顧平表、白交、普苗三反。今疑《集韻》新增之"普遼切"即來自《經典釋文》中的"普苗反"。只不過在《集韻》中"遼"爲四等蕭韻,"苗"爲三等宵韻。之所以會有此參差,有很大可能是在《集韻》時代,三等宵韻和四等蕭韻已有合流的現象,因此,《集韻》的編者在徵引時把《經典釋文》中的讀音給折合錯了。

5.《集韻》四宵韻新增"瀌"小韻,蒲嬌切,釋義爲:"瀌瀌,雨雪盛貌。"今檢今本《經典釋文》卷六《毛詩音義》中"瀌瀌"條音義爲:符驕反。徐符彪反,又方苗反,雪盛貌。《集韻》的"蒲嬌切"對應的即是《經典釋文》中的"符驕反"。只不過是"蒲"在《集韻》時代爲並母,"符"在《集韻》時代爲奉母,有輕重唇之別。據蔣希文研究,徐邈音唇音只有一類,不分輕重。① 因此,《集韻》的編者在徵引《經典釋文》徐邈音時,根據《集韻》自身音系對其進行了折合處理,將切上字由《集韻》時代的輕唇音折合成了《集韻》時代的重唇音。

6.《集韻》五肴韻新增"巢"小韻,徂交切,釋義爲:"《爾雅》大笙謂之巢,孫炎讀。"今檢今本《經典釋文》二十九《爾雅音義》上"巢"條音義爲:孫、顧并仕交、莊交二反。孫又徂交反。巢,高也,言其聲高。可見,《集韻》此處所增之音顯然來自《經典釋文》孫炎音。

7.《集韻》八戈韻新增"嗟㾾"小韻,遭哥切,釋義爲:"《易》大耋之嗟,王肅讀,古作㾾。"今檢今本《經典釋文》卷二《周易音義》"之嗟"條音義爲:如字。王肅又遭哥反。荀作差。下"嗟若"亦爾。可見,《集韻》此處所增之音顯然來自《經典釋文》王肅音。

8.《集韻》九麻韻新增"苛"小韻,黑嗟切,釋義爲:"辨祭也,鄭康成曰:苛其出入。"今檢今本《經典釋文》卷八《周禮音義》上"苛"條音義爲:本又作"呵",呼河反。又音何,徐黑嗟反。可見,《集韻》此處所增之音即來自《經典釋文》徐邈音。

9.《集韻》九麻韻新增"哶"小韻,彌嗟切,釋義爲:"苴哶,城名,在雲南。"今檢《類篇》卷四"哶"字下注釋有:彌嗟切,苴哶,城名,在雲南。與《集韻》同時期的、由司馬光主編的《資治通鑒》,其卷二百二十六《唐紀》四十二"苴哶城"下注有"音養,又彌嗟切";卷二百三十四《唐紀》五十"苴哶城"下亦注有"哶,彌嗟翻";又南宋郭允蹈所撰《蜀鑒》"苴哶城"之"哶"字下也注有"彌嗟切"。由此可見,《集韻》此處所增之"彌嗟切"是有其依據的,只是這個依據具體是什麼,我們暫時尚無法考定。

10.《集韻》九麻韻新增"捼"小韻,儒邪切,釋義爲:"揉也,關中語。"《類篇》卷三

---

① 蔣希文:《徐邈音切研究》,貴州教育出版社,1999年,第9頁。

十四收有"捼",訓釋有:儒佳切,兩手相切摩。又烏禾切,手縈也。又而宣切,又如禾切,推也。又如祁切,揉也,關中語。又鄔毀切,挩也。今檢今本《經典釋文》卷十一《禮記音義》之一"捼"字條音義爲:乃禾反,沈耳佳反。《類篇》"如祁切"當爲"如邪切"之誤。"儒"、"如"、"耳"《集韻》音俱爲日母,"邪"、"佳"韻亦相同。《集韻》此處所增之音或與《經典釋文》沈重音有關,抑或另有所本。

11.《集韻》九麻韻新增"挫"小韻,祖加切,釋義爲:"折也,《周禮》凡揉牙内不挫,李軌説。"今檢今本《經典釋文》卷九《周禮音義》下"不挫"條音義爲:作卧反,李又祖加反。可見,《集韻》此處所增之音顯然本自《經典釋文》李軌音,只不過《集韻》編者在徵引《經典釋文》時,將實爲注音的"李軌讀"誤作了"李軌説"。

12.《集韻》十陽韻新增"卬"小韻,魚殃切,釋義爲:"卬卬,君德也。"今檢今本《經典釋文》卷二十九《爾雅音義》上"卬卬"條音義爲:五剛反,郭魚殃反。《爾雅注疏》卷三"顒顒卬卬君之德也"音義有:卬,五剛反,郭魚殃反。可見,《集韻》此處所增之音顯然本自《經典釋文》中的郭璞音。

13.《集韻》十一唐韻新增"征赸"小韻,誑王切,釋義爲:"行征伀也,或从走。"《正字通》"征"字下訓釋爲:同徨,舊注音誑,引《玉篇》扇征,非。今按:《集韻》以"誑"爲切上字僅此一處,切下字"王"亦非屬本韻。《集韻》此音殆爲誤增。

14.《集韻》十二庚韻新增"罃"小韻,乙榮切,釋義爲:"罃譚,聲也。"今檢《玉篇》零卷收有"罃",訓釋爲:乙熒反,字書聲也。今按:《集韻》增收此音或即本自《玉篇》,只不過是《集韻》的編者在徵引《玉篇》音時將切下字"熒"字誤作了"榮",故增收於本韻。

15.《集韻》十四清韻新增"泂"小韻,古營切,釋義爲:"大洞,地名。"今檢今本《經典釋文》卷二十《春秋左氏音義》六"爲泂"條音義爲:古熒反,又音螢,又音迥。《集韻》"營"、"熒"韻類相同。《集韻》此處所增之音或即本自《經典釋文》。

16.《集韻》十四清韻新增"頸"小韻,吉成切,釋義爲:"項也。"今檢今本《經典釋文》卷十二《禮記音義》之二"其頸"條音義爲:吉井反,又吉成反。可見,《集韻》此處所增之音顯然本自《經典釋文》。

17.《集韻》十四清韻新增"騂"小韻,許營切,釋義爲:"牲赤色。"今檢今本《經典釋文》卷六《毛詩音義》中"以騂"條音義爲:息營反。《字林》許營反。卷六《毛詩音義》中另"騂騂"條音義爲:息營反,調和也,沈又許營反。《説文》作"䞓",音火全反。卷七《毛詩音義》下"騂牡"條音義爲:息營反。《字林》火營反。卷七《毛詩音義》下另有"黄騂"條音義爲:息營反。赤黄曰騂,下文同。《字林》火營反。卷十一《禮記音義》之一"用騂"條音義爲:息營反,徐呼營反,純赤色也,一云赤黄色。卷十二《禮記音義》之二亦有"用駍"條音義爲：息營反,徐呼營反。卷十二《禮記音義》之二"駍剛"條音義爲：息營反,又呼營反。卷十三《禮記音義》之三"用駍"條音義爲：私營反,《字林》云火營反。卷十七《春秋左氏音義》之三"駍"字條音義爲：息營反,《字林》許營反。可見,《集韻》此處新增之音或源自《經典釋文》中所引之《字林》音,抑或源自《經典釋文》徐邈音。要之,《集韻》此處新增之音當與《經典釋文》有關。

18.《集韻》十四清韻新增"甍"小韻,忙成切,釋義爲："屋棟也。"今檢今本《經典釋文》卷十八《春秋左氏音義》之四"於甍"條音義爲：亡耕反,屋棟也。《字林》亡成反。今按："忙",《集韻》時代爲明母；"亡",《集韻》時代爲微母,兩者之間有輕重唇之別。此殆爲《集韻》的編者在徵引《經典釋文》中的讀音時所作的折合處理。若此,《集韻》此處所增之音或即本自《經典釋文》中所說的"《字林》"音。

19.《集韻》十五青新增"娙"小韻,五刑切,釋義爲："《廣雅》好也。"今檢《博雅音》卷第一"娙"下音注爲"五杠、乎丁"。王念孫校有："各本杠僞作丁,今訂正。"① 可見,《集韻》此處新增之音顯然本自《博雅音》。

20.《集韻》十五青韻新增"菁"小韻,子丁切,釋義爲："韭花也,一曰茅有毛刺曰菁茅。"今檢今本《經典釋文》"菁"有"子丁反"一音,而且出現不少於十處。如：卷三《尚書音義》上"菁茅"條音義爲：上子丁反,徐音精,马同。鄭云："茅有毛刺曰菁茅。"卷六《毛詩音義》中"菁菁者莪"條音義爲：上子丁反,下五何反。菁菁,盛貌；莪,蘿蒿也。卷十《儀禮音義》"菁"字條音義爲：子丁反。劉音精。卷十二《禮記音義》之二"養菁"條音義爲：子丁反。卷十三《禮記音義》之三"菁"字條音義爲：音精,又子丁反。卷十五《春秋音義》之一"菁茅"條音義爲：子丁反。卷十六《春秋左氏音義》之二"菁菁"條音義爲：子丁反。卷十九《春秋左氏音義》之五"傳十七年菁菁"條音義爲：子丁反。卷二十二《春秋穀梁音義》"菁茅"條音義有：子丁反。下亡交反。菁茅,香草也。卷三十《爾雅音義》下"菁"字條音義爲：音精,又子丁反。可見,《集韻》此處所增確有其音,或即本自《經典釋文》。

21.《集韻》十五青韻新增"坰"小韻,欽熒切,釋義爲："林野之外地。"今檢今本《經典釋文》卷三《尚書音義》上"坰"字音義爲：故螢反,徐欽螢反。又古螢反。卷七《毛詩音義》下"坰野"條音義爲：古熒反。徐又苦營反,或苦瓊反,遠也。林外曰坰,下同。今按：《集韻》"營"、"熒"韻類相同。"欽螢反"、"苦營反"讀音相同。可見,《集韻》此處新增之音顯然本自《經典釋文》。

22.《集韻》十五青韻新增"桯"小韻,餘經切,釋義爲："《博雅》桯㭹俎几也。"今檢

---

① 郝懿行等：《爾雅·廣雅·方言·釋名：清疏四種合刊》,上海古籍出版社,1989年,第731頁。

《博雅音》卷第八"桯"字下音注爲:"余征、餘經二音,又呈。"①今本《經典釋文》卷九《周禮音義》下"桯圍"條音義爲:讀爲楹,音盈。"讀爲楹"、"音盈"即爲"餘經切"。可見,《集韻》此處所增之音顯然本自《博雅音》。

23. 《集韻》十五青韻新增"誙"小韻,苦丁切,釋義爲:"不可近也。"今檢《龍龕手鏡》音輕,不可進貌。然輕爲溪母清韻,與"苦丁切"韻不相合。而《玉篇》有口丁切一音,釋義爲"不可近也",音義與《集韻》俱合。可見,《集韻》此處新增之音或即源自《玉篇》音。

24. 《集韻》十六蒸韻新增"儚"小韻,亡冰切,釋義爲:"《爾雅》儚儚,惽也。"今檢今本《經典釋文》卷二十九《爾雅音義》上"儚儚"條音義爲:字或作懜,孫亡崩、亡冰二反。可見,《集韻》此處所增之音顯然來自《經典釋文》孫炎音。

25. 《集韻》十六蒸韻新增"䰽"小韻,即淩切,釋義爲:"《爾雅》䰽謂之鷺。"今檢今本《經典釋文》卷二十九《爾雅音義》上"䰽"條音義爲:本或作甑,即淩反。又子孕反。可見,《集韻》此處所增之音或即本自《經典釋文》。

26. 《集韻》十六蒸韻新增"熊"小韻,矣殊切,釋義爲:"獸名。"今檢《春秋左傳注疏》卷四十四孔穎達疏有:著作郎王劭云,古人讀雄與熊者皆于陵反,張叔用舊音,傳玄用新音,張叔亦作熊也。案《詩》無羊與正月,及襄十年衛卜禦寇之繇,皆以雄韻陵,劭言是也。② 今按:于、矣《集韻》時代并爲雲母,于陵切、矣殊切音合。可見,《集韻》此處所增之音或與《春秋左傳注疏》中的孔穎達疏有關。

27. 《集韻》十六蒸韻新增"線"小韻,息淩切,釋義爲:"線繒也。"今檢《龍龕手鏡》和《龍龕手鑒》并收有"線",訓釋爲:星里反,與枲同,又須陵反。今按:須陵反與息淩切音合。《龍龕手鏡》或《龍龕手鑒》"須陵反"或即爲《集韻》增收此音之依據。

28. 《集韻》十七登韻新增"彭"小韻,七曾切,釋義爲:"毛張貌。"今檢《宋本玉篇》收有"彭",訓釋爲:"七孕切,又七曾切,毛張。"③可見,《集韻》此處新增之音實有其音,其來源或即《玉篇》音。

29. 《集韻》十七登韻新增"輷輷輷輷"小韻,苦弘切,釋義爲:"《說文》車軾也,引《詩》鞹輷淺幭。或作鞃輷輷。"今檢今本《經典釋文》卷七《毛詩音義》"輷"字條音義爲:苦泓反,沈又音泓,軾中也。亦作"輷輷",胡肱反,又弦,三同。《經典釋文匯校》

---

① 郝懿行等:《爾雅·廣雅·方言·釋名:清疏四種合刊》,第747頁。
② 阮元校刻:《十三經注疏》,中華書局,1980年,第2049頁。
③ 顧野王:《宋本玉篇》,中國書店,1983年,第110頁。

"靰"字下有校語:"宋本泓作弘,……此本及盧本俱作泓,誤。"①可見,《集韻》此處新增之音或即本自《經典釋文》。

30.《集韻》十七登韻新增"泓"小韻,乙肱切,釋義爲:"下深貌。"今檢《説文》、《龍龕手鑒》烏宏切、《宋本玉篇》於紘切,皆爲耕韻一讀。《集韻》耕韻已出此音,登韻此處又出"乙肱切"。今疑殆爲《集韻》編者將切下字"宏"、"紘"等誤作"肱",繼而又誤增於登韻。

31.《集韻》十九侯韻新增"捊"小韻,普溝切,釋義爲:"掬也。"今檢今本《經典釋文》卷十二《禮記音義》之二"所捊"條音義爲:蒲侯反,徐音普溝反。可見,《集韻》此處所增之音或即本自《經典釋文》徐邈音。

32.《集韻》二十幽韻新增"飍"小韻,必幽切,釋義爲:"《博雅》飍飍,走也。"今檢《博雅音》卷第六"飍飍"條音注爲:"香幽、必幽反。"可見,《集韻》此處新增之音或即本自《博雅音》。

33.《集韻》二十幽韻新增"飍"小韻,香幽切,釋義爲:"風也。"今檢《龍龕手鏡》、《龍龕手鑒》并香幽、火紅二反,驚風也。《宋本玉篇》:"香幽切,驚走貌。"②可見,《集韻》此處新增之音確有其音,《集韻》增收此音的依據或即本自《龍龕手鏡》或《龍龕手鑒》,抑或來自《玉篇》音。

34.《集韻》二十幽韻新增"區"小韻,羌幽切,釋義爲:"域也。"今檢今本《經典釋文》卷十一《禮記音義》之一"丘與區"條音義有:并去求反。一讀區,音羌虯反,又丘于反。今按:《集韻》時代羌虯切、羌幽切音同。可見,《集韻》此處新增之音或即本自《經典釋文》。

35.《集韻》二十幽韻新增"瀌"小韻,平幽切,釋義爲:"瀌瀌,雨雪貌。"今檢今本《經典釋文》卷六《毛詩音義》中"瀌瀌"條音義爲:符驕反。徐符彪反,又方苗反,雪盛貌。今按:《集韻》"彪"、"幽"韻屬同類。"符",《集韻》時代爲奉母,"平",《集韻》時代爲並母,兩者之間有輕重唇之别。據蔣希文研究,徐邈音唇音只有一類,不分輕重。③ 因此,《集韻》的編者在徵引《經典釋文》徐邈音時,根據《集韻》自身音系對其進行了折合處理,將切上字由《集韻》時代的輕唇音折合成了《集韻》時代的重唇音。若此,《集韻》此處新增之音或即本自《經典釋文》中的徐邈音。

36.《集韻》二十一侵韻新增"磣"小韻,天心切,釋義爲:"磣甜,吐舌貌。"今檢《類

---

① 黄焯:《經典釋文彙校》,中華書局,1980年,第84頁。
② 顧野王:《宋本玉篇》,第368頁。
③ 蔣希文:《徐邈音切研究》,第9頁。

篇》卷七"惉"字下注釋爲：吐濫切,譫惉,吐舌貌,文一。《類篇》卷七"甜"字下注釋爲：他甘切,譫甜,吐舌貌。又如占切,譫甜,長貌。又吐濫切,又他念切,舌貌。文一,重音三。《類篇》卷三十八"蚺"字下訓釋爲：汝甘切,大蛇名,出嶺表。又如占切,《説文》大蛇可食。又他念切,蚺蛺,獸吐舌貌。文一,重音二。《類篇》卷三十八"蛺"字下注釋爲：吐濫切,蚺蛺,獸吐舌貌,文一。今按：惉,吐濫切；蛺,吐濫切。兩者音同,改換形旁舌爲虫而已,則譫(甜)與蚺(蚺)的關係亦當如此。然《類篇》"蚺(蚺)"并無天心切或與天心切對等之音,僅有"他念切"一音。但我們發現,《六臣注文選》卷十一"玄熊蚺蛺"處"蚺"字下音注即作"天念",此或證明"譫(甜)"字或亦有"天念切"一音。綜上,我們認爲,《集韻》此處增收之"天心切"或即爲"天念切"之僞誤,本與"他念切"同音。《集韻》編者不察,遂於"他念切"一音之外別出"天心切"一音,并增收於此。

37.《集韻》二十二覃韻新增"沈"小韻,長含切,釋義爲："沈沈,宮室深邃貌。"今檢《史記》卷四十八"涉之爲王沈沈者"下裴駰《集解》："應劭曰：沈沈,宮室深邃之貌也。沈音長含反。"① 《史記》卷四十八"涉之爲王沈沈者"下司馬貞索隱："應劭以爲沈沈,宮室深邃貌,故音長含反。"② 《前漢書》卷三十一"涉之爲王沈沈者"顏師古注："應劭曰：夥音禍,沈沈,宮室深邃之貌也。沈音長含反。"③ 由此可見,《集韻》此處新增之音確有其音,其增收此音的依據或即與《漢書》應劭注、《史記》裴駰《集解》或《史記》司馬貞《索隱》有關。

38.《集韻》二十三談韻新增"玵"小韻,五甘切,釋義爲："美玉也。"今檢《宋本玉篇》收有"玵",訓釋爲：五甘切,美玉也。④ 可見,《集韻》此處新增之音實有其音,其增收的依據或即本自《玉篇》音。

39.《集韻》二十三談韻新增"緂"小韻,充甘切,釋義爲："女衣。"今檢《説文》收有"緂",訓釋爲：白鮮衣貌。从糸、炎聲。謂衣采色鮮也。充三切。《原本玉篇殘卷》"充甘反"。⑤ "充甘切"、"充三切"《集韻》時代音同。可見,《集韻》此處新增之音實有其音。但據相關學者和筆者的考察和研究,《集韻》在徵引《説文》時一般遵循這樣的原則,即只有當《集韻》音義與《説文》音義俱合時才會明確標引"《説文》"。然《集韻》此處并沒有明確標引《説文》,其釋義亦與《説文》釋義不同。因此我們認爲,《集

---

① 司馬遷：《史記》,中華書局,1959年,第1960—1961頁。
② 司馬遷：《史記》,第1960—1961頁。
③ 班固：《漢書》,中華書局,1962年,第1795頁。
④ 顧野王：《宋本玉篇》,第21頁。
⑤ 顧野王：《原本玉篇殘卷》,中華書局,1985年,第146頁。

韻》此處新增之音或即本自《玉篇》音。

40.《集韻》二十三談韻新增"珊"小韻,乃甘切,釋義爲:"闕,人名,古有祝珊。"今檢今本《經典釋文》卷十五《春秋音義》之一"祝珊"條音義爲:乃甘反,一音土甘反。卷十五《春秋音義》之一"珊甥"條音義爲:乃甘反。卷十五《春秋音義》之一"珊伯"條音義爲:乃甘反。卷二十《春秋音義》之六"珊季"條音義爲:乃甘反。卷八《周禮音義》上"毛珊"條音義爲:乃甘反。可見,《集韻》此處新增之音實有其音。《集韻》此處新增之音或即本自《經典釋文》卷十五《春秋音義》之一"祝珊"條音義。

41.《集韻》二十四鹽韻新增"黚"小韻,紀炎切,釋義爲:"水名,南至鱉入江,在犍爲。"今檢《漢書》卷二十八上、《地理志》第八上"犍爲郡"下"資中,符"下注有:"溫水南至鱉入黚水,黚水亦南至鱉入江。莽曰符信。"顏師古注:"黚,音紀炎反。"①可見,《集韻》此處新增之音或即本自《漢書》顏師古注。

42.《集韻》二十四鹽韻新增"獐簪"小韻,蒲瞻切,釋義爲:"闕,人名,楚有史獐,或作簪。"今檢今本《經典釋文》卷十九《春秋左氏音義》卷五"史獐"條音義爲:皮佳反,徐扶蟹反,又扶移反,又或扶瞻反。本或作"簪",音同。"蒲",《集韻》時代並母;"扶",《集韻》時代奉母。《集韻》的"蒲瞻切"對應的即爲《經典釋文》的"扶瞻反",兩者之間僅聲母有輕重唇之别。可見,《集韻》此處所增之音或即本自《經典釋文》,只不過是《集韻》的編者在徵引《經典釋文》中的讀音時進行了折合處理。

43.《集韻》二十五添韻新增"涅"小韻,其兼切,釋義爲:"《鬼谷篇》有'飛鉗涅闇',劉昌宗說。"今檢今本《經典釋文》卷八《周禮音義》上"涅"條音義爲:乃結反。劉其兼反(前一條爲"飛鑽")。可見,《集韻》此處新增之音顯然本自《經典釋文》劉昌宗音。只不過是《集韻》的編者在徵引此音時將實爲注音的"劉昌宗讀"誤爲"劉昌宗說"。

44.《集韻》二十五添韻新增"鬖"小韻,斯兼切,釋義爲:"髮垂貌。"今檢《龍龕手鑒》收有"髟鬖":息廉反,好髮也,二同。《宋本玉篇》卷第五收有"鬖":先廉切,發也。②《廣韻》亦入鹽韻,息廉切,髮也。各本俱讀心母鹽韻。《集韻》已入鹽韻思廉切,不當在添韻重出。今疑《集韻》此處新增之"斯兼切"或爲"斯廉切"之誤,《集韻》的編者未察,故誤增於此。

45.《集韻》二十六嚴韻新增"黔"小韻,其嚴切,釋義爲:"黃黑色,《易》艮爲黔喙。"今檢今本《經典釋文》卷二《周易音義》"黔"條音義有:其廉反。徐音禽。王肅

---

① 班固:《漢書》,第 1599 頁。
② 顧野王:《宋本玉篇》,第 112 頁。

其嚴反。可見，《集韻》此處新增之音顯然即本自《經典釋文》王肅音。此外，今本《經典釋文》卷十一《禮記音義》之一"黔敖"條音義：其廉反。徐渠嚴反。卷十三《禮記音義》之三"以爲黔首則"條音義有：其廉反。徐又其嚴反，黑也。這些也可以説明，《集韻》此處新增之音確有其音。

46.《集韻》二十六嚴韻新增"广"小韻，之嚴切，釋義爲："仰也，一曰屋梠。"今檢《宋本玉篇》卷二十二收有"广"：之嚴切，仰也，屋梠也，又顔監、魚軌二切。① 今疑《集韻》此處新增之音或即本自《玉篇》音。

47.《集韻》二十六嚴韻新增"誗"小韻，直嚴切，釋義爲："言美利也。"今檢《宋本玉篇》卷九收有"誗"：直嚴切，言利美也。② 今疑《集韻》此處新增之音或即本自《玉篇》音。

48.《集韻》二十六嚴韻新增"汜"小韻，扶嚴切，釋義爲："水名。"今檢今本《經典釋文》卷十八《春秋左氏音義》之四"于汜"條音義爲：音凡。徐扶嚴反。卷十九《春秋左氏音義》之五"于汜"條音義爲：徐扶嚴反。可見，《集韻》此處新增之音確有其音，其增收的依據或即《經典釋文》徐邈音。

49.《集韻》二十七咸韻新增"莶"小韻，亡咸切，釋義爲："《博雅》蔵也。"今檢《博雅音》卷第二收有"莶"，亡咸切。③ 可見，《集韻》此處新增之音顯然本自《博雅音》。

50.《集韻》二十八銜韻新增"顊"小韻，而銜切，釋義爲："頰須也，《莊子》黑色而顊。"今檢今本《經典釋文》卷二十七《莊子音義》中"顊"條音義爲：而占反。郭、李而兼反，又而銜反。可見，《集韻》此處新增之音顯然即本自《經典釋文》。

51.《集韻》二十八銜韻新增"渐"小韻，側銜切，釋義爲："流貌，《楚辭》涕渐渐兮。"今檢《楚辭補注》卷十六"涕渐渐其若屑"下有："補曰：渐，側銜切。"④ 今按：《楚辭補注》成書於《集韻》之後，但相距極爲接近。洪興祖作《楚辭補注》之前，歷代爲《楚辭》注音和釋義的都不乏其人，然大多亡佚。從《楚辭》洪興祖《補注》可見"渐"確有"側銜切"一音。由此可見，《集韻》此處新增之音確有其音，然其所據究竟爲何，暫時還無法考知。

52.《集韻》二十九凡韻新增"炎"小韻，于凡切，釋義爲："火光上也。"今檢今本《經典釋文》卷二十六《莊子音義》上"炎炎"條音義有：于廉、于凡二反。可見，《集

---

① 顧野王：《宋本玉篇》，第410頁。
② 顧野王：《宋本玉篇》，第174頁。
③ 郝懿行等：《爾雅·廣雅·方言·釋名：清疏四種合刊》，第734頁。
④ 洪興祖：《楚辭補注》，中華書局，1983年，第292頁。

韻》此處新增之音確有其音，其增收的依據或即本自《經典釋文》。

53.《集韻》二十九凡韻新增"琙"小韻，亡凡切，釋義爲："玉名。"今檢《宋本玉篇》收有"琙"：亡凡切，玉也。① 今疑《集韻》此處新增之音或即本自《玉篇》音，字形亦當以《玉篇》字形作"琙"爲正。

綜上，在《集韻》下平聲新增的93個小韻當中，至少有53個新增小韻我們可以指出或明確指出其讀音來源，占新增小韻總數的57%。而據筆者在另一篇文章中的分析和統計，在《集韻》上平聲較之《廣韻》新增的85個小韻中，至少有44個新增小韻我們可以指出或明確指出其語音來源，占新增小韻總數的52%。這些分析和統計進一步確認了《集韻》增收的這些小韻的讀音都是有根據的這一基本事實。

四、結　語

文章以《廣韻》爲參照，不僅對《集韻》下平聲中的新增小韻進行了數量上的統計，而且分析了這些新增小韻所具有的三個方面的鮮明特點。同時，文章又嘗試對《集韻》下平聲裏的這些新增小韻讀音的來源進行探討，指出或明確指出了其中53個新增小韻讀音的來源或依據。本文的研究無疑將會促進我們對《集韻》的研究。

---

① 顧野王：《宋本玉篇》，第21頁。

從象似性到任意性：
來自古漢字發展的證據

——讀《古漢字發展論》

方光柱

（南京大學文學院）

一、問題的提出

  黄德寬先生指出："漢字作爲世界上唯一沿用至今的來源古老的文字，其獨特的結構特徵、豐富的文化内涵、悠久的使用歷史、歷久彌新的生命力，藴含着一系列理論課題和巨大的理論價值。"①黄德寬等先生的《古漢字發展論》是第一部真正意義上的漢字發展史著作，理論上突破了以《説文》爲代表的傳統文字學框架，全面呈現出不同時代漢字的原始面貌，客觀再現了漢字發展演進的歷史進程，藴含一系列理論課題和巨大的理論價值。我們認爲，其理論價值之一就是，這部巨著有助於我們解決語言學界長期争論的符號的象似性和任意性的問題。

  符號的任意性和象似性問題一直是國内外語言學界争論的核心問題之一。索緒爾和皮爾斯分别是任意性觀點和象似性觀點的代表。索緒爾認爲符號包括"音響形象"和"概念"，這兩者是互不分離的，但兩者構成符號關係是任意的。索緒爾所談的是語言符號，從《普通語言學教程》來看，索緒爾没有舉例具體説明"音響形象"以外的"能指"。但是，索緒爾心中想把語言符號的模式擴展成爲適用於所有符號的模式，他曾談及如果符號學科真的建成後，各種系統仍將依據符號的任意性原則，在他看來完

---

① 黄德寬：《古漢字發展論》，中華書局，2014年，第7頁。

全是任意的符號是最理想的符號化過程。儘管如此，他還是注意到，并非所有的符號都是完全任意的，甚至明確承認"符號的特徵之一是非完全任意性"。他進而解釋說，"符號不是空的，因爲在能指和所指之間存在着一點自然聯繫的殘餘"（參見朱永生 2002，胡壯麟 2009）。

與索緒爾同一時期的美國的皮爾斯觀察到在人們用一個事物代表某一事物時，這種自然聯繫的緊密性程度是有所不同的。人們在具體應用中，相應地區分"圖像符號"（iconic sign）、"標示符號"（indexical sign）和"象徵符號"（symbolic sign）。圖像符號完全以自然的相似性爲基礎，它是最原始的符號，是對客體的複製，它們是與所代表的客體相似的複製品，照片、肖像等屬於此類。隨着人類認知能力的提高和思維抽象能力的發展，逐漸從與所表客體有關聯的事物中尋找可代表該客體的符號，它們各自都有因果聯繫，這類符號不是對原客體的複製，而是原客體的標志。這就是標示符號，它以"鄰近性"爲基礎，意義需要在有關成分中作一定的延伸或邏輯推理。象徵符號則在兩個不同的意義域之間建立聯繫。隨着認知能力的提高，人們又用直觀形象來表示抽象內容，用具體事物作爲象徵表示抽象的客體，如用圖騰象徵氏族，用鐮刀和錘子作爲工農聯盟的象徵等，是爲象徵性符號（參見王德春 2001）。

喬姆斯基也主張符號的形式和意義之間的關係是任意的，這一觀點受到許多認知語言學家的反對（沈家煊 1993）。20 世紀後半葉以來，隨着功能主義和認知科學的發展，有不少語言學家對語言符號的音義關係有了新的認識，理據性再度引起人們的注意，尤其是對自然語言的象似性賦予了高度重視，索緒爾的任意說遭到了空前的非難。受歐美學術潮流的衝擊，在我國的英語學界，象似性的理論也逐漸成爲熱門話題。而在國內的漢語學界，也有一些學者對任意性理論提出了質疑和新見（具體文獻此處不一一列出，具體可參見王艾錄 2003）。

但是毋庸諱言，目前尚基本停留在對任意性的懷疑和否定上面，未能進行正面深入的研究（王艾錄 2003）。胡壯麟（2009）也指出，象似論儘管可以舉許多句法象似性研究成果，却不能回避要對史前時期的口述語言究竟是象似的還是任意的問題做出回答，并提出更多的例證。麻煩的是當我們把分析對象限定於人類的"初始語言"時，我們對這個持續約 3—5 萬年的人類文明時期的語言的瞭解基本上是一片空白，不論是象似論或任意論所做的工作都只能是"假設"。應該說國外已經有了一定的研究，其相關研究集中在手語上，這方面的研究國內還缺乏關注，如 Frishberg（1975）對美國手語的研究，Pietrandrea（2002）對意大利手語的研究等，研究表明符號本質上是象似性的，但是具有向任意性方向發展的強力趨勢。

古漢字發展給我們研究這一問題提供了新的視角和證據支援，《古漢字發展論》

對漢字發展的研究結論和國外對手語發展的觀點是一致的,研究表明漢字的構形方式最初是由"畫成其物"的象似性本質決定的。在漢字的發展過程中,由於對書寫效率的追求出現了貫穿漢字發展始終的"簡化"趨向,從而造成象似性特徵的磨損,任意性特徵增強。國內也有些學者注意到漢字對符號的象似性問題的理論意義,但是他們缺乏歷史動態的觀點,對漢字缺乏深入的研究,因而認識也是有失偏頗的。如胡壯麟(2009)偏重於象似性,認爲從漢語漢字的發展情況來看,索緒爾的任意性幫不了忙。我國以"六書"和"説文解字"爲代表的訓詁學傳統是無法接受索緒爾這一論述的。而朱永生(2002)則偏重任意性,認爲漢字構成的確存在理據,"桌"字不會帶"水"字旁,"銅"字不會帶"土"字旁。但是這種聯繫只存在於符號之間,這些字元的形狀本身與它們各自指代的對象之間沒有任何必然的聯繫。

二、"從象似性到任意性":古漢字發展中的趨勢

黄德寬先生指出,古漢字形體發展的總體方向是"綫條化"、"符號化"和"規整化"。古漢字形體符號的構成是以"畫成其物"爲基礎的,根據客觀物像的形態來構成字形。因此曲綫綫條就成爲古漢字形體符號構成的基礎,從"畫成其物"到純粹綫條書寫的發展過程,也就是一個"綫條化"、"符號化"的過程。① "規整化"和古漢字規範密切相關,指文字方向固定、綫條粗細均匀、文字大小一致、淘汰異體字、避繁從簡、類偏旁化等。"古漢字階段漢字規範已進入自覺的時代,西周中、晚期就可能形成漢字規範的意識。退一步説,至少在秦代就出現王朝頒行的規範。這不僅表明漢字規範觀念早已形成,至少兩千多年前我國就創造了以權威字書爲載體的漢字規範模式。"②

我們認爲,古漢字從象似性到任意性的發展規律和古漢字發展的總體方向是一致的,正是這一總體方向體現出來的趨勢。文字來源於圖畫,以"畫成其物"爲基礎,從而在文字的早期階段表現出高度的象似性。"綫條化"改變調整了圖像的構成要素,從而導致象似性程度的降低。文字是記錄語言的符號,是最重要的輔助性交際工具。爲了適應和滿足這一交際功能,人們必然會對形體繁複的象形文字進行改造加工,可以説"綫條化"就是爲了解决高效的交際職能需求同繁複的不利於快速書寫的象形文字之間的矛盾産生的。反過來,"綫條化和符號化,使得通過對客觀物象的輪

---

① 黄德寬:《古漢字發展論》,第502頁。
② 黄德寬:《古漢字發展論》,第511頁。

廓性摹寫來構成文字符號的象形構形方式不再具有發展空間。象形構形方式因此喪失構成新字的能力"。①

黄德寬先生指出,"漢字形體符號化進程從根本上動搖了以形表意類構形方式的基礎。隨着綫條化、符號化進程的加快,古漢字的形象性特徵逐步消失,并轉化成不同的符號樣式,使得以形表意類構形方式失去了依託和發展的基礎"。② 失去了以"畫成其物"爲基本構形方式的基礎,"象似性"在構形方式中的地位大大下降,以象形字爲基礎的指事字和會意字也隨着衰落,古漢字發展走向了以形聲爲主的構形方式,并且這一趨勢在不斷加强。這一點突出表現在不同時期形聲字的比例在不斷增加,而其他構形方式則逐步下降,古漢字構形系統出現了此消彼長的發展情況。例如:③

分　期	象　形	指　事	會　意	形　聲
殷　商	25.9	5.0	27.2	41.9
西　周	18.0	4.5	21.1	56.4
春　秋	9.3	2.5	19.0	69.2
戰　國	7.4	1.2	10.0	81.4
秦　代	5.9	1.1	10.4	82.6

古文字發展中文字形體"象似性"程度的不斷降低,不僅表現在以"象似性"爲基礎的表意構形方式的衰微,還表現在文字形體中象似性特徵的逐漸磨損。雖然同音假借"作爲文字使用之法啓發人們走向依聲構形的道路","加速了漢字構形由以形表意向記音表意的轉變","最終促使形聲結構不斷發展完善成唯一的構形方式",④但是我們也應注意到,由於漢字發展的層纍性規律,以表意爲構形方式的字仍然被保留了下來,并在實際生活中繼續爲人們所使用。即使是形聲字作爲唯一的構形方式後,它的形符和音符仍然保留了形體上的象形特徵,因爲作爲造字單位的形符和音符仍然來自表意時期創製的象形文字,這同樣是漢字發展層纍性的規律決定的。本文要討論的問題正是由漢字層纍性規律維持的漢字形體象形特徵即"象似性"在文字發展過程中進一步磨損的問題。

"層纍性"是黄德寬先生揭示出來的古漢字發展的一條重要規律,而長期以來,文

---

① 黄德寬:《古漢字發展論》,第 507 頁。
② 黄德寬:《古漢字發展論》,第 508 頁。
③ 黄德寬:《古漢字發展論》,第 507—508 頁。
④ 黄德寬:《古漢字發展論》,第 508 頁。

字學研究忽視這種層纍性,將產生於不同時代層次的漢字放在同一個歷史層面觀察,因而對許多漢字發展中呈現的現象無法作出科學的分析。漢字層纍性的核心是漢字系統的歷史動態性,包含兩個方面的重要内涵:1. 漢字發展的延續性和漸變性;2. 不同歷史階段漢字發展呈現出不同的特徵。層纍性是這兩個方面的綜合體現:首先,無論是漢字體系還是漢字個體,其發展演變都是由微觀變化的積纍,逐步形成宏觀的變化。延續性和漸變性使漢字古今一脉相承,劇烈的文字變革在歷史上從未發生過,包括"隸變"。其次,不同的歷史分期有不同的文字特徵,殷商到西周早期的漢字發展以結構方式的不斷發展完善爲主,西周中晚期漢字的發展則以形體的規整和定型爲主,戰國到漢代隸書的形成則以形體的筆畫化和劇烈演變爲主,需要指出形體的劇烈演變和劇烈的文字變革是兩回事。層纍性的結果是漢字數量不斷增多,但是不同時代漢字使用的數量都是有限的,不同時代的常用字保持在比較接近的範圍之内,因爲每個時期既有歷史上一直使用的傳承字,也會產生一批新增字和淘汰一批字,從而維持了漢字系統的動態平衡。①

正是基於漢字層纍性特點的認識,我們發現了古漢字發展過程的"從象似性到任意性"的發展規律。《古漢字發展論》將古漢字發展分爲:商代文字、西周文字、春秋文字、戰國文字和秦系文字。根據漢字層纍性特點,按照漢字不同時期呈現的不同特徵,黄德寬先生實際上也提出了另外一個分期方法,即把上述的五個時期合并爲三個時期:殷商-西周早期、西周中晚期-春秋、戰國-漢代早期。

下面我們將按照這一新的分期方式,闡述"從象似性到任意性"這一古漢字發展規律以及這一規律在不同時期的具體表現:圖像化程度的降低,表意造字方法的衰微,表意構件的訛化。

三、"從象似性到任意性"在古漢字發展分期中的表現

(一) 殷商-西周早期

殷商甲骨文形體符號已從較爲原始的圖形逐步趨向簡單化、綫條化和符號化,其記錄語言的功能已經發展到成熟的階段,殷商晚期甲骨文顯然是一種經歷了較長時間發展、功能完備、成熟發達的文字符號體系,是迄今爲止所能見到的漢字進入成熟

---

① 黄德寬:《古漢字發展論》,第20—21頁。

階段的體系完整的唯一文字樣本。①

同時我們也看到作爲所能見到的最早的文字樣本,殷商甲骨文仍然保留着部分圖形的痕迹,即在形義關係上具有較高的象似性。這是由漢字發展層纍性特點決定的,具體表現如下幾個方面:

1. 商代文字字形方向相當不固定,一般的字寫作向左或向右都可以,如"史"、"人"、"子"、"祝"、"帝"、"旁"等。這種情況表明,那時的書寫範式雖已大體成形,但還有少量例外情況。② 我們認爲這種方向不固定,就是圖形特徵的殘存形式,對於以"畫成其物"爲基礎的構形方式來説,只要畫出物象的基本特徵就可以了,在許多情況下方向和位置可以很自由,不予考慮。其他學科也可以表明這一點,在以圖形學爲基礎發展出的拓撲學中,方向性不屬於圖形的基本性質。

2. 殷商文字中有些字或者字的某偏旁部分,表現得很象形,是用描摹手法而形成文字形態的。比如"婦好"二字中的偏旁"女"不僅方向左右不拘,而且其兩臂交於胸前而正襟危坐,表現得活靈活現。從甲骨文中可以看出,殷商文字字形圖形意味十足,象形程度高,有的幾乎與原物接近,有的描摹動作情態惟妙惟肖。③ 這也同樣表明,殷商文字中保留一定的圖形特徵,具有較高的象似性。

這一時期我們不僅能看到古漢字具有高度的象似性,而且還可以觀察到從象似性到任意性的發展過程即"去象似性"也在進行,表現如下:

1. 商代金文到甲骨文形體上的簡化。商代字數較多的金文的時代不一定比同期的甲骨文要早,但是由於材料的特殊性,金文往往比甲骨文更具濃厚的象形性特徵。金文基本上保持着毛筆字的樣子,而甲骨文字,多數是用刀刻畫在質地堅硬的龜甲和獸骨上的。金文的象形程度更高,構成字形的要素多出現肥筆和團塊,使用的方式多數用"畫成其物"的描摹手法。而在甲骨文中,有的字勾勒輪廓,有的使用單綫條,并注重用點畫、綫條來構字,字形簡潔,符號化程度高,與圖畫判然有别。商代金文是在正式場合下使用的文字,甲骨文在王室占卜活動中經常使用,刻字的人因工具所限,就把毛筆的筆法改爲細畫或勾勒,以期簡便并提高書寫效率。④ 這種正體和俗體的區别往往反映了文字發展的不同階段,正體相對保守,俗體爲了提高書寫效率,往往發展較快。在戰國-漢代早期這一時期的篆書和隸書的對比中,我們仍然能發現這

---

① 黄德寬:《古漢字發展論》,第 500 頁。
② 黄德寬:《古漢字發展論》,第 45—46 頁。
③ 黄德寬:《古漢字發展論》,第 46—48 頁。
④ 黄德寬:《古漢字發展論》,第 46—47 頁。

一點。

　　這一"綫條化"過程在西周金文中仍然在繼續。綫條化指粗筆變細、方形或圓形的團塊爲綫條所代替等現象。商代金文爲團塊的,有的西周已經不復存在,都已綫條化。有的在西周依然存在,到中晚期則逐漸出現綫條化的寫法。這又分爲三種情況:① 團塊逐漸變爲勾勒的;② 團塊逐漸變爲綫條的;③ 竪筆當中的團塊逐漸演變爲左右兩斜筆。① 這表明文字發展過程的漸變性和延續性,也表明將殷商和西周早期劃爲一個古漢字發展時期是有一定道理的。

　　2. 書寫方式對字形的影響。作爲記録語言的符號,文字不能離開書寫這一過程獨立存在。書寫者、書寫工具和書寫材料以及書寫方式方法甚至書寫環境等對書寫結果都會産生一定的影響。簡牘制度在商代前期已經是一種成熟的制度,夏商之際已有典册,漢字通常是軟筆書於簡牘之上。甲骨文已經定型的直行排列、自上而下縱向書寫方式,就是長期在簡牘上書寫形成的傳統。② 如"馬"、"虎"、"豹"等動物象形字,如果從"畫成其物"的角度講,這些字作橫書更符合象形原則,但是在甲骨文中却是竪立的,這就是直行縱向書寫方式對文字形體的影響,降低了文字的象似性程度。③

(二) 西周中晚期-春秋

　　在殷商文字中,雖然已經發生的訛變現象和誤書現象造成文字構形理據降低,從而降低了文字的象似性程度,但是文字形體的形象性特徵尚未從根本上改變,所以這種文字演變現象在這一時期并不突出。④ 這些現象我們在西周中晚期-春秋時期展開論述。

　　西周早期字體很少發生變化,就算是在西周早期出現字體改變的寫法了,往往也是變與未變并存;一般都是要到西周中期或晚期,變化了的字體才逐漸取得獨尊的地位。⑤

　　西周中晚期形體更加莊重規整,符號化和綫條化達到了較高水準。春秋時期隨着諸侯鑄器的增多和漢字使用範圍的擴大,漢字書寫由曲綫綫條逐漸向平直轉變,漢字形體逐漸脱離西周中晚期謹嚴規整的風格而趨向簡約草率。這些都表明了漢字象似性程度和理據性的進一步降低,文字逐漸向任意性方向發展。具體表現如下:

---

① 黄德寬:《古漢字發展論》,第153—155頁。
② 黄德寬:《古漢字發展論》,第500頁。
③ 黄德寬:《古漢字發展論》,第111頁。
④ 黄德寬:《古漢字發展論》,第64頁。
⑤ 黄德寬:《古漢字發展論》,第159頁。

1. 西周文字字形方向基本固定。有些在殷商文字中左右皆可的字,在西周金文中只看見一種寫法,而且跟後來的小篆方向一致,例如"己"、"子"、"巳"、"人"、"乍"、"克"等。還有一些正倒、正側皆可的字,在西周金文中也只有一種寫法,例如"至"、"不"、"舟"等。殷商甲骨文中有的合體字偏旁左右無別,而在西周金文中也只有一種寫法,例如"休"、"伐"、"保"、"吏"、"年"、"追"等。① 這説明文字規範的要求早在西周時期已經默默推行,文字的規範導致了文字符號化程度的進一步加强,以象似性爲基礎的構形方式開始衰落。這種情形也反映在西周金文中。②

2. 筆畫省減。省減的目的在於促使漢字適應漢語發展,滿足社會的需要,以提供簡便的記録語言的工具。這又可以分爲多種情況:

一是平直化。殷商同一個字如有繁簡不同的寫法,西周金文選擇筆畫比較平直的寫法,平直的筆畫較曲綫綫條省簡。如果是西周新的寫法,也都符合這一經濟性原則,如"卜"、"牛"等。"卜"從短横直角,"牛"字下面兩斜筆改爲一直筆。③

二是筆畫斷開。如"壴"字,殷商文字中間的豎筆是與方形或圓形相連的,西周金文中間豎筆與圓形斷開。④ 筆畫斷開和類偏旁化密切相關。因爲筆畫是漢字形體的微觀層面,可以説一切漢字變化都是從筆畫開始的,其他的變化都是通過筆畫的變化來實現的。

三是筆畫省略。如"車"字,在殷商文字中一般有兩個輪子,到了西周就只有一個輪子。⑤

四是偏旁省減。筆畫省略的現象發生在偏旁内部或整個偏旁時,就會出現偏旁省減,我們把偏旁省減當作筆畫省減的一種特殊情況,包括"省減意符"、"省減聲符"、"截除性省減"。西周文字中有"訊"、"典"、"昭"、"周"等,⑥春秋文字中有"爲"、"寶"、"教"、"旅"等。⑦

五是共用筆畫。在古文字中可以構成合體字的幾個偏旁,其中位置相近而且形體也相似的筆畫,經常會發生彼此重叠的現象,例如西周文字"邁"、"還"、"复"、"喜"

---

① 黄德寬:《古漢字發展論》,第 123—125 頁。
② 黄德寬:《古漢字發展論》,第 127—138 頁。
③ 黄德寬:《古漢字發展論》,第 125—126 頁。
④ 黄德寬:《古漢字發展論》,第 127 頁。
⑤ 黄德寬:《古漢字發展論》,第 127 頁。
⑥ 黄德寬:《古漢字發展論》,第 185—188 頁。
⑦ 黄德寬:《古漢字發展論》,第 257—258 頁。

等。① 共用筆畫也可以看作偏旁省減的一種特殊情況,例如春秋文字"湯"、"名"、"盂"、"和"、"邁"、"廷"等。②

當然,西周文字增加筆畫的現象也較普遍,類別也較多,其目的大多是爲了字形的均衡勻稱,也有的只是一時書寫習慣使然。有豎筆或長斜筆左右或一旁加點的,有方形或圓形空白處加點或短橫的,有直筆上加圓點或橫畫的,等等。這種現象後來發展爲增加飾筆,出現了鳥蟲書,但是這和文字的記錄語言功能關係不大。

3. 類偏旁化。這一現象指把本來相連的整體或部分筆畫斷開形成幾個書寫單位,或部分筆畫與相鄰筆畫或偏旁結合形成新的書寫單位,這些書寫單位不具有偏旁的構形功能,大多是爲了書寫的便利而割裂重組字形,或後人對文字構形不理解,而造成的"訛變"。③ 這又分爲如下情況:

一是形體分裂。一個整體象形的字或某個偏旁,或者部分相連的筆畫,在西周文字中被割裂成幾個類似的偏旁,或者某個筆畫被斷開而與別的筆畫或偏旁結合成新的類似偏旁,例如"左"、"宮"字。有時是形體逐漸分裂形成類偏旁。一個整體象形的字或某個偏旁,或者部分相連的筆畫,在西周早期沒有變化,到了中期或晚期才發生變化,例如"皇"、"公"、"足"等。④ 我們認爲,訛變中的獨體離析⑤在文字形體上就是一種形體分裂現象,如春秋文字"宜"、"烏"、"穆"、"伐"等。⑥

二是替換。古文字在發展過程中,我們認爲,訛變中的"形近而訛"在文字形體上就是一種偏旁替換現象。形近而訛是指將甲偏旁寫成形體上相近而與字音、意無關的乙偏旁。變形音化是形近而訛的一種特殊情況,不僅形體相近,而且這個偏旁的讀音又與整個字的讀音相同或相近,如西周文字中有"妻"、"甫"、"喪"、"匹"等。⑦ 春秋文字中的形近音化現象,例如"寶"、"尚"、"皇"、"良"等。⑧

(三)戰國-漢初

根據漢字的層纍性特點,上述過程在戰國-漢初時期仍在繼續,不過這一時期以

---

① 黃德寬:《古漢字發展論》,第 193 頁。
② 黃德寬:《古漢字發展論》,第 258—259 頁。
③ 黃德寬:《古漢字發展論》,第 153 頁。
④ 黃德寬:《古漢字發展論》,第 157—159 頁。
⑤ 黃德寬:《古漢字發展論》,第 202—204 頁。
⑥ 黃德寬:《古漢字發展論》,第 273—275 頁。
⑦ 黃德寬:《古漢字發展論》,第 204—207 頁。
⑧ 黃德寬:《古漢字發展論》,第 272 頁。

形體的簡省和"隸變"爲主。這種變化大大地降低了漢字構形的理據性,降低了形體象似性程度,漢字進一步向任意性的符號化方向發展。

戰國時期,秦文字在草率急就的過程中由規整的秦篆向隸書轉變,這就是"隸變"。戰國中期的秦刻款文字一方面仍然繼承篆書系統的書寫風格,另一方面綫條方直省減,風格草率,後期的隸書風格正是沿着這條路自然發展的結果。戰國晚期,秦隸作爲通行體式已基本形成。①

"隸變"主要發生在兩個方面:②

1. 形體方面的變化,包括"省寫"、"連寫"、"離析"、"增飾"、"移位"等現象。這些書寫方式在於提高書寫效率,但是同時降低了文字的象似性程度。例如"則"字從"鼎",簡化後從貝;"介"字的"人"字頭部和身體寫作一筆;"水"在作偏旁時簡寫作三點;"立"字上部的"大"形體離析;"女"字下部拉直,跪坐之形不存;等等。

2. 構成形體的綫條,因筆勢調整、連接方式的改變而發生相應的變化,主要包括"收縮"、"拉直"、"草寫"、"延伸"等現象。收縮的最終結果可能就是收縮成點,例如"蒽"字。曲綫拉直的結果有兩種可能:一種是不完全拉直成斜弧形,例如"苑";二是完全拉直成直筆,例如"葆"字。草寫的結果是帶來綫條解散、訛化、離析,這些都會降低文字的象形特徵。延伸是收縮的逆過程,也會產生文字形體的變化,失去原來的象形特徵。

漢初文字無論是小篆還是隸書在構形和書寫風格上都傳承了秦代文字,是秦代文字發展的繼續。有如下三方面原因:1. 秦代"書同文"和"焚書坑儒"的結果;2. 受到當時思想文化的影響;3. 漢字體系自身發展的需要。③

當然同秦隸比較,漢初隸書也有自己的風格,表現在如下方面:④

1. 結構上趨於鬆散,有向扁方轉變的趨勢。秦隸偏於上下體勢,漢隸則向左右擴張,形體趨於方形。

2. 漢代隸書綫條粗細變化,隸書特徵的筆畫趨於成熟,橫筆多帶波磔,綫條自由。

3. 筆法日趨豐富,筆畫特徵更加鮮明。

4. 隸變中發生的偏旁訛混、綫條離析、筆畫離合、形體訛變、部件互移等現象繼續發生,漢隸趨向成熟。

---

① 黃德寬:《古漢字發展論》,第 462—467 頁。
② 黃德寬:《古漢字發展論》,第 467—473 頁。
③ 黃德寬:《古漢字發展論》,第 477—478 頁。
④ 黃德寬:《古漢字發展論》,第 481—487 頁。

5. 草寫方式更加多樣，一些草化部件得以流行。

隸變的結果使得漢字的象形程度大大降低，文字的形體更加便於書寫，記錄語言的功能得到更大的提高。從漢字的形義關係上看，符號的象似性程度降低而任意性提高。

四、結　語

黃德寬先生指出："提高書寫效率必然要求漢字形體符號越來越簡單，因此'簡化'就成爲貫穿漢字形體發展始終的一條趨勢。值得注意的是，簡化不僅包括漢字形體的基本偏旁或筆畫的省減，還應包括：（1）書寫方法的改進，如古漢字書寫從早期'畫成其物'的'描摹'客體到'綫條化'的篆引再到'筆畫組合'；（2）結構模式的單一化，如古漢字構形模式逐步發展成爲單一的形聲結構類型；（3）形體樣式的'規整化'，如古漢字形體逐步變得方正嚴整、大小劃一、布排合理。這些都是促成形體簡化的重要手段。"①

《易·繫辭下》曰："古者包犧氏之王天下也，仰則觀象於天，俯則觀法於地，觀鳥獸之文與地之宜，近取諸身，遠取諸物，於是始作八卦，以通神明之德，以類萬物之情。"這段話就包括了中國古人對符號象似性的認識。由於提高書寫效率這一符號功能需求導致了符號形體的簡化，在簡化的過程中，符號的象似性特徵逐步磨損，因而符號具有向任意性方向發展的强力趨勢。這一趨勢是通過"簡化"這一總趨勢體現出來的，是通過"綫條化"、"符號化"和"規整化"來實現的。《古漢字發展論》不僅給長期爭論的符號的象似性和任意性問題提供了有效的解決方式，還給出了漢字從象似性到任意性的具體發展過程和動因。這不僅對文字學的研究具有重大的指導意義，也非常值得語言學界去關注學習。

參考文獻

黃德寬等：《古漢字發展論》，北京：中華書局，2004年。

Peirce, Charles Sanders. *Collected Papers of Charles Sanders Peirce* (Volumes Ⅰ and Ⅱ), Cambridge: Harvard University Press, 1960.

Ferdinand de Saussure. *Course in General Linguistics*, Beijing: Foreign Language Teaching and Research Press, 2001.

---

① 黃德寬：《古漢字發展論》，第 503—504 頁。

Frishberg, N. "Arbitrariness and Iconicity: Historical Change in American Sign Language," *Language*（No.3），1975.

Pietrandre, P. "Iconicity and Arbitrariness in Italian Sign Language," *Sign Language Studies*（No.3），2002.

胡壯麟：《對語言象似性和任意性之爭的反思》，《北京大學學報》（哲學社會科學版）2009 年第 3 期。

沈家煊：《句法的象似性問題》，《外語教學與研究》1993 年第 1 期。

王艾錄：《關於語言符號的任意性和理據性》，《解放軍外國語學院學報》2003 年第 6 期。

王德春：《論語言單位的任意性和理據性——兼評王寅〈論語言符號象似性〉》，《外國語》2001 年第 1 期。

朱永生：《論語言符號的任意性與象似性》，《外語教學與研究》2002 年第 1 期。

動態分析：漢字研究的科學方法[*]

牛清波

(南陽師範學院文學院)

漢字是以字體爲物質外殼，以構形爲結構規律，以記録語言爲其主要功能的視覺符號系統。她是世界上唯一的來源古老且持續使用的文字體系，是記録和傳承中華文明的最重要的載體。漢字研究不僅關係到我們對中華民族文明歷史的認識，而且關係到中華民族文明的未來發展。[①] 因此，對漢字進行深入科學的研究就顯得尤爲重要。黄德寬教授幾十年來專注於漢字研究，在漢字構形和演進、古文字釋讀、漢字的文化闡釋以及漢字規範等方面成就斐然。近年出版的《開啓中華文明的管鑰——漢字的釋讀與探索》是其又一部力作，必將推動漢字研究的深入以及中華文明的傳播。

對學術傳統的繼承和創新、對西方學術營養的汲取以及大量考古新資料的發現使文字學成爲現代轉型最成功的學科之一。[②] 在其轉型和發展的過程中，研究方法的總結和創新至爲關鍵。只有運用科學的方法和手段，才能獲得可靠的正確結論。而充分占有文本材料，進行縝密細緻的分析正是孕育科學方法的温床。"動態分析"是黄德寬教授提出的研究漢字的科學方法，這一方法建立在對古漢字進行全面考察分析的基礎上，是漢字理論研究的重要成果，對漢字構形和演進、漢字起源和形成、漢字闡釋和斷代分期等都具有重要意義。

---

[*] 本文受到安徽省社科規劃項目"東漢實物銘刻文字字形分析研究"(編號：AHSKY2014D137)的資助。
[①] 李守奎：《面向全球的漢字學——關於漢字研究融入國際學術體系的思考》，《吉林大學社會科學學報》2012年第2期。
[②] 黄德寬、趙月華：《開啓中華文明的管鑰——黄德寬教授訪談録》，《開啓中華文明的管鑰——漢字的釋讀與探索》，北京師範大學出版社，2011年。

一、漢字構形和演進的動態分析

　　源遠流長的漢字是"目前爲止最適合記録漢語的文字體系"。[①] 就整個體系而言，"漢字是一個伴隨着歷史發展層次而次第積纍并逐步完成的符號系統，這個系統不僅總體上具有歷史的層次性，而且系統內部形體符號也是動態演進的"。[②] 如果從同一歷史平面，對不同歷史階段産生的漢字進行分析研究，顯然有悖於漢字發展演變的客觀規律，自然也得不出正確的結論。因此，"動態分析"法的提出不僅是理論方法的創新，更是作者對漢字發展演變的本質及其研究歷史進行宏觀把握和深入思考的結果。

　　形聲結構是漢字的基本結構類型之一，在漢字的發展演變過程中呈現出主導性趨勢。可以説，形聲結構是打開漢字發展演變之門的一把鑰匙。早在80年代，黄先生就開始關注這把"鑰匙"，并對形聲起源、[③]聲符、[④]形符[⑤]等問題進行了梳理研究。在這些静態分析的基礎上，作者發現整個形聲體系處於不斷發展、變化之中，而且社會、思維、語言及漢字系統的發展也都對其産生影響。因此，只有對其進行多角度觀察和動態分析才能看到本質問題。正是在這一科學理論的指導下，作者成功揭示出形聲結構紛繁複雜的謎團。

　　利用動態分析理論對形聲結構進行全面科學揭示後，作者進一步着眼於象形、會意、假借等構形方式，將不同結構類型漢字分布的考察建立在漢字不同的歷史發展層次上。通過對不同歷史時期漢字分布情況的變化進行比較分析，來研究漢字構形方式系統的變化情況。從漢字基本結構類型及其消長變化可以看到，"漢字構形方式是一個隨着漢字體系的發展而發展的動態演進的系統。在漢字發展的不同的歷史層面，構形方式系統也有着相應的發展和調整"。具體而言，"漢字構形方式系統自殷商時期已開始發生內部的調整，指事、象形兩種基本構形方式殷商以後構字功能逐步喪失，會意構形方式只有微弱的構字能力，自西周以後形聲這一構形方式迅速發展成爲最重要的構形方式"。[⑥] 這一結論揭示了漢字發展演變的本質，也讓我們看到了漢字發展演進的階段進程，對漢字發展史具有重要意義。李萬福先生説："（黄先生）是利

---

① 李守奎:《面向全球的漢字學——關於漢字研究融入國際學術體系的思考》。
② 黄德寬:《開啓中華文明的管鑰——漢字的釋讀與探索》，第18頁。
③ 黄德寬:《形聲起源之探索》，《安徽教育學院學報》1986年第3期。
④ 黄德寬:《古漢字形聲結構聲符初探》，《安徽大學學報》（哲學社會科學版）1989年第3期。
⑤ 黄德寬:《論形符》，《淮北煤炭師範學院學報》1986年第1期。
⑥ 黄德寬:《開啓中華文明的管鑰——漢字的釋讀與探索》，第3—8頁。

用系統思想斷代漢字歷史的先驅,其理論研究無疑是漢字斷代史研究的一次飛躍。"①

二、漢字形成的動態分析

　　漢字起源和形成的研究,是中華文明史研究的重要課題之一,是文字學研究的前沿課題。作爲一直重視文字理論研究的學者,黃先生主張"研究漢字的形成和發展,以殷墟爲代表的商代晚期文字是一個可靠的起點。由殷商晚期追溯到前期,進而對商代整個漢字的面貌作出合理的推測,是探索早期漢字形成和發展的一條可能的路徑"。② 這一研究方法與通常的從遠古綿延至今的思路截然相反,却因有"可靠的基點"而顯示出可靠性和科學性。裘錫圭先生在新修訂的《文字學概要》中對此作了介紹。③ 瞭解漢字理論研究的讀者不難發現,自"可靠基點"進行追溯研究的方法,其實也是"動態分析法"指導下的成果。漢字從起源到形成成熟的文字體系,再到目前所見到的最早的成體系的漢字甲骨文,這一過程也一定是動態的。與成熟的漢字體系相比,他們的性質、材料、觀測點都不盡一致。如果對甲骨文的符號構成、符號化程度、符號書寫形式和功能等進行詳盡考察,確定其在漢字形成發展中的位置,再利用甲骨文之前出土材料提供的有關信息,結合古代文明等領域的研究成果,應該可以得出可信的結論。值得注意的是,作者在梳理甲骨文之前的材料時,還強調了與甲骨文幾乎同時的小屯刻符的價值。小屯陶文是以成熟的甲骨文爲背景的,其刻寫風格、方式、表達的内容,都可以作爲判斷其他陶文價值的參考。"既然在甲骨文如此發達背景下的小屯陶文具備上述特點,那麽具有上述特點的其他陶文的背後,是否也同樣有一個類似於甲骨文這樣成熟的文字體系呢?"④

　　由於材料豐富、方法科學、思考深入,通過對殷墟甲骨文之前商代材料的分析,作者得出了精彩的結論:一、夏商周在文化上有相當程度的共性特徵,三代使用的文字屬於同一體系,西周文字與商代晚期的漢字一脉相承,商代前期的文字則傳承和發展了夏代的文字;二、商代前期陶文可以作爲考察漢字體系發展的珍貴樣本,它們對衡量各階段文字發展水準的價值,在於落一葉而知秋、由一斑而窺全豹;三、商代前期的文字已經發展到成熟階段,其後各時期陶文符號的相同性大於差異性,雖然處於不斷

---

① 李萬福:《漢字史斷代研究成果綜述》,《重慶教育學院學報》1999年第1期。
② 黃德寬:《開啓中華文明的管鑰——漢字的釋讀與探索》,第35—36頁。
③ 裘錫圭:《文字學概要》,商務印書館,2013年,第33頁。
④ 黃德寬:《開啓中華文明的管鑰——漢字的釋讀與探索》,第49頁。

發展之中,但其基本風格和書寫方式没有本質的變化。從商代前期到以甲骨文爲代表的商代後期,漢字體系經歷的只是豐富和不斷發展完善的這樣一個過程;四、簡牘制度在商代前期已經是一種成熟的制度,夏商之際已有"典册"當是一種可以推想并得到部分證明的事實,這也進一步證明當時的文字已發展到成體系的成熟階段。這些成果對進一步深入探索漢字起源和形成研究奠定了堅實基礎。另外,值得一提的是,作者在梳理偃師商城刻符材料時指出,偃師商城遺址、鄭州商城遺址和小雙橋遺址的興衰更替大體上相互銜接,而鄭州商城、小雙橋遺址中都有數量較多的文字材料,"爲何偃師商城至今却只見以上兩例文字符號? 是目前還未發掘出來,還是當時就不曾有在陶器上刻畫文字符號的習慣,抑或鄭州二裏崗期之前商人還没能很好掌握文字?"。近年來,偃師商城遺址又發現了刻畫符號,數量較多(59 件),[①]與作者的論斷若合符契。

三、漢字闡釋的動態分析

"漢字闡釋"是從特定的文化背景和文化傳統出發,通過分析漢字構形及其藴含的文化要素,來揭示漢字構造和發展與中國文化的深層關係,從而闡釋漢字構形的理據、特點和規律。[②] 近年來,隨着國力的增强、孔子學院的建立、漢字研究的深入、認同感的加深,漢字"闡釋者"的隊伍迅速壯大。讓人心痛的是,關於漢字與中國文化的誤讀誤解却比比皆是。

究其緣由,最主要的是没有堅持漢字闡釋的基本依據——歷史性原則。這一原則,作者概括爲三個方面:一是關於漢字系統層級性的認識。漢字是伴隨着歷史發展而次第產生并逐步完成的符號系統,作爲一種文化遺存,它呈現出的完整性和系統性使人們不易再現其内在的歷史層次,以至於建立漢字與文化的聯繫時,常因忽略歷史層次性而發生種種誤讀。二是關於漢字與文化發展層次對應性的認識。不同時代產生的漢字應與相應時代的文化相聯繫。三是關於漢字攜帶的文化信息層纍性的認識。在發展的過程中,漢字承載的文化信息經歷了叠加的過程,闡釋者只有科學分辨各種文化信息的歷史層次,才能科學地進行闡釋工作。[③] 作者的以上解釋,清晰易懂,

---

① 中國社科院考古研究所:《偃師商城》,科學出版社,2013 年,第 710—711 頁。
② 黄德寬:《回歸傳統與學術創新——"漢字闡釋學"略論》,《古漢語研究》2011 年第 2 期。
③ 關於漢字闡釋的原則、闡釋模式等更爲豐富的内容,請參看黄德寬、常森《漢字闡釋與文化傳統》,中國科學技術大學出版社,1995 年;北京師範大學出版社,2014 年再版。

嚴謹曉暢。倘若用一句話對其進行總結,我們想到的是,用動態分析的眼光辨析漢字與文化的歷史層次。可見,動態分析也是進行漢字闡釋的科學方法。

以上,我們從三個方面對黃德寬教授提出的"動態分析理論"進行了解讀,希望能爲漢字理論的傳播、漢字研究的深入略盡綿薄之力。需要指出的是,黃德寬教授的漢字思想博大精深,成果豐碩,限於篇幅和學識,我們僅從"動態分析"的視角談及冰山一角。其他方面,比如古文字考釋、出土文獻解讀、漢字規範等請參閱《開啓中華文明的管鑰——漢字的釋讀與探索》。李萬福先生曾在《漢文字學新論》中着重介紹了黃德寬教授對漢字構形方式進行的動態分析,認爲這本書"采取了新的視角,利用了新的研究方法,從而得出了令人耳目一新的結論",并惋惜地指出"(黃德寬教授)沒有把他的研究成果應用于漢字史分期","其成果未能得到充分發揮","沒有對漢字史分期造成重大影響"。可喜的是,經過黃先生及其團隊多年的不懈研究,這一成果已愈加完善并應用到了漢字史分期之中。最終成果《古漢字發展論》已入選國家哲學社會科學成果文庫,2014 年 4 月由中華書局出版。[①] 目前,黃先生及其團隊正在進行"漢字發展通史"的研究工作,旨在詳盡描寫和揭示漢字發展演變的歷史過程。這項成果的最終面世,將結束我國沒有一部《漢字發展通史》的歷史,必將引起廣泛關注,產生強烈反響,我們拭目以待。

---

① 黃德寬:《古漢字發展論》,中華書局,2014 年。

漢字理論與漢字發展研究的創新與突破

——讀《古漢字發展論》有感

黄繼省

(安徽大學文學院)

引　言

自東漢許慎《説文解字》問世以來,漢字理論與漢字發展就成爲文字學者關注的對象,傳統文字學研究歷史悠久,積澱深厚,成果豐贍。在20世紀,漢語文字學完成了轉型,成爲現代語言學的學科之一。它繼承發揚優良的學術傳統,借鑒吸收現代的語言理論,充分利用新出土的材料,轉换研究視角,拓寬研究廣度,開掘研究深度,各個領域全面發展,在語言學園地裏,漢語文字學呈現出一派繁榮的景象,并結出了纍纍碩果。正如黄德寬先生所言:"如果説20世紀的漢字研究使歷史悠久的傳統文字學較好地完成了向現代學術的轉型,那麽,世紀之交漢字研究呈現出的新態勢,使我們有理由相信,新世紀的漢語言文字學將會跨入開拓創新、科學建構自身學科體系的新階段。"①黄德寬等著的《古漢字發展論》作爲國家社科基金重點規劃項目"漢字理論與漢字發展史研究"理論成果,該書以漢字的形體、結構和字用三維立體結構作爲觀測漢字發展的理論框架,充分利用豐富的出土材料作爲理論支撑,采用静態與動態相結合的方法,描寫古漢字共時與歷時態的發展演變等,是繼唐蘭、裘錫圭等學者新

---

① 黄德寬:《從轉型到建構:世紀之交的漢字研究與漢語文字學》,《語言文字應用》2005年第3期,第9—12頁。

的漢字理論探索之後，又一次創新與突破，彌補了當前漢字理論研究的許多不足，也是試圖構建符合漢字實際的理論體系的有益探索與總結，必將在漢字研究的具體實踐、理論建設等方面具有較大的指導與借鑒意義。

一、三維立體結構構建漢字發展理論框架

面對漢字發展異常複雜的情況，如何構建漢字研究的理論框架是科學考察漢字發展的關鍵因素。《古漢字發展論》從漢字的形體、結構和使用三個維度觀測漢字的演變發展，三維結構構建了漢字發展理論框架，也形成了本書的結構框架。整個結構是立體的，而不是平面的，兼顧了宏觀與微觀、深層與表層、整體與局部等方面，定位科學，觀測精確，縱橫結合，內外兼顧，條分縷析，真正做到了靜態與動態、共時與歷時的有機統一，科學有效地揭示了符合漢字發展實際的內部規律，是現代語言學思想與漢字研究結合的典範。

（一）從三個維度縱向透視漢字發展的歷時過程

1. 以三個維度為依據，劃分漢字發展階段

王力在談到漢語史分期時說："談歷史不能不談分期。分期的作用，是使歷史的綫索更加分明，是使歷史上每一個大關鍵更加突出，因而使讀歷史的人們更能深刻地認識歷史的面貌。漢語史是屬於歷史範疇的東西，因此，在歷史學科中占着重要位置的分期問題，對於漢語史來說，也絲毫不能例外。"[①]漢字在從殷商到現代三千多年的發展過程中，呈現出階段性，階段間既有聯繫性又有差異性。對漢字發展來說，分期也十分重要，否則，我們的研究也只能停在表面，無法認清漢字的發展面貌。正確的分期是對漢字及其發展正確認識與準確把握的結果，也為更好地觀察、揭示、研究漢字的發展演變規律提供了一個很好的角度與手段，然而目前對階段的劃分也衆説紛紜，標準不一。《古漢字發展論》摒棄了以單一形體、結構或功能標準作為劃分漢字歷史發展階段的依據，而是以形體為基本依據，綜合考慮漢字結構的發展，特別是漢字功能的變化，把漢字發展分為史前文字階段（新石器晚期——夏代）、古代漢字階段（夏代——秦代）、近代漢字階段（漢代——清代）、現代漢字階段（20世紀初葉以來）四個階段。由於材料所限等實際情況，《古漢字發展論》研究的重點是古代漢字階段，又把該階段進一步分為商代文字、西周文字、春秋文字、戰國文字和秦代文字五個

---

① 王力：《漢語史稿》，中華書局，2004年，第40頁。

類別。"春秋文字上承西周下启戰國,新出資料日益增多,考察春秋文字的發展情況,對準確揭示西周文字在這一時期的演變和戰國文字的發展脈絡具有重要意義,有必要單獨列出討論。"① 與"四分法"有所不同,"五分法"是堅持三個維度作爲劃分依據的結果,採取了三維的綜合標準,兼顧了過渡性的原則,更加突出了文字發展的階段性,更能體現文字階段的變化性,爲我們正確認識漢字的發展史提供了一個科學的視角,爲我們準確把握漢字發展的規律提供了一個新的綫索。

2. 以三個維度爲縱綫,揭示漢字發展演變規律

《古漢字發展論》以漢字的形體、結構和字用三個方面爲主綫,勾勒古漢字的發展演變過程。對於漢字的形體,分爲字形和字體,對各時期的字形進行靜態描寫,概括各階段的字形特點,揭示漢字字形發展規律性,同時又對漢字的字體進行動態分析,分析漢字的整體風格特徵,探討漢字的字體發展趨勢。前者偏重微觀,側重字形構成單位的觀察和筆畫變化及組合的描寫;後者偏重宏觀,側重分析各階段的漢字形體風格特徵,既堅持了微觀的觀察和宏觀的概括的統一,又堅持了靜態的描寫與動態的分析的結合。對漢字的結構,採取"象形、指事、會意、形聲"四分法對漢字進行分析,對已識字按照結構類型分析,統計分布情況,探討漢字構形功能和構形方式的動態演變,這同時也觀照了漢字的表層與深層、靜態結構類型與動態生成方式。對漢字字用分析,主要從三個方面考察:一是主要考察字量字頻等,二是主要分析字際關係,三是主要分析書寫現象。字用是考察漢字發展的重要途徑,文字是記録語言的工具,語言變化發展必然影響到文字的變化發展,字用就是在漢字實現記録語言功能中的一種體現。儘管古漢字的材料複雜,形體、結構和字用三個縱綫貫穿古漢字發展過程的始終,秩序井然,繁而不亂,在書中表現出三條清晰的發展脈絡。

除此之外,"本章小結"和"第八章"遥相呼應,分别是對本章和本書内容的總結,也是理論的概括。這樣,使本書敘論結合,有理有據,内容翔實,論證深入,結論精練,科學可信。如第八章分爲四節:"一、古漢字階段漢字體系發展的基本情況;二、古漢字階段漢字形體發展的基本趨勢;三、古漢字階段漢字構形方式系統的發展;四、古漢字階段漢字的使用和規範。"② 本章是在第二至七章敘述古漢字發展史的基礎上,從三個維度對漢字形體、結構和字用的發展情況進行的理論總結,高屋建瓴,論述精辟,可謂是漢字發展理論的真知灼見。

---

① 黄德寬:《古漢字發展論》,中華書局,2014 年,第 14 頁。
② 黄德寬:《古漢字發展論》,第 500—509 頁。

（二）從三個維度橫向描寫漢字發展的共時特徵

《古漢字發展論》從三個維度縱向梳理漢字發展脈絡，我們可以清晰地看到漢字的歷時發展情況。如果從每個階段來看，它又是歷時發展過程中的一個橫截面，呈現出共時的階段性特徵，當然相對的共時截面也有歷時的變化。本書也是從三個維度橫向描寫共時階段性特徵的，縱橫交織，條塊交錯，歷時與共時相結合，體系嚴整，系統完備。如以往的論著一般將春秋文字附屬於西周或戰國文字之下來討論，本書却將"春秋文字"單列敘述，觀察充分，描寫細緻，展現了春秋文字獨特的過渡性特點。同時，本書還對"春秋文字的地域特徵"從三個維度進行介紹，從歷時縱向的角度看到了對西周文字的承繼性和對戰國文字的開啓性，又從共時橫向的角度指出了春秋文字的地域性特點。在漢字的歷時發展過程中，空間地域因素也扮演了重要的角色，影響到了漢字的形體、結構和書寫特徵等，明確的"時空觀"也是本書的一大亮色。

古漢字的發展，是漢字系統歷時演變的過程，是由各個共時平面的叠加而成的，每個歷史階段的傳世文獻和出土材料都是該時期文字的共時記錄，有靜態的成分，也有動態的變化，有發展的成分，也有臨時的變化。《古漢字發展論》以三維結構爲架構，注重歷時與共時的鈎沉，視角全方位，剖析立體，研究思路科學，是符合漢字學研究發展需要的框架理論。

二、動態分析勾勒古代漢字發展演變

（一）動態漢字學理論形成的背景

20世紀初索緒爾在《普通語言學教程》一書中將語言學區分爲"語言的語言學和言語的語言學"、"内部語言學和外部語言學"以及"静態語言學和演化語言學"，儘管他强調語言的静態研究，但他并没有否定動態研究的必要性。受索緒爾思想的影響，20世紀50、60年代動態的語言學才成爲西方語言學研究的熱點，直到80年代，漢語的動態研究才在語用學、語法學、詞彙學等領域逐漸興起。但在漢字學領域學者們大多側重對漢字的静態描寫，對漢字動態研究關注較少，儘管唐蘭的《中國文字學》和《古文字學導論》、裘錫圭的《文字學概要》等許多文字學理論著作，對漢字學理論、漢字學史等相關問題都做了深入研究，但對漢字動態發展理論問題涉及較少。黃德寬先生對漢字的動態研究相對比較早，并且逐漸形成了漢字動態研究的理論體系，如80年代後期至今先後發表了《古漢字形聲結構的動態分析》、《漢字構形方式的動態分析》等一些相關論文，《古漢字發展論》全書都貫徹了動態分析的理論與方法。動態漢字學理論與方法是黃先生漢字理論與漢字發展理論重要的組成部分，也是當今漢字學理論的一個新的發展與突破。

（二）動態漢字學理論的具體内容

《古漢字發展論》一書包含的動態漢字學理論思想主要體現在以下幾個方面：

1. 强調静態與動態的結合，二者具有不可分割的關係

"静態"與"動態"是語言存在的兩種形式，也是漢字存在的兩種形式，對漢字的研究，必須在充分的静態研究的基礎上進行動態分析，否則漢字的研究就是不全面的，很難有大的突破。如他在《古漢字形聲結構的動態分析》中説：

> 我們曾經對古漢字形聲結構的形符、聲符分别作過探討，那基本上是把形聲結構作爲一個相對穩定的系統進行觀察的。古漢字階段，正是形聲結構發展完善的階段，不僅每個漢字有自己發生、發展的歷史，整個形聲體系也在發展變化，而且社會、思維、語言及文字系統的發展，也都對形聲結構發生影響。因此，僅作静態分析是不够的，還必須從形聲結構的發展變化，以及影響其發展的各個方面進行動態分析和多角度觀察，才能對形聲系統的各種複雜現象作出比較合理的解釋。①

這段論述是結合形聲結構談論了静態與動態的關係，指出了静態研究的重要性，更加肯定了動態分析的必要性，闡述了二者的不可分割性。《古漢字發展論》可以説是動態漢字學理論與方法在具體實踐中的運用與發展。

2. 動態漢字學理論與漢字三維立體研究相結合

形體、結構和字用作爲漢字三維立體研究的結構模式，是黄先生在《古漢字發展論》中構建的理論框架，動態漢字學理論則是該框架的核心思想與方法，使傳世文獻與出土文獻材料變成"活"的東西，從而勾勒出古漢字的發展軌迹，讓我們清楚地看到漢字幾千年的發展趨勢。我們結合書中的"商代文字"和"西周文字"的有關内容論述如下：

（1）古漢字形體研究與動態分析。形體是字形與字體的統稱。字形是文字個體呈現的外部形態，而字體是一個時期内文字個體呈現的外部形態的綜合。在論述字形分析時，《古漢字發展論》指出：

> 字形分析主要包括對字形構成要素進行静態分析和動態考察兩個方面。静

---

① 黄德寬：《古漢字形聲結構的動態分析》，《淮北煤師院學報》（社會科學版）1987年第1期，第95—193頁。

態分析是指對某一時期字形構成要素點、綫等筆畫特徵及連接、組合方式(含方向)分析;動態考察是指對字形在發展演變過程中出現的增繁、趨同、變異、別形、替换、訛變等現象考察。①

只有運用動態分析的方法,把每個字放在每個時期發展演變過程中,才可以更好地認識各類漢字字形的發展演變現象。字體作爲個體漢字的外部形態綜合,也離不開靜態描寫和動態分析,只有把字體放在古漢字的歷時發展過程中,才能體現該階段的類聚特徵,正如"殷商文字的字體"一節所言:

> 雖然甲骨文字體體現了不同刻寫者的個性風格,但是縱向比較仍可以發現同一時期甲骨文字體所具有的類聚性特點,并可以從中總結出同一時期甲骨書寫風格發展的階段性特徵。②

(2)古漢字結構研究與動態分析。漢字的結構分析包括兩個層面的問題,一是結構類型的概括,一是構形方式的探討,二者相互聯繫,又相互區別。漢字的結構類型分布是漢字構形方式的物質存在形式,漢字的結構類型的概括是考察漢字的構形方式的基本途徑。對漢字構形方式的考察必須對漢字結構類型采用動態分析的方法來揭示,正如"殷商文字的結構"一節論述:

> 構形方式的動態分析則是通過考察漢字發展演變各階段不同結構類型漢字尤其是新增字的分布情况,來揭示漢字構形方式動態演變的軌迹。③

(3)古漢字字用研究與動態分析。字用研究主要考察某個時期文字使用和具體情况,主要包括字量、常用字、罕用字、傳承字、新增字等單字使用情况、字際關係和文字書寫的有關問題。對字用的動態分析主要通過前後階段的比較來認識漢字字用的變化。書中對"西周文字的字用"的總結是:

> 就西周文字使用情况來看,56.6%的已識字傳承自商代,43.4%的已識字是西周時期新出現的,新增字快要占到半數,這足以説明西周時期文字的發展是相當快的,文字的發展當然也就反映了語言的發展。通過字詞和字際關係的考察,更容易看出語言文字的發展變化。④

---

① 黄德寬:《古漢字發展論》,第 45 頁。
② 黄德寬:《古漢字發展論》,第 69 頁。
③ 黄德寬:《古漢字發展論》,第 70 頁。
④ 黄德寬:《古漢字發展論》,第 252 頁。

跟商代相比,西周時期的"同形字"現象有所減少,"古今字"現象大量產生,這說明西周文字經過孳乳分化,字詞關係、字際關係逐步穩定。①

通過西周與商代文字使用情況的對比,可以理解文字字用的發展變化。西周文字中的"合文、重文、誤書和行款"等書寫字用現象,也反映了文字的動態變化。

3. 漢字動態分析分爲共時的動態和歷時的動態兩種類型

漢字是不斷發展的,不斷從一個歷史階段過渡到另一個歷史階段,在形體、結構和字用三個方面都會發生或多或少的變化,這是漢字的歷時動態變化形式。每一個歷史階段都可以看作一個共時平面,每個共時平面中漢字也不是絕對穩定的,由於受多種因素的影響,在形體、結構和字用方面也會表現出各種各樣的變化,這是漢字共時動態變化形式。如第五章的第四節"春秋文字地域特徵"和第六章的第四節"戰國文字的地域特徵",分別具體討論了兩個時期的文字在字體、結構等方面的區域性特徵的傾向性變化,這就分別屬於春秋文字和戰國文字共時動態變化形式。

4. 漢字動態運動變化與漢字規範化相結合

漢字動態運動變化與漢字規範化二者的關係主要表現爲漢字規範意識、規則等都是在漢字的動態運動變化中逐漸形成的,規範字書的出現是古漢字動態發展變化到一定階段必然出現的產物。儘管漢字的規範已經進入自覺時期,但是對漢字的規範一定要在動態中進行,因爲漢字在動態發展過程中,必然出現個體性和時代的差異性,可能孕育出漢字體系新的要素。在形體、結構和字用方面產生新的文字現象,我們要根據漢字自身動態運動發展規律,按照約定俗成原則進行規範,字書的編製也必須遵循這樣的規律。本書在談漢字規範時,也強調了漢字規範要在漢字動態發展變化中進行:

古漢字階段,漢字規範就已經存在於漢字體系内部。殷商不同時期的甲骨文,運用規則就不完全相同,字形書寫和用字規則的細微差别,明顯反映出使用者對規則的共同遵守。西周中期金文顯示出漢字書寫向規整化、格式化發展,晚期金文的書寫更加規整,這表明西周中晚期漢字運用已經形成明顯的規範意識……六國時期,漢字使用出現"文字異形"和區域分歧,秦統一後實行"書同文字"就是對這種用字現象的規範。《倉頡篇》等字書都是當時漢字的規範標準。②

黃先生在(2007)在《論漢字規範的現實基礎及選擇路徑》中說:"任何文字的規

---

① 黃德寬:《古漢字發展論》,第 252 頁。
② 黃德寬:《古漢字發展論》,第 511 頁。

範工作都具有一定的歷史階段性,都要建立在一定時期文字應用的現實基礎上,遵循語言文字的自身規律,適應社會交際的需要,漢字的規範工作自然也是如此。歷史上,秦始皇統一六國文字用的是小篆,而社會廣泛使用的却是隸書,一定時期内漢字的使用實際形成篆、隸二元并存的格局。"①由於漢字的動態變化,在某個時期,漢字總以某種形體爲主,但本身穩中有變,在形體、結構或字用等方面存在某些變化,同時還可能産生其他新的形體,形成二元或多元并存的格局。只有樹立漢字規範的整體觀,正視現實,漢字才能持久穩定健康地發展。

（三）動態漢字學的理論與應用價值

《古漢字發展論》系統地貫徹詮釋了動態漢字學理論,是漢字理論新的延伸與拓展,是全面研究漢字學的理論與方法,涉及漢字研究的靜態與動態、共時與歷時、内部與外部的許多方面,擴展了漢字學研究的領域,使漢字研究更加深入。長期以來,漢字的研究相對滯後,除了受古文字材料所限,缺乏新的理論與方法也是制約漢字研究的瓶頸,動態漢字學理論彌補了當前漢字學理論應用範圍窄、解釋力不足等一些缺陷,具有很大的理論與應用價值,主要體現在以下幾個方面：

1. 爲漢字發展史的分期提供理論解釋

漢字發展史的分期有"兩段説"、"三段説"和"四段説"之别,古漢字階段分期也有些微差别,如唐蘭、裘錫圭的"四類説"和黄德寬的"五類説",即使"四類説"内部也有一點分歧。如果從動態漢字學的角度分析,可以發現它們的合理性與局限性。共時階段的特徵都是相對的,但也有一些新變化,新的要素纍積到一定程度,就自然過渡到另一階段,前後是相繼的,又形成歷時動態發展史。連續發展是絕對的,階段的靜態特徵只是相對的,對漢字發展史的階段分期爭議自然是不可避免的。

2. 有利於準確把握漢字的性質

漢字的性質歷來是個"老大難"問題,爭議頗多。現行説法中,有的説法根據不同時期的漢字材料判斷漢字的性質,認爲漢字的性質具有階段性,從而認定漢字是表音文字、象形文字、表意文字等等,這樣得出的結論都可能是片面的。我們只有借助動態分析的方法,考察古今文字在形體、結構和功能等方面的發展情況,才有可能作出準確的判斷。

3. 有利於充分認識漢字系統的層纍性

漢字系統的層纍性使漢字系統内部變得異常複雜,導致在共時平面的一些現象

---

① 黄德寬：《論漢字規範的現實基礎及選擇路徑》,《語言文字應用》2007 年第 4 期,第 2—7 頁。

無法作出科學的分析。層纍性是漢字系統動態發展在共時平面上的反映,具有歷史沉積性,必須運用動態分析的方法,區分不同的歷史層面,找出每種現象的來龍去脈,才能對似乎難以解釋的文字現象作出合理的解釋,更加準確地揭示漢字發展的規律性。

4. 有利於全面推進漢字專題研究

漢字體系是龐大複雜的,開展專題研究有利於加深對漢字體系整體發展的深入認識。如漢字形體、結構、字際關係、漢字與相關背景的關係研究等,對這些關鍵性基礎性的專題深入研究,從宏觀和微觀上可能獲得對漢字體系發展的全面認識。對這些專題研究離不開動態漢字學的理論與方法,像漢字形體發展方面的個體漢字的字形流變史、隸變的發生及其完成、形體演變中增省變異現象等,這些現象本身是動態變化的,單純靜態觀察,很難作出科學合理的解釋,也無法得出可靠的結論。

5. 有利於正確地進行文化闡釋

黃德寬先生曾指出,漢字的價值,除了具有作爲記錄語言符號系統的價值功能外,還可以充當古代某些文化信息的生動提示或指向。漢字是漢文化的一種載體與遺存,二者可以相互印證。文化傳統規定了漢字的產生、存在與發展,文化可以解釋漢字的構形功能,漢字可以印證文化的存在。對漢字進行正確的文化闡釋,關係到中華文化的傳承與發展,關係到中華文明的傳播與彰顯。文字與文化二者關係原初具有單一性,文化通過漢語使漢字價值不斷增值。漢字是伴隨着歷史次第產生的,每個歷史階段的漢字都有歷史層次性,漢字的歷史層次性是文化的歷史層積,是漢字動態發展的結果。如果想對漢字進行正確的闡釋,必須對漢字進行動態分析,剝落漢字的歷史層次性,找到文化與漢字原初的結合點。[1]

三、出土文獻作爲漢字理論創新的支撐

《古漢字發展論》另一個鮮明的特色是利用出土文獻作爲漢字理論創新的支撐。漢字的研究歷史非常悠久,但歷代學者都沒有從根本上突破許慎《説文解字》開創的研究框框,其中原因之一就是漢字史料的有限所致。隨着考古學的發展、一系列出土文獻的問世,推動了漢字學的研究。《古漢字發展論》材料大多來自出土文獻,借助了考古成果,在每章的前面都有對出土材料的全面概括介紹,爲後面的深入論述奠定了

---

[1] 黃德寬、常森:《歷史性:漢字闡釋的原則》,《人文雜志》1996 年第 2 期,第 95—101 頁;《漢字闡釋與文化傳統》,中國科學技術大學出版社,1995 年,第 1—18 頁。

堅實的基礎。如第二章"商代前期陶文資料的若干發現",這一節詳細介紹了小屯以前的各類陶文和相關資料,爲探索商代前期的文字發展提供了第一手資料,據此作者作出了這樣的新推論:"漢字成熟的時代已完全可以追溯到商代前期的商湯之世。"①書中類似的精辟結論還有很多,有的還糾正了前賢的一些不當之處,給人耳目一新之感。同時作者也指出,不同時代出土文獻只能看作考察不同時代文字的樣本,但是基本上可以看出漢字發展的大致趨向。黄先生曾在《出土文獻與漢字研究》一文中談到出土文獻的重要性:"要推進歷史悠久的漢字學研究取得新的更大的突破,關鍵還是要依據出土文獻資料。只有依據歷代出土的文字資料,對不同時代呈現的文字現象進行理論的探討,才能真正揭示漢字形體結構的規律和特點,最終構建能反映漢字實際的文字學理論體系;只有依據不同時代的出土文字資料,對漢字的發展和演變進行深入的斷代研究,才能更加準確地認識漢字起源、發展的歷史,揭示漢字體系發展演變的基本規律。"②《古漢字發展論》可以説是對這一認識的成功實踐與深化,進一步佐證了出土文獻在古漢字研究中的實用價值。

餘　　論

《古漢字發展論》是黄德寬先生主持的國家社科基金重點規劃項目"漢字理論與漢字發展史研究"的結項成果和重大招標項目"漢字發展通史"研究的階段性成果。書中濃縮了黄德寬先生等學者多年來對漢字理論與漢字發展史研究的一些重要思想,是他對漢字學理論探索的部分研究成果。本文只是就其中的幾個觀點粗淺地談了談自己的看法,比如漢字三維立體框架研究理論、動態漢字學理論等。黄先生曾私下説本書只是對漢字理論與漢字發展史研究的一些問題的思考與探索,目前還不能構成完整的理論體系,如已經出版的《漢字闡釋與文化傳統》中的漢字闡釋與傳統文化的關係、漢字與中華文明史的關係、正在開展的古漢字系列字形表整理、漢字發展通史研究等,它們都是漢字學理論體系的構成部分,或者是漢字理論研究的基礎與依據等。《古漢字發展論》在漢字學理論方面創造性的探索,擴大了漢字學研究的視野,是漢字學理論的創新與突破,隨着漢字學研究不斷深入,這些理論與思想體系會更加系統與完善,必將在漢字與漢字發展研究、漢字史、漢字規範、對外漢字教學研究等方面發揮越來越大的作用。

---

① 黄德寬:《古漢字發展論》,第40頁。
② 黄德寬:《出土文獻與漢字研究》,《光明日報》2013年9月11日第14版。

三維視角的符號學思考

——《古漢字發展論》讀後

郭 磊

(安徽大學文學院)

  《古漢字發展論》是黃德寬教授主持的國家社科基金重點規劃項目"漢字理論與漢字發展史研究"的結項成果和重大招標項目"漢字發展通史"研究的階段性成果,入選了2013年"國家哲學社會科學成果文庫",2014年4月由中華書局正式出版。

  該書引起學界的高度重視,白於藍於2014年7月即在《學術界》發表書評,給予高度評價,稱《古漢字發展論》是"漢字理論與漢字發展研究之扛鼎力作",[1]并從宏觀層面、微觀層面和研究方法等三個方面闡述了該書的創新之處,評價切中肯綮。隨後何華珍在《光明日報》上刊文《漢字發展研究的三維視角——〈古漢字發展論〉簡評》,認爲《古漢字發展論》"在古漢字各階段研究中,始終從形體、結構、字用三維視角以點帶面考察漢字的發展演變"。[2]該文提出《古漢字發展論》中的形體、結構、字用三者爲研究漢字發展的三維視角,那麽,這三者的内部聯繫如何?是不是各自獨立、地位相等?本文試從符號學的視角來闡述個人的理解和思考。

一、文字學研究對象的梳理

  要從符號學角度考察形體、結構、字用三維視角的研究方法,有必要梳理一下學

---

[1] 白於藍:《漢字理論與漢字發展研究之扛鼎力作——評〈古漢字發展論〉》,《學術界》2014年第7期。
[2] 何華珍:《漢字發展研究的三維視角——〈古漢字發展論〉簡評》,《光明日報》2014年10月27日第15版。

術界對漢字學發展的認識和變化。到目前爲止，學術界對漢字學學科研究對象的認識有三種觀點：一是傳統文字學（即小學）以本義爲中心的觀點；二是現代文字學以文字形體爲中心的觀點；三是漢字符號學強調漢字的主體性地位和獨立的符號體系性質。

（一）傳統文字學的觀點

中國傳統文字學是從先秦至近代（1906年章太炎發表《論語言文字之學》），先賢們心中的文字學就是"小學"，是爲"大學"（即經學）服務的，"小學"是經學的附庸，地位是從屬性的。他們認爲漢字造字之初即是形、音、義的原始統一體，由於要爲解經服務，"義"就成了核心，要探求"義"，本義是其源頭，遂形成了以探求本義爲中心的中國傳統文字學。由於漢字的特點，欲探求其本義，人們首先考慮到要從字形上入手，於是有漢字"形體學"，如"說文學"等。由於漢字數量有限，而語言無限，爲記錄語言，必須采用假借等手段濟窮，假借是語音上的聯繫，爲探求經典中一些假借字等，又必須借助於"語音"，於是"音韻學"產生。又因當時學者是爲讀經而釋字的，有些字承擔多個義項，在經文中該作何解釋，所以又要借助於上下文、語境等來判斷，於是又產生了專門爲釋義而總結的一些技術層面的學問，是爲"訓詁學"。這三門學科形成了統治中國學問數千年的傳統"小學"，即文字學。在他們看來，爲解經需求義，欲求義需依形、據聲、憑術（即訓詁方法）。總之，傳統文字學認爲，在地位上，文字學是爲經學服務的，是附屬品，但在文字學與語言學的關係上，文字學統率語言學。在研究對象上，以字義爲中心，尤其重視本義探求。在方法上，要形、音、義相結合互求。

（二）現代漢字學的觀點

1906年章太炎在《論語言文字之學》中指出："合此三種（即字形、音韻、訓詁），乃成語言文字之學。此固非兒童占畢所能盡焉，然猶名小學，則以襲用古稱，便於指示，其實當名語言文字之學，方爲確切。"[①]這表明語言文字之學作爲一門獨立學科意識的覺醒，標志着漢字研究進入現代語言學階段。章先生主張語言文字之學應從經學中獨立出來。唐蘭先生進一步主張文字學應該與語言學分離，"我的文字學研究對象，只限於形體，我不但不想把音韻學找回來，實際上，還得把訓詁學送出去"。"我們可以知道文字學本來就是字形學，不應該包括訓詁和聲韻。一個字的音和義雖然和字形有關係，但在本質上，它們是屬於語言的。嚴格說起來，字義是語義的一部分，字音

---

① 見《國粹學報》第2年（1906年丙午）第5册。

是語音的一部分,語義和語音是應該屬於語言學的。"①唐先生的觀點影響較大,他的觀點從近百年來有關文字學理論著作的發展演變可以得到證實。黃德寬先生在《漢語文字學史》中把近百年的文字學著作分爲三類:"綜合派"、"形義派"和"形體派"。② 大致可以看出文字學研究對象的不斷變化,最終"形體"成爲漢字學研究的對象。對漢字的形體研究,又以"結構"研究爲中心,主要包括四個方面:字體、構造單位及規則、構造理據、意指結構。③ 漢字符號學認爲:"現代漢字學將漢字從經學的附庸地位中解放出來,成爲獨立的科學理論,但同時又淪爲語言學的僕從,漢字爲漢語而存在,漢字的一切價值均以是否有效記錄漢語作爲評判尺度,漢字學仍未真正成爲獨立的學科。"④至此,文字雖然從經學中獨立出來,但又淪爲了語言學的附屬品,其中一個重要原因應是受索緒爾的影響,他認爲:"語言和文字是兩種不同的符號系統,後者的存在只是爲了表現前者。"⑤

(三) 符號學的觀點

這裏所説的符號學,是指漢字符號學,"它屬於'後現代'漢字學思潮的一部分。該思潮的主要特徵是恢復漢字的主體性,强調漢字獨立的符號體系性質,强調漢字與漢語之間的相互指涉關係而非等級制的依從性"。⑥ 後現代的代表人物之一德國哲學家德里達認爲,漢字是一個自足的符號系統,有獨立於漢語的性質。他指出:"漢字屬於西方邏各斯中心主義傳統以外的文明,其最大特點是漢字的指稱功能不是'實在論的',它與漢語是分裂的,是一個自我指涉的符號系統……這樣,漢字再也不是漢語的派生物、附屬品,二者再也不是等級制的同一性。"⑦在漢字符號學看來,漢字是獨立自足的符號系統。《漢字符號學》認爲,史前漢字的一個重要來源是圖畫、記號、族徽等的符號化。準此,漢字有獨立的來源,是獨立的符號系統也就講得通了。文字是記録語言的符號系統,這裏的符號系統包含兩層意思:一個是文字系統,它是視覺符號系統;一個是語言系統,它是聽覺符號系統。聽覺符號的性質決定其不能流於異時、傳於異地,這個缺陷嚴重限制語言的交際功能。後來,人們發現了視覺符號的文字,其

---

① 唐蘭撰、傅根清導讀:《中國文字學》,上海古籍出版社,2001 年,第 6—7 頁。
② 黃德寬、陳秉新:《漢語文字學史》(增訂本),安徽教育出版社,2014 年,第 243—253 頁。
③ 黃亞平、孟華:《漢字符號學》,上海古籍出版社,2001 年,第 202 頁。
④ 黃亞平、孟華:《漢字符號學》,第 203 頁。
⑤ 索緒爾:《普通語言學教程》,商務印書館,1980 年,第 47 頁。
⑥ 黃亞平、孟華:《漢字符號學》,第 203 頁。
⑦ 黃亞平、孟華:《漢字符號學》,第 191 頁。

視覺特點正好彌補了語言符號的不足,於是兩個符號體系開始融合,用文字來記錄語言。由於語言(聽覺符號)的易逝性,它在古代根本無法保存,流延保存下來的就只有文字記録的文獻了,以致後人分不清哪爲語言,哪爲文字了。

通過上面的梳理,我們發現文字學的研究本體有兩個變化:一是研究本體的地位由附屬品變爲獨立的研究對象;二是研究本體的範圍有一定縮小,即由傳統"小學"的"形、音、義"到現代文字學的"形體"。

二、三維視角的符號學解讀

《古漢字發展論》構建的漢字理論框架之一就是從漢字的形體、結構和字用三個維度展開討論,并且全書一以貫之。現在我們想從符號學的角度對這三個維度進行考察,考察的前提就是上文提到的文字是獨立自足的視覺符號體系,語言是獨立自足的聽覺符號體系。

漢字符號學認爲,漢字是二級符號系統,漢字的形體系統本身就是形音義結合體,漢字的形體結構是符號的能指,其形體理據是符號所指,即形體結構所藴含的形音義的原始結合,這是第一級符號系統,即形體結構(能指)+形體理據(所指)=漢字形體系統(符號整體)。漢字的第二級符號系統是把一級符號整體作爲能指,把語言中語素(含有一個音節和一個意義)作爲所指構成二級符號,即漢字形體系統(能指)+漢語語素(所指)=漢字符號系統(二級符號)。①

我們贊同一級符號系統的説法。二級符號系統的説法似可商榷,因爲二級系統中所指是漢語語素,這是語言符號層面的内容,漢字符號系統豈不是把語言符號系統囊括了?與上文提出的二者是各自獨立的符號系統相悖。下面來看,三維視角在符號學中的對應情況。

"形體是字形與字體的統稱。字形,指的是文字個體呈現出的外部形態,字體則是一個時期内文字個體呈現的外部形態的綜合,即一個時期内文字的外部形態和書寫風格上的總體特徵。"②文字的形體包括兩個方面:一是文字個體的形態,一是文字總體的形態。從符號層面看,漢字的形體屬於漢字第一級符號結構系統,即漢字形體系統,是視覺符號,處於符號體系的表層。它只有呈現出來,人們才能感知,并給人視覺的直覺感知。

---

① 黄亞平、孟華:《漢字符號學》,第 216—217 頁。
② 黄德寬:《古漢字發展論》,中華書局,2014 年,第 43 頁。

"漢字的結構一般指的是漢字的結體(布排)和構造……漢字結構的研究涉及到構形方式(或造字方法)、不同結構的字及結構類型三個不同層次的問題。所謂構形方式,指的是文字符號生成方式,也即構造文字符號的方法。用不同的構形方式即構造出不同結構特徵的漢字,將不同結構特徵的漢字予以歸納分類就概括出不同的結構類型。對漢字結構的研究,通常是由單個漢字形體的分析上升到對結構類型的概括,進而認識到與結構類型相應的構形方式的。"①從符號層面看,漢字的結構也屬於漢字第一級符號結構系統,即漢字形體系統,處於該符號體系的深層。與形體不同的是,它處於深層,即一個漢字的構形方式和所屬結構類型,雖然也是以視覺符號的特點展現出來,但它不能給人視覺的直覺感知,而是需要有一定的專業基礎并仔細辨識,方能辨出。

綜上,漢字形體和漢字結構兩個維度都屬於漢字第一級符號結構系統,一個處於表層,一個處於深層,屬於文字符號的兩個層面,都屬於文字符號的本體範疇。

"字用就是文字的使用,是文字記錄語言功用的體現。文字在實際使用中由於種種原因不僅自身會有各種各樣的變化,而且不同字之間也會形成種種錯綜複雜的關係,字用分析就是考察分析某一個時期文字的具體使用情況及其表現出的各種錯綜複雜關係。"②字用已涉及語言層面,是文字記錄語言的實際運用,這時起內在作用的是語言層面的排列組合,進而作用到文字,體現爲文字符號的排列組合、借用、混用、通用等等。因此,從符號層面看,字用應歸入語言符號層面。

總之,形體、結構和字用三維視角,從符號學角度看,可歸納爲兩個層面,即文字符號層面和語言符號層面,前者又可分爲表層層面(形體)和深層層面(結構),即:

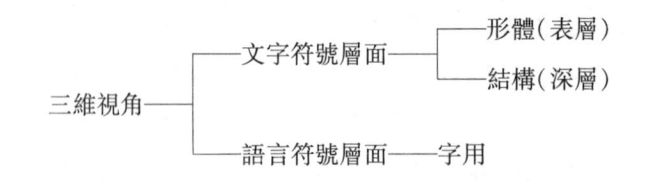

```
                    ┌─── 文字符號層面 ─┬── 形體(表層)
三維視角 ───┤                  └── 結構(深層)
                    └─── 語言符號層面 ──── 字用
```

三、三維視角之間的關係

《古漢字發展論》構建的三維理論框架,它們之間有什麼内部聯繫?

---

① 黄德寬:《古漢字發展論》,第 69—70 頁。
② 黄德寬:《古漢字發展論》,第 86 頁。

(一) 形體與結構之間的關係

上文已經論及,形體屬於該符號體系的表層層面,結構屬於深層層面。形體是文字結構物質外化的結果,結構是形體呈現的內因,在一定程度上制約着形體的呈現結果。我們看到的漢字形體,已經是在結構約束(或無意或有意)下的綫條或筆畫組合搭配的呈現,是一種外化的物質形式。古文字的形體呈現雖受結構的制約,但有一定的自由度,如"戒"字(𢆉《甲骨文合集》3814,第 213 頁;𢆉戒父丁盉,商代),①這兩個字形從結構類型看,都屬會意字,外觀基本相同,唯有不同的是筆畫的粗細,這與書寫工具有關,前者爲甲骨文,用刀刻,故筆畫較細;後者用毛筆,故筆畫較粗。又如"和"字(𥤪胤嗣壺,戰國,第 238 頁;𥤪陳貯簋,戰國,第 238 頁),從結構類型看,都屬形聲字。從形體看,"禾"與"口"的位置可變動不居,這與文字形體的規範有關。又如,同一個字的甲骨文形體、金文形體、小篆形體、隸書形體等呈現的外部形態均不同。可見,雖然形體受結構的約束,但它又因書寫工具、書寫材質、書寫者、行款、人爲規範等客觀因素的影響而有一定的自由度。

(二) 文字符號與語言符號之間的關係(即形體、結構與字用之間的關係)

如果説形體和結構屬於漢字符號的本體研究,那麼字用就涉及漢字符號本體的運用研究。爲敘述方便,這裏不妨借用戴震有關漢字結構的"體用"②説,我們把"形體"和"結構"看作"體",把"字用"看作"用"。

這裏的"體"與"用"的關係是:體是用的結果呈現,用是體的發展動力。一種符號被創造出來并得以存在的理由就在於它有使用價值,文字符號也是如此,漢字能發展到今天,其內在推動力便是"用",即它被用來記錄漢語,因其有漢語符號所不具備的優勢——視覺性。首先,漢字形體和結構發展的主要推動力就是"字用"。如隸書的出現,便是小篆在使用過程中,礙於小篆形體的不便書寫,民間開始産生便於書寫的隸書,這就是"字用"的結果,往深層説,就是語言運用的結果。試想如果漢字符號産生後閑置不用,人們就不會持續不斷地關注它,更不會對它進行不斷的改造,也談不上漢字形體的演變了。正是在"用"的不斷促進下,才有漢字符號形體的不斷發展變化。同樣,漢字的構形方式和結構類型也會在"字用"的推動下發展演變。如"鳳"字,其字形開始就是一隻鳳鳥的象形性勾勒,構形方式是象形,屬於"六書"中的象形

---

① 本文所引古文字字形如無特別説明,均引自高明、塗白奎《古文字類編》(增訂本),上海古籍出版社,2008 年。
② 這裏僅取其名,不取其實。

字,後來隨着漢字符號記録語言的走向深入,象形字"鳳"增加"凡"字表音,成"鳳"字,變爲形聲字,這些都與"字用"有直接關係。其次,形體和結構都是"字用"的結果呈現。如一字分化現象,"女"和"母"二字,"母"字便是從"女"字分化而來的。"母"字的形體和結構便是"字用"產生的結果。當然,"字用"還能產生其他結果,如一個時期的用字量、常用字、罕用字等等。

總之,三維視角内在關係是:字用推動形體和結構發展,形體和結構是字用結果的呈現形式之一;結構推動形體的發展,形體是結構的外化結果。《古漢字發展論》所構建的考察漢字發展演變的三個維度,不是没有聯繫的,而是有着嚴密的内在邏輯的,由表層到深層,由"體"到"用",巧妙地把漢字發展軌迹羅布在這個三維框架之内。這爲後來的漢字研究建構了理論框架,又爲漢字發展史研究提供了範例。

四、結　語

漢字的研究歸根結底就是對漢字符號的認識和研究。漢字符號學認爲漢字符號是獨立自足的符號體系,但對這個符號體系的研究,仍然不能脱離其功能研究,即語言層面的"字用"研究,似乎可以説,正是由於"字用"的存在,漢字符號才得以存在,三維視角正是這種認識的成功實踐。裘錫圭先生的《文字學概要》"是繼唐蘭《中國文字學》之後,文字學理論研究和體系建構方面最有成就的一部著作,它代表了當代文字學理論研究的水平"。《文字學概要》已經注意到漢字的形體、結構以及文字在使用過程中出現的一些現象(如異體字、分化字等),即該書前幾章重點探討了漢字的形體、結構類型和不同結構類型的舉例分析,這些都緊扣上文提到的現代漢字學的形體本位觀,從第十章到第十二章探討的是異體字、同形字、分化字、一詞多形等現象。《古漢字發展論》用"形體、結構和字用"的三維視角來探討古文字的發展演變史,是對《文字學概要》漢字理論的成功實踐,更是對該理論的發展。尤其是它成功解決了紛擾的文字使用現象,將異體字、同形字、分化字、一詞多形等現象都歸入"字用"的範疇,以簡御繁,便於人們更好地認識漢字和漢字發展的實質,也進一步提升了漢字研究的理論水平,同時與"形體"、"結構"構成立體化視角,這樣一來,漢字的研究層次就更清晰、邏輯更嚴密了。

關於以三維視角指導古文字工具書編纂的一些思考和設想*

周 翔

(安徽大學文學院、漢字發展與應用中心)

文字學,尤其是古文字學的學習和研究離不開對資料的充分掌握和利用。近年來,新的出土文獻材料層出不窮,甲骨文、金文、簡帛、璽印、陶文等領域的大部頭資料匯編著作日益豐富,與之相應,各類古文字工具書也不斷問世。古文字工具書的編纂絕非簡單堆砌材料,它離不開文字學理論的指導,其科學性和實用性在很大程度上受文字學理論發展水平制約。反之,指導工具書的編纂,探索工具書編纂的理想方案,也是文字學理論的重要實踐形式之一。二者的辯證關係不言自明。因此,在當前文字學理論不斷創新的同時,嘗試在更新、更科學的理論方法指導下編纂新型古文字工具書就具有相當的理論和現實意義。

黃德寬師在《古漢字發展論》一書中首次全面實踐了"三維視角"這一漢字發展研究的理論框架,強調從形體、結構和字用三個維度來描寫和分析古漢字的發展演變及運用問題。關於這一方法論的理論和實踐意義,學界已有積極評價,[1]茲不贅述。我們所關心的問題是,如何在實踐中進一步運用和發展這一理論方法。爲此,我們主張以三維視角指導古文字工具書的編纂工作,嘗試建立一種新的、更完善的編纂方案,從而爲學界提供"兼顧漢字體系的宏觀和微觀、表層和深層、局部和全局等不同方

---

* 本文爲安徽大學博士科研啓動經費項目"楚文字專題研究"(J01003274)、安徽大學漢字發展與應用研究中心2018年高校科學研究重點項目"新出楚簡專字整理與研究"(SK2018A0042)階段性成果。

[1] 白於藍:《漢字理論與漢字發展研究之扛鼎力作——評〈古漢字發展論〉》,《學術界》2014年第7期。何華珍:《漢字發展研究的三維視角——〈古漢字發展論〉簡評》,《光明日報》2014年10月27日第15版。

面"①的古文字工具書。

一、古文字工具書綜述

要探索新的編纂方案,首先要對已有的古文字工具書進行簡要的梳理和綜述,搞清楚哪些因素是要繼承和發揚的,哪些是要改進和彌補的。按照内容和編纂體例,目前所見的古文字工具書大致可分爲如下几類:

(一) 文字編類

文字編是了解和掌握古文字字形的基本工具書,是按字頭"分别部居"收羅古文字字形以便查考的字書。常見的文字編按收字對象不同又可分爲:1. 針對具體出土材料的文字編,如《郭店楚簡文字編》、《包山楚墓文字全編》、《上海博物館藏戰國楚竹書(一—五)文字編》、《上博藏戰國楚竹書字匯》、《清華大學藏戰國竹簡(壹—叁)文字編》等;2. 針對某類材料的文字編,如《甲骨文編》、《甲骨文字典》、《新甲骨文編》、《甲骨文字編》、《金文編》、《新金文編》、《古璽文編》、《陶文字典》等;3. 分域、分區系文字編,主要針對春秋戰國文字,如《楚文字編》、《三晋文字編》、《齊魯文字編》等;4. 通覽型文字編,如《古文字類編》、《漢語古文字字形表》等。這些文字編大多按《說文》部首排列字頭,字頭下羅列所對應的代表性(或全部)古文字字形,大多標明字形出處,書後配有索引,有的還配有多種索引,以便查檢。有些文字編還在字形下附有簡單的解説、形體結構分析或備注。

從三維視角來看,文字編反映的主要是漢字的形體和結構兩個層面。通過收字,展示每個字頭的各種字形和字體風格;通過分部、簡要分析和羅列部分辭例,展示其結構、字用。因此,文字編算得上是學習和研究古文字的基礎工具書。

然而,文字編對字用層面的反映是相對不足的。一些文字編並未釐清古今字、本字與通假字等關係,把并非字頭對應的字形而只是用作這個字的其他字形與該字本身的字形不加區分地收在一起,容易給初學者造成誤導。對常見的、有一定普遍性的字形訛混、誤書錯字一般也没有必要的收録或説明。此外,字編所收字形常常是孤立的,對文字使用的上下文語境和辭例反映不够充分,也基本不反映該字在出土文獻中的主要義項、常見詞性、搭配關係等要素,簡言之就是缺乏對語言和文字兩個層面的溝通。況且,就從形體和結構角度來看,現有的文字編大多未對所收字形按結構不同

---

① 《發展論》,第17頁。

作細致分類和標注。雖對結構有所涉及,但還不具備充分、全面的結構分析。當然,這些與其說是文字編的缺陷和不足,還不如說是文字編的固有特點。文字編以收集、展示字形爲主,是"形書",這一基本的功能定位決定了文字編難以做到"三維俱全"。

(二) 索引類

索引類工具書是按字頭或詞頭收録出土文獻中含有該字詞的用例,并提供檢索的資料庫。它在一定程度上可以彌補文字編在字用方面的不足,能够爲使用者充分展示各字在出土文獻中的具體用法,也爲語言研究提供了直接材料。索引類工具書既可以是針對某類出土文獻的,如《殷墟卜辭綜類》、《殷墟甲骨刻辭類纂》、《商周金文辭類纂》、《殷周金文集成引得》、《金文引得》等,也可以是針對具體材料的,如《中國出土簡帛文獻引得綜録·郭店楚簡卷》、《包山楚簡卷》等。

與文字編類工具書相反,由于索引類工具書重在羅列辭例,反映字詞用法,對古文字的形體和結構層面自然反映不足。出于體例和規模考慮,《綜類》、《甲骨類纂》、《金文類纂》、《郭店楚簡卷》、《包山楚簡卷》諸書的古文字字形均采用摹本録入,且摹文較小,不同用例的字形差異没有得到很好體現。《集成引得》、《金文引得》等則僅針對釋文,若不配合原書則無法了解古文字的形體、結構。而且,該類工具書對辭例的收録也僅僅是自然排列,大多未作細致分類和標注,不能科學反映出辭例背後的用法和規律。

(三) 綜合類

上述兩類工具書在實際使用中的局限,促使學者們探索能够比較全面反映古文字各層面信息的工具書。這些工具書試圖兼顧字形收録、形體和結構分析、常用義項及用法、辭例、古音韻等要素,力求建立起關於每個字的完整、立體的信息庫。雖然内涵都很丰富、全面,但側重點又各有不同,故將這類工具書統稱爲"綜合類"。

比較有代表性的是《古文字譜系疏證》、《字源》、《戰國古文字典——戰國文字聲系》、《上博楚簡文字聲系》、《商周古文字源流疏證》等。其中《譜系疏證》按聲系收字,字頭下先列字形,再疏證,每一聲首之後列系原。該書重在古文字譜系的建構,包括古文字發展譜系和形聲譜系,兼及對各字的形體構造、流變和辭例的梳理考證,以及對同源字關係的系原。[①]《字源》對各字從古到今的字形演變、結構、在傳世及出土

---

① 黄德寬:《對古代漢字發展沿革内在關係的探索與揭示——關於〈古文字譜系疏證〉》,《學術界》2005 年第 1 期。

文獻中的意義和用法都有清晰的交待與梳理，其字形演變綫索圖直觀生動，頗具特色，字頭下還標明了上古音和中古音聲韻。《戰國聲系》采用先列字形，後展開疏證的體例。雖爲戰國文字工具書，所收字形限於戰國文字范圍，但對文字形體、結構的闡釋、梳理却是從最早所能見到的字形開始直到戰國文字。且該書所録字形按結構作了清晰的分類、標示，梳理時揭示各類之間的關係，條分縷析，綱舉目張。《上博聲系》以韻部爲經，以聲紐爲緯，以聲首爲綱，以諧聲爲目，排列上博簡文字字形，字形之後附以析形、説音、釋義。值得指出的是，《譜系疏證》和兩部《聲系》的編纂體例都兼顧了古文字與上古音之間的關係，真正實現了文字形、音、義三要素在工具書中的辯證統一。《源流疏證》每條上列楷書字頭，下爲商周古文字形。疏證部分先引《説文》，再從古文字字形出發分析構字理據、講解文字孳乳，最后列舉舊訓及該字在古文字中的用法。[①] 該書重在梳理文字孳乳演變的源流，列舉義項及用法清晰、明確。

應該説，綜合類古文字工具書已在編纂實踐過程中或多或少地體現了三維視角的理論方法。所以，在設計新的編纂方案時，上述諸書之優長尤爲值得參考和借鑒。

（四）詁林類

詁林類工具書一般在字頭下羅列各家釋字之説，有的在最后加以編著者意見，品評得失，表明編著者對諸説之取舍。該類工具書重在徵引諸家觀點，展示對各字的研究和考釋過程，相當於爲各字所作的研究綜述。這種客觀呈現學界不同意見的做法，爲讀者提供了多元化認識各字、了解釋字過程、自行判斷諸説優劣之便。同時也使研究者了解哪些字已經被釋出、由誰釋出，哪些字尚待考釋，便於研究者吸收已有成果，避免重複勞動，也具有學術史價值。比較有代表性的有《甲骨文字集釋》、《甲骨文字詁林》、《金文詁林》、《古文字詁林》、《古文字釋要》、《古文字考釋提要總覽》等。

二、關於新方案的設想

上述四類工具書各有優長，但也存在種種不足，能否編纂一種新型工具書，可以集諸書之長，去諸書之弊？我們認爲，三維視角理論框架的出現爲解決這一問題提供了可能。《發展論》一書在實踐該理論框架過程中所采用的體例和若干要素就很具有啓發性。具體言之：

[①] 張亞初：《商周古文字源流疏證》，中華書局，2014 年，出版説明頁。

（一）形體和結構層面設計

1. 字頭按聲首、韻部排列，對於因合文、重文需要調整位置的，①可以先在相應字頭下存目，標明具體內容詳見調整後的位置。

2. 字形的充分收羅是首要的，必須窮盡目前所見對象材料中的字形。要儘量從原拓或照片中截取字形，如原字形不清晰，再輔以摹本。釋字要充分吸收新材料、新考釋成果。對於尚無定論之字應參照詁林類工具書的做法，簡要列述諸家異說。尚未釋出的疑難字，如有探索性意見或猜想也應據此體例列之。

3. 所收字形應參照《戰國聲系》之體例，異體按結構的不同分類排列，標清序號并以結構類型名稱標目，相同結構類型的字形還要再按構成方式的不同歸類排列。繼而以疏證的方式闡明各類字形的結構，對具體的單字作增繁、省減、同形、替換、訛變等動態分析，并溝通各類之間由此產生的種種演變綫索和關係。此外，還應涉及綫條、筆畫的連接排列方式不同所產生的變異。在這方面，綜合類工具書疏證、解說中的合理觀點當充分吸取。如果內容范圍是後代文字材料，分析時也應遵循《戰國聲系》的做法，從所能見到的最早文字開始。

4. 《字源》的字形演變圖可以借鑒，不同演變環節之間還可注明演變內容、方式。

5. 字頭下要標明上古音聲韻，形聲字還要標明聲符的上古音聲韻，以反映聲符的表音情況。

（二）字用層面設計

字用層面是傳統工具書相對薄弱、容易含混的環節，因而在新工具書編纂時有必要專門加以強化。詳言之：

1. 根據出土文獻中的實際用例總結歸納單字的義項、用法，羅列義項要標清序號。每個義項之後要先附古代字書（或韻書）、古注中所對應的該意義，再輔以傳世文獻中的用例，最后列舉出土文獻中的用例。要注意儘可能選取與出土文獻用例時代相對較近的傳世文獻用例。義項與文例的字體、字號可以稍加區別。對於古代字書和古注未見、傳世文獻亦無用例而僅見於出土文獻的義項要特別注明。列舉出土文獻用例應借鑒索引類工具書的做法，窮盡該義項在對象材料中的所有用例。如條件允許，例句應采用古文字與釋文對照的格式，古文字字形最好取自拓片或照片。

2. 列舉義項時要區分"自用"、"他用"和"誤用"三類。自用是指以 A 字形表示{A}，後者既包括本義，也包括引申義；他用則指以 A 字形來表示{B}。A 與 B 既可以

---

① 詳見（二）4。

是共時的借用關係，也可以是歷時的古今關係，還可以是記録語言時出現的特殊用字現象，如一形多詞。這種區分源自《發展論》中所提出的"本用"和"借用"，①而又有所調整——自用概念涵蓋了本用和借用的引申義部分，他用則在借用的假借義部分之外增加了一形多詞。這樣處理主要是出於合理編排義項的考慮，如果將義項按本用和借用區分，且本用僅指本義，就可能會出現本用義項單薄而借用義項過多的情况，造成義項結構不平衡，更遑論不少字的本義尚不清楚。當然，這僅僅是一種技術性的調整，并不涉及理論觀點的分歧。

如是區分，既可以避免傳統文字編把用作{B}的 A 字形放在 B 字頭下的字形里的問題，因爲 A 字形可以直接放在 A 字頭下而作爲 A 字的他用來處理，同時也不至於因追求字頭和字形對應准確而失收這種用法。這正是以三維視角爲指導，將形體與字用、自用與他用區别開來的優勢。此外，自用的義項中，本義與引申義引申關係明確的不妨注明。

誤用指本該用 A 字形表示{A}，却誤用了 B 字形，A、B 不存在自用或他用關係。它是對出土文獻中現實存在的訛誤現象的反映。在收字形時，訛誤的字形應放在誤作的那個字的字頭下并加以單列、標明，這與他用的處理原則類似。

3. 義項所記録的詞要標明詞性及在辭例中的搭配關係。詞類活用，如使動、意動、爲動、名詞作狀語、名詞活用作動詞等要列出并標明。

4. 合文、重文單列，不放在所合、所重字字頭下。但可以考慮將所合、所重字字頭依次排列，再將合文、重文緊隨其後。如甲骨文中有"上甲"合文，就依次列"上"、"甲"、"上甲"字頭。金文中有"子孫"重文作"子子孫孫"，就依次列"子"、"孫"、"子子孫孫"字頭。這樣既可以將單獨使用的字與合文、重文區别開來，又能使兩種情况下字形的差異一目瞭然。

5. 説明字的傳承和新增問題。可以在疏證部分説明目前所見材料中該字最早見於何時。編寫後代文字的工具書時要注明某字、某字形是傳承自前代還是新產生的，如戰國文字工具書要注明其是否傳承自殷商西周文字。

6. 如字形所出自的材料時代明確，可以在字頭下按時代先後排列字形并標明時代，春秋戰國時代的字形還可按區系、國別排列并標明。若該排列方式與前述體例有衝突，可以考慮將這些内容放在疏證文字中詳述。對某時段或某區系、國家特有的字形、寫法，可以在該字形下或疏證文字中説明。

總之，字形表、疏證、義項是該方案最核心的三個部分，三者大致對應形體、結構

---

① 《發展論》，第 230 頁。

和字用三個層面,而彼此之間又相互聯系——字形表展示形體,同時按結構分類;疏證闡述形體演變,分析各類字形的結構,兼及探討字用問題;義項羅列字的意義、用法,區分字形本身所代表的字(自用)和用作他字(他用、誤用)的情況。三者相輔相成,以三維視角共同呈現各字的方方面面。

(三) 其他

除了上述核心部分,該方案還應包括一些附屬成分。首先是較爲完備的檢索系統。除了一般的單字索引(按拼音、筆畫)之外,還應借鑒《新收殷周青銅器銘文暨器影彙編》附錄部分的做法,編製一些專門內容的索引,如人名、地名、職官、器物、動物、植物、自然現象、紀年等索引,亦可按照詞性編制索引,如名詞、動詞、形容詞、副詞索引,這對語言、歷史、文化等領域的研究頗有實際意義。其次是詞語彙釋。收羅對象材料中出現的詞、固定詞組并加以分類、釋義、舉例。再次是通假字、異體字字彙,收羅對象材料中出現的通假字、異體字字組并舉例説明。最後是字表,包括字形結構統計表、傳承字和新增字字表及統計表(針對某一時期文字的工具書而言)、常用字和罕用字字表及統計表。如條件允許還可編製增繁、省減、替換、訛變等的偏旁表或字表。

三、結　語

上述設想是對以三維視角指導古文字工具書編纂工作的初步探索,由於水平和學識所限,對三維視角這一理論框架的認識還不夠深入、透徹,設想的方案本身還面臨相當的理論困境,含混、自相矛盾之處必不在少,可操作性也有待檢驗。爲了使這些想法免於淪爲紙上談兵的空想,就需要將其付諸工具書編纂工作的實踐,根據實際操作中所得到的經驗教訓加以改進、完善。

引書簡稱表

發展論:《古漢字發展論》
全編:《包山楚墓文字全編》
類編:《古文字類編》
綜類:《殷墟卜辭綜類》
甲骨類纂:《殷墟甲骨刻辭類纂》
金文類纂:《商周金文辭類纂》
集成引得:《殷周金文集成引得》

郭店楚簡卷:《中國出土簡帛文獻引得綜錄·郭店楚簡卷》
包山楚簡卷:《中國出土簡帛文獻引得綜錄·包山楚簡卷》
譜系疏證:《古文字譜系疏證》
戰國聲系:《戰國古文字典——戰國文字聲系》
上博聲系:《上博楚簡文字聲系》
源流疏證:《商周古文字源流疏證》

參考文獻

黃德寬:《古漢字發展論》,中華書局,2014年。
黃德寬主編:《古文字譜系疏證》,中華書局,2007年。
張守中、張小滄、郝建文:《郭店楚簡文字編》,文物出版社,2000年。
李守奎、賈連翔、馬楠:《包山楚墓文字全編》,上海古籍出版社,2012年。
中國社會科學院考古研究所:《甲骨文編》,1965年。
李宗焜:《甲骨文字編》,中華書局,2012年。
容庚:《金文編》,中華書局,2009年。
董蓮池:《新金文編》,作家出版社,2011年。
羅福頤主編:《古璽文編》,文物出版社,1981年。
王恩田:《陶文字典》,齊魯書社,2007年。
李守奎:《楚文字編》,華東師範大學出版社,2003年。
湯志彪:《三晉文字編》,作家出版社,2013年。
張振謙:《齊魯文字編》,學苑出版社,2014年。
高明、涂白奎:《古文字類編》(增訂本),上海古籍出版社,2008年。
徐中舒主編:《漢語古文字字形表》,中華書局,2010年。
徐中舒:《甲骨文字典》,四川辭書出版社,1990年。
[日]島邦男:《殷墟卜辭綜類》,汲古書院,1977年。
姚孝遂、肖丁:《殷墟甲骨刻辭類纂》,中華書局,2011年。
張桂光主編、秦曉華副主編:《商周金文辭類纂》,中華書局,2014年。
劉志基主編:《中國出土簡帛文獻引得綜錄·郭店楚簡卷》,上海人民出版社,2012年。
劉志基主編:《中國出土簡帛文獻引得綜錄·包山楚簡卷》,上海人民出版社,2015年。
李學勤主編:《字源》,天津古籍出版社,2013年。
李學勤、沈建華、賈連翔:《清華大學藏戰國竹簡(壹—叁)文字編》,中西書局,2014年。
何琳儀:《戰國古文字典——戰國文字聲系》,中華書局,2007年。
徐在國:《上博楚簡文字聲系》,安徽大學出版社,2013年。
張亞初:《商周古文字源流疏證》,中華書局,2014年。
于省吾主編:《甲骨文字詁林》,中華書局,1996年。
周法高:《金文詁林》,香港中文大學出版社,1975年。

李圃主編:《古文字詁林》,上海教育出版社,2004年。
李圃、鄭明主編:《古文字釋要》,上海教育出版社,2010年。
劉志基、董蓮池等:《古文字考釋提要總覽》,上海人民出版社,2010年。
鍾柏生、陳昭容、黃銘崇、袁國華:《新收殷周青銅器銘文暨器影彙編》,臺北藝文印書館,2005年。
李孝定編著:《甲骨文字集釋》,中研院歷史語言研究所,1969年。
劉釗主編:《新甲骨文編》,福建人民出版社,2009年。
李守奎、曲冰、孫偉龍:《上海博物館藏戰國楚竹書(一—五)文字編》,作家出版社,2007年。
饒宗頤、徐在國:《上博藏戰國楚竹書字匯》,安徽大學出版社,2012年。

投 稿 須 知

1. 本集刊接受電子投稿,請使用 word 文檔,横排、繁體。

2. 文稿中請注明作者姓名、工作單位及聯繫方式(通訊地址和郵編、電子信箱、電話)。

3. 文稿注釋一律采用當頁脚注,每頁另起,注號用①、②、③、④……

4. 引用專著采用以下形式:作者:《專著名》,出版社,出版年,第1—3頁。

5. 引用論文采用以下兩種形式:作者:《論文名》,《刊物名》××××年第×期,第1—3頁;或《刊物名》第×期第×卷,××××年,第1—3頁。或作者:《論文名》,《論文集名》,出版社,出版年,第1—3頁。

6. 文中引用的古文字字形請造字後剪貼爲圖片插入 word 文檔,如用手寫,請務必做到準確、清晰,也請以圖片格式插入 word 文檔。

7. 本集刊實行匿名審稿,自收稿之日起兩個月内以郵件或書面形式告知作者稿件是否録用。本集刊一般不予退稿,請作者自留底稿。稿件一經録用,即贈送作者樣刊一本。

8. 聯繫方式

地址:安徽省合肥市肥西路3號安徽大學漢字發展與應用研究中心《漢語言文字研究》編輯部

郵箱:hyywzyj@126.com